亚洲学术

（2006）

中国人民大学亚洲研究中心 编

冯 俊◎主编

人民出版社

《亚洲学术》（2006）

　　许嘉璐副委员长2004年12月在中国人民大学"儒家思想在世界的传播与发展"国际学术研讨会上发表演讲

SCHOLARLY STUDIES (IN ASIA)

亚 洲 学 术（2006）

亚洲学术（2006）

中国人民大学亚洲研究中心2004年第一届理事会

中国人民大学校长纪宝成教授会见韩国高等教育财团事务总长金在烈博士

传播与发展国际学术研

中国人民大学副校长、亚洲研究中心主任冯俊教授、中国人民大学孔子研究院院长张立文教授与韩国高等教育财团事务总长金在烈博士在一起

中国人民大学亚洲研究中心2004年第一届理事会全体与会者合影

亚洲学术（2006）

第一届"国际儒学论坛"——"儒家思想在世界的传播与发展"国际学术研讨会现场

亚洲学术（2006）

2005年11月中人民大学校长纪宝成教授、副校长冯俊教授、国际交流处长唐忠教授和校长办公室副主任胡娟在泰国朱拉隆功大学参加亚洲中心主任工作研讨会

中国人民大学副校长、亚洲研究中心主任冯俊教授2005年12月在第二届"国际儒学论坛"——"儒学与亚洲人文价值"国际学术研讨会上讲话

目录

亚洲学术

2006

Scholarly Studies on Asia 2006

Content

Message from the Editor-in-Chief

Celebrity Forum

Chinese Studies and Idea of Asia

Korean Studies and China-Korea Exchange

目
录

Scholarly Studies on Asia 2006

Japanese Studies

Studies in Southeast Asia

Economy in the Asia-Pacific Region

Political and Diplomatic Relations in the Asia-Pacific Region

目

录

主编的话

让亚洲成为学术关注的焦点

冯　俊

我们也许对于太平洋彼岸的北美大陆和大西洋、北冰洋周边的欧洲大陆的熟悉程度远远超过了我们生于斯长于斯的亚洲。我们的青年学生对于哈佛大学校园的趣闻轶事和好莱坞大片如数家珍,对于欧洲的足球劲旅和流行乐队津津乐道,但是对于鸡犬之声相闻的邻邦尼泊尔、老挝、缅甸、柬埔寨则甚少知道他们的历史文化和人民的生存状况。我们可能会讲流利的英语,徜徉于华尔街和百老汇时如鱼得水,而当我们走在蒙古或越南的大街上则是十足的文盲。当我们和欧美人交流时,觉得他们好似多年的老友,心有灵犀,一拍即合,而当我们和印尼人或斯里兰卡人偶遇时,两眼茫然,彼此好像天外来客,不知对方所思所想。几百年来的西方殖民统治和政治分割使在地理上同属一地的亚洲各国近邻不认、友邦不亲,西方中心主义所造成的所谓世界主流文化的霸权使得我们对于知识和文化的追求舍近求远。当欧洲人手持欧元在各国自由购物时,当北美人在自由贸易区中自由地交易时,亚洲人发现关山有壁垒,前途有路障。

然而,壁垒和路障并非来自我们的历史及其固有的文化。实际上世界上任何一个大洲都没有像亚洲这样在文化上同根同源。几千年来共同的生存境遇和友好往来使亚洲人民形成了"家族类似"的文化和价值观念,特别是对于儒家文化、佛教文化和伊斯兰文化或多或少的认同感使亚洲人民有着共同的精神支撑,亚洲人民最有理由一体化,成为一个和谐的大家庭。亚洲人民要在经济上加强交往,在政治上加强合作,在文化上增进往来,一种亚洲意识又重新开始自觉。各种对话的形式都已经展开,"东盟10＋3"、"上海合作组织"、"博鳌亚洲论坛"等都是好的尝试。

亚洲

学术

● 2006

Scholarly Studies on Asia 2006

　　亚洲的交往需要专门研究亚洲的学术。亚洲在经济上和政治上的成长已经成为世界关注的焦点,同样也要求亚洲成为学术关注的焦点。中国人民大学亚洲研究中心在韩国高等教育财团的支持下,开展学术研究,派遣交流学者,主办学术论坛,文运勃兴,成果丰硕,今天出版《亚洲学术》,以文聚友,促进亚洲研究,繁荣亚洲学术,推动亚洲和平。希望《亚洲学术》成为亚洲学者运思的园地,成为孕育亚洲观念的摇篮。它不仅凝聚中国人民大学的学者们的研究成果,也希望其他大学和研究机构的学者们慷慨赐稿。九层之台,起于垒土,千里之行,始于足下,积累数年,亚洲学术必将蔚为大观。

（中国人民大学副校长、教授）

Message from the Editor-in-chief

Let Asia be focus of scholarly studies

By Feng Jun

Vice President, Renmin University of China

名家论坛

共创中日韩教育交流更加美好的未来

纪 宝 成

今天中日韩三国在经济文化社会互动上达到的深度和广度是前所未有的，其中教育交流成长之迅速尤其引人注目。可以说，教育合作已经成为中日韩全面合作关系中的一个亮点，也是未来发展的一个重要支点。

一、中日韩文化教育交流的历史背景

中日韩三国历史上的文化教育交流源远流长。古代中国曾是亚洲各国文化教育交流的中心。中国的儒学早在公元 1 世纪就传入了朝鲜半岛，对于高丽、百济、新罗都产生了重大影响。日本人约在公元 1 世纪前后接触汉字，到日本明治维新之前，无论是政治经济，还是文化教育，都一直处于以儒家思想为核心的中国传统文化的影响之中。包括朝鲜、日本在内的亚洲许多国家曾派遣大批留学生到中国学习。例如，据《新唐书·选举志》记载："高丽、百济、新罗、高昌、吐蕃相继派遣子弟入学。"公元 840 年，由长安回到新罗的留学生，竟达 105人。回国的留学生，受到了新罗王朝的重用。唐朝的政治经济制度、天文历法、医学、印刷术，以及《左传》、《文选》、诸子百家等书籍，通过留学生和文化使者传入朝鲜、日本，对朝鲜、日本文化教育的发展产生了重要的影响。而日本群岛、朝鲜半岛上的人民，也以创造性的学习发扬和发展了这样的文化，并形成了自己独具特色的文化传统，丰富了东亚文明，丰富了世界文明。

近代以来，伴随着"西学东渐"和世界格局的变化，中日韩三国的教育开始了现代化的转型,彼此之间曾经十分密切的教育交流相对有所减弱。但应该特别指出的是,在中国和韩国仍然处在腐朽没落的封建王朝统治之时,明治维新后的日本积极学习和引进西方现代文明,较早进入了现代化的转型。日本的成就吸引了大量中国和韩国奋发图强的热血青年,他们把在日本留学期间学习到的先进思想和技术带回国,与其他仁人志士一起,促进了中韩两国的现代化进程。比如领导人民推翻清政府、创立中华民国的孙中山先生就曾留学日本。

第二次世界大战后冷战局面的形成,在一段时间内隔绝了中国与韩国、中国与日本之间的教育交流。随着冷战格局的解体,中国分别与日本、韩国建交,教育交流也进入了一个全新的历史时期。

二、中国与日本、韩国教育交流的迅速发展与全面提升

自建交以来,中国与日本、韩国的教育交流与合作取得了快速发展。根据中日两国政府于1978年签署的《中日和平友好条约》的原则精神,中日两国政府于1979年12月签订《中日促进文化交流协定》,协定对于中日双方在教育与学术领域进行合作与交流的必要性和广阔前景做了充分表述。根据协定的有关条款,中国教育部部长何东昌同日本文部大臣森喜朗于1984年8月在北京正式签署两国教育部长《会谈纪要》,确定了两国教育交流的指导原则与合作范畴。此后,双方教育部长(包括国家教委主任)于1986年、1990年、1995年、2000年分别与日本文部大臣互换了教育合作交流《会谈纪要》。在两国政府的支持下,中日文化教育交流获得极大发展。截至2004年底,中国赴日本的各类留学人员已达12万余人,目前,在日本大学的在学者有8万余人,语言学校在学者3万余人,在学人数居中国在外留学人员的第一位。日本到中国留学的人数也久居外国来华留学生人数前列,自1972年中日两国恢复邦交正常化以来,累计各类留学人员已有10万余人来华留学,2004年在华的日本留学生达到19 059人,占外国在华留学生的第二位。两国高等教育机构之间的学术交流发展顺利,据不完全统计,中日之间已有800余所大学之间建立了校际交流关系。

中韩两国建交时间虽然不长,但教育交流的发展速度极为迅猛。两国教育部于1995年7月在北京签署的两国教育交流与合作协议开启了中韩教育交流

与合作的新局面。在政府主管部门的支持下,中方的 130 多所高等院校与韩方的 120 多所高等院校签订了协议并建立了校际交流关系。据统计,2004 年中国接收的留学生中,来自韩国的学生高居第一位,共计 43 617 人。汉语教学在韩国不同类型、不同层次的学校中都受到重视。有资料统计,在 2003 年,韩国普通高中第二外语选学汉语的学生人数是 114 186 人,职业技术高中第二外语选学汉语的学生人数是 14 925 人,共有 41 所高校开设了大专中文专业,学生人数是 4 216 人,共有 104 所高校开设大学中文专业,学生人数为 17 590 人,共有 92 所高校设有研究生中文专业,硕士生计有 581 人,博士生计有 205 人。韩国参加汉语水平考试的考生数量成倍增长。在 1993 年,共有 487 名韩国考生参加汉语水平考试,而到了 2004 年,参加汉语水平考试的韩国考生有 22 301 人。同时,据韩国教育与人力资源开发部的统计,至 2003 年,正在韩国留学的中国学生达到 3 406 人,如果加上在语言学校就读的留学生人数,估计达 5 600 人左右,在韩的中国留学生数量位居在韩留学生国别的首位。

以我所在的中国人民大学为例。目前在我校长期学习的有韩国留学生 822 人,日本留学生 81 人,在我校留学生国别中分别占第一、第二位。我校是最早开展中韩、中日教育交流的大学之一,加强与韩国、日本高校之间的交流与合作一直是我校国际交流工作中的一个侧重点。目前,我校已与包括首尔大学、高丽大学、延世大学在内的韩国 12 所大学签订了校际协议,与包括早稻田大学、一桥大学、九州大学等在内的日本 20 所大学签订了校际协议。我校也经常与韩国、日本的大学合作举办学术会议,比如我校农业与农村发展学院、东京大学农学院与韩国世界农镇研究院联合举办的中日韩东亚农业政策论坛,从 2002 年至今每年一届,迄今已举办了四届,在该领域就有着很大影响。我本人也很有幸被韩国的高丽大学、日本的创价大学授予名誉博士学位。中国人民大学与日本、韩国高等教育界展开合作的历史,可谓是中国与韩国、日本教育交流史的一个缩影。

十多年来,中国与韩国、日本教育交流的迅速发展,首先得益于双边政治经济交流的深入发展。在政治上,国家领导人多次互访,并在国际多边活动中会晤,增进了相互的理解和信任,切实推进了全面合作伙伴关系在新世纪的全方位发展。在经济上合作的广度和深度是前所未有的。比如,中韩建交以来,两国贸易额迅速增长,1992 年建交时两国的年贸易额只不过是 50 亿美元,到了

2004 年已达到 900 多亿美元。韩国对华投资自建交以来增长了 77 倍,达到 280 亿美元,中国已成为韩国最大的出口对象国和投资对象国,韩国也成为中国的第三大贸易伙伴和第二大外资来源国。

中日贸易在中国对外贸易中则一直占有非常重要的位置。1993 年以来,日本成为中国最大的贸易伙伴。根据中国海关的统计,2002 年中日贸易首次突破千亿美元大关,达到 1 019.1 亿美元。中日贸易占中国贸易总额的 16.4%。对日本而言,中国成为仅次于美国的第二大贸易伙伴。无论在出口方面还是在进口方面,日本贸易中的中国位置均为第二位。但近两年来,中日经济关系出现了一些新变化。2005 年两国的贸易额虽然创下新高,但增幅却低于中欧、中美贸易。在中国的贸易伙伴中,日本的位次已从长期占据的第一位下滑至第三位,落后于欧盟和美国。此外,日本对华直接投资额虽然仍位于各国前列,但是在中国引进外国直接投资总量中的比重却呈下降之势。

其次,中国与韩国、日本教育交流的迅速发展和频繁也得益于历史纽带和文化的共通。中国、日本、韩国同受儒家文化的深远影响,有着相似的文化背景和很强的文化认同性。韩国的课程中,至今仍有汉字课,所以现在大部分韩国人都懂汉字。日语中也保留有大量的汉字。中国儒家传统教育思想,比如“有教无类”、“因材施教”、“君子不器”、“修己以安人”、“和而不同”等也融入了日本、韩国的教育思想中。前不久我看到一位学者的文章,题目是“中国的和服、日本的中山装”,认为日本的国服——和服起源于中国的古代服装,而在当代中国风行的中山装则是从 20 世纪初日本的学生装改造而来。这就是文化上的你中有我,我中有你。又及,体现韩国传统文化和美德的电视连续剧《大长今》在中国引起极大轰动,让很多中国人也感受到传统文化和美德的震撼,我想这些都表明了中国与日本、中国与韩国的文化中有很多相互学习借鉴融合之处。中国与日本、韩国的关系之所以能取得快速发展,是植根于两千多年来历史上的文化教育交流的传统关系。特别是中韩两国建交虽晚,但两国关系的发展却十分迅速,其中传统文化的潜在作用是不可低估的。

当然,促使中国与韩国、中国与日本教育交流迅速发展与全面提升的因素还包括地理位置等其他方面,在此不一一论述。

三、充分认识教育交流在中国与韩国、 日本合作中的地位和作用

密切的政治经济关系以及文化的共通,是中日韩教育交流活动的最高保障和最基础性的支持,而教育交流则是促进两国经济社会交流与合作的重要动力。在经济全球化和知识经济的今天,教育交流在国际政治经济关系中正逐步由边缘走向中心。

新的历史时期为中日韩合作提供了新的契机,也提出了新的挑战。中日韩三国的交流与合作虽然在过去十多年里取得了巨大成就,但广度和深度都有待于继续加强。在这样的过程中,教育交流的重要性将会进一步凸显出来。教育交流可以直接服务于经济的合作,为经济合作提供人才支持、技术支持和智力支持;教育交流可以帮助两国的教育机构分享经验、取长补短,共同提高教育水平。更重要的是,教育交流可以促进国与国之间人民的相互了解和心灵间的沟通。比如在对待历史问题的态度上,日本与中国、韩国之间存在着重大分歧,这种分歧已严重制约了日本与中国、日本与韩国之间关系的发展。在这个方面,三国的教育工作者应该积极发挥作用,通过教育交流帮助日本国民更加理解中国人民和韩国人民的感情,理解中国人民和韩国人民对日友好的美好感情和"记住历史是为了不重复历史"的善良愿望。中日韩合作是国家的合作,是人民的合作,长期稳定的友好合作需要通过公众中的具体成员加以实现。通过教育交流,可以帮助成员进一步体会中日韩合作的必要性和重要性,建立相互信任、相互学习、相互促进的良性互动机制;可以培养国民特别是青年"各美其美、美人之美、美美与共、天下大同"的意识和胸怀,为国家之间长期友好的合作、为东北亚的繁荣发展夯下坚实的基础。

四、中日韩教育交流的前景和展望

几十年在历史长河中不过是短暂的瞬间,但就在这短短的几十年中,中日

韩教育交流取得了突破性进展。回顾过去,展望未来,中日韩教育交流完全具有纵深发展的基础、动力和条件,只要大家从战略的高度,以长远的眼光,进一步完善教育交流机制,妥善处理各种问题,中日韩教育交流必将走向新的广度和深度。在此,我从一个高等教育工作者的角度出发,就三国高等教育合作的进一步发展谈几点看法:

1. 要以务实的精神解决三国高等教育交流中存在的一些主要障碍,特别是一些可以克服的制度性障碍

例如,学位学历的互相承认问题。这里实际上暗含着教学水准和教学质量的相互认同。迄今中国政府已经和二十多个国家签署了互认学历文凭的双方协议,而与日本、韩国政府尚未签署有关协议。这种现状和中国、日本、韩国间如此大规模的留学热潮极不相称。中日、中韩留学生的未来发展迫切需要政府提供相应的行政和法律保证,以使其教育背景为对方国家和社会所承认。我曾于2004年3月在北京举办的"跨境高等教育合作会议"上呼吁,凡是教育水准大体相当的国家应当相互承认学位学历。文化与地缘关系密切的东北亚三国不应该落在后面。

2. 中日韩教育交流需要三国政府的进一步支持

中国、日本、韩国政府在中日韩教育交流中始终发挥着重要作用,但其作用需要进一步发挥。中韩政府、中日政府虽设有面向来自彼此国家留学生的奖学金,但数量非常有限。到2003年,仅有143名韩国留学生获得中国政府奖学金;而获得韩国政府奖学金的中国留学生更是仅有47名。2005年的资料显示,目前中日两国政府每年互换110个奖学金名额。由此可见,政府层面的支持力度远远不够。在大规模提供政府奖学金条件不具备的情况下,如何为彼此之间的留学生营造更多的勤工俭学的机会,是政府应考虑的一项重要事情。

3. 加强校企合作,推动教育交流

在现代社会,高等学校承担的职能之一就是社会服务,而校企合作是实现这一职能的一个有效途径。通过校企合作,一方面可以促进高校教育事业的发展、人才培养和科学研究等工作;另一方面,高校的人才培养和科研成果可以为企业的发展提供人才支持和智力支持,促进企业人力资源水平的提高乃至核心竞争力的提升。目前已有3万多家韩国企业进入中国;2003年底的一个统计数字表明,日本在中国的企业数量已有2.8万多家。在华韩国、日本企业加强同中国高校之间的合作,对合作的双方有利,是一种双赢的战略选择。

4. 促进三国高校之间实质性的合作

目前,中国的大学与日本的大学、韩国的大学签订校际交流协议的热情很高,但交流与合作多停留在表层,实际落实程度较低。中日韩各学校在进行交流时,应制定总体规划,了解对方的优势学科、强项专业,选择自身的优势学科,加强合作,收到实效。如中国人民大学与韩国高丽大学发挥彼此在商学领域的影响力,开展"韩国企业经营研究"项目,为在华韩国企业提供咨询、培训及进行合作研究,收到了良好的效果。

此外,我们还应该把视野投向我们在高等教育领域面临的一些共同的问题,并就这些问题的解决展开积极的合作。例如,如何使人文素养和科学精神在我们的学生身上得到完美的体现;究竟怎样认识通识教育和专业教育;究竟怎样按社会需要来培养各类人才,等等。

中国与韩国、日本的教育交流有过辉煌灿烂的昨天,有着朝气蓬勃的今天,相信经过大家的共同努力,一定会创造更加美好的明天。

(中国人民大学校长)

Create a Brighter Future of Educational Exchange among China, Japan and Korea

JI Baocheng

(President, Renmin University of China)

Abstract: China, Japan and Korea have been exchanging on culture and education for a long time early in the history. Education cooperation has been a high light in the comprehensive cooperation relationship among three countries, and also an important fulcrum in the further development of three countries relations. Since the establishment of Sino-Japanese and Sino-Korean diplomatic relations, education exchange and cooperation has made great progress, which is benefited from the in-depth development of three countries exchange in the fields of politics and economy and similarity with their culture. The author hopes China, Japan and Korea take various measures to promote the substantial cooperation among three countries' universities. By strengthening cooperation between Japanese enterprises, Korean enterprises in China and Chinese universities, China, Japan and Korea could further push cooperation between universities and enterprises and then achieve the mutual interests.

Key words: China; Japan; Korea; education exchange; history; reality and future

中国研究与亚洲理念

曹魏邺都城制建筑考

——中世纪东亚都城制度探源(一)

牛润珍　金文淑

【内容提要】　曹魏邺都兴建于建安九年至二十三年(204—218),形制平面呈东西横长方形。宫殿区集中并居北部中央,已具备宫城雏形;全城以文昌殿为中心,沿南北中轴线对称布置,街区呈棋盘状;城内置里,里中有市,市在宫城之南。城制布局体现天地、阴阳和谐理念,展示了不同于西汉长安、东汉洛阳的制度与风格,同时又开启了隋唐大兴、长安的都城建筑制度,在中世纪东亚都城制度发展史上具有承前启后的地位与作用。

【关键词】　曹魏;邺都;城制;宫城;中轴线

一、引　言

城市作为人类生存、生活、生产和从事各项活动的社区,其形成、发展、演变已有三千多年的历史。现代世界人口城镇化的速度越来越快,城市数量越来越多,类型也更加纷繁。面对如此繁杂的城市,研究城市史的学者不得不依据某些共性特征将城市进行分类,然后,再逐类研究、比较。美国学者肖伯格(Sjoberg)把所有历史上已知的城市划分为两类,即前工业化城市与工业化城市;韦伯(Weber)则将城市分为西方型与东方型两类。施坚雅(Skinner)的分类方法较之肖伯格、韦伯更进一步,将同一类型的城市又分为不同的层次。指出:"'前工业化城市'应划分为农业文明城市(有缙绅士大夫)和原始国家城市

（无缙绅士大夫）。这三个（或者还要多些）基本城市类型（即农业文明城市、原始国家城市和工业化城市），每个类型都可分成自治的或飞地式的与依附的或自成整体的两类。这些分类还可以其文化基础或地理基础再加细分：出现于原始国家的依附的或自成整体的那一类，又可再分为新大陆样板（印加、何兹特克等等）及非洲样板；农业文明中的依附的或是自成整体的那一类，也可初步再分成东欧型、中东型、印度型、华夏型（Sinic）等等。在层级的下一级，华夏型一类又可再分成中国的、越南的、朝鲜的、日本的，以及一些别的变种。有些命题据说适用于中国城市，适用于所有的华夏型城市，适用于世界各地农业文明中的依附的或自成整体的城市，适用于农业文明中的一切城市，以至最后适用于一切城市。"①无论怎样分类，是东方型还是华夏型，中国城市都是自成一格的，而且这一类型的城市发展历史是以中国为主体的，并深深地影响了东亚国家。

那么，历史上的中国城市是如何影响东亚国家的呢？一个最明显的现象是中国古代都城的示范。都城自古被称为"首善之区"，城制布局、建筑风格不仅被本国地方城市仿效，也被邻国都城学习、借鉴。特别是中世纪以来，东亚国家借鉴中国的都城制度，宫城、皇城、郭城"回"字形相套，主要建筑沿南北中轴线布置且左右对称，街区呈棋盘状；宫殿、城门等名称取象天地、日月星辰和四时，贯彻"天人合一"的理念，追求人与自然的和谐。这些构成了郏、长安、汴梁、大都、北京、高句丽平壤城、新罗王京、百济王城、高丽开城京、朝鲜汉城、日本藤原京、平城京、平安京、越南顺化等都城的共同特点。

地方城市特别是官衙，其设计与平面布局、职能配置基本上仿效都城内的皇城规制，以体现封建中央集权在地方的贯彻。《冯友兰自述》（中国人民大学出版社2004年）一书曾就清代湖北崇阳县衙的格局、体制有所描述："衙门的大门上边，挂了一块竖匾，上写'崇阳县'三个大字。竖匾表示以上临下的意思。进了大门，绕过仪门，就是大堂。大堂前面两侧各有一排房子，这是县衙门的六房办公之地。东边一排三房是吏、户、礼；西边一排三房是兵、刑、工……大堂正中，有一座暖阁。暖阁中间有一张桌子、一把椅子，这就是县官的公座公案。暖阁的上边有三个大字：'清慎勤'……这三个字是明太祖规定的，清朝也把它继承下来了。暖阁的前边有两个高脚架子，一个架子上边放一个黄布卷，

---

① 参见施坚雅主编：《中华帝国晚期的城市》，第3—5页，北京，中华书局，2000年版。

另一个架子上边放一个黄布包着的盒子……这个盒子里面应该是印,那个黄布卷里面应该是敕。这两件东西,表示县官是皇权的代表,他是代表皇帝在这里办事的……大堂后边就是'宅门'……此门以内就是县官的私宅。宅门进去是二堂。二堂后边还有三堂,进了宅门,往西边拐,就是花厅,是县官会客的地方。花厅西头,有一个套间,叫签押房,是县官办公的地方。花厅后边,隔一个院子,就是上房……还有厨房和其他零碎房室,都在东面的院子里。这个格局和体制,大概各州县衙门都是一样。"又曰:"故宫和一座县衙门在格局、体制上是一致的,可以说县衙门是一个具体而微的皇宫,皇宫是一个放大了千百倍的县衙门……皇宫的本体是紫禁城,紫禁城的外围是皇城,皇城的正门是天安门。天安门还有一段前卫的皇城,横断长安街,一直延伸到离前门门楼不远的地方……这段城墙横断长安街的地方,东西各留有三个门洞,称为'三座门'。这段墙的南端又有一座门,明朝称为'大明门',清朝称为'大清门',清朝亡了以后改称'中华门'……'大明门'或'大清门'这些称号的意义,就等于县衙门大门竖匾上写的'某某县'的意义。'大明门'或'大清门',表示这个门内的主人是明或清朝的最高统治者,如同县衙门大门竖匾上写的'某某县',表示这个衙门的主人就是这个县的统治者。在天安门和大清门中间那段前卫墙的外边,东西各有三座大衙门,东边三座就是吏、户、礼三部,西边三座就是兵、刑、工三部。这相当于县衙门大堂前边的东西两侧那两排房子。从天安门进去,经过端门、午门到太和殿,太和殿就是'大堂',是皇帝正式坐朝的地方。从太和殿进去,中和殿是'二堂',保和殿是'三堂'。保和殿后边是乾清门,乾清门就是'宅门',此门以内,是皇帝的私宅。乾清门以外是外朝,以内是内廷。从乾清门进去,就是皇帝的私宅乾清宫,乾清宫就是'上房'。"不仅皇城与地方官衙如此,而且府州县城的布局也多仿效都城。这一现象在古代韩国、日本、越南大体相似。

　　这样的体制、格局并不是明清的发明,而是历代传承、演变的造化,追溯其渊源,可以有充分的材料证明,起码在东汉的邺城,已经具备了这样的体制与格局。因此,中、韩、日三国的学者悉将古代都城制度的研究与邺联系起来。陈寅恪先生提出"邺—大兴—长安"中国中世纪都城系统;日本人关野贞、那波利贞、宫川尚志、村田治郎、秋山日出雄、岸俊男、上田早苗、中村圭尔等均论及邺与日本古都之关系,并将日本古都城制溯源于长安或邺城;韩国国立庆州文化财研究所的重大考古成果《庆州王京》(二巨册)将新罗王城与邺城做了比较；成周铎、徐锡程等学者论证了百济城址在制度方面与邺城的相似之处。邺城是揭示"华夏型"都城制度起源的关键。由于邺已废毁1400余年，城址被漳水冲淤淹埋于地下2米至10米，文献记载少而散乱，有关研究成果十分有限，破解邺城之谜，厘清中世纪东亚都城城制源流关系，是摆在中外学者面前一个十分艰巨的课题。

正是由于问题的重要、复杂与困难，邺城研究不可能毕其功于一役，须逐步展开，一项一项地攻克。故本文仅就曹魏邺都城制与建筑逐一考证，目次为：引言、邺都之兴建、城垣与城门、三台、宫殿、官署、街道、里巷、邺市、城外建筑、邺下水利工程、结语。

二、邺都之兴建

建安九年(204)，曹操代袁绍领冀州牧，把邺作为其政治、军事据点，以河北为根本，南向争天下。建安十八年(213)，东汉献帝以冀州之河东、河内、魏郡、赵国、常山、中山、巨鹿、安平、甘陵、平原等10郡，封曹操为魏公，邺既是冀州治所，又是侯国之都。二十一年(216)，曹操称魏王，邺城从此成为名副其实的王都。至是，献帝虽都许，而天下政治中心在邺，邺城为实际上的都城。

定居邺城是曹操的夙愿，陷邺后，即着手城池的兴建。自建安九年八月至十三年(204—208)，由于忙于战争，邺城的土木工程规模比较小，建筑的重点主要是修复遭战争破坏的城垣、城门，并对邺城的建设作出全面规划和设计。在东汉邺城依街道分区布局基础上，将内城向东拓宽，新拓展的地方作为中朝、内朝宫殿的预留地，同时将内城以东至东城垣划为贵族居住区，城内东西大道以南地区，基本沿袭东汉。建筑施工方面包括对袁绍官署旧宅进行改造，拓广西苑面积，修补城墙，加固增高城门等，这些施工项目构成了邺城改建重建的一期工程。

建安十三年(208)以后，曹操按照自己的设计与规划，上马一些规模较大的工程。首先是在邺城西北开凿玄武陂，以训练水师，这项工程至少历时一两年才能完成。开凿这么大的陂池，大量池土堆积如山，不利于邺城防守，曹操于是利用这些池土在城西北筑铜雀台。铜雀台动工于建安十五年(210),至十七年(212)竣工。十八年(213)又完成两项大工程:一是凿利漕渠,"引漳水入清洹以通河漕"①。这项工程对于邺城的建设十分重要,一方面便利了城市的交通运输,另一方面为邺城内的供、排水工程的施工奠定了基础。再一项工程是筑金凤台。从建安十三年到十八年(208—213)是邺城建设的二期工程,主要工程项目都在邺城外围。

　　建安十八年以后,邺城的建设进入三期工程。在三期建筑工程中,除冰井台之外,大规模的建筑在城内,主要是邺宫室的建筑。这一年,曹操被封为魏公,官爵的升高,宫室建筑规模也随之扩大。而且,这位魏公,权倾朝廷,非一般公爵。曹操宫殿的建筑主要是外朝和中朝的殿堂,整个工程的施工很是讲究章法,先开通长明沟,引漳水伏穿铜雀台下,然后分出支流,流布宫殿、街区。他将挖沟的泥土作为宫殿建筑用土,又可通过沟水运送建筑材料,待宫室建成后,再将废弃的建筑垃圾,回填附近的沟池或筑台基。建筑木材大部分取之于上党山林。据《三国志》卷十五《梁熠传》记载:建安十八年(213),曹操使梁熠于上党取木材,"供邺宫室"。明嘉靖《彰德府志》引宋《相台志》云:曹操"用冀州民力,取上党山林之材,制度壮丽,见于文昌、听政等殿,金虎、铜雀之台,鸣鹤、楸梓之宫"。曹操不取邺城附近树木,而用上党山林木材,甘愿舍近求远,在都城建设方面,非常注意保护附近的林木资源。他不一定能意识到城市的生态平衡,但起码是有长远打算的,如城市绿化、战备防护等。俟宫殿竣工后,又于建安二十二年(217)在城南修建泮宫,到二十三年(218),邺城的整体建筑基本竣工。曹魏邺都的建设前后历时 14 年。

　　邺城的建筑思想与设计主要出自曹操。《三国志》卷一《武帝纪》裴注引《魏书》曰:操兴建邺,"皆尽其意"。曹操力主统一天下,在统一思想的指导下,规制邺都的布局,使之前后谐趣,左右对称,整齐划一。整个城区为南北两部分,中间由东西街道隔开。北部西为西苑(即铜雀苑),中为宫殿区,东为贵族居住区;南部为居民、手工业和商业区。从城郭的连接看,曹魏邺城沿袭袁绍邺城,仍由内城与外郭构成。不同之处在于,曹操将内城向东拓展,将广德门大街以东部分城区圈入内城,在新拓展的地方建置官署、内朝和后宫。

---

① 《水经注》卷十,《浊漳水》。

亚洲学术

2006

Scholarly Studies on Asia 2006

三、城 垣 与 城 门

建安九年(204),曹操与审配的邺城攻守战,使城垣和城门遭到一定程度的破坏,陷邺后,即着手邺城修复兴建。《初学记》卷二十四城廓引《月令》曰:"每岁孟秋之月,补城郭;仲秋之月,筑城郭。"秋天的气候和地气适宜动土,从曹操攻占邺城后的历史背景推测,修筑城垣是当务之急,邺之修复工程当于建安九年秋即据邺不久就开始了。对于邺城垣的修建,文献缺少记载,仅记有城门的崇广。胡三省注《资治通鉴》也曰:邺北城初就于袁绍,"曹操增而广之"。从文献反映的情况看,城垣的修复工程只是在原有的基础上进行修补加固,城垣的加固与城门的崇广,这两项工程可能是同时进行的,起码在建安十五年(210)铜雀台动工之前完成。

曹魏邺城垣长、宽、周长,文献没有具体记载,其具体情况可从东汉和后赵前后两代邺城沿革方面做些推测。曹操攻邺,凿堑围城,周四十里,折合今约28里,邺城垣周长必小于28里。后赵石虎邺城"东西七里,南北五里",周二十四里。按西晋里制,一里约合432米,二十四里约合今20.6里。经考古工作者实地勘探,邺北城东城垣至金虎台东西长2 400米,西墙南段向外突出,东西最宽处2 620米,南北1 700米①,其周长约17里,小于文献记载。由此推测,魏晋邺城垣的范围,即东汉邺城范围,直到后赵,城垣基址没有什么变化。据考古资料证实,邺"七五城"之说,实际长、宽之比为七比五,并非"长七里,宽五里"。城墙为夯土筑成,筑墙时挖有基槽,经勘探发掘,南城墙宽16.35米,东城墙宽15至18米,发掘的一段城墙宽度为15.35米,北城墙宽16米左右。四个城墙角,仅探出城东南角。已发掘的城墙地层表明,是营建于东汉晚期至曹魏时期,十六国和东魏北齐时期有重建或修补的情况②。

---

① 见中国社会科学院考古研究所、河北省文物研究所邺城考古队:《河北临漳邺北城遗址勘探发掘简报》,载《考古》,1990(7);徐光冀:《曹魏邺城的平面复原研究》,载《中国考古学论丛——中国社会科学院考古所建所40周年纪念》。
② 见中国社会科学院考古研究所、河北省文物研究所邺城考古队:《河北临漳邺北城遗址勘探发掘简报》,载《考古》,1990(7)。

邺城垣也是曹氏父子和建安邺下文人悠游的去处。曹丕《登城赋》曰:"孟春之月,唯岁权舆,和风初畅,有穆其舒,驾言东迈,陟彼城隅,逍遥远望,乃欣以娱,平原博敞,中田辟除,嘉麦被垄,缘路带衢,流茎散叶,列倚相扶,水幡幡以长流,鱼裔裔以东驰,风飘飘而既臻,日暗暖以西移,望旧馆而言旋,永优游而无为。"①曹魏邺城沿袭东汉,城东南角仍建有角楼,又称"高观"。王粲《思友赋》曰:"登城隅之高观,忽临下以翱翔。"②所言"高观",即城东南之角楼。陈琳曾作《诗》曰:"闲居心不娱,驾言从友生,翱翔戏长流,逍遥登高城,东望看畴野,回顾览园庭。"这反映了登东城垣游览所见景观。

曹操崇广邺城诸门,当是在东汉城门基址上重新扩建,具体位置一如后赵邺城七门,而名称非后赵城门之称谓。考古工作者在距城东南角以北800米处,勘探到一座门址,门道宽22米,门道外还有瓮城,此门即邺北城的东门,即后赵邺之建春门。东汉时称东门,曹魏时仍称东门。《三国志·魏书·文帝纪》中记载:延康元年(220年)四月庚午日,"大将军夏侯惇薨"。裴注引《魏书》曰:"王(即魏王曹丕)素服幸邺东城门发哀。"孙盛曰:"在礼,天子哭同姓于宗庙门之外。哭于城门,失其所也。"因此时曹丕还未称帝,故哀哭于东门,称东门而不称建春门,说明"建春门"乃后赵邺城东门之名称,而非曹魏时期的名称。曹操出征,水路由东门外石桥旁码头启行,这可从王粲《从军诗》中看出:"朝发邺都桥,暮济白马津。逍遥河堤上,左右望我军。连舫踰万艘,带甲千万人。率彼东南路,将定一举勋。"③刘桢《诗》也曰:"且发邺城东,莫(应作暮)次溟水旁。三军如邓林,武士攻萧庄。"④曹丕还曾在东门外石桥一带校猎,并赋诗曰:"巾车出邺宫,校猎东桥津。重置施密网,罦罬飘如云。弯弓忽高驰,一发连双麚。"⑤

南三门。曹魏邺城南面三门,中曰章门,沿袭东汉名称。南面东头一门和南面西头一门的名称,史书缺载。《太平寰宇记》引《邺中记》曰:"魏太祖都城之内,诸街有赤阙,南面西头曰凤阳门,上有凤二枚,其一飞入漳水,其一仍以锁

① 《初学记》卷二十四《城郭》第二。
② 《艺文类聚》卷三十四《哀伤》。
③ 俞绍初校点:《王粲集》,北京,中华书局1980年版。
④ 《魏晋南北朝诗》卷三刘桢。
⑤ 《艺文类聚》卷九十五《麚》。

绊足。邺人旧歌曰:凤阳门南天一半,上有金凤相飞唤,欲去不去著锁绊。"所言为后赵事,而非曹魏事,颇有张冠李戴之嫌,《太平寰宇记》引文窜乱史事。1983 年秋至 1984 年,考古工作者沿南城反复钻探,未发现城门遗址,但三门的位置可以根据勘探出的三条南北大道来确定。章门处于南城垣正中,东去约 950 米为南城东头一门,即后赵广阳门,西去约 900 米为南城西头一门,即后赵凤阳门。曹操曾欲试验曹丕曹植兄弟机敏与智慧,令之出南门,又暗使门吏闭城,禁止城内人外出,杨修帮助曹植假借操令,得出南门,而曹丕未能出。

西门。曹魏在东汉基础上重建,北接三台,东邻西苑和大朝宫殿,出西门即是秦汉以来太行山东麓南北驰道,是曹氏父子、官僚贵族、士人出入邺城的重要门户。曹操出征、出巡,陆路多由此门出。征战回邺,也由此门入。王粲《从军诗》写曹操征关中,凯旋,"歌舞入邺城",即从西门入城。西门又是曹丕、曹植、王粲、陈琳、徐干、刘桢、阮瑀等人游历、校猎等活动的出入场所,这在他们的诗中多有反映。曹丕《于玄武陂作诗》曰:"驱车出西城。"王粲《诗》曰:"从君出西园。"直至西晋,西门仍是官吏出入游览的门户。陆机《游邺西城诗》曰:"遨游出西城,按辔循都邑。"①魏晋邺城西门即十六国后赵金明门。根据考古工作者勘探出的邺城东西大道推测,其具体位置约在金凤台南 150 米左右。

北二门。文献关于曹魏邺城北门的记载很少,按照传统的观念,北门即鬼门,平时经常关闭,只有祭祀鬼魂时才打开,人们出入往来很少,因此文献记载自然不多。邺北门有二座,东头一门,即后赵广德门,已被考古工作者探出,门道宽 20 米,门址距东城墙约 1000 米;北墙西头一门,即后赵厩门,门址还未确定。北二门邻接宫苑及官僚贵族居住区,地处紧要,非一般平民出入之所,故常关闭,只有突发性事变,方可开启。

四、三　台

金虎台、铜雀台、冰井台,合称为"三台",位于邺城西北,以城墙为基,南北

排列。三台"相去各六十步"①。左思《魏都赋》对三台曾有描述,曰:"飞陛方辇而径西,三台列峙以峥嵘。亢阳台于阴基,拟华山之削成。上筑栋而重霤,下冰室而沍冥。周轩中大,丹墀临焱,增构峨峨,清尘飘飘。云雀踶甍而矫首,壮翼摛镂于青霄。雷雨窈冥而未半,皦日笼光于绮寮。习步顿以升降,御春服而逍遥。八极可围于寸眸,万物可齐于一朝。"《魏都赋》晋张载注曰:"铜雀园西有三台,中央铜雀台,南则金凤台(即金虎台,后赵改名金凤),北则冰井台。"《水经注·浊漳水》曰:"(邺)城西北有三台,皆因城为基,巍巍崇举,其高若山。"《初学记》卷八引陆翙《邺中记》曰:"魏武于邺城西北立三台;中台名铜雀,南名金兽台(即金虎台,唐代人避虎,改虎为兽),北名冰井台。"王先谦《水经·浊漳水注》引李善《文选·魏都赋注》云:"铜雀园西有三台:中央铜雀台","亦曰中台";"南有金虎台,亦曰南台";"北则冰井台,亦曰北台"。从现存三台遗址和古今地形地貌变化方面推测,三台南北排列似不在一直线上,铜雀居高阜之巅,金虎稍偏东南,冰井稍偏东北。

铜雀台。又称"中台",始筑于建安十五年(210)冬,至十七年(212)春竣工,历时一年多。《三国志》卷十九《陈思王植传》曰:"时,邺铜雀台新成,太祖悉将诸子登台,使各为赋。植援笔立成,可观,太祖甚异之。"其《登台赋》曰:"从明后而嬉游兮,登层台以娱情。见太府之广开兮,观圣德之所营。建高门之嵯峨兮,浮双阙乎太清。立中天之华观兮,连飞阁乎西城。临漳水之长流兮,望果园之滋荣。仰春风之和穆兮,听百鸟之悲鸣。天云垣其既立兮,家愿得而获逞。扬仁化于宇内兮,尽肃恭于上京。唯桓文之为盛兮,岂足方乎圣明!伏兮美兮!惠泽远扬。翼佐我皇家兮,宁彼四方。同天地之规量兮,齐日月之辉光。永尊贵而无极兮,等年寿于东皇。"②从内容看,此赋作于春天,"望果园之滋荣","仰春风之和穆","听百鸟之悲鸣",描写的都是春天的景色。这与曹丕作于建安十七年春《登台赋》"鸟飞鸣而过前",是同时描述的同一情景。曹丕《登台赋》曰:"建安十七年春,游西园,登铜雀台,命余兄弟并作。其词曰:登高台以骋望,好灵雀之丽娴,飞阁崛其特起,层楼俨以承天,步逍遥以容与,聊游目于西山,溪谷行以交错,草木郁其相连,风飘飘而吹衣,鸟飞鸣而过前,申踟蹰以

---

① 元·乃贤《河朔访古记》卷中引《邺中记》。
② 《三国志》卷十九《陈思王植传》裴注引阴澹《魏记》载植《赋》。

周览,临城隅之通川。"①这两篇赋可以证明铜雀台完工于建安十七年春。曹操取名铜雀,意在吉祥丰收。南梁简文帝《和梁武帝籍田诗》曰:"鲤鱼显嘉瑞,铜雀应丰年,不劳郑国雨,无荣邺令田。"②

　　铜雀台高十丈,据曹植赋"登层台以娱情"、曹丕赋"登高台以骋望",可知台以城为基,台上筑台,故曰"层台"。台上建有屋室楼观,其建筑十分雄伟壮丽。"增构峨峨,清尘飘飘",楼观顶端(屋脊)上的铜雀矫首壮翼于青霄。晋张载《魏都赋注》:铜雀台"有屋一百一间"。王先谦校《水经注》引李善《魏都赋注》:"铜雀台高十丈,有屋一百一间"。《水经注·浊漳水》:"中曰铜雀台,高十丈,有屋百一间。"台上建楼殿屋室,殿脊上安放铜雀,其源出自西汉武帝。《汉武故事》载:"汉武铸铜凤皇高五丈,饰于(以)黄金,置于渐台殿脊上。"③观曹丕《登台赋》"飞阁崛其特起,层楼俨以承天"语句,可知铜雀台上建有楼观。此外,王粲与晋枣据均作有《登楼赋》。王粲《赋》曰:"览斯宇之所处,实显敞而寡仇,接清漳之通浦,倚曲阻之长洲,北弥陶牧,西接昭丘。"枣据《赋》曰:"登兹楼而逍遥,聊因高以遐望,感斯州之厥域,寔帝王之旧疆,挹呼沱之浊河,怀通川之清漳,原隰开辟,荡臻夷薮,桑麻被野,黍稷盈亩,礼仪既度,发繁财阜。"④从二人赋之内容看,所登之楼似为铜雀台之楼。而且此等铜雀诗赋风格,对后世影响甚大。《宋书》卷十九《乐志》引王僧虔《论三调歌表》曰:"又今之清商,实犹铜雀。"建安二十四年(219),曹操临终遗嘱:置婕妤伎人于台上,每月十五日对帐演奏,子女眷属登铜雀台,眺望西陵。西晋陆机撰《吊魏武帝文》引魏武遗文曰:"吾婕妤伎人,皆著铜雀台上,施六尺床,下穗帐,朝脯设脯糒之属,月朝十五日,辄向帐作伎,汝等时时登铜雀台,望吾西陵墓田。"其《吊魏武帝文》曰:"征清丝而独奏,进脯糒而谁尝,悼穗帐之冥漠,怨西陵之茫茫,登雀台而群悲,贮美目其何望。"⑤铜雀台建筑材料十分考究,特别是楼室屋瓦,甚受后世珍重,故吴淇《六朝诗选定论》卷五曰:"武帝制作,无不精妙,故铜雀台,后世得其片瓦,犹值百金。"

---

① 《艺文类聚》卷六十二《台》。
② 《艺文类聚》卷三十七《籍田》。
③ 见《初学记》卷二十四《台》第六。
④ 见《艺文类聚》卷六十三《楼》。
⑤ 《艺文类聚》卷三十九《吊》。

金虎台。在铜雀台南,相距 83 米①,俗称"南台"。据《三国志》卷一《武帝纪》记载:建安十八年"九月,作金虎台"。高八丈,台上建有屋室 109 间②。后赵石虎改名金凤台。

冰井台。在铜雀台北,又称"北台",建筑年代有二说:一为建安十八年(213)。《邺中记》曰:"金虎、冰井皆建安十八年建也。"一为建安十九年(214)筑。北齐杨楞伽《邺都故事》曰:汉献帝建安"十九年造冰井台"。嘉靖《彰德府志》云:"建安十八年,曹操既筑金凤(虎)台,明年复筑此台(冰井台),以有凌室,故曰冰井。""冰井台高八丈",台上"有屋一百四十五间,上有冰室,室有数井,藏冰及石墨,又有粟窖及盐窖"③。《魏都赋》注曰:"冰井台上有冰三室,与法殿皆以阁道相通。"晋庾倏(汪校:当作儵。按:《晋书》卷八、卷七十三有"庾條")曾作《冰井赋》,曰:"嘉阴阳之博施,美天地之广宣,万物杂而无越,不易类以相干,或专阳负暑,或固阴冱寒,塗虽殊而同归,信协德而具延,于是孟冬之月,群阴华升,霜雪纷其交沦,流波结而成凌,启南墉之重陬,将却热以藏冰,纳远宫之邃宇,静幽淡以清征,抱坚精之玄素,发川灵而长凝,于是寒往暑来,四时代序,帝将攘患,炎灾是御,尔乃携我同类,援我蒸徒,将涉寒薮,害气是除,攀灵艦而增举,爰自讬于城隅,仰瞻重构,俯临阴穴,凄清惊冷,鬖发栗烈,余寒严悴,凄若霜雪。"④

西晋惠帝永宁年间(301—302),三台建筑犹存,玉阶、兰堂、曲房、长廊等虽不及曹魏华丽,但风韵依旧。西晋陆云撰有《登台赋》可证,其赋曰:"永宁中,巡幸邺宫三台,登高有感,乃作赋云:尔乃伫眄瑶轩,流目绮寮,中原方华,绿叶振翘,历玉阶而容与,步兰堂以逍遥,曲房萦而窈眇,长廊邈而萧条,于是聊乐近游,薄言儦俟,绮疏列于东序,朱户立于西厢,感旧物之咸存,悲昔人之云亡,凭虚栏而远想,审历命于斯堂,于是精疲游倦,白日藏辉,鄙春登之有情,恶荆台之忘归,聊弭节而驾言,帐将逝而徘徊。"⑤

---

① 中国社会科学院考古研究所、河北省文物研究所邺城考古队:《河北临漳邺北城遗址勘探发掘简报》,载《考古》,1990(7)。

② 见晋·张载《魏都赋注》、《水经注》卷十《浊漳水》、王先谦校《水经注》引李善《魏都赋注》。

③ 王先谦校《水经注》引李善《魏都赋注》。

④ 《艺文类聚》卷九水部下《冰》。

⑤ 《三国志》卷一《武帝纪》裴注引《魏书》。

23

西晋末年,邺城及三台遭劫,卢谌作《登台赋》曰:"显阳隗其颠隧,文昌鞠而为墟,铜爵陨于台侧,洪钟寝于两除,奚帝王之灵宇,为狐兔之攸居"。卢谌登台所见当是汲桑焚邺后之情景。

五、宫 殿

自东汉建安九年(204)曹操陷邺之后,邺城府第递有饰修,到建安十七年(212),已初具规模。建安十八年(213),汉献帝封曹操为魏公,二十一年(216)复封为魏王,宫室随着王权的愈益威重而更加豪华。曹操营造邺宫,多自立法则,布局规制,"皆尽其意",经过十几年的营缮,形成与长安、洛阳不同风格的建筑布局:宫苑、外朝、内朝自西向东依次排列,每组建筑群左右对称,南北照应,宫、殿、台、阁、楼、观、亭、榭及园林相映谐趣,宫殿区、铜雀苑及三台,既有职能分区,又相互连接构成一个有机整体的建筑群,布局结构严谨合理,宫殿题榜都是当时著名的书法家梁鹄所书。梁鹄书法得于邯郸淳。《文章叙录》曰:"梁鹄谓淳得次仲法,然鹄之用笔尽其势矣。"①自然、人文与艺术融合统一,成为曹氏集团居家、治政、赋诗创作、游历玩乐的绝好地处。曹操在其一生最后十五六年里,除出征、巡察外,大部分时间都在这里度过。对于邺都宫殿区的丽景,可从曹植《节游赋》中窥见一斑。

览宫宇之显丽,实大人之攸居。建三台于前处,飘飞陛以凌虚,连云阁以远径,营台榭于城隅,亢高轩以迥眺,缘云霓而结疏。仰西岳之松岭,临漳滏之清渠,观靡靡而无终,何眇眇而难殊。亮灵后之所处,非吾人之所庐,于是仲春之月,百卉丛生,姜姜蔼蔼,翠叶失茎,竹木青葱,珍果含荣,凯风发而时鸟谨,微波动而水虫鸣,感气运之和润,乐时泽之有成,遂乃浮素盖,御骅骝,命友生,携同侪,诵风人之所叹,遂驾言而出游。步北园而驰鹜,庶翱翔以写忧,望洪池之滉漾,遂降集乎轻舟,沉浮蚁于金罍,行觞爵于好仇。丝竹发而响厉,悲风激于中流,且容与以尽观,聊永日而忘愁。嗟羲和之奋策,怨曜灵之无光,念人生之不永,若春日之微霜。谅遗名之

---

① 见《四体书势序》。又见《三国志》卷二十一裴注引《文章叙录》。

可纪,信天命之无常,愈志荡以淫游,非径国之大纲,罢曲宴而旋服,遂言归乎旧房。①

1. 宫殿门

端门。文昌殿前正门。曹植《槐赋》曰:"凭文昌之华殿,森列峙乎端门。"是说从文昌殿到端门,道路两旁植有大槐树。

阊阖门。曹植《赋》曰:"阊阖开,天衢通。"其《仙人篇》又曰:"阊阖正嵯峨,双阙万丈余。"②阊阖门,在端门前,南向正对邺城章门官道,门外两侧倚东西大道建有双阙,是进入邺宫外朝的第一道大门。

止车门。在端门前、阊阖门之后。《魏都赋注》曰:"直端门之前,南当止车门。"文武官吏入朝议事,由阊阖门两边侧门入,到此下车,步行至文昌殿。

东上东门、西上东门。《魏都赋注》云:"直端门之前,南当止车门,又有东、西上东门。"贾谊疏曰:"择良日立诸子雒阳上东门外。"李尤《铭》曰:"上东少阳,厥位在寅,条风动物,日月孟春。"曹魏因袭汉制,于邺都建东、西上东门,并于此册封诸子。文献关于邺之东、西上东门的记载颇费解,或许为东、西止车门之误。

长春门、延秋门。左思《魏都赋》云:"岩岩北阙,南端逌遵。竦峭双竭,方驾比轮。西辟延秋,东启长春。用觐群后,观享颐宾。"《三国志·武帝纪》裴注引《献帝起居注》云:"使行太常事大司农安阳亭侯王邑与宗正刘艾……迎二贵人于魏公国。二月癸亥,又于魏公宗庙授二贵人印绶。甲子,诣魏宫延秋门,迎贵人升车。"嘉靖《彰德府志》云此二门分别建在端门外东、西处。长春门东向,延秋门西向,为外朝分别通向广德门街、厩门街之门户。

以上诸门为外朝(即大朝)宫殿门。

听政门。刘澄之《宋永初山川古今记》曰:"魏武听政殿前,有听政门。"③嘉靖《彰德府志·邺都宫室志》曰:"听政门南直升贤门,北直听政殿。"

登贤门。又称升贤门。曹丕《槐赋》曰:"王粲直登贤门,小阁外也有槐树。"④杨晨《三国会要》卷八:"登贤门在听政殿外,近内朝,粲必以侍中值登贤

---

① 《艺文类聚》卷二十八《游览》。
② 《艺文类聚》卷四十二《乐府》。
③ 《初学记》卷二十四《门》第十。
④ 《艺文类聚》卷八十八《槐》。

中国研究与亚洲理念

25

门。"建安十八年(213)十一月,魏初置尚书、侍中、六卿,时王粲、杜袭、卫觊、和洽为侍中①。据《初学记》卷十二引《齐职仪》:魏侍中掌宾赞,大驾出则次直侍中护驾,正直侍中负玺陪乘。则粲为正直侍中。王粲还与卫觊并典制度,草创朝仪。嘉靖《彰德府志》云升贤门在听政门前。

宣明门。北直升贤门,南直显阳门②。左思《魏都赋》曰:"听政作寝……于前则宣明显阳,顺德崇礼。重闱洞出,锵锵济济,珍树猗猗,奇卉萋萋。"

显阳门。在宣明门前,南直司马门③。

顺德门。在升贤门前右,南向④。

崇礼门。在升贤门前左,南向⑤。

司马门。在端门东,北直听政殿,与听政、登贤、宣明、显阳诸门在一条线上,为曹操内朝殿堂正门,是进入内朝的第一道门。《尔雅》曰:"正门谓之应门。"贾谊疏曰:"天子宫门曰司马门。"《史记》注曰:"凡言司马门者,宫垣之内兵卫所在,四面皆有,司马主武事。"此门是邺宫要害之地,管理甚严。《三国志》卷十九《陈王植传》曰:"植尝乘车行驰道中,开司马门出,太祖大怒,公车令坐死。由是重诸侯科禁,而植宠日衰。"裴注引《魏武故事》:魏武又令曰:"自临菑侯私出,开司马门至金门,令吾异目视此儿矣。"汉时,太子居东宫,见帝不得横穿正殿前之驰道。《汉书》曰:元帝为太子,谨慎,初居桂宫,上急召太子,出龙楼门,不敢绝驰道。⑥

金门。曹植在邺宫,曾乘车行驰道,开司马门至金门。金门当在司马门正南。

东掖门。在司马门东。"汉制:内通禁省为殿门,外出大道为掖门。"应劭曰:"掖者,言在司马门之偏掖也。"⑦东掖门当东向,是内朝通向邺城东部南北大道的门户。司马门西还应当有西掖门,西向,为内朝通向广德门街的门户,出

---

① 参见《三国志·武帝纪》裴注引《魏氏春秋》。

② 嘉靖《彰德府志》卷八《邺都宫室志》。

③ 嘉靖《彰德府志》卷八《邺都宫室志》。

④ 嘉靖《彰德府志》卷八《邺都宫室志》。

⑤ 嘉靖《彰德府志》卷八《邺都宫室志》。

⑥ 参见《艺文类聚》卷六十三《门》。

⑦ 嘉靖《彰德府志》卷八《邺都宫室志》。

西掖门,横穿广德门街,可由长春门进入外朝宫殿区。严才造反,曾率众攻掖门。《三国志》卷十一《袁张凉国田王邴管传》曰:"其后严才反,与其徒属数十人攻掖门。(王)修闻变,召车马未至,便将官属步宫门。太祖在铜雀台望见之,曰:'彼来者必王叔治也。'"相国钟繇谓修:"旧,京城有变,九卿各居其府。"修曰:"食其禄,焉避其难,居府虽旧,非赴难之义。"

以上诸门为内朝宫殿之门。

此外还有朝肃城门。《魏书》曰:"文帝(曹丕)初在东宫,集诸儒于朝肃城门内,讲论大义,侃侃无倦。"①

2. 内外朝、后宫及太子宫

清刘献廷《广阳杂记》卷一:"王文恪公曰:周之时有三朝,库门之外为外朝,询大事在焉。路门之外为治朝,日视朝在焉。路门之内曰内朝,亦曰燕朝。《玉藻》曰:君日出而视朝,退适路寝听政,盖视朝而见群臣,所以正上下之分,听政适路寝,所以通远迩之情。"曹魏邺都宫殿建筑沿承前代制度,例分外朝、治朝、内朝三区。

(1)外朝宫殿

文昌殿。南直端门,为曹操朝会宾客,享群臣,举行大典的地方。《周礼·天官》有文昌,曹操命名外朝大殿为文昌,是取天官宫室名称。嘉靖《彰德府志》载文昌殿铭曰:"惟魏四年,岁在丙申(东汉建安二十一年,216),龙次大火。五月丙寅,作葌宾钟,又作无射钟。"左思《魏都赋》曰:"造文昌之广殿,极栋宇之弘规。若崇山崛起以崔嵬,若玄云舒蜺以高垂。环材巨世,参差。橑复结,栾栌叠施。丹梁虹申以并亘,朱桷森布而支离。绮井列疏以悬蒂,华莲重葩而倒披。齐龙首而涌溜,时梗概而滮池。旅楹闲列,晖鉴㭊栌。橑题,阶楯嶙峋。长庭砥平,钟虡夹陈。风无纤埃,雨无微津。"魏王春节元会在文昌殿举行。曹植《元会诗》曰:"初步元祚,吉日惟良,乃为嘉会,宴此高堂,衣裳鲜洁,黼黻玄黄,珍膳杂还,充溢圆方,俯视文轩,仰瞻华梁,愿保兹善,千载为常,欢笑尽娱,乐哉未央,皇室荣贵,寿考无疆。"曹操正会,沿袭汉仪,文昌殿张设有百华灯。《晋书》卷二十一《礼志》曰:"魏武帝都邺,正会文昌殿,用汉仪,又设百华灯。"曹操尝在文昌殿朝会宾客。左思《魏都赋》曰:"髦首之豪,锯耳之杰,服其荒服,敛

① 《艺文类聚》卷六十三《门》。

中国研究与亚洲理念

衽魏阙,置酒文昌,高张宿设。"

文昌殿是邺宫中最高大的建筑,曹植曾夜游于阊阖门外之双阙,观文昌殿之高大,其《赠徐干诗》曰:"聊且夜行游,游彼双阙间。文昌郁云兴,迎风高中天。"

文昌殿后有苑池。《宋书》卷三十二《五行志》云:"汉献帝建安二十三年,颓鹜鸟集邺宫文昌殿后池。明年,魏武王薨。"

文昌殿前植有槐树。曹丕《槐赋》曰:"文昌殿中槐树,盛暑之时,余数游其下,美而赋之。王粲直登贤门小阁外,亦有槐树,乃就使赋焉。有大邦之美树,唯令质之可佳,托灵根于丰壤,被日月之光华,周长廊而开趾,夹通门而骈罗,承文昌之邃宇,望迎风之曲阿,修干纷其灌错,绿叶萋而重阴,上幽蔼而云覆,下茎立而擢心,伊暮春之既替,即首夏之初期,鸿雁游而送节,凯风翔而迎时,天清和而温澜,气恬淡以安志,违隆暑而适体,谁谓此之不怡。"[1]曹植也曾作赋赞美文昌殿庭槐,曰:"羡良木之华丽,爰获贵于至尊,凭文昌之华殿,森列峙乎端门,观朱榱以振条,据文陛而结根,扬沉阴以博覆,似明后之垂恩,在季春以初茂,践朱夏而乃繁,覆阳精之炎景,散流耀以增鲜。"

自文昌殿,经端门,向南直至阊阖门外双阙,御道两旁均植有大槐。繁钦《槐树赋》曰:"嘉树吐翠叶,列在双阙涯。旌旆随风动,柔色纷陆离。"[2]邺宫廷植槐,曹丕、曹植、王粲、繁钦等均作槐赋,赞美槐树,这是因为古人有槐树崇拜。《春秋说题辞》曰:"槐木者,虚星之精也,元命苞曰:树槐而听讼其下者,槐之言归也,情见归实。"[3]宫廷植槐一直沿袭至明清,北京故宫午门,经端门到天安门,御道两旁仍植槐,但槐树的品种与邺宫不同,后宫、后苑也多植有槐树。邺宫廷除槐树外,还种植有各种嘉木。

钟楼、鼓楼。二楼在文昌殿前东、西[4]。

蕤宾钟、无射钟。二钟当置于文昌殿。蕤宾钟,建安二十一年九月十七日作,重二千百八钧十有二斤[5]。王粲撰有《蕤宾钟铭》,曰:"有魏匡国,诞成天

---

① 《艺文类聚》卷八十八《槐》。
② 《先秦两汉晋南北朝诗·魏诗》卷三《繁钦》。
③ 《艺文类聚》卷八十八《槐》。
④ 嘉靖《彰德府志》卷八《邺都宫室志》。
⑤ 《北堂书钞》一百八。

功,底绥六合,纂定庶邦。承民靡戾,休征惟同。皇命孔昭,造兹衡钟。纪之以三,平之以六。度量允嘉,气齐允淑。表声韶和,民听以睦。时作蕤宾,永享遐福。"①

无射钟,建安二十一年九月十七日作,重三千五十钧有八斤②。王粲作《无射钟铭》,曰:"有魏匡国,成功允章。格于上下,光于四方。休征时序,人说明康。造兹衡钟,有命自皇。三以纪之,六以平之。厥量孔嘉,厥齐孔时。音声和协,人德同熙。听之无射,用以启期。"③

西晋末年,钟楼被毁。"文昌鞠而为墟……洪钟寝于两除"④。

(2)内朝宫殿

内朝在外朝之东,故《魏都赋》叙罢外朝后,又曰:"左则中朝有绝,听政作寝,匪仆匪斯,去泰去甚,木无雕镂,土无绨锦,玄化所甄,国风所禀。"李善注曰:"中朝者,内朝也。汉制,大司马、侍中、散骑诸吏为中朝,丞相、六百石以下为外朝也。"内朝主要宫殿为听政殿。

听政殿。在文昌殿东,是魏王曹操日常理政办公的地方,又称视朝、治朝。曹丕《校猎赋》曰:"登路寝而听政,综群司之纪纲。"⑤听政殿又称"中堂"、"中庭",庭院内植有大槐和奇稀名贵花草树木。曹丕《槐赋》曰:"王粲直登贤门,小阁外,亦有槐树,乃就使赋焉。"王粲《槐树赋》曰:"唯中堂之奇树,禀天然之淑姿,超畴亩而登殖,作阶庭之华晖,形袆袆以畅条,色采采而鲜明,丰茂叶之幽蔼,履中夏而敷荣,既立本于殿省,植根柢其弘深,鸟取栖而投翼。人望庇而披衿。"⑥曹植《魏德论》曰:"武帝执政日,白雀集于庭槐。"并讴颂听政殿庭之嘉禾,曰:"猗猗嘉禾,惟谷之精,其洪盈箱,协穗殊茎,昔生周朝,今植魏庭,献之庙堂,以照祖灵。"⑦曹丕《悼夭赋》曰:"步广厦而踟蹰,览萱草于中庭。"⑧又作《迷迭赋》曰:"坐中堂以游观兮,览芳草之树庭。"迷迭为西域一种药香草。《广

---

① 《古文苑》十三章樵注引。俞绍初点校:《王粲集》,北京,中华书局1980年版。

② 《北堂书钞》一百八。

③ 《初学记》十六。俞绍初点校:《王粲集》,北京,中华书局1980年版。

④ 《艺文类聚》卷六十二台载卢谌《登邺台赋》。

⑤ 《初学记》卷二十四《园圃》。

⑥ 《艺文类聚》卷八十八《槐》。

⑦ 《艺文类聚》卷八十五《禾》。

⑧ 《艺文类聚》卷三十四《哀伤》。

志》曰："迷迭出西域。"

听政闼、纳言闼、尚书台、升贤署、谒者台阁、符节台阁、御史台阁、丞相诸曹魏王曹操内朝理政机构，均在听政殿前驰道两侧。《魏都赋》曰："禁台省中，连闼对廊。直事所繇，典型所藏。蔼蔼列侍，金貂齐光。诘朝陪幄，纳言有章。亚以柱后，执法内侍。符节谒者，典玺储吏。膳夫有官，药剂有司。肴醴顺时，媵理则治。"《注》曰："升贤门内有听政闼，闼外东入有纳言闼、尚书台。宣明门内升贤门外，东入有升贤署。显阳门内宣明门外，东入最南有谒者台阁，次中央符节台阁，次北御史台阁，并列面向。符节台东有丞相诸曹。"①

（3）后宫

听政殿后为后宫，又称"后庭"。曹丕《校猎赋》云："逍遥后庭，休息闲房。"②后宫建筑精致，富丽堂皇，这可从曹植《表》中反映出来，曰："诏使周观，初玩云盘，北观疏圃，遂步九华，神明特处，谲诡天然，诚可谓帝室皇居者矣，虽崑崙阆风之丽、文昌之居，不是过也。"③云盘、疏圃、九华宫都是后宫名物与建筑。《魏都赋》又云：听政殿"后则椒鹤、文石，永巷壶术。楸梓、木兰，次舍甲乙，西南其户，成之匪日。丹青焕炳，特有温室，仪形宇宙，历像圣贤，图以百瑞，绰以藻咏。"李善注曰："壶，宫中巷也；术，道也。鸣鹤堂前，听政殿后，东西二坊之间有温室，温室中有画像。永巷，掖庭之别名。甲乙，谓次舍之名，以甲乙纪之也。"这里又提到了后宫的椒鹤堂、文石室、楸梓坊、木兰坊、温室和甲乙次舍。陆龟蒙《邺宫词》云："魏武平生不好香，枫胶蕙炷洁宫房。可知遗令非前事，却有余薰在绣囊。"吴聿《观林诗话》云；"或疑蕙不可焚，然事见《广志》云：蕙草，绿叶紫花，魏武帝以为香焚之。"④

后宫主要宫殿还有显阳殿，西晋末被焚毁。卢谌《登邺台赋》曰："显阳隗其颠隧。"

兰房也当是后宫建筑。曹植《离友诗》曰："迄魏都兮息兰房。"⑤

西晋时，曾对邺宫作过整修。王隐《晋书》曰："高堂隆刻邺宫屋材云，后若

---

① 嘉靖《彰德府志》卷八《邺都宫室志》。
② 《初学记》卷二十四《园圃》。
③ 《艺文类聚》卷六十一《居处总载》。
④ 《三曹资料汇编》，北京，中华书局1980年版。
⑤ 《艺文类聚》卷二十一《交友》。

干年，当有天子居此宫。惠帝止邺宫，治屋者土剥更泥，始见刻字，计年正合。"①高堂隆字升平，泰山平阳人，"建安十八年，太祖召为丞相军议掾，后为历城侯徽文学，转为相。"②他很有可能也参与了邺宫的设计与建筑，在礼制方面负有谘议之责，否则，不会刻字于邺宫。晋惠帝被成都王司马颖携俘至邺，时在永兴元年（304）七月，更治邺宫室也当在此时。

文献还记载有曹魏邺宫名器物：

魏宫中镜。魏武帝上杂器物疏三十种，有尺二金错铁镜一枚九寸。魏武《杂物疏》又曰："镜台出魏宫中，有纯银参带镜台一，纯银七子贵人公主镜台四。"③镜在古代宫廷中，不仅是一种日常生活用品，还是一种工艺品，它作为公正无私的象征，被历代帝王视作装饰点缀用品，以此表示皇权、王权的公正，因而成了帝王们的爱物。

魏武之弁柢。《魏台访议》曰："五采玉，一玉悬殊色者也，邸，以象骨周缘弁下根柢，如魏武帝所作弁柢。凡有笄无缨，曹褒云天子弁以白玉饰。"④

九华扇。曹丕作《九华扇赋》，九华扇可能是邺九华宫中名物。

飞景宝剑。曹丕在邺造飞景宝剑，其《典论》曰："建安二十四年二月壬午，魏太子丕百辟宝剑，长四尺二寸，淬以清漳，厉以诸，饰以文玉，表以通犀，光似流星，名曰飞景。"⑤

七香车。魏武赠杨彪七香车。曹操《与杨彪书》曰："今赠足下画轮四望通幰七香车二乘。"

魏邺后宫之后有园圃，园圃内植有燕郁。《艺文类聚》卷八十七燕薁："魏都，莫梅及杨李留郁，俗谓燕郁。"

（4）太子宫

内朝附近还有太子宫，地处东部，是魏王太子曹丕宅居、办公、宾宴聚会的地方。其主要建筑有东阁等。

东阁。似应在听政殿东，曹丕、曹植兄弟与建安诸子经常在这里诗赋高会，

---

① 《艺文类聚》卷六十二《宫》。
② 《三国志》卷二十五《高堂隆传》。
③ 《初学记》卷二十五《镜台》。
④ 《初学记》卷二十六《弁》。
⑤ 《艺文类聚》卷六十《剑》。

吟诵酬唱。曹丕曰："为太子时，北园及东阁讲堂，并赋诗，命王粲、刘桢、阮瑀、应场同作。"①其《东阁诗》云："高山吐庆云"。又作《夏日诗》曰："夏时饶温和，避暑就清凉，比坐高阁下，延宾作名倡。弦歌随风厉，吐羽含征商。嘉肴重叠来，珍果在一傍。棋局纵横陈，博奕合双扬，巧拙更胜负，欢美乐人肠。从朝至日夕，安知夏节长。"②《戒盈赋序》亦曰："避暑东阁，延宾高会，酒酣乐作，怅然怀盈满之戒，乃作斯赋。"③

王粲《公宴会诗》曰："昊天降丰泽，百卉挺葳蕤。凉风徹蒸暑，青云却炎晖。高会君子堂，并坐阴华榱。嘉肴充圆方，旨酒盈金罍。常闻诗人语，不醉且无归。赖我贤主人，与天享巍巍。克符周公业，奕世不可追。"④

应场《公宴诗》曰："开馆延群士，置酒于斯堂。辨论释常结，援笔兴文章。穆穆众君子，好合同欢康。促坐褰重帷，传满腾羽觞。"⑤

陈琳《公宴诗》曰："凯风飘阴云，白日扬素晖。良友招我游，高会宴中闱。玄鹤浮清泉，绮树焕青蕤。"⑥

公宴兴致畅酣时，曹丕还曾命夫人甄氏出来与诸子相见。《三国志·王粲传》裴注引《典略》曰："太子尝请诸文学，酒酣坐欢，命夫人甄氏出拜。坐中众人咸伏，而（刘）桢独视。太祖闻之，乃收桢，减死输作。"

根据文献推测，曹魏邺宫似参照《考工记》"左祖右社"制度建有宗庙和社稷坛。左思《魏都赋》曰："揆日晷，考星耀。建社稷，作清庙。筑曾宫以回匝，比冈而无陂。"《三国志·魏武帝纪》曰："建安十八年七月，始建宗庙于邺。"曹氏宗庙，在邺宫。曹植《魏德论讴》云："猗猗嘉禾，唯谷之精，其洪盈箱，协穗殊茎，昔生周朝，今植魏庭，献之庙堂，以昭祖灵。"汉献帝迎曹操二位女儿为贵人，曾于魏公宗庙授贵人印绶。宗庙的方位似应在听政殿东南；社稷坛似在文昌殿西南。曹植曾作有《社颂》，曰："于惟太社，官名后土。"⑦

---

① 《初学记》卷十引《典论·叙诗》。
② 《太平御览》卷二十三。
③ 《艺文类聚》卷二十三《鉴诫》。
④ 《艺文类聚》卷三十九《燕会》。
⑤ 《艺文类聚》卷三十九《燕会》。
⑥ 《艺文类聚》卷三十九《燕会》。
⑦ 《艺文类聚》卷三十九《社稷》。

3. 铜雀苑

外朝文昌殿西为铜雀苑,又称西苑、北苑。《魏都赋》曰:"右则疏圃曲池,下睕高堂。兰渚莓莓,石濑汤汤。弱菱系实,轻叶振芳。奔龟跃鱼,有际吕梁。驰道周曲于果下,延阁胤宇以经营。飞陛方辇而径西,三台列峙以峥嵘。"赋中所言疏圃、曲池、高堂、兰渚、石濑、驰道、延阁、飞陛等,都是西园内的建筑和景物。西园是曹氏父子和建安诸子游乐赋会的主要场所,又是建安文学的发祥地。西园的建筑、池观、奇木异卉等都可从他们的诗赋中反映出来。曹丕《登台赋》曰:"建安十七年春,游西园,登铜雀台,命余兄弟并作。"其《校猎赋》又曰:"望路寝而听政,综群司之纪纲。逍遥后庭,休息闲房,步辇西园,闲坐玉堂。"

西苑高会赋诗勘称建安文学盛事。曹植《公宴诗》曰:"公子敬爱客,终宴不知疲。清夜游西园,飞盖相追随。明月澄清景,列宿正参差。秋兰被长坂,朱华冒绿池。潜鱼跃清波,好鸟鸣高枝。神飙接丹毂,轻辇随风移。"①

刘桢《公宴诗》也反映了西苑公宴诗会,曰:"永日行游戏,欢乐犹未央。遗思在玄夜,相与复翱翔。辇车飞素盖,从者盈路傍。月出照园中,珍木郁苍苍。清川过石渠,流波为鱼防。芙蓉散其花,菡萏溢金塘。珍鸟宿水裔,仁兽游飞梁。华馆寄流波,豁达来风凉。生平未始闻,歌之安能详。投翰长叹息,绮丽不可忘。"②

西苑内有芙蓉池、华阴池。芙蓉池连接双渠,池边渠岸沿植珍异树木。曹丕《芙蓉池诗》曰:"乘辇夜行游,逍遥步西园。双渠相灌溉,嘉木绕通川。卑枝拂羽盖,修条摩苍天。丹霞夹明月,华星出云间,遨游快心意,保己终百年。"③其《铜雀园诗》又曰:"朝游高台观,夕宴华阴池。大酋奉甘醪,兽人献嘉禽。齐倡发东舞,秦筝奏西音。飞鸟翻翔舞,悲鸣集北林。乐极哀情来,寥恨摧肝心。"④

曹植《诗》曰:"逍遥芙蓉池,翩翩戏轻舟。南阳栖双鹄,北柳有鸣鸠。"⑤

王粲《杂诗》曰:"日暮游西园,冀写忧思情。曲池扬素波,列树敷丹荣。上

---

① 《艺文类聚》卷三十九《燕会》。

② 《艺文类聚》卷三十九《燕会》。

③ 《艺文取取》卷九《池》。

④ 《艺文类聚》卷二十八《游览》。

⑤ 《艺文类聚》卷九《池》。

有特栖鸟,怀春向我鸣。"又《诗》曰:"吉日简清时,从君出西园。方轨策良马,并驾驱中原。北临清漳渚,西看柏杨山。回翔游广囿,逍遥波水间。"又《诗》曰:"列车息众驾,相伴绿水湄。幽兰吐芳烈,芙蓉发红晖。百鸟何缤翻,振翼群相追。投网引潜鲤,强弩下高飞。白日已西迈,欢乐勿忘归。"①

曲观也当在西园内,曹植《娱宾赋》曰:"感夏日之炎景兮,游曲观之清凉。

铜雀苑中有桔树。曹植《桔赋》曰:"播万里而遥植,列铜爵之园庭。背江州之暖气,处玄朔之肃清。邦换壤别,爰用丧生。处彼不凋,在此先零。朱实不凋,焉得素荣。惜寒暑不均,嗟华实之永乖。仰凯风以倾叶,冀炎气之怀。飚鸣条以流响,晞越鸟之来楼。夫灵德之所感,物无微而不和。神幽而易激,信天道之不讹。既萌根而弗干,谅结叶而不华,渐玄化而不变,非彰德于邦家。柎微条以叹息,哀草木之难化。"②

蜀葵是一形似木槿花的灌木属植物,铜雀台墙边沿植蜀葵。虞繁曾作《蜀葵赋》,曰:"绕铜雀而疏植。"③

西苑又称"北苑"。曹丕《感离赋》曰:"建安十六年,上西征,余居守,老母诸弟皆从,不胜思慕,乃作赋曰:秋风动兮天所凉,居常不快兮中心伤,出北园兮仿徨,望众慕兮成行。"④

曹植《节游赋》曰:"遂驾言而出游,步北园而驰鹜。"

杨修《节游赋》曰:"尔乃息偃暇豫,携手同征,游乎北园,以娱以逞。"⑤

西苑诗赋高会为建安文学增添了灿烂气象。故刘勰《文心雕龙》卷二《明诗》论邺下文学曰:"暨建安之初,五言腾踊,文帝、陈思,纵辔以骋节;王、徐、应、刘,望路而争驱;并怜风月,狎池苑,述恩荣,叙酣宴,慷慨以任气,磊落以使才;造怀指事,不求纤密之巧;驱辞逐貌,唯取昭晰之能;此其所同也。"明代钟惺云曰:"邺下西园,词场雅事,惜无蔡中郎、孔文举、祢正平其人以应之者。"⑥

西苑还是曹魏外事活动的场所,来自北方、西北、东北的少数部族首领和使

---

① 《艺文类聚》卷二十八《游览》。

② 《初学记》卷二十八《桔》。

③ 《艺文类聚》卷八十一《蜀葵》。

④ 《艺文类聚》卷三十《别》下。

⑤ 《艺文类聚》卷二十八《游览》。

⑥ 《古诗归》卷七。见《三曹资料汇编》,318 页,北京,中华书局 1980 年版。

者都在这里受到接待,故曹丕《铜雀园诗》曰:"大酋奉甘醴,兽人献嘉禽。齐倡发东舞,秦筝奏西音。"曹植《与丁廙诗》亦曰:"嘉宾填城阙,丰膳出中厨。吾与二三子,曲宴此城隅。秦筝发西气,齐瑟扬东呕。肴来不虚满,觞至反无余。"①其《侍太子坐诗》又曰:"白日曜青春,时雨静飞尘。寒冰辟炎景,凉风飘我身。清醴盈金觞,肴馔纵横陈。齐人进奇乐,歌者出西秦。翩翩我公子,机巧忽若神。"②这些诗反映了西园宴请宾客,四方歌乐齐奏,宾主频频举杯,言谈问答,机巧风雅的场景。

曹魏宫禁物资储存库藏也在西苑内,这里建有白藏库和乘黄厩。库和厩并在西城下,库有屋一百七十四间。《尔雅》云:"秋为白藏。"因以为名。《魏都赋》曰:"白藏之藏,富有无隄。同赈大内,控引世资。赍幏积,琛币充牣。关石之所和钧,财富之所底慎。燕弧盈库而委劲,冀马填厩而骕骏。"

邺中黄左右藏、油官,据《晋书》卷二十四《职官志》载,魏、西晋设邺中黄左右藏、油官等丞,隶少府。这些官吏均以掌管宫府库藏为职事。

西晋时,司马颖于邺西苑建造宅舍,幕僚陆云曾作《闻起西园第宜遵节俭之制表》③以规劝之。从此,西苑的园林景色受到破坏。

此外,还有一些不知地处的宫阁建筑。如织室台,《晋宫阙名》曰:"邺有铜雀台、织室台。"④

六、宫城外官署及礼制建筑

外朝官署在宫城外,见于文献记载者有相国府、御史大夫府、少府寺、奉常寺、大农寺、太仆寺、中尉寺、大理寺、太社、郎中令府等。左思《魏都赋》曰:"设官分职,营处署居。夹之以府寺,班之以里闾。其府寺则位副三事,官逾六卿。奉常之号,大理之名。厦屋一揆,华屏齐荣。肃肃阶闼,重门再扃。师尹爰止,毗代作桢。"《注》曰:"当司马门南出,道西最北,东向相国府,第二南行御史大

---

① 《艺文类聚》卷三十九《燕会》。
② 《艺文类聚》卷三十九《燕会》。
③ 见《艺文类聚》卷六十四《宅舍》。
④ 《艺文类聚》卷六十二《台》。《晋宫阙名》疑即《晋宫阁名》。

夫府,第三少府寺。道东最北奉常寺、次南大农寺。出东掖门正东道西头太仆寺、次中尉寺。出东掖门宫东北行北城下,东入大理寺、宫内太社、西郎中令府。武帝为魏王时,太常号奉常,廷尉号大理。建安十八年,始置大理、大农、少府、中尉。二十一年,大理钟繇为相国,始置太常、宗正。二十二年,以华歆为御史大夫,初置卫尉。时武帝为魏王,置相国、御史大夫,故云位副三事,置卿近九,故云官逾六卿也。"

相国府。在司马门前路西。《世说》云:"杨修为魏武主簿,作相国门,始构榱桷,魏武自看,使人题门作'活'字,便去。杨修见,即令坏之,既竟。曰'门中活,阔字,王嫌门大也。'"①

宫中太社。曹植《社颂》曰:"于惟太社,官名后土。"②左思《魏都赋》亦载有邺宫社稷坛,曰:"揆日晷,考星耀。建社稷,作清庙。"社稷即太社,关于太社的方位,《魏都赋注》曰:"出东掖门宫东北行北城下,东入大理寺、宫内太社。"太社似在宫外,又谓"宫内太社",颇费解。将太社建于宫城外东北,这一现象在都城史上并不多见,既不符合《考工记》"左祖右社"制度,又无传统惯例。《魏都赋》"建社稷,作清庙",社稷、清庙并列,而"注"与"赋"关于"太社"的记载,似有不符之嫌。从都城制度方面推测,太社似应在文昌殿之右,与听政殿之左"宗庙"并列。兹存疑待考。

大理寺。又称北寺,在宫城东北之北城下。刘桢因为对曹丕妃甄氏不敬,被曹操收监,曾在这里坐禁闭。他深感自己遭受不白之冤,落难中思念好友徐干,因作《赠徐干诗》,曰:"谁谓相去远,隔此西掖垣。拘限清切禁,中情无由宣。思子沉心曲,长叹不能言。起坐失次第,一日三四迁。步出北寺门,遥望西苑园。细柳夹道生,方塘含清源。轻叶随风转,飞鸟何翩翩。乖人易感动,涕下与衿连。仰视白日光,皦皦高且悬。兼烛八纮内,物类无颇偏。我独抱深感,不得与此焉。"③从这首诗可以看出,大理寺与宫苑隔道相望。大理寺门北向,面对北城墙,沿城墙有街道,道旁植有柳树。

邺县官署。在邺城内东南部。《艺文类聚》卷九十一《鸭》引《风俗通》曰:

---

① 《艺文类聚》卷六十三《门》。
② 《艺文类聚》卷三十九《社稷》。
③ 逯钦立编:《先秦汉魏晋南北朝诗》上,370—371 页,北京,中华书局 1983 年版。

"王乔为邺令,每月朔望,常自县诣台朝,帝怪其来数,而不见车骑,密令太史伺望之,言其临至,辄有双凫从东南飞来,于是举罗张之,但得一只舄,是先所赐尚书官属履也。"所载之事,虽荒诞不经,但能反映出邺县官署的大致方位。魏晋邺县衙署当沿袭东汉。邺县县令负责邺城治安,大多以干练强能者担任。《三国志》卷二十五《高堂隆传》曰:"初,任城栈潜,太祖世县令,尝督守邺城。时文帝为太子,耽乐田猎,晨出夜还。潜谏曰:'王公设险以固其国,都城禁卫,用戒不虞。《大雅》云:宗子维城无俾城坏。又曰:犹之未远,是用大谏。若逸于遊田,晨出昏归,以一日从禽之娱,而忘无垠之衅,遇窃惑之。'太子不悦,然自后游出差简。"

七、双阙与街道

双阙——赤阙、黑阙。《广雅》曰:"象魏,阙也。"《释名》曰:"阙,阙也。在门两旁,中央阙然为道也。"《周官》曰:"太宰以正月悬治法于象魏,象魏,门阙也。法令悬之,或谓法令旧章为门阙。"[1]邺宫城南,东西大道列置双阙,一为赤阙,一为黑阙。曹植《登台赋》曰:"浮双阙乎太清"。其《仙人篇》又曰:"阊阖正嵯峨,双阙万丈余。"《赠徐干诗》曰:"聊且夜行游,游彼双阙间。"繁钦《槐树赋》曰:"嘉树吐翠叶,列在双阙涯。"左思《魏都赋》曰:"岩岩北阙,南端逌遵。竦峭双碣,方驾比轮。"《魏都赋注》曰:"二阙正当东西南北城门,最是通衢也。"据考古资料,二阙冲当东西南三面城门,沿东西大道列置。双阙在阊阖门前,南向,冲对南城墙中门。据考古报告,邺城东西大道中部向南略有弯曲,当是双阙所在的方位。

邺城街路均直通周围城门,街道的走向都可由城门推测。根据文献记载和考古勘探,城内的主要街路共有六条,其中南北街路五,东西大道一。东西大道连接东门和西门,大道以南有三条南北街路,皆由南面三门向北,西头第一条北至铜雀园,中间一条北至外朝文昌殿,东头一条北至戚里,三条街道都北与东西大道相接通。东西大道以北有南北街路二:东头一条北起北城东头一门,西头

① 见《艺文类聚·阙》。

一条北起西头一门,二街路都向南与东西大道相接通。考古工作者已勘探出这六条道路。东西大道已探出 2100 米,中部略有向南弯曲,路面宽 13 米左右,"发掘发现早晚两层路面,早期路面为东汉晚期至曹魏时期修建,沿用至十六国时期;晚期路面是东魏、北齐时期修建和使用的。"①东西大道以南的三条南北大道,中间一条长 730 米,宽 17 米,是城内最宽的道路,为南北向主干道。路土厚 0.5 至 1 米,修建于东汉晚期至曹魏时期。西头一条长 800 米,路面宽 13 米左右,发掘时发现路两侧有沟,宽 0.6—1 米,深 0.55—1.1 米。有两层路面,早期路面是东汉晚期至曹魏时期的,晚期路面下限为东魏、北齐时期。东头一条已探出 150 米的路段,路面宽也在 13 米左右。东西大道以北两条南北街路,东面一条已探出 450 米长的一段,宽约 13 米,西面一条仅探出长 70 米的一段,路面宽 10 米左右,由于北墙西面一门的位置还未探明,这条南北路是否直通北墙西头一门,暂且还不能确定。

邺城街道两旁植有槐树、柳树。左思《魏都赋》曰:"疏通沟以滨路,罗青槐以荫途。"从文昌殿到双阙,道路两旁植槐。从双阙南向至南城墙中门之干道两旁也当植槐。东西大道夹水渠植有柳树。刘桢《赠徐干诗》说:"步出北寺门,遥望西苑园。细柳夹道生,方塘含清源。"这是刘桢在被拘禁时,从大理寺内门出来,向西眺望,想念好友徐干,同时也看到了沿东西大道水渠边的细柳。

八、里 巷

里,是邺城内贵族与平民的住宅区,可考见的里名有五:即长寿里、吉阳里、永平里、思忠里,还有戚里。《魏都赋》曰:"其闾阎则长寿、吉阳、永平、思忠,亦有戚里。置宫之东。闬出长者,巷苞诸公。都护之堂,殿居绮窗。舆骑朝猥,蹀騒其中。"刘逵《注》云:"长寿、吉阳、永平、思忠,四里名也。长寿、吉阳在宫东。中当石窦,吉阳南入,长寿北入,皆贵里。"曹魏时,曹渊曾任都护将军,其宅处当在宫东贵里之内。

---

① 中国社会科学院考古所、河北省文物所邺城考古队:《河北临漳邺北城遗址勘探发掘简报》,载《考古》,1990(7)。

里内有巷,王粲、刘桢、徐干、陈琳、阮瑀等均家居宫东里巷内,这可从他们的诗中反映出来。刘桢《诗》曰:"揽衣出巷去,素盖何翩翩。"刘桢披衣出了自家的坊巷,就遇上了成群结队撑着翩翩素盖的官舆,其住址自然不会是一般平民区,而是达官贵人聚集区。陈琳《诗》曰:"节运时节舒,秋风凉且清。闲居心不娱,驾言从友生。翱翔戏长流,逍遥登高城。东望看畴野,回顾览园庭。嘉木凋绿叶,芳草纤红荣。聘哉日月逝,年命将西倾。建功不及时,钟鼎何所铭。收念还寝房,慷慨咏坟经。庶几及君在,立德垂功名。"①从诗中"登高城"、"东望"、"回顾"、"还寝房"这一系列活动看,陈琳的住宅当在邺宫东部贵里内,距东城较近,东城是其平时散步消遣的去处。王粲《从军诗》说:"歌舞入邺城,所愿获无违。昼日处大朝,日暮薄言归。外参时明政,内不废家私。"②反映了王粲随曹操征战回到邺城,白天在大朝办理公事,天黑了,在考勤簿上题签一个"归"字,就回到贵里的家中。

九、邺　市

邺城里坊内还建有客馆,供往来宾侣商贩居住,定期开市,市内建置有旗亭,设官管理市场交易。开市时,人来人往,摩肩接踵,四方货物集散于邺市,商贸甚是繁荣。故左思《魏都赋》曰:"营客馆于周坊,饬宾侣之所集。玮丰楼之闶阆,起建安而首立。葺墙幂室,房庑杂袭。剖厥闶掇,匠斲积习。广成之传无以畴,稿街之邸不能及。廊三世而廛,籍平逵而九达。班列肆以兼罗,设阛阓以襟带。济有无之常偏,距日中而毕会。抗旗亭之崜薛,侈所颟之博大,百隧毂击,连轸万贯。凭轼捶马,袖幕纷半。壹八方而混同,极风采之异观。质剂平而交易,刀布贸而无算。财以工化,贿以商通,难得之货,此则弗容。器周用而长务,物背窳而就攻。不鬻邪而豫贾,著驯致之醇酹。"坊市应在宫城之南,有违《考工记》"面朝背市"的设计布置。

邺市长官为"市长",市长与一些大商人常常成为至交。邺典农中郎将一

---

①　《艺文类聚》卷二十八。

②　俞绍初校点:《王粲集》,北京,中华书局1980年版。

方面经营农业,一方面经营商业,亦农亦商,与邺市长交往甚多。也有官僚经商,官商勾结谋取私利的现象较为严重。据《晋书·羊祜传》记载:石苞,渤海南皮人,贩铁于邺市。市长沛国赵元儒知遇,结交。景帝徙苞为邺典农中郎将。时魏世王侯多居邺下,尚书丁谧贵倾一时,并较时利,苞奏列其事,由是益见称。

另据《晋书·羊祜传》,邺城还置有奚官督,是管理少数部族的长官。郭廙为邺奚官督,石苞处事不周,郭廙上书理苞。邺市及典农中郎将、奚官督的府第均当在邺城南部。此外,负责邺城城防和治安的虎贲、羽林、五营,也当在城南。

邺还有乡的建置,《晋书》卷二十四《职官志》曰:"邺置吏如三千户以上,置二乡。乡置啬夫一人,史、佐各一人,正一人。"这种乡的建置似在城郊。

邺城南半部主要是平民居住区,其里巷布局,文献失考。《艺文类聚》卷六十四《宅舍》引干宝《搜神记》,讲述魏晋邺城民间宅基房产买卖的故事,曰:"魏郡张本富,忽衰死财散,卖宅于程应。应举家疾病,卖于何文。先独持犬刀,暮入北堂梁上,一更中,有一人长丈余,高冠赤帻,呼曰:细腰。细腰应诺,何以有人气?答无,便去。文因呼细腰,问向赤衣冠是谁?答曰:金也,在西壁下。问君是谁?云:我,杵也,今在灶下。文据得金三百斤,烧去杵,由此大富,宅遂清宁。"这篇鬼怪故事,可以反映居住在邺城坊巷内的平民,房产私有,可以自由出卖,居民中不乏富户,还有一些暴发户,何文因偶然得金三百斤而大富。这说明邺城民间财产买卖十分普遍,商业也较发达。

十、城 外 建 筑

曹魏邺城四郊也有诸多陂池、宫、馆、驿、亭等建筑,是曹氏父子和达官贵族游玩、祭祀及出入邺城的棲息之地。

玄武陂。又叫玄武池,在邺城西北。《三国志·魏书·武帝纪》曰:"建安十三年春正月,作玄武池以肄舟师。"此后,曹操在玄武池的基础上,扩建为玄武苑,是邺下著名园林。苑中广植藕荷、竹木、葡萄等,有鱼梁、钓台等建筑。左思《魏都赋》曰:"苑以玄武,陪以幽林。缭垣开囿,观宇相临。硕果灌丛,围木竦寻。篁筱怀风,蒲萄结阴。回渊漼,积水深。兼葭赞,藿蒩森,丹藕凌波而的砾,绿菱泛涛而浸潭。"曹丕、曹植兄弟及建安诸子常到此游玩赋诗。《艺文类聚》卷九水部载：魏文帝《于玄武陂作诗》曰："兄弟共行游，驱车出西城。野田广开辟，川渠互相经。黍稷何郁郁，流波激悲声。菱芡覆绿水，芙蓉发丹荣。柳垂重荫绿，向我池边生。乘渚望长洲，群鸟谨哗鸣。萍藻泛滥浮，澹澹随风倾。"曹植《离徽雁赋》曰："余游于玄武陂中，有雁离徽，不能复飞。顾名舟人，追而得之。"①

王粲《诗》曰："吉日简清时，从君出西园。方轨策良马，并驰厉中原。北临漳河水，西看柏杨山。回翔游广囿，逍遥波渚间。"从诗中可以看出他们的游览路线：出邺西门，沿城外大道向西穿过平垦农田，来到漳水岸边，又沿漳水西南游览，向西眺望柏杨山景，返回至玄武陂，下车乘船，欣赏水色。由此推断出玄武陂当在邺西门外大道路北，漳水之南。

《水经注·洹水》曰："（洹水）东北流迳邺城南，谓之新河。又东分二水，一水北迳东明观下，又北迳建春门，其水西迳魏武玄武故苑，其水西流注于漳。"建春门为十六国时期后赵邺城东门，东明观在其南，洹水由南向北，绕北城墙向西，入玄武苑，这也说明玄武苑在邺城西北漳水南。今邺北城遗址西北有一大片低洼地，俗名大黑坑，相传是曹魏的玄武苑。

据《晋书》卷二十四《职官志》，曹魏、西晋在邺置玄武丞官职，隶大鸿胪，专掌玄武苑园林管理，为邺城重要皇家苑林。北宋以后，"池林绝灭，略无遗迹"②。

鸣鹄园、蒲萄园。《太平御览》、《玉海》引《晋宫阙名》曰："邺有鸣鹄园、蒲萄园。"二园似在玄武苑内。

芳林园。《邺中记》云："魏武所筑，后避秦王讳，改名华林。后赵石虎建武十四重修。"③

灵芝园。《图经》载《魏志》云："太祖受封邺，东置芳林园，西置灵芝园。黄初二年，甘露降于园中。"④灵芝园似因园内培育有灵芝而得名。

灵芝池。嘉靖《彰德府志》卷八《邺都宫室志》："《邺中记》云此池在城西三里，黄初三年文帝凿，至四年有鹈鹕集于池。疑此误书《洛阳故事》。"

---

① 《艺文类聚》卷九十一《雁》。
② 嘉靖《彰德府志》卷八《邺都宫室志》。
③ 嘉靖《彰德府志》卷八《邺都宫室志》。
④ 嘉靖《彰德府志》卷八《邺都宫室志》。

斗鸡台。《邺中记》曰："漳水南有玄武池,次东北五里有斗鸡台。"曹植《诗》曰："斗鸡东郊道,走马长楸间。"后石虎亦斗鸡于此。① 斗鸡台似在邺东偏北。

都亭、建安邸。李善《魏都赋注》曰："邺城东有都亭,城东亦有都道。北有大邸,起楼门临道,建安中所立也。古都重客馆,故举年号以名之。"②曹魏于邺城北、东建客馆、都亭,例仿两汉长安、洛阳制度。

籍田。在邺城东,置于建安十九年(214)。《三国志》卷一《武帝纪》："十九年春正月,始耕籍田。"曹植作《籍田论》曰："邺东有四亩,共帝王作籍礼。"③

泮宫。《宋书·礼志》云："建安二十二年,魏国作泮宫于邺城南。"泮宫即曹在邺所建学宫。曹植作《学宫颂》曰："自五帝典绝,三王礼废,应期命世,齐贤等圣者,莫高于孔子也。故有若曰:出乎其类,拔乎其萃,诚所谓性与天道,不可得而闻矣。由也务学,名在前志,宰予昼寝,粪土作诫,过庭之言,子弟明记。歌以咏言,文以聘志,予今不述,后贤曷识。于铄尼父,生民之杰,性与天成,该圣备艺,德伦三五,配皇作烈,玄镜独鉴,神明昭晰,仁塞宇宙,志凌云霓,学者三千,莫不俊义,唯仁可凭,唯道足恃,钻仰弥高,请益不已。"④

孔子庙。似在城南泮宫附近,古代学宫傍多建有孔庙。曹植曾作《孔子庙颂》,曰："修复旧庙,丰其宇,莘莘学徒,爰居爰处。王教既备,群小遄沮,鲁道以兴,永作宪矩。洪声登遐,神祈来祐,休征杂沓,瑞我邦家,内光区域,外被荒遐。"⑤"瑞我邦家,内光区域,外被荒遐"的口气与行文与《登台赋》"家愿得而获逞","翼佐我皇家"相类,由此推测,这篇颂文当写成于邺,所颂者为邺城孔庙。邺孔庙的修建亦似在建安二十二年。《金石萃编》云撰于黄初初,庙在曲阜。存疑待考。

曹魏时,邺城还有浮图建筑。据《隋书》卷三十五《经籍志》:"甘露中,有朱士行者,往西域,至于阗国,得经九十章,晋元康中,至邺译之,题曰:《放光般若经》"。

① 嘉靖《彰德府志》卷八《邺都宫室志》。
② 嘉靖《彰德府志》卷八《邺都宫室志》。
③ 《艺文类聚》卷三十九《籍田》。
④ 《艺文类聚》卷三十八《学校》。
⑤ 《艺文类聚》卷三十八《宗庙》。

十一、邺下水利工程系统

邺下水利工程始于战国时期魏国的西门豹。据《史记》卷四十四《魏世家》记载,魏文侯二十五年(前422),"任西门豹守邺,而河内称治。"西门豹为邺令是由翟璜举荐的,翟璜曾对李克说:"君(魏文侯)内以邺为忧,臣进西门豹。"①"西门豹为邺令,而辞乎魏文侯。文侯曰:'子往矣,必就子之功,而成子之名。'西门豹曰:'敢问就功成名,亦有术乎?'文侯曰:'有之。大乡邑老者而先受坐之士,子入而问其贤良之士而师事之,求其好掩人之美而扬人之丑者而参验之。夫物多相类而非也,幽莠之幼也似禾,骊牛之黄也似虎,白骨疑象,武夫类玉,皆似之而非者也。'"②君臣晤对,说明文侯十分重视邺地治理,也说明西门豹是一位干练、务实的能臣。"豹往到邺,会长老,问之民所疾苦。"长老告之苦于为河伯娶妇,因投巫于漳水,废绝淫祀。"即发民凿十二渠,引河水灌民田,田皆溉。"③

到了魏文侯的曾孙襄王时,又有史起出任邺令,进一步修复邺下水利工程,引漳溉邺。《汉书·沟洫志》引《吕氏春秋·乐成》曰:"(襄王)与群臣饮酒,王为群臣祝曰:'令吾臣皆西门豹之为人臣也!'史起进曰:'魏氏之行田也以百亩,邺独二百亩,是田恶也。漳水在其旁,西门豹不知用,是不智也。知而不兴,是不仁也。仁智豹未之尽,何足法也!'于是史起为邺令,遂引漳水溉邺,以富魏之河内。民歌之曰:'邺有贤令兮为史公,决漳水兮灌邺旁,终古舄卤兮生稻粱。'"东汉崔寔作《政论》,亦曰:"史起以漳水溉邺,民以兴歌。"史起为邺令,时间在西门豹治邺之后一百多年,他的水利成就主要有两点:一是修复了西门豹的水利工程;二是扩大了灌溉面积,把漳水引至邺城附近的农田,并利用漳水冲刷盐碱,改良土壤。后人读《史记》、《汉书》,或以二书记载有矛盾,其实不然。西门豹、史起都是邺下水利工程的开创者,故左思《魏都赋》曰:"西门溉其

---

① 《史记》卷四十四《魏世家》。

② 《战国策·西门豹为邺令》。

③ 《史记》卷一百二十六《滑稽列传》。

前,史起灌其后。"史起指责西门豹仁智未尽,是说他的水利工程效益还未充分发挥,灌溉区域还未到达邺城近旁。

西门十二渠,上下平行,多渠首引水,东西横穿南北驰道,影响交通。故《史记·滑稽列传》曰:"十二渠经绝驰道,到汉之立,而长吏以为十二渠桥绝驰道,相比近,不可。欲合渠水,且至驰道合三渠为一桥。邺民人父老不肯听长吏,以为西门君所为也,贤君之法式不可更也。长吏终听置之。"汉武帝时,在西门、史起的水利工程基础上,分漳水为陂流,把渠与陂相连,蓄灌配套,使工程效益进一步提高。《史记·滑稽列传》曰:"至今皆得水利,民人以给足富。"

曹操攻克邺城后,大兴水利,在传统工程基础上,构建邺下水利系统。其水利系统基本上有三个组成部分:即城外、城内及周围水系的连接。

城外主要水利工程有天井堰。即修复十二渠,在渠首下游附近抛石筑堰。"堰漳水迴流东注,二十里中作十二磴,磴相去三百步,令互相灌注,一源分为十二流,皆悬水门。"①《太平寰宇记》云:"天井堰在紫陌桥下。"考《水经注》,应在邺城西南。《水经注·浊漳水》云:"漳水又东经西门豹祠前……右与枝水合,其水上承漳水于邯会西,而东别与邯水合,水发源邯山,东北经邯会县故城西,北注漳水,故曰邯会也。张晏曰:'漳水之别自城西南与邯山之水会,今城傍犹有沟渠存焉。'……其水又东北入于漳。昔魏文侯以西门豹为邺令也,引漳以溉邺民赖其用。其至魏襄王,以史起为邺令,又堰漳水以灌邺田,咸成沃壤,百姓歌之。魏武王又竭漳水,迴流东注,号天井堰……陆氏《邺中记》云:水所溉之处,名曰晏陂泽。"西门豹、史起之故迹在邺西南,魏武的水利工程也应在这一带。漳水由邺西南,经城西,流向东北,作磴以提高水位,堰漳水迴流东注,所溉之田也应当在南岸和东岸。邺西南地势较高,河床稳固,筑堰溉田条件较好。紫陌在城西北五里,这里地势起伏较大,引水不便,工程效益有限,这一带有玄武陂,缺少大片农田,而且紫陌又无传统工程可利用,在此筑堰费工费时。曹操修长明渠,从城南引水经铜雀台下,伏流东注,而不从靠近邺城的紫陌一带引水,也说明这一带引水不便,不可能在这里筑天井堰,天井堰在邺西南是比较可信的。天井堰的水利效益甚佳,故左思《魏都赋》曰:"磴流十二,同源异口。蓄为屯云,泄为行雨。水澍,陆莳稷黍。黝黝桑柘,油油麻紵。均田画畴,

---

① 《水经注》卷十《浊漳水》。

蕃庐错列。姜芋充茂,桃李荫翳。"真是一派富饶景象。

城外水利工程还有玄武陂,玄武陂连接漳水、洹水,不仅可调节水量,保证农田、城市用水,还能改善邺城自然生态环境。水生物呈现出多样性。曹魏时,屡有黄龙见于漳水和邺,这种黄龙当是一种不常见的水生物。

城内水利工程主要是供、排水系统。曹操开凿长明沟,引漳水伏穿铜雀台,入西园,分作双渠,又南出,沿东西大道向东,经止车门,流入北宫,沟水南北夹绕文昌殿,分出许多支流,入西园、后宫及各官署等,然后再汇合至宫城东石窦堰下,出城注入城东的湟水,把城内城外的水利工程连成一气,便利了城市的生活用水、绿化、灌溉、排污等实施。长明沟沿街衢,夹道绕流,城市供排水与交通相统一,其设计规划颇具科学性。这在《魏都赋》中有充分反映,曰:"内则街冲辐辏,朱阙结隅。石杠飞梁,出控漳渠。疏通沟以滨路,罗青槐以荫涂。"水利、交通、绿化、建筑相映成趣,构成古代都城优美的居住环境。

曹操还将邺下水利工程与周边水系连接起来。建安九年(204),为了军事的需要,"遏淇水入白沟以通粮道"①。建安十年(205),北征乌桓,凿渠漕运军粮,"自呼沲入泒水,名平虏渠;又从泃河口凿入潞河,名泉州渠,以通海"②。十八年(213),凿利漕渠引漳水入清洹以通河漕。这样,通过人工渠,把黄河、漳河、滹沱河等水系串通起来,构成以邺为中心的四通八达之漕运,由邺西南到洛阳,东南到彭城(今江苏徐州市),东北到南皮(今河北南皮东北),都有水路相通。曹丕曾率部下文人墨客数次由清河到南皮游玩。西晋时,镇守邺城的成都王司马颖曾漕运河北粟到彭城,赈济灾民。这些水利工程对邺城的发展和兴盛起了重要的作用。

在邺城通往周边主要城镇的交通要道上还建有许多行宫,如南皮行宫,由此通往东北;孟津行宫,曹丕《孟津诗》曰:"翊日浮黄河,长驱旋邺都。"③孟津是邺与洛阳来往的重要津梁;寒陵山行宫,曹丕《诗》曰:"朝发邺城,夕宿韩陵"④。寒陵山也是由邺通往洛阳、关中的要冲。此外,白马津似亦建有行宫。

---

① 《三国志》卷一《武帝纪》。
② 《三国志》卷一《武帝纪》。
③ 《艺文类聚》卷二十八《游览》。
④ 《艺文类聚》卷五十九《战伐》。

十二、结　语

曹魏邺城虽为王都,但与帝都相比,实无多大差别。其在袁绍旧府基址上兴建,而规模制度已非诸侯霸府所能望其项背。十六国时期后赵的邺都在城制布局方面基本上沿袭曹魏,综合文献与考古资料,考察曹魏邺都的城制,大体可以得出这样的认识:城垣平面形状基本呈东西长、南北宽之横长方形,南、北、东三面城垣大体直向,唯西城垣南半段向外凸出,随地形略有弯曲。邺城地势西北高,东南低。曹操因地理地势构筑城池,于城外西北凿玄武陂,利用陂土筑三台,尽收城防、水师训练、环境、游观之利;又沿袭袁绍,于城东南隅扩建楼观,以增强都城建筑的整体性。整个城区以贯通东、西城门的东西大道为界,分为南、北两部分,北半部略大于南半部,自西向东依次为西苑、外朝、内朝与贵族居住区戚里。外朝居北部中央,以文昌殿为中心,向南沿章门内大街,构成全城中轴线。南半部为里市、郡县官署及平民住宅区。城内南北大街共5条,分别由北垣2门向南、南垣3门向北与东西大道垂直相交,街与街之间又有里巷相接,形成棋盘状街区。

从城制规划与设计上看,曹魏邺都与西汉长安、东汉洛阳大不相同。首先是宫殿区集中,而且位居北部中央,虽然考古工作者未能钻探到宫墙遗址,单一宫城似乎还未完全形成,但从其区位和结构看,已经具备了宫城的雏形。由于邺城的地理条件和城区范围的限制,曹魏邺宫内、外朝东西并列,这样的格局与体制既不同于两汉,又不同于以后的隋唐,带有一种过渡的特征,具有承前启后的作用,直到隋之大兴,宫城、皇城、郭城"回"字形相套的制度得以形成。

大朝的中心建筑是文昌殿,曹魏邺都整个宫殿区均围绕文昌殿布置,其西、其北为西苑、沟池;其南、其东为门观宫殿建筑。曹植《登台赋》曾描述邺宫"通天地之规量兮,齐日月之辉光"。这说明邺宫的规制与设计贯彻了天地、日月、阴阳的理念,而且日月、阴阳观念在方位上似乎比较重视东、西,与后来的指南为阳、以北为阴的方位概念稍有差异,反映了邺城制度在理念上由先秦以来"以西为尊"到隋唐"以北为上"的过渡。

全城南北中轴线在曹魏邺都制度上的表现十分明显。这条中轴线,北起北城垣,向南经文昌殿、端门、止车门、阊阖门、章门内大街,穿过章门向南。街区、里巷、官民署宅等建筑,大体沿中轴线对称布置,整体感较强。这也表现了不同于两汉长安、洛阳的风格。

据左思《魏都赋》,邺有五里:戚里、长寿里、吉阳里、永平里、思忠里。从文献反映的情况看,里中有巷,既然有巷,就一定有墙,有墙就可能有门,其里之结构大体类似于隋唐大兴、长安的坊,也可以说邺之里巷开启了隋唐都城坊的建筑。

市在里中,位于宫城之南。《魏都赋》所描述的邺市,颇类似于唐代长安的坊市,邺城制度对后世的影响在这方面也较突出。

[作者单位:牛润珍:中国人民大学历史系教授,博士生导师;

金文淑:中国人民大学历史系博士研究生]

A Textual Research on Ye Capital Rules and
Constructions of Caowei Dynasty
——Exploring the Origin of Middle Ages East Asia
Capital's Programmer System (1)

NIU Runzhen, KIM Moonsook

(Dept. of History, Renmin University of China, Beijing China)

Abstract: Ye capital of Caowei Dynasty was constructed from Jianan ninth to twenty third year. It's plane shape was the east-west horizontal rectangle. Palaces located north half city on center and were together, It had formed the shape of palace city. The capital was designed and centered on Wenchangdian palace. Principal constructions sat both sides of the south-north center line and symmetry each other, streets district presented shape of chessboard. The city was divided for how many Li. Marketplaces were in the Li, and lies the south to palace city. Rules and design of Ye capital had put into effect the idea that is "Sky and Earth", "Moon and Sun" and the harmony of the heaven, the earth and people. It's style differed with Changan of West Han Dynasty and Luoyang of East Han

●2006

Scholarly Studies on Asia 2006

Dynasty, and took effect to Daxing, Changan of Sui-Tang Dynasties. The rules of Ye capital had a role that inherit the past and usher in the future.

Key words：Caowei Dynasty；Ye Capital；City Rules；Palace City；Center Line

"历史"的幻象与超越

——"法治"的历史阐释及其对亚洲的启示

冯 玉 军

【内容提要】 本文针对当前亚洲"法治"建设之窘境,提出亚洲法哲学研究的理论结节点在于重新解读现代法治的"历史"本体,后者主要是由一些西方历史哲学家(如维柯、黑格尔、斯宾格勒)以及法学思想家(如孟德斯鸠、梅因、萨维尼)在"西方中心论"的理念基础上所描述的"虚幻"的历史观念和研究范式。它贯穿在现代法治理论的全部概念、原理和体系当中。当前,只有批判并超越此种带有鲜明霸权话语烙印的"历史观念"和"世界图景",方可推进多元化的世界法律文明体系的健康发展,实现人类共存共荣的美好前景。

【关键词】 法治;历史;阐释;启示

一、亚洲"法治"现实窘境之解读

法治,通常被很多人视为人类的一项伟大历史成就。它渊源于西方世界,经过近代欧洲"三R运动"①的积累和酝酿,初步形成于启蒙运动时期,伴随着

---

① 即文艺复兴(Renaissance)、宗教改革(Religion Reform)和罗马法复兴(Recovery of Roman Law)。西方社会在近代掀起的这三个(革命)运动,从不同的领域和价值层面,对中世纪基督教神圣文化形态进行了批判,共同促成了人文主义的胜利。从此,人的价值、人的权利、人的自由得到承认和解放,以此为核心的现代文明建构起来。

一百多年来西方世界的物质、精神以及制度文明在全球范围的扩张,它逐步征服和取代了种种非西方的"地方性"法律形态,成为"现代"打破"传统"、进步推翻落后、文明战胜愚昧的革命利器和制度法宝。作为"现代化"事业的有机组成部分,"法治"获得并占据着某种支配性话语权力和应然地位,它是我们这个时代的主流意识形态。①

时至今日,走向法治、实现法治已成为世界各民族和文明社会的共同选择。对于他们而言,法治不仅是可遇的,而且是必然的,其正当性不证自明。这方面的一个重要例证就是以"法治"为核心的西方制度文明在亚洲诸国的普遍移植和推广。

众所周知,亚洲是人类文明的孕育诞生之地。巴比伦文明、印度文明、中华文明、希伯来文明及其后的伊斯兰文明、马来文明等均为人类的历史增光添彩,并形成了独具特色的社会调整机制。然而,在西方列强发动殖民战争之后,文明"陆沉",亚洲的大多数国家被西方列强拉进了世界性的现代化进程,最终又都从被迫接受转而自觉地选择了实现现代化,普遍经历了并正在经历着巨大的社会变革。其在法律上的表现就是"亚洲法治"的百年实践。学者们通常称之为"外发型"或"追赶型"的法制现代化进程。

这一进程可分为三个主要阶段:第一阶段(19世纪末至20世纪上半叶),我称之为"变法改制"阶段。南亚次大陆作为英国的殖民地全面继受了英国法,日本以1868年明治维新为起点的法制现代化,中国20世纪头十年的晚清立宪修律,20世纪20年代奥斯曼帝国解体后土耳其共和国推行的法律"西化"运动等,是此阶段的典型。第二阶段(二战以后至20世纪90年代),我称之为"法律发展"阶段。这其中,既有日本、韩国、新加坡等国对西方国家法律的全盘移植,又有中国、朝鲜、越南等国家主动学习和借鉴苏联的社会主义法律体系及法律观念的活动,还包括五六十年代欧美国家以"援助第三世界"为名,向一些不发达的亚洲国家传播西方法律模式、参与所在国立法和法学教育的法律与

---

① 按照梁治平先生的说法,意识形态在一般规范性意义上,指的是某一个人或群体并非基于纯粹知识的理由所秉持的一种信仰和价值,它形成了可以用来满足此个人或者群体利益的针对世界的特殊式样的解释。而在一种更加日常化的意义上,又被视为一种封闭的、不容置疑与反思的观念、价值和学说体系。对此精彩的分析参见梁治平:《法治:社会转型时期的制度建构——对中国法律现代化运动的一个内在观察》,载普林斯顿大学《当代中国研究》,2000(2)。对"法治"问题进行深刻反思的学术文献,还可参见季卫东、朱景文、朱苏力、谢晖等学者的相关文章。

发展运动。① 第三阶段(20世纪90年代至今)我称之为"法律全球化"阶段,经济全球化日益加剧,知识经济已露端倪,以社会主义国家的市场取向改革和亚洲金融危机为契机,大多数东亚国家"与国际通行做法接轨",更遑论中亚、西亚国家所愈益感受到的要求其变革传统、适应新形势的巨大压力了。一些后发国家(如中国)则采取了法治"大跃进"的超常规方式推动法制改革,不断加快经济立法,制定新法、修改旧法、废除不适应形势的法律法规,强化执法力度,相关的法律投入成倍增加,等等,"厉行法治"、"依法治国"的口号也因之成为时代的最强音之一。②

然而,瞩目当前亚洲(特别是中国)社会的法治现实,在上述法律因应运动(如追求全面法律移植、推行司法改革、严格行政执法、增大法律相关投入等)的作用下,人们既收获了一定的社会稳定和法制成果,但同时也付出了相当巨大的代价,各种显性的和隐性的社会矛盾、社会危机也随之增多。"加快立法"并不能自然地、无代价地带来社会正义,也很难在不损害原有民族文化传统的基础上建构具有东方(中国)特色的法制文明。③ 的确,与过去相比,亚洲诸国的法律是更多了,可又有谁敢说亚洲诸国的社会公正就多了呢?④ 不仅如此,

① 详见安·塞德曼和罗伯特·塞德曼:《发展进程中的国家与法》,北京,法律出版社2004年版。

② 截至2002年3月,二十多年来,我国共制定400余件法律和关于法律问题的决定,地方人大及其常委会通过了约9000件地方法规,以宪法为核心、中国特色社会主义法律体系的框架更加完备。但今后的立法和立法监督的任务仍十分繁重。参见李鹏在九届全国人大五次会议上作的常委会工作报告。另据笔者统计,"新浪网"上有关"依法治国"的消息和文章共计49098条(篇),"人民网"上共计4310条(篇)。显而易见,我们面临的立法任务仍然十分繁重,还将根据我国已经加入世界贸易组织的新形势,制定、修改有关法律。

③ 改革开放二十多年来,中国的经济建设成就巨大,综合国力得到提升。然而与此同时,社会整体系统内部却出现了结构失衡与程序紊乱的问题:社会分配和收入差距严重不平衡,权利冲突加剧,行政权力膨胀,"乱集资、乱罚款、乱摊派"现象殊难根治,弱势群体利益和公民个体权利缺乏保护,"三农"问题日益突出,因农民失地和城市强制拆迁所引发的社会重大事件越来越多……关于当前我国法制建设中出现的法律供求失衡、实施效果差等法律的"效益悖论"问题,请参见冯玉军:《法律的成本效益分析》,兰州,兰州大学出版社2000年版。

④ 众多的严重社会不公问题和广大民众对社会公平的强烈诉求,在"法治中国"的话语背景下,主要是通过一个个具体的法律案件进入我们的视野的。例如:从北京大学刘燕雯博士学位申诉案、齐玉苓维护公民受教育权案、孙大午非法集资案,到孙志刚事件及随后国家正式废除已实行长达五十余年的收容遣送制度、刘涌案及随后法学家反对刑讯逼供的程序性苛责同普通民众追求实质正义的意见分歧,再到社会各界关于宪法第四次修改和人权入宪的大讨论,等等。从中我们可以发现,社会公众对社会公平和自身权利的诉求日益强烈,已经并正在继续书写着社会进步的辉煌篇章。

在何谓正义、怎样实现正义这些至关重要的问题上,学者以及官方的话语同社会民众的法律话语之间竖起了一堵墙,前者主要是舶来的、理想化的法律原则和严格逻辑推导的规则和法治口号,后者则是具体的、经验的、希图满足实际生活要求的朴素要求。2003 年在中国社会引起轩然大波的"刘涌案件"就是典型,该案揭示了法律人共同体在理解和坚持现代"法治"理念方面的内在矛盾:一方面,他们高倡程序正义,质疑公诉人依靠刑讯逼供得来之证据的合法性;另一方面,则又在普通民众强烈要求实现实质正义的呼声面前节节退让。

显而易见,无论从经验还是学说的层面,人们(特别是东亚的法学家们)都日益深切地感受到东西方法治理想与法治现实、法治历史与法治逻辑之间关系的紧张,感受到东西方社会文明形态及其理念的巨大碰撞。对程序正义的片面追求和形式主义的法条"法治"更是造成了法律与道德、法律与文化之间的巨大鸿沟。那种将东方社会普遍存在的政治国家与市民社会、城市和农村、国家制定法与民间习惯、法律意识与宗教信仰以及道德观念之间巨大冲突的原因简单归咎于东方国家落后或"法制不健全"的说法,只会导致关于法治必要性的循环论证,或者对法治之可欲性的新一轮赞颂,而不会从根本上解决我们当下遭遇的问题。

现实混沌一片,诸多学者专家纷纷发表见解,使出"各自的高招"寻求突围。于是乎,各种关于法治的"新见"抑或"异见"层出不穷。以中国当代法哲学研究的思想倾向为观照,近期各种关于法治的"新见"抑或"异见"便层出不穷:一些学者通过回到马克思、回到激进民主主义,以"左派"立场解读新时代的现实状况,借以发现民主宪政的实现模式和改革之途;另一些学者则改变过去唯"马(克思)"首是瞻的思维习惯,梳理西方法律智库的经典思想和学术潮流,译介阐发欧美法理规范,从中发现法的真谛,扩大舆论宣传,进而影响流行话语,实施迂回劝进统治集团厉行法治的策略,并借此推动民众的"二次启蒙",促成本国法治的实现;有人则基于社会—文化比较的视角,抨击当下浮于社会表象层次的口号式法制宣教方案,消解作为宏大叙事的"法治"理想模式之弊,借鉴后现代方法及研究进路,回思本土制度资源和文明传统,意图实现维新旧邦的结果;与之相关的一部分人则不同意这种所谓"非法治的文化乡愁主义",而是通过追溯希伯来文明和英国自由主义传统,从自由主义的理念出发,倡导跨文化和超时空的人类普适价值,并将这些价值视为在中国实行"法治"

和"宪政"的道德基础,也提出不少重要见解,但由于切入角度的偏颇,导致有思想可以"屠龙",但却难见其效的"画饼"之嫌。

很显然,围绕"亚洲法治"实践中的问题,牵涉太多因素及彼此间诸多矛盾关系,仅靠一般的理论预设或者概念判断难以解决,即便引入历史、文化、传统等与特定社会状况密切相关的因素解析法治问题,也难免挂一漏万,百密一疏。当此"亚洲法治"及其学术研究的现实窘境,笔者认为,研究当前亚洲法治(特别是中国法治)的关键,在于真正找到"东方语境"下之法治问题的"结节点"(即症结所在)。找到这个结节点,将有助于对困扰亚洲法治的诸多难题进行深层次检讨,也便于我们对现在所面临各种多意义的问题进行综合性理解。

关于这样的"结节点",根据日本北海道大学教授今井弘道的理解,就是克服欧美中心主义的近代历史观念,并认为"这就是现代(亚洲)法哲学的最重要的任务。"①中国学者朱苏力教授从另一个方面提出了相似的观点:"现代法治的出现和发展,以及它对传统社会的'法治'或秩序的替代,并不是如传统的政治法律哲学思想家所描述的那样,是一种一以贯之正确的道德哲学之展开,也不是所谓的人类的道德理想或理性的实现;而是现代化这个近三四百年来席卷全球的历史性运动所带来的与这一社会结构性变迁相互契合的组成部分。"②公丕祥教授则借用依附学说的"中心"与"边缘"这一概念工具,考察在全球法律发展进程中中国法律系统所处的历史地位,指出:"中国法律发展与全球法律发展是一个历史性的互动过程。前近代时期的中国法律居于当时的全球法律发展进程的中心地位,而到了 19 世纪中叶之后,这一中心地位逐渐地被西方所取代。"③

笔者的观点与此殊途同归,也认为当前亚洲法哲学的理论结节点在于重溯

---

① 今井弘道教授还提出:"现在的世界处于庞大的转换期。但是,将这个转换期依照某种历史哲学理念的发展图式而定位的话,却是时代错误的做法——不论从黑格尔哲学或是马克思主义上来说,或者是从'历史的结束'式的自由主义的观点来说,历史不是把目的论的原理内在化的,也不是从属于一般法则的。"参见今井弘道:《朝向克服主权国民国家与产业社会之"近代"——21世纪亚洲法哲学之课题与展望》(第三届法哲学大会提交论文)。

② 朱苏力:《现代化视野中的中国法治》,原载汪丁丁等:《学问中国》,南昌,江西教育出版社1997年版。

③ 公丕祥:《全球化与中国法制现代化》(第三届法哲学大会提交论文)。

现代法治"历史"的本体,不仅是通过现代看过去,更要通过过去看现在以至于未来,从中发现多元化的世界法律文明体系共存共荣的可能前景。我将当下"亚洲法治问题"的判断归结到一点,就是对我们长久以来信奉不移的西方法治传统及其哲学基础进行反思,消解西方法治中心论的历史幻象,结束亚洲各国对西方法治基于"殖民"和"依附"历史的"路径依赖"(包括现实制度的依赖和观念上的依赖)。换言之,只有回到西方法治"学说史"背后的历史本体论研究层面,才可能解释诸多法治冲突的成因,才可能明白西方强势文化及其文明史观对亚洲社会长时段理论型塑的本质,而不至于把西方哲人(或法学家)语境化的理论当作历史本身去看待,把"东西方"文明之"空间"并列架构想当然地置换成文明演进和法治进步之"时间"代序轮转。唯此,才可能避免使我们的研究陷入一种低层次的、阐释学意义上的无谓重复之中,或者陷入被米歇尔·福柯一针见血地指出的那种尴尬而平庸的学术境况:"人们会听到新的问题……在所有这些问题背后,我们几乎只听到漠不关心的低语:'是谁在说话,这有什么关系?'"①

二、历史哲学的神话:从维柯到亚斯贝斯

历史是重要的,对法律(法治)的历史分析更是十分重要的。因为只有把握了事物的历史,才能真正地把握事物的本质。马克思主义经典作家就此说道:我们仅仅知道一门唯一的科学,那就是历史科学。但是,想让历史学家们写就的历史同客观真实的历史完全一致,却是一个永远都无法实现的难题。而这种在不同的时段以及处于不同的立场观点方法之下被写就和言说的"历史"又是如何形成的? 如何被作为整体把握的呢? 德国哲学家黑格尔曾给出过一个回答。他指出:"忠实地把握历史的东西是首要的条件,但是,在'忠实地'和'把握'这样的普遍性表述中包含着歧义。即使寻常的、平庸的历史学家,虽然他认为并且装作自己仅仅抱着一种接受的态度,仅仅致力于现存的东西,他的

---

① 〔法〕福柯:《作者是什么》,载王逢振、盛宁等编:《最新西方文论选》,第459页,桂林,漓江出版社1991年版。引文略有修改。

思想也不是消极的,他带来了自己的范畴,并用这些范畴来观察现存的东西。真实的东西并不在感性的表面上。尤其是在一切居科学之名的场合里,理性都不可以沉睡着,反思必须得到运用。谁用理性的目光来看世界,世界就对他也显出合理性的样子。二者的关系是交互的。"①这就意味着,学者(无论是历史学家还是别的什么人)不是事实的奴隶,而应当是事实的主人。他没有必要也不可能把一切事实都记录下来,他必须也必然按照自己心目中的标准对事实进行剪裁、选择,进行尽可能全面和系统的描述。

对法律以及法治文明模式的"历史研究",主要是基于如下的理论前提:法律不仅是一种制度,更是一种观念。不同的社会历史条件下,实践中法律制度的生成和运作模式尽管也表现出显著的区别,但一般说来,这并不直接影响和改变法律对社会的实际作用效果。然而,现代人们关于法治进步或法律发展的观念却是历史塑造的结果,是社会思想家、历史学家、法学家以及政治家们历时性"共谋"或者集体创作的结果。实际上,法治进步史或现代法治演进史并非经验的东西,它从根本上乃是观念的东西。历史在这里,既将思想家们的"言说"放大成为某种社会流行的观念,又借助于时间对所谓流行的观念进行选择、重构和塑造,进而形成观念的历史。

综观西方历史哲学,在不同的时代,哲人们对世界的"历史"进行了研究,"试图使历史科学的成果,成为一种世界观整体上的统一理解",并前后形成有机的理论线索和发展脉络,此即历史本体论研究。② 细致梳理西方历史哲学发展史,从基督神学历史观起,经由维柯、黑格尔、斯宾格勒直至雅斯贝斯等人的历史观,就是按照这些历史哲学家"自我"的认识前提和主观标准,对世界历史进行合乎自己意识和信念的"忠实"把握,进而形成的以西方强势文明或西方中心论为核心的文明史观。他们不约而同、十分"自觉"地构造了一幅向着特定目的前进的历史发展的"世界图景"。而问题的焦点在于,这种虚构的"世界图景"一旦形成,则不仅决定着后世人们的历史观,而且决定着他们的政治斗

中国研究与亚洲理念

①　〔德〕黑格尔:《历史中的理性》,霍夫麦斯特编,第 31 页,汉堡,1955 年版。转引自李秋零:《德国哲人视野中的历史》,7 页,北京,中国人民大学出版社 1994 年版。

②　英国历史哲学家沃尔什在其《历史哲学导论》中将历史哲学划分为历史本体论和历史认识论两大部分。

争和法治实践。①

（一）基督神学历史观

由于西方历史哲学与基督教神学关系极深,我们先对基督教神学历史观进行分析。一般地看,《圣经·创世纪》以上帝造万物开局,以万物最后复归于上帝结局。这种历史认识和信念与更早的古希腊历史循环观相比,"第一次真正打破了循环的观点……在这里,历史第一次被理解为进步。"事实上,圣·奥古斯丁在基督教神学历史观的定型方面起到了至关重要的作用。他认为,上帝的国在地上,相对于"千年王国的降临"来说,在上帝创世和末日审判之间的无数个时代里,人类的作为是没有多少意义的。由此看出,基督教神创说历史观虽然给历史以方向性的最后拯救,但(人的)历史在其中却是被悬置或被虚化了的。换言之,这种历史观只有上帝的时间和对上帝的信念,没有人的作为和人的任务,历史没有其真实的主体,主体缺位,注定这种历史是虚无缥缈的、不存在的。但无论如何,后世西方历史哲学基本上就是在基督教神学救世史的图式上建立起来的。维柯的天意,康德的自然意图,黑格尔的绝对精神、费希特的世界计划,汤因比和雅斯贝斯的神,等等,莫不如此。

（二）维柯

西方历史哲学的源头虽可上溯到奥古斯丁甚至《圣经》,但真正将历史与哲学结合在一起的是维柯。1500 年左右,新航线的开辟和新大陆的发现使全人类的概念和真正的"世界史"成为可能;而 17 世纪、18 世纪普遍理性法庭的审判,特别是笛卡儿对历史作为科学的死亡判决,更推动了历史科学向哲学的飞跃。身处 18 世纪的意大利,维柯第一次明确提出:"这个民族世界的确是由

---

① 限于篇幅,本文只对部分西方历史哲学家(从维柯、黑格尔到雅斯贝斯)和孟德斯鸠、梅因等法律思想家的历史文明观及其演变大致进行描述,而对伏尔泰、孔多塞、孟德斯鸠、梅因、埃利希、哈耶克等人的"世界图景"或"东方图景"(即西方学者眼中的中国形象),以及中国人何以接受及以怎样的方式接受西方中心的停滞/进步之法律话语问题拟另文详加研讨。依笔者拙见,在"法治"问题研究中引入历史本体论的分析进路,即采用所谓"古今""中外"的世界史视角,对于解析困扰亚洲国家(特别是中国)在推行法治现代化、回应经济全球化之挑战时遭遇的种种难题,有极为重要的意义。

人类创造出来的,所以它的面貌必须在人类心智本身的变化中找出。如果谁创造历史也就由谁叙述历史,这种历史就是最确实可凭的了。"①换言之,人类社会和历史是人创造的,人类对历史可以认知,可以有所作为。他把这称为"新科学"和"第一原理"。尽管如此,作为一个虔信宗教的人,维柯还需要调和其"人创历史说"与基督教神创历史的矛盾。他认为,人的意图或计划只是实现"天意"的手段,即人的历史活动是上帝神圣工作的继续。而正是由于这种"天意"的规定,世界上各个民族的基本社会结构发展过程尽管在发展的细节上有所差异,但在"骨子里"却大体一致,此即为"人类共同的心灵词典(mental dictionary)"。② 翻开这个"词典",人们会发现一切民族都要经历一个兴起、发展、鼎盛、衰亡的"理想的人类永恒历程",这是上帝的一个"计划"。该计划由神的时代、英雄的时代和个人的时代三阶段组成,而每个民族都要经历这些时代及其相应的政体。从而,维柯以人是实现"天意"的手段的命题,解决了人与神在时间(历史)问题上的矛盾。

与此同时,维柯又作出如下三个价值性判断:(1)自由民主政体的优越性。他认为西方已进入"人的时代",其时代的特点是"每个人都意识到他们在本性上都是平等的"。虽然人的时代的两种政体——君主独裁制和自由民主制——在价值上是不分伯仲的,各民族选择哪一种政体视其国内情况而定,但如从最符合"人的时代"的平等特点来看,自由民主政体无疑具有更大的价值优越性。而君主政权也就成为极权、等级森严、不人道的代名词。据此推理下去,原来曾被欧洲启蒙运动思想家广泛赞誉和推崇的"皇帝文官式"的中国君主政体也就从最先进、最人道而沦落为最落后、最极权的。③ 维柯在一定意义上破除了自莱布尼茨、杜赫德(著有《中华帝国通志》,1735)、伏尔泰等西方思

---

① 〔意〕维柯:《维柯自传》,载《新科学》(附录),349 段,北京,人民文学出版社 1986 年版。

② 同上书,145 段。

③ 这种观点大大有别于伏尔泰对中国专制君主制的赞颂之词。儒家所宣扬的以"仁政德治"为特征的中国政治体制,与伏尔泰极力宣扬的"开明专制"恰相契合。在他看来,人类肯定想象不出比中国这样的政治形式更好的政府了,"如果说曾经有过一个国家,在那里人们的生命、名誉和财产受到法律保护,那就是中华帝国。执行这些法律的机构越多,行政系统也越不能专断。尽管有时候君主可以滥用职权加害于他所熟悉的少数人,但他无法滥用职权加害于他所不认识的、在法律保护下的大多数百姓。"参见〔法〕伏尔泰:《风俗论》下册,第 460—461 页,北京,商务印书馆 1995 年版。

想家历史视野中的"东方"神话,建立了西方中心论的价值基础。(2)基督教原则。如果说自由民主政体的优越性是造成西方优越论之合法性的政治根据的话,基督教则是其信仰的根据。维柯认为,宗教对每个民族都是必需的,它构成每一种政体的真正基础。而西方人信仰的基督教是世界上唯一真实的、最好的宗教,"而其他宗教都是虚伪的"。从而,信奉基督教的民族和以基督教为基础的文明也就具有了其他宗教、民族和文明所没有的优越性。(3)社会达尔文主义的信念和行动。推崇基督教,固然可以把西方摆到了某种优越的价值位置上,但是却如同中国和印度等文明也常以不同的根据自我抬高一样,它本身不体现什么。"文明优越论"的最终成功不仅取决于"老子天下第一"的观念或认识,更重要的是取决于该文明有无扩张的强烈冲动和军事征服上的企图。西方社会长期的分裂、战乱和征服,以及"弱肉强食"的社会达尔文主义为西方的"文明"征服提供了最好的土壤。①

由此可见,为西方中心主义及其实践提供合法性的政治、信仰和文化心理根源的逻辑,已隐含在西方历史哲学之父维柯的"新科学"中。而18世纪、19世纪西方在科技、组织制度和思想方式方面的创新及其随之而来的财富与信心的巨大增长,则使这些隐含的逻辑在现实中充分展开,并以绝对优势征服了世界。西方开始成为世界的征服者和人类的中心。维柯思想中西方特殊论和优越论的倾向在19世纪得到膨胀式的发展,其登峰造极之作即黑格尔的西方中心论。

(三)黑格尔

黑格尔的历史哲学是绝对精神显示自身、认识自身、实现自身和返回自身的过程。绝对精神的本质即自由,它从东方到西方依次实现,东方(含中国)永远无法摆脱"蒙昧"的"孩童状态",西方则是历史的终点,由日耳曼民族承担着

---

① 维柯指出:"优秀的民族"凭借武力征服"堕落的民族",并把后者"安置在所管辖的各行省,而后者亦借此得以保存"。这种观点显示出维柯所说的:"自然秩序的两道大光辉:第一,凡是不能统治自己的人得由能统治他们的人统治;其次,世界总是由自然界最适宜的精英们来统治的。"维柯所说的这个"自然秩序",可以说是西方达尔文主义的雏形,他还为这种强者逻辑或自然法则披上了道德的外衣,而披着道德外衣的自然法则之下进行的就是西方历经5个世纪的殖民史及其筑起的西方中心之历史宝座。

世界精神的最后使命。正如"天国的光辉"将洒满必将到来的"千年王国","最好的制度"也将在(日耳曼民族)这一"历史上最后的国家"实现,这个最后的政治国家之所以代表了一个综合和终结,就在于它使一切可能的方面都得到了和解,而且没有为将会导致世界历史进一步发展的不完善性和不满足留下任何余地。就这样,黑格尔用一元的世界历史扼杀了维柯的各民族生成兴衰的历史,用直线封闭的历史路线即历史的终结取代了维柯历史的开放即历史的循环不已、螺旋式上升。①

与此同时,黑格尔认为"恶是推动历史前进的动力",是世界精神实现的工具。无论是体现着世界精神的民族的崛起,还是体现着世界精神的自由原则的传播和实现,都是通过战争实现的。这就意味着"文明的"民族必然要征服那些尚未达到同样发展水平的民族即野蛮民族。据此,他说:"亚洲各帝国的必然命运就是屈服于欧洲人,中国有朝一日也将认可这一命运"。② 其历史哲学和政治哲学在历史的终结中终于得到了统一。进而,在黑格尔眼中,寻找敌人和发动战争对于肩负世界精神使命的西欧来说是必不可少的。因为它们最大的现实好处便在于通过敌人和战争确保其自身的统一及其公民的政治美德。在黑格尔那里,当今西方主流思想的偏见已暴露无遗:以先验的自由理解历史,区分民族(或国家),人为地制造对立物甚至敌人,通过对"上帝选民"的垄断而将全人类利益置换为某特定民族的利益并任意践踏其他民族的利益,还美其名曰:"文明的战争"或"自由的胜利"等等。③ 黑格尔在探讨中国问题时就认为,中国缺乏作为一个人主要意识的"自由理想"。正由于此,使中国这个"最持久"、"最古老"的国家几千年来毫无变化,缺乏独立和创新精神,在客观存在和

① Leon Pompa:《维柯和黑格尔:对他们关于历史观念作用的论述的批判性估价》,载 Giorgio Taglizcozzo:《维柯:过去与现在》,第 2 卷,第 45 页。

② 当黑格尔将其"世界精神"的展开与太阳自东向西的行程结合起来之后,其单线型历史发展图式的机械性真是令人瞠目结舌。他不仅一笔抹杀了非洲、美洲、澳洲各族人民对世界历史所作出的贡献,在四大文明古国中,中国和印度只是扮演了世界历史的前奏曲,巴比伦和埃及只是波斯民族的一部分,在希腊文明崛起之后也就永远沉沦了,而古希腊世界也不过是曾经扮演过一次世界精神的低级承担者而已。在这种意义上,我们只能认为黑格尔乃是一个不折不扣的西欧中心论者和大日耳曼主义者。参见李秋零:《德国哲人视野中的历史》,第 278—336 页,北京,中国人民大学出版社 1994 年版。

③ 所谓的冷战思维其实是西方一以贯之的思维,这在西方历史哲学家的思想中有令人惊叹的一致和深刻的论述。

中国研究与亚洲理念

主观运动之间缺乏一种对峙,从而成为"世界历史的发展史的局外人"。将来只有当"若干因素综合"在一起,文明取得新的"生机"之后,方可进入"世界历史的局内"。在这里,中国和其他非欧洲民族一样,其必然命运就是被西化。

对此,我们必须向黑格尔先生提出这样几个问题:那些尚未转变为现代国家的民族是否会存在某种不可开化的残余,并使之永远不可能开化(即西化)?实践中的"西化"是不是等同于黑格尔在批判康德时所说的"无限进步的历史过程"?黑格尔所发现的基督教自由原则本身是否也仅是历史的产物,而并非人类更新更好发展的终极指针?当然,这些问题也许都已超出了黑格尔——这位德国基督徒——的眼光与时代局限。他的确站到了古典哲学最高峰眺望人类的整个历史,但是,站在喜马拉雅山顶的基督徒也仍然是一个基督徒,而不可能是别的什么人。

(四)斯宾格勒

1914 年第一次世界大战的爆发粉碎了欧洲人对于和平、繁荣、自由、进步的信念,西方持续几个世纪的直线攀升的资本主义文明及其历史哲学产物——西方中心主义一起走过了其最高峰。斯宾格勒"西方必然没落"的先知式预言恰在此地引爆了西方悲观、茫然、反思、抗争的百味锅。

斯氏对西方传统历史哲学最为反感,他说后者"把历史分解为当代—中古—近代的不可信的,空洞而又毫无意义的架构,完全统治了我们的思想"①。它仅仅是从西欧中心论出发编造的历史哲学的"托勒密体系"。而斯宾格勒的任务就是打破这种"托勒密体系",实现历史领域的"哥白尼革命",提出了一种承认所有文化具有同等价值的"文化形态学"。他把以往的世界历史分为八个具有同等价值的文化形态,即埃及文化、巴比伦文化、印度文化、中国文化、古希腊罗马文化、伊斯兰文化、玛雅文化和西方文化。这些文化都是相对封闭的、自足的体系,具有鲜明的个性和排他性,都有着自己的生死兴衰的必然命运,都要各自独立地走完自己的生命历程。它们彼此间尽管也存在文化的交流与融汇,但这只不过是一种文化以它自己的精神接受另一种文化的形式罢了,没有也不可能从根本上改变该文化的内在精神。

---

① 〔德〕斯宾格勒:《西方的没落》,第 13 页,哈尔滨,黑龙江教育出版社 1988 年版。

显而易见，斯宾格勒用多元、有限的"文化生命历程"取代了黑格尔一元的、绝对的"世界精神"的运动，以兴盛衰亡的循环取代了直线式的前进，以文明的结合取代了历史的结合，并宣告了西方文明的"内在终结性"及其不可避免的没落，从而打破了西方中心论并促进了欧洲人的反思。但另一方面，他又秉承黑格尔等对中国的偏见，把中国等其他文明看作和历史上已消失的古巴格达文明一样，是"没有生气的"、"非历史的存在"，甚至认为只有西方文明才是今日唯一存活的文明并赋予其建立的世界帝国的特殊使命。这样，斯氏又从后门请回了西方中心论的幽灵，尽管附有欧洲如日中天却必然会没落的特别说明。

（五）雅斯贝斯

斯宾格勒具有浓重悲观主义色彩的文化宿命论在德国哲学家雅斯贝斯那里得到了某种程度的克服。雅氏深刻地抨击那种把东方文明当作"古玩"的看法无疑反映了欧洲人"典型的傲慢"。他指出：西方"再也不能忽视伟大的亚洲文化世界，把它当作由处于永久精神停滞状态的非历史民族构成的世界。世界历史的范围是全世界，如果我们缩小这个范围，我们所组成的人类画面就将变得不完全和不真实"①。进而，他还提出了关于历史起源与目标的三大命题：（1）西方是在与东方的对立中建立起来的，且一直处于对立之中；（2）东方相对于西方的自我完善而言是必不可少的参照系；（3）亚洲的巨大存在。虽然这三大命题似乎有助于雅氏得出与汤因比相同的结论：必须承认文明之间的共性和历史继承性，从"长时段"的角度看，所有文明在哲学上都是同时代的，在价值上都是相等的，谁也没有资格妄自尊大，只有消除人们惯常产生的"自我中心的错觉"，才能正确地理解历史的意义。② 但令人遗憾的是，雅斯贝斯最终选择

---

① 雅斯贝斯：《历史的起源与目标》，第 80 页，北京，华夏出版社 1989 年版。

② 汤因比对从 15 世纪葡萄牙和西班牙征服海洋起一直到 20 世纪 70 年代的西方文明进行了回顾和深刻检讨，认为这种文明的进步是以损害大多数人的利益和浪费不可替代性的自然资源为代价的，其"实质就是领土扩张和经济增长"，而且令人痛心的是，西方至今仍在这条充满灾难的、自我毁灭的道路上你追我赶，并被自己制造出来的各种社会问题和经济问题所困扰而无法自拔。而根据历史的经验，东方文明（主要是中华文明）基于其生命的韧性及稳定特性将在不可避免的人类统一过程中发挥主导作用。参见汤因比：《展望二十一世纪——汤因比与池田大作对话录》，第 294 页、第 427 页。

的仍然是自高自大的欧洲中心论。他确信,在世界上所有现存的文明体中,"只有欧洲(文明)通过其实际成就,证明了它自身的卓越"①。针对"现代科技何以发生在西方而不是其他文明区域,为何只有欧洲才有持续不断的创新和突破"这一著名的"李约瑟难题",雅氏煞费苦心地总结出西方超拔东方的七大原因予以佐证。②

三、进步/停滞的历史"幻象"与法治启蒙话语

如前所述,西方历史哲学家大都在西方强势文明或曰"西方文明优胜论"的核心理念之上建构他们心目中的历史,进而塑造和描绘出一幅现代人类文明进步的"世界图景"(世界体系)。这种西方中心的历史本体论,与近世西方的特定文化思想及社会心理密切相关,它主要不是一个政治—历史意义上的概念,而是价值—文化指向的认识论(意识形态)体系。从维柯到斯宾格勒,从雅斯贝斯到亨廷顿,前前后后有许多人参与了这种西方中心的"世界图景"的塑造和神话化,他们之间有一个思维和逻辑的链条。正是基于此,他们的主张才最终积淀而成现代人某种固化的、不可置疑的历史观念与思维定势,并先验地贯穿在西方法治理论的基本概念、原理和体系之中,进而造成极其错误的影响。沿此思路,历史本体论的"西方中心"传统也必然使得"法治"概念本身以及一切与法律进步性有关的阐释话语都打上西方强势文化和霸权话语的烙印。

西方中心的历史文明观之所以大行其道,除了西方在近代的武力殖民和资本扩张之外,达尔文进化论在社会思想领域的广泛入侵和社会进步观念的确立,是其思想理论的重要支撑。达尔文的《物种起源》出版后,风靡一时,进化问题不仅成为生命科学、胚胎学、比较解剖学、生物地理学中最受关注的一个课题,而且还扩展到社会学、历史学、法学等人文社会科学领域。进化理论本身也似乎进化为一种"范式",成为衡量法律的优劣与否、文明先进与落后的一套检验标准,成为社会文明层面上弱肉强食、翦除异己的无情但"科

① 雅斯贝斯:《历史的起源与目标》,第73—74页。

② 参见韩震:《西方历史哲学导论》,第350—352页,济南,山东人民出版社1992年版。

学"的借口。①

以这种西方中心史观和进化论思想考察近代以来的西方法律思想史,我们分明看到:近代西方法律思想中深刻地浸染了"西方中心主义"和法律进步观念,法律生成演进的"西方经验"和以欧洲国家通过"法律"第三次征服世界的"使命论"为历史本体的文明史观,对启蒙法学家(其主要代表是孟德斯鸠、卢梭、梅因、萨维尼等)法律思想的形成有很深的影响。反过来讲,西方的历史哲学和进化论又从启蒙法学家们的论述中获得了相当的理论滋养或逻辑证明。这一点,在孟德斯鸠的皇皇巨著《论法的精神》一书中,体现得尤为突出。

在《论法的精神》中,孟德斯鸠首先对共和、君主和专制三种政体进行了比较,认为"共和政体的性质是:人民全体或某些家族,在那里握有最高的权力;君主政体的性质是:君主在那里握有最高的权力,但是他依据既成的法律行使这一权力;专制政体的性质是:一个单独的个人依据他的意志和反复无常的爱好在那里治理"②。继而,他将古代东方社会的政治统治形式归结为是一种专制政体。在他看来,无论土耳其、日本还是中华帝国,都是专制主义一统天下,他们没有任何基本的法律,也没有法律的保卫机构,其政体运行的原则就是"恐怖",而与此同时,"中国的专制主义,在祸患无穷的压力之下,虽然曾经愿意给自己戴上锁链,但却徒劳无益;它用自己的锁链武装了自己,而变得更为凶暴"③。就此我们看到,中国的政治状况事实上是否专制、恐怖,或者比同时期的法国或普鲁士更为凶暴,并不重要。重要的是,孟德斯鸠在其对亚洲(东方)国家政治法律状况的"发现"和"发明"中,已然塑造了一个"停滞而落后的东方"异域形象。其目的是在于确定一个体现着启蒙主义自由精神、由西方文明

中国研究与亚洲理念

① 从社会进步、法治进步到人类进步,进化论就像一只硕大的口袋,能把自己碰到的一切都包容进去。其实,达尔文主义并非完美无缺,恰恰相反,它一直未得到充分而有效的证实。所谓"适者生存",曾被定义为:生存下来。但是这反而动摇了达尔文中心设想的逻辑结构,因为大自然并没有提供适应度的逻辑标准,这样,自然选择就成为一种同义语反复:"谁生存?最适者,谁是最适者?能生存的。"实际上,进化论之所以产生了那样大的影响,很可能就是因为它提供了一幅与19世纪以及20世纪的社会极为相似的图像,并与当时社会上流行的"进步"观念相互支撑,从而共同在整个社会层面上取得了其支配地位。详细的分析请参阅彭新武:《发展的意蕴——一种复杂性研究》,北京,中国人民大学出版社2002年版;詹腓力:《审判达尔文》,第23—26页,北京,中央编译出版社1999年版。

② 〔法〕查理·路易·孟德斯鸠:《论法的精神》上册,第19页,北京,商务印书馆1961年版。

③ 同上书,第129页。

所代表的法律进步的信念。

这种西方中心的先验推理范式,不仅体现在孟德斯鸠对(西方)法律文化及其精神传统的研究中,也同样体现在近世一些著名学者对"西方法律传统"的谱系学塑造和神话化当中。① 这种谱系学研究的基本路径是:先根据某种需要界定"我们"和"他们"的文化分野,而后依据文化上的身份机制,将这些"他类"或"异类"文明排除在以欧洲为中心的法律进化史("西方法律传统")之外,最后证成并取得全球法律—文化统治地位(再回顾西方政治家关于欧洲人在历史上分别依靠武力、宗教和法律三次征服世界的说法,更见证了这种法律史研究的策略性和实用性)。

对罗马法这一"西方法律之根"的塑造是上述谱系学先验法律思想的最集中表现。在很多人的心目中,罗马法不仅是西方法学的基础,而且是有史以来"人类精神最为杰出的创作"和"文明常识"。它"对世界文明最伟大的贡献就在于,它向世人表明,以不同民族及其不同发展阶段都能够接受的常识为基础,建立一套法律体系是完全可能的"②。而且根据一代又一代的罗马法学者的叙事策略,罗马法具有天然的原创性、优越性、独特性、连续性和有用性,因而是古代世界一种最发达、最精心制作的法律制度。而依据蒙纳特里对罗马法的"知识考古学"研究,"法律领域的罗马法至上性,纯粹是19世纪历史主义偏见所编造的神话"。"而把非欧洲人排除在罗马法历史之外的这种谱系学策略从某种意义上讲是相当成功的,因为它绘制了一幅被奉为常识,形成一种近乎普遍的文化现状。"③

---

① 根据意大利都灵大学教授蒙纳特里(P. G. Monateri)的研究,当前在国际上流行的观念——西方那个法律传统所赖以建立的历史基础衍生自罗马法,并被视为人类精神的原生物的理论——实则不过是一纸带有浓郁实用意蕴的统治方案。换言之,近代以来令西方人自矜不已的历史意识,特别是在法律领域的历史意识,实际上体现了一种西方人特有的"自我中心"的偏见或意识形态立场,本质上反映了西方文明看待自己与其他世界文明(文化)的关系,并用以证实其在现代工业社会的优越性和文化统治的合法性。参见〔意〕蒙纳特里:《黑色盖尤斯——寻求西方法律传统的多重文化渊源》,载《当代西方后现代法学》,北京,法律出版社2002年版。相似的研究还有Martin Bernal, Black Athena: The Afo-Asiatic Roots of Classical Civilization (1987). Harold J. Berman, Law and Revolution: The Formation of the Western Legal Tradition (1983).

② 〔英〕劳森:《罗马法对西方文明的贡献》,载《比较法研究》,1990(1)。

③ 〔意〕蒙纳特里:《黑色盖尤斯——寻求西方法律传统的多重文化渊源》,载《当代西方后现代法学》,第112—200页,北京,法律出版社2002年版。

实际上,经过 12 世纪以来"重新发现罗马法"的欧洲运动以及制定了《法国民法典》之后,19 世纪日耳曼历史法学家萨维尼及其追随者精心策划了一个关于欧洲普通法、特别是日耳曼普通法的"法律发展进程",此即关于西方法律传统的"雅利安模式"。① 蒙纳特里指出:萨维尼为了创建一套新型日耳曼法,就把罗马法当作一种完美的、自足的体系加以研究,罗马法教科书则成了现代"科学的"法律制度的理论基石。但是,过分强调罗马法的极端重要性就使得他将罗马法理解为不囿于实证法的"普适"之法或人类共有的"文明知识",而不再是它原本的性质和面目(地方性知识)了。与此同时,为了证明罗马法的欧洲"发源论"和"天赋的"自我更新能力,萨维尼不惜曲解历史,拒斥了在罗马法发展历史上"非洲—闪族"传统的任何贡献,否认西方之于非西方文明所应怀有的歉疚之情,反而斥之为对罗马因素之庸俗化、玷污及扭曲。说到底,这种罗马法神话仍不可避免地属于某种文化政治学的产物,它建筑于排斥非印欧舶来因素的特殊逻辑基础之上。而有鉴于法学研究中偏执于罗马法或"言必谈希腊罗马"的风气之盛,重新认识罗马法源起和传播的历史,重新认识整个西方法律传统的形成史,揭开并批判潜藏在其国际文化统治背后的"西方中心"预设,至为重要。

无独有偶,英国法律史学家梅因在《古代法》一书中宣扬的"所有进步社会的运动,到此处为止,是一个'从身份到契约'的运动。"②这一"伟大的"、"振聋发聩"的结论也是基于如下的认识论基础:从进入法典时代起,停滞的社会和进步的社会之间的区分就开始暴露出来,极端少数的进步社会即西欧社会的法律进一步向前发展,而大部分的东方停滞的社会,法律的发展也停滞了。"不是文明发展法律,而是法律限制着文明"③,印度如此,中国也是如此。显然,梅因是在西方法治文明自身的进步中看到东方文明的停滞,并在确立(反衬)西方法律进步的历史观念的同时确立了停滞的东方形象。梅因同时还对西方近代自然法思想(以孟德斯鸠和卢梭为代表)作了"客观"评论:自然法在哲学上虽然有其缺陷,但是我们不能因此而忽视其对于人类的重要性。"如果自然法没有成为古代世界的一个普遍的信念,这就很难说思想的历史,因此也就是人类的历史,究竟会朝向哪一个方向发展了……假设不是自然法的理论提供了一种与众不同的优秀典型,我们就找不出为什么罗马法优于印度法的理由。"①关于自然法在近代以来世界文明中的地位,梅因总结道:"(自然法)明显的大量渗入到不断由法国传播到文明世界各地的各种观念中,这样就成为改变世界文明的一般思想体系的一部分。"②

有趣的是,停滞落后的中国形象是与启蒙主义以欧洲的进步为核心的世界史观同时出现的,以维柯为首的历史哲学家和以孟德斯鸠为代表的法学思想家们共同参与塑造了这一(法治)历史的"幻象"。最新科学研究已经证明,停滞的中国并不是现实,而是西方历史学家和法学思想家为了确立其进步观念与西方文明在西方化的世界秩序中的位置而进行的虚构和发明。③

如上所言,这两部分人(启蒙主义者)都是欧洲中心的世界主义者,他们描述"世界"的目的是确定欧洲在世界秩序中的位置,他们叙述"历史"的目的则是为了确立西方式自由、进步、法治价值的普适地位,并将欧洲文明作为世界历史的主体和中心。启蒙主义者又都是线性思维的历史主义者,他们将世界的空间(东西方共时性存在)想当然地置换成世界的时间(东方落后于西方的历时性存在),其线性、进步的历史观念已不仅是人类经验时间的方式,甚至是人类存在的方式。由此,启蒙运动为西方现代文明构筑了一个完整的观念世界,或

① 〔英〕梅因:《古代法》,第43页,北京,商务印书馆1959年版。

② 同上书,第52页。

③ 准确地说,中国历史从未停滞过,只是发展变化的快慢速度与急缓程度不同。加拿大学者弗兰克在详尽地分析了1400年到1800年间世界经济的结构与发展之后,指出:"中国,不仅是东亚纳贡贸易体系的中心,而且在整个世界经济中即使不是中心,也占据支配地位"。他强调说,他论证中国在历史上的世界经济中的"中心"地位,并不是简单地想用中国中心论来取代欧洲中心论。"相反,本书最核心的'科学'论点是,过去和现在一直有一个全球经济,在本书所考察的历史时期实际上没有什么中心,在可预见的未来很可能也没有什么中心。根据本书所提供的史实,可以断定,直到1800年为止,欧洲和西方绝不是世界经济的中心,如果非要说有什么'中心'的话,客观地说,不是处于边缘的欧洲,而是中国更有资格以'中心'自居。"弗兰克的命题打破了长期以来在现代化与发展理论研究中所蔓延的欧洲中心主义或西方中心论的神话,启示我们要用历史的辩证的眼光来看待全球化进程中的中心地位与边缘地区之间复杂的历史关系。参见贡德·弗兰克:《白银资本——重视经济全球化中的东方》,刘北成译,北京,中央编译出版社2000年版,第19—20页,第26页。

观念中的世界秩序。

也正是在启蒙(现代)主义这种不容置疑的"理性精神"的光辉照耀下,始自黑格尔和奥斯汀的现代法学理论总是本能地偏好对法律逻辑的"宏大叙事",即以法律概念、术语、命题为经,以确定性、客观中立性、一元性和普适原则为纬,贯穿理性、个人权利、社会契约、正当程序等理念,涵盖法的本体论、价值论、方法论几大块的法律话语系统。但由于这套话语系统是国家主义和意识形态指向的,它以"合法"的名义,排斥、改造甚至摧毁不同"意义世界"中的社会规则系统,故此往往成为社会政治领域的"霸权话语"和想当然的真理。在世界范围内,是西方对非西方的倾轧;在一国范围内,是国家制定法对民间习惯惯例的摧毁;在学术史上,它还进一步成为党同伐异、拒绝批判之教条主义立场的滥觞。

长期以来,如上的现代化及法律发展的模式分类似乎已经成为一种思维定势,被频繁地加以引证与运用,以至于成为一个毋庸置疑的逻辑分析架构的预设前提。按照这样的模式范型,西方世界与非西方世界的法制现代化进程被纳入"内发与外生"、"原创与传导"、"冲击与反应"、"主动与被动"之类的二分架构而加以考察和描述,进而制造了全球法制现代化进程中的"先行者"与"后来人"的历史神话。在笔者看来,"古今中外"(或"中外与古今的纠缠")问题影响如此深远,竟至于成为理解和解决"现代"与"后现代"问题、"全球化"与"本土化"问题的锋刃利器;在我们分析东西方文明关系、中外文明关系,乃至于东西方法律文化既相互矛盾又相互影响的关系时,一定要注意并警惕这种先验历史观的弊害,从而对亚洲(中国)法治的过去、现在、未来作出科学的判断。我想这可能是我们研究当下中国的法治理论与实践的最深层目的。

当前世界经济全球化的浪潮,全球化经济的"无国界活动"和"地球村经济"的形成,首先对民族主权国家的主权及其法律体系提出了挑战。而任何一个国家、任何一个民族在全球化的过程中都应该采取相应的对策以确保其不被排挤出局,并在尽量使本国避免或减少损失的前提下,力求获得最大的民族利益。历史的事实一再表明,人类社会既有保持区域及民族特色的要求,同时也有相互交流、相互借鉴及相互融合的需要。数千年来,整个人类社会正是在这种相对独立性与交叉融合性共存的基础上发展起来的。一味地排斥外来因素的影响,无目的地维护所谓自身特色是没有前途的选择。有鉴于此,至少从目前的国际社会来看,几乎所有的国家都选择了对外开放,而对外开放也并不意味着必然会失去自身特色,而是要在深刻理解本国国情的基础上,主动出击,将随着全球化而来的外国资本、技术、思想及其法制资源择善而从,为我所用,把握好"全球化"与"本土化"的关系和契机,并在具备条件的情况下将自己的活动空间向外延伸。只有这样,才能不被全球化浪潮所淹没,并在维持生存的基础上壮大自己。

在批判西方的社会经济文化"秩序"向全球扩张(不仅在经济上剥夺落后民族,而且在政治和法律上压迫被殖民的国家和地区)这一过程的野蛮和血腥性质的同时,我们也清醒地意识到,"现代化"还是一个各国在外界压力下推进结构变迁、阶级整合和个人意识觉醒的社会过程。在全人类进步和追求幸福的历史画卷中,现代法治作为法的价值理念及相关制度设计的综合体,是建立适合现代经济、政治、文化发展的法律秩序的前提。它的出现,正如现代科学一样,对于人类有普遍的意义,是人类文明的共同财富和宝贵遗产。如果没有西方国家这种以"暴力"形式出现的法律秩序冲击(被迫变法),各传统文明区域(亚洲特别是中国)旧有的制度和规范是无法自动生发出变革因素的,不仅不能适应历史前进的潮流,也无力对社会现在以及今后的需求加以调节,那么,社会的整体"失范"就呈不可避免之势,文明的衰败与制度维新就呈不可避免之势。考察清朝末期风雨飘摇的统治难以为继的史实,转思黑格尔所言"恶是推动人类历史前进的动力",真是入木三分。实际上,外来早生的现代化国家的影响与扩张成为其他国家走上现代化道路之最初动因和样板,并不奇怪。比如:近代日本变法对东亚诸国的示范效应(其中不排除其侵略压迫的成分),土耳其的凯末尔革命对西亚地区民族独立解放的示范效应等。经验显示,广大的非西方国家和地区,只有把自己纳入国际社会的轨道之中,才能获得现代化进程生长的动力性因素和条件。在实现法制现代化问题上,借鉴吸收经过历史考验的、有效的西方法律元素,如法律普遍、法律平等对待、法律公布、法律可预期、法律无内在矛盾、法律高于政府、司法独立、对个体和共同体尊重,等等,是有其重要价值的。对于那些具有普遍价值和全人类意义的西方法治原则,世界各民族也都可以引进适用。

然而,亚洲是世界文明和三大宗教的发源地,是世界上地形地貌、气候条件和民族宗教差异最大的地区,孕育了丰富多彩的亚洲文明以及悠久的历史传统。千百年来,在亚洲,形成了自己独特的多元民族文化、形态迥异的国家政治体制,创造了极为重要的人类精神文明成果,为全人类的共同发展作出了重大贡献。特别是以儒学思想为核心的东亚文明共同体,更是在长期的历史发展中,形成了自己独特的社会秩序理念和法制调整模式,千年传承未曾断绝。①这些具有民族性和文化性的法治资源值得我们珍视和发掘,千万不能人云亦云,"以外化中",盲目移植或全盘西化,否则,将会带来灾难性的后果。实际上,西方法治传统也不是"灵丹妙药"或"百宝箱",更不是超越国家、民族和地区语境的"世界法"(自然法)本身,它也有所不能。美国当代法学家波斯纳就此指出,法律并非一个自给自足的演绎体系,而是一种实践理性活动,是在现有的知识基础上对尽可能多的因素进行综合性思考所作出的判断。实践中并不具有统一的法理学,法理学可以是具有民族文化特色的,因为不同的民族会有不同的法律概念、法律制度和实践。② 任何法律制度就其本质而言,都是文化的产物,都是与特定的民族语言、历史、习俗等密切相关的,既有普遍性,又有特殊性的文明体系。借鉴吸收外国法律技术和法律文化,必须从本国的国情出发,即使是一些具有普遍性的法律技术,在借鉴和运用时,也必须解决与本国法律文化融合的问题,脱离本国法律文化的法律技术,必然是无源之水,无本之木。综观现代法律国际化的实践,"文化"的跨越并非如此简单,法律技术规范的可移植与法律文化内涵的不可移植之间的矛盾始终存在,并不时爆发出来,产生与"法律现代化"进程相一致的法律文化冲突。

从世界范围来看,近代以来第一次冲突是伴随着法律殖民化,即资本主义在全球进行殖民扩张,西方民法法系和普通法法系两大法系向全球传播而出现的。欧洲殖民者将体现西方法律文化的法律制度强加给各个殖民地,在那里,来自西方的法律制度遇到了包括各种各样的不成文法在内的本地法律。西方的法律原则与本地的法律原则来自完全不同的文化,它们很难相互结合和共存,常常以种种方式发生冲突,其结果是在殖民地形成了法律多元化状态,即两

---

① 有学者认为,"仁爱、和谐、公义和统一"是中华文明的特质、精神,是民族和国家的事业。不拘泥于"西化"之一途,依如述中国本土的"文明宪章"(治道),综采诸般"治式",积极进行创新,即有国强民富、秩序良善之未来。参见黎晓平:《法治与"文明宪章"之治》,第四届法哲学大会提交论文。

② 〔美〕波斯纳:《法理学问题》,北京,中国政法大学出版社1994年版。

种或更多的法律相互作用的状态。

第二次冲突是在发展中国家的法律现代化过程中出现的。这一过程开始于 20 世纪初,在第二次世界大战后的"法律与发展运动"中达到高峰。这一过程的特点是一些发展中国家为了自身的现代化而自愿引进西方法,建设"现代法治"成为世界各国竞相效仿欧美国家的新一轮国际化浪潮的基本目标和神话。很多在传统法制观念影响教育下的人都相信,世间确实存在着一些普遍的、永恒的关于法律的原则和原理,他们共享着一种普适于全球的法律观,认为只要找到这些原则和原理,就可以放之四海而皆准,就可以解决一切现实的、具体的问题。与此同时,美国和其他西方主要国家也以援助发展中国家为名,积极参与了发展中国家的法律现代化进程,现代法被当作可以由国家直接控制的实现社会变革的技术手段被大规模地引进。尽管以日本、中国香港为代表的少数国家和地区取得了法律移植的成功。但对于大多数发展中国家来说,作为现代化的技术手段而引进的西方法律制度并没有取得预期的效果,反而引发了一系列的社会冲突,并且形成新的法律多元化状况。例如:1926 年土耳其为推进现代化进程,进行了激烈的法律改革,原封不动地搬来《瑞士民法典》以取代传统的伊斯兰法,但这种移植的后果是,移植来的法对土耳其社会的规范秩序只有很小的影响,绝大多数的土耳其居民仍遵循着与新法典不相容的传统习惯。20 世纪以来,拉美许多国家在宪法上取法美国,民法上采用法国民法典,但拉美的政治经济发展却长期停滞不前。最典型者是埃塞俄比亚,该国 1960 年出台的由法国人勒内·达维德起草的民法典实施之后,效果很糟,被称为"比较法学家的杰作,非洲人的噩梦"。

在这种意义上提出和研究法律和法治的"本土化"的问题,不是搞闭关自守,不是小国寡民,而是在积极适应全球化大潮的前提下,尊重自己的历史传统与现实条件,建设自己的法制体系。众所周知,一部成功的法典(或者一国之法律体系),总是"力求在传统和进化之间保持平衡",从而尽可能降低法律移植成本,并使被移植的法律同本国传统法律文化相协调。其基本用意并不在于抱残守缺,回归传统,而是主张面对当下社会转型过程中出现的一系列矛盾,如国家与社会、理想与国情、变法与守成等,更不是一味地"以外化中",而是善待传统,并从传统出发,发现和培育那些合乎我们自己社会经济需要的法律制度,解决当下的问题。美国印第安纳大学法学院院长阿曼教授指出:"'全球化'是一个复杂的、能动的法律和社会进程。它不是(至少不一定是)'普遍一致'或'同一性'的同义语,也未必就是指'全世界的'。全球化进程还特别具有地方的或地区的特征。"①从有利于东亚法制建设发展的意义上说,全球化意味着越来越多的国际性标准,国际性规则规范为世界各国所共同接纳和遵守。各国在接纳和遵守这些国际标准和国际规范时,又往往把它们与本国的传统和特征结合起来,使之本土化。全球化的力量是强大的,但本土化的力量同样深厚。二者与其说是对立的,不如说是互补的。

四、多元化的法律文明与人类共同价值

人类在两次世界大战后达到了历史上的转折点:世界进入各国互相依赖的新纪元,所有地球居民的命运紧密联系在一起,一个世界性社会正在出现,这不只是经济和科技的事实,在法律层面也是如此。世界各国的法,美国法、德国法、中国法、日本法、印度法、以色列法、沙特阿拉伯法,以及拉美丛林部落法和太平洋密克罗尼西亚群岛国家的法,彼此之间的联系从来都没有像今天这样紧密过;世界上的法系,特别是普通法系与大陆法系,它们之间的相互借鉴与融合,从立法样式到具体规范的引进,也从没有像今天这样广泛和深入。所有这些情况都说明:我们的时代,进入了一个全球共享的法律文明总体系之中。而我们面临的问题则是:什么样的法律治理模式是令人向往的,多元或者一元?东亚法治是否可能,我们将以何种理念与价值维持我们预期实现的法律合作?

综上对法治历史的反思,我们可以看到,法治现代化进程中存在着这样一个重大而尖锐的两难问题:

一方面,在现代法治实现的进程中,任何一个民族和国家都难以避免地被裹挟进去,倘若东亚诸国的法制建设与法制生活不能逐渐融入全球法律体系之中,便不能在世界文明体系中生存。美国法学家弗里德曼指出:当前的经济全球化、现代化,以及世界大众文化的传播使得法律的文化因素与技术因素二者的界限模糊起来。全球化和趋同是现代法律制度的重要特点,即指法律制度或其一部

① 〔美〕阿尔弗雷德·阿曼:《印第安那全球法律研究杂志》(英文版),"导言",1993,(1)。

亚
洲
学
术

● 2006

Scholarly Studies on Asia 2006

分在平行方向上进化,发展出更多的共性,随着时间的推移,在实体和结构上都越来越显现出相似的趋势。他说:"很明显,现代性的冲击,侵蚀和替代了世代相传的法律传统,连本土的结婚和继承方式在现代世界中也难以幸存。"①

另一方面,如果东亚国家的经济、政治、法制、文化等建设不能继续保持其独立自主的品格,不能有效地维护国家与民族利益,相反,一味追求全球规则的普适性及其对本国法律发展的引导作用,则可能坠入新的依附发展理论的陷阱,出现被消灭或被边缘化的情形。著名的美国法律史学家伯尔曼指出:"世界法不是由一个世界政府,甚至不是由民族国家的组织强令遵行的,而是从跨国社群的应用和习惯所生成的。毫无疑问,在世界法的创制过程中,西方将扮演带头的角色,但这一过程必须靠国际社会通力合作才能成功,西方能否扮演好它的角色,将视乎它在其他伙伴身上能学到多少(包括从中加深它对自身的了解)……现在这个世界正迈向新的千禧年,而它的中心已不再是西方。我们已经为会聚世界上各色各样人群,迈向一个超越性的人类大家庭创造了条件。"②

笔者以为,当前东亚各国法律对经济全球化回应的过程是一个法律多元秩序的互融共存的过程。日本学者千叶正士指出:"法律多元即是在基于一个国家法律文化之上的统一的国家法之下,每一个社会——法律体关于保存和重新阐述其法律文化所进行的内部斗争和决定。"③这种法律多元,既是国家与社会相互统一的,又是制定法与习惯法相互统一的;既是国内法与国际法相互统一的,又是世界法与民族法相互统一的。在其最重要的层面——国家主权层面,这种基于主权国家制定法基础之上的多元法律秩序的重叠,并不是国家及各国法律的消亡,而是主权国家及其制定法获得更广阔发展的契机。

法国学者马蒂则从经济与人权双重全球化的角度,对未来的多元化的人类法律文明体系作了描述。她指出:"法律上的多元主义要求法律的世界化不能

---

① 〔美〕劳伦斯·M·弗里德曼:《存在一个现代法律文化吗?》,载《法制现代化研究》(第四卷),第415—416页,南京,南京师范大学出版社1998年版。

② 〔美〕伯尔曼(Harold J. Berman):《展望新千年的世界法律》,译文转引自"思想的境界"网站。

③ 〔日〕千叶正士:《法律多元——从日本法律文化迈向一般理论》,第222页,北京,中国政法大学出版社1997年版。

只听命于某个单一的法律制度,而应该是不同法律传统的融合……世界法不能以国家法的模式来设计,不管是联邦制还是邦联制,而应该遵循一种我们称之为'规制的多元主义'模式。多元主义以对抗霸权主义,规制的目的在于将多元主义组织在共同概念的周围,以避免分裂和失和。"她还以正在实现中的欧盟一体化实验为例,说明欧盟成功的历史机遇仅仅在于"共同建立一个部分相同的法律秩序,这是在任何一个欧洲国家都不是霸权主义国家的时刻表现出的。"①虽然这种叙述多少也反映了欧洲学者对西方法律秩序的某种偏爱,甚至也未能深刻了解西方与非西方法律传统的重大区别(想一想儒家文明思想、伊斯兰教法、摩门教派法以及热带丛林规则等),但无论如何我们都有理由期待,欧洲试验的成功的经验与失败的教训,都会对以后全球法律秩序的逐步建立有所帮助。

诚然,由于历史的不可截断性和不可替代性,从不同的人文、历史和自然地理条件下产生的多元民族文化,更多地表现为民族传统、民族意识和民族精神,这种民族的认同感、归属感和荣誉感,以及作为这种意识的载体的主权国家利益,同全球文明的普遍性、可融合性及世界文化的趋同性是相矛盾的。但是,特殊性中已含有共同性,共同性并不抹杀差异性,而是体现在差异性之中,并受到差异性的影响。世界法律文明中存在着某些共同的、普遍适用的法律规则、原则和精神。这些共同的法律要素能够为国际社会所认同,并且会体现在世界各国的法律制度当中。法律之所以具有普适性,这是因为人们虽然生活于不同的国家或地区,但具有人之为人的诸多共同属性与特质,同时又面临着生存与发展方面的诸多共同问题。这样,不同国家或民族所创造的法律文明之间必然具有共同性或相通性,可以相互吸取和移植。

因此,对于正在走进全球化时代的亚洲诸国特别是中国来说,如何在适应现代性的要求,积极大胆地吸收西方法治经验,实现亚洲法律制度与文化的重建的基础上②,发挥本土法文化的综合调整功能,找准自己的定位,捍卫国家主

---

① 〔法〕米哈伊尔·戴尔玛斯-马蒂:《法的世界化——机遇与风险》,载《法学家》,2000,(4)。

② 比如,共同体文化意识中需要注入现代人权观念,使社会主体享有丰富而广泛的自由;在家庭伦理关系中注入平等、民主的观念;在权力关系的合作与融合体制中注入相互制约与监督机制,保证权力活动的合法性;在社会生活中普及人权与法制意识,把人情关系的合理性纳入到法律规则之中,要求人们以规则办事,养成依法办事的习惯,等等。参见韩大元:《东亚金融危机与东亚法治的价值》,第三届亚洲法哲学大会参会论文。

权,谨防打着法律全球化名义而推行的法律扩张主义(新法律殖民主义或美国法律的全球化),反对这种论调背后的文化霸权主义或者西方中心论,确立本国在全球法律体系中的自主地位,防止和避免法律发展的边缘化趋势和依附性,挖掘亚洲传统文明中的可贵治理元素①(如调解、基层民主等),走出一条符合本国国情和条件的自主性法制现代化的道路,依然是一项重大而艰巨的历史性任务。

笔者衷心地祝愿东亚(中国)法制在全球法治文明平等共存、多元互补的基础上,实现旧邦维新,"创造性地"进入稳定发展,促进民族福祉的"善政"之境。对于这样的美好前景,可以引用美国著名法哲学家博登海默的话进行最恰当的表述:"我真诚地希望,在将来的某一天,这个世界上的各国政府和人民能够就最符合人类需要和愿望的社会和经济制度的问题取得了比今天最为一致的意见。如果能够实现这一点,那么现在烦扰国家间关系的两极分化问题就会给人类采取这样一种政策让路,即努力协调个人的目的与社会的目的并全力促进经济繁荣、文化发展和世界和平。"②

[作者单位:中国人民大学法学院副教授]

The Historical Interpretation of Rule of Law and Its Revelation to Asia: History's Illusion and Its Transcendence

FENG Yujun

Abstract: For the contemporary dilemma of rule of law construction of Asia, we show that the theoretical foci of Asian studies on legal philosophy, as the article explicates, is to re-understand the history-in-itself of the modern rule of law. That history begins with hard work of such historically philosopher as Vico, Hegel, Spingler and such jurispru-

---

① 诸如,对家庭、职业、任务和义务的严肃态度,帮助群体的倾向,相互关系的互补观念,公平、公正意识等。参见赫尔曼·卡恩(Herman Kahn):《世界经济发展:1979年与未来》。

② 〔美〕E·博登海默:《法理学:法律哲学与法律方法》,作者致中文版前言,北京,中国政法大学出版社1999年版。

dence scholars as Montesquieu, Henry Maine, Friedrech Karl Savigny and so on, and penetrates into the concepts, principles and systems of the modern rule-of-law theories. Its essence lies in historical idea and academic paradigm based on western-centrism. Full of misunderstandings and hostilities to Chinese civilization, it is also a hegemonic historical discourse. The author points it out that the criticism and transcendency of the illusion of "history idea" and "world picture" is helpful to the realization of the co-existent and co-prosperous prospective of the pluralized global legal civilization systems.

Key word: Rule of Law; History; Interpretation; Revelation

中国研究与亚洲理念

亚洲学术

● 2006

Scholarly Studies on Asia 2006

中国新疆比邻地区的安全形势

——美国对中亚国家的渗透与吉尔吉斯斯坦选举革命及其影响

陈 新 明

【内容提要】 中亚地区安全形势对我国具有重要影响。中亚国家独立后,美国势力开始进入中亚,对中亚国家进行经济、军事、政治渗透,特别是阿富汗战争摧垮塔利班政权之后,美国对中亚国家施加了更多的压力,其政治目标是"民主改造"中亚国家。在中亚地区因历史文化传统与国家制度建设等因素,国家安全与政权安全存在紧密联系,美国推进"民主改造"必然对中亚国家现政权安全造成严重威胁,由此引起连动效应,进而危及国家安全,进而对整个区域安全带来不利影响。中亚领导人对此顾虑重重,担心政权交接是否顺利。中国新疆地区和上海合作组织也可能会遇到新的问题。

【关键词】 中亚地区;美国渗透;选举革命;安全形势

中亚地区安全形势对我国具有重要影响。在中亚地区因历史文化传统与国家制度建设等因素,国家安全与政权安全存在紧密联系,美国推进"民主改造"必然对中亚国家的政权安全造成严重威胁,由此引起连动效应,进而危及国家安全,进而对整个区域安全带来不利影响。自 1992 年中亚国家独立,美国势力开始进入,经济军事政治渗透逐渐深入,其影响力从无到有迅速上升。特别是阿富汗战争摧垮塔利班政权之后,美国对中亚国家施加了更多的政治压力,其目标是对中亚国家实施"民主改造",将格鲁吉亚"玫瑰革命"和乌克兰"橙色革命"输入到中亚国家,重点首先放在吉尔吉斯斯坦。中亚国家领导人对此顾虑重重,2005年3月吉尔吉斯斯坦在议会选举过程中发生政变,这对周边地区产生政治冲击,下一步可能会对哈萨克斯坦产生骨牌连动效应,中国新疆地区和上海合作组织也可能会面临新的问题。

一、美国对中亚国家的渗透

苏联解体,中亚国家独立,该地区地缘政治形势迅速发生变化:俄罗斯传统影响一度减弱;周边地区的国家诸如土耳其、伊朗甚至阿富汗塔利班政权纷纷对其施加影响;美国对中亚国家的渗透,尤其是"9·11事件"后,其影响力迅速上升。

"9·11事件"前,在美国全球战略棋盘当中,中亚国家的地位并不重要①。中亚国家独立初期,美国并没有表现出很大兴趣,到20世纪90年代中期,克林顿政府意识到里海石油储量巨大,开始积极鼓励美国公司进入该地区,并迅速成为该地区的竞争者。整个90年代,克林顿政府对苏联地区的战略,主要是防止出现独联体国家围绕俄罗斯重新整合进而危害到美国的利益。这一时期,美国对中亚政策的重点放在哈萨克斯坦,主要防止哈境内的核武器失控。"9·11事件"后,在美国全球战略中,中亚国家的地位立即提升,紧跟在美国对俄罗斯、乌克兰、南高加索国家之后。这一时期,美国的中亚政策主要针对乌兹别克斯坦和吉尔吉斯斯坦。

1. 经济领域的渗透

美国与中亚国家经济联系的主要途径是商品贸易,在1995年至2001年期间,贸易额从2.09亿美元增加到5.58亿美元,几乎是2.7倍②。美国从中亚主要进口有色金属材料(例如从乌兹别克斯坦进口锌,从塔吉克斯坦进口铝)、纺

---

① 例如20世纪90年代后期,美国每年给予乌兹别克斯坦5 000万美元的援助,同期给予只有300万人口的亚美尼亚9 000万美元的援助。参见[俄]萨姆伊洛夫:《美国在中亚的军事存在与投资》,载《美国—加拿大》,2004(8):30。

② [俄]帕甘斯基:《美国与中亚国家经济关系》,载《美国—加拿大》,2003(7):52。http://www.ita.doc.gov/td/otea/usfth/aggrgate/H0106.html。

织材料(首先是棉花)、无机化学材料、电线电缆。美国对中亚市场提供的工业制成品与生产技术设备有:交通运输设备(汽车、飞机)、农业机械(棉花采摘机械、粮食收割机械、拖拉机)、石油天然气、采矿、食品、纺织、电力、通讯、医疗、油脂、塑料。

美国在中亚最主要的贸易伙伴是土库曼斯坦,2001 年双方贸易额达到 3 亿美元;其次是乌兹别克斯坦,接近 2 亿美元;塔吉克斯坦 6 000 万美元,吉尔吉斯斯坦 3 000 万美元。2000 年在土库曼斯坦、乌兹别克斯坦和塔吉克斯坦的进口当中,美国占有比重分别是 5.9%、7.4%、0.2%,在它们的出口当中,美国占有比重分别是 0.5%、1.6%、0.1%。应该注意到,尽管美国同中亚国家商品贸易额总量在增加,但近 10 年来美国在中亚对外贸易中的比重却在下降,例如,在 1992 年土库曼斯坦、乌兹别克斯坦、塔吉克斯坦的进口当中,美国占有比重分别是 27%、19%、13%。

随着中亚开始注重引进外资和投资环境逐渐改善,进入中亚的美国资本也在增加,根据美国官方材料,自 2000 年以来进入中亚的美国私人直接投资不少于 5.2 亿美元。但是,因为当地投资环境不好,包括美国在内的外国投资者抱怨较多。美国与受其影响的国际金融机构答应向中亚国家提供资金帮助,这很有吸引力。

2. 军事领域的渗透

"9·11 事件"后,中亚国家对美国的意义迅速提升。华盛顿决定加强同中亚国家的合作,以便于打击阿富汗的塔利班政权与拉登恐怖主义势力。美国把中亚政策的重点放在乌兹别克斯坦和吉尔吉斯斯坦两国身上,根据达成的协议,由美军使用苏联弃用的一些空军基地。反恐战争开始后,美国军事力量进入中亚国家,在乌兹别克斯坦、吉尔吉斯斯坦和塔吉克斯坦占有六个军事基地。

2001 年 10 月,美国同乌兹别克斯坦达成专门协议,华盛顿取得了使用乌境内距离阿富汗边界 200 公里的哈纳巴德空军基地的权力,美军 2002 年在这里驻扎 1 500 名军人和一个负责指挥在阿富汗特种部队的中心。根据官方的说法,这些部队驻扎在那里的目的是,协助清除塔利班政权与拉登势力的残余分子,向阿富汗居民提供人道主义援助,为美军的军事行动提供支援。直到 2004 年头几个月,在哈纳巴德仍然驻扎了美国第十山地师的 1 500 名军人及其 30 架军用直升机。①

2001 年 12 月,美国和吉尔吉斯斯坦达成为期一年的协议,华盛顿取得了使用吉尔吉斯斯坦境内空军基地的允诺,这个空军基地距离吉尔吉斯斯坦首都比什凯克的玛纳斯国际机场不远,基地和机场都具备可供战略轰炸机和大型军事运输机起降的跑道。美国对基地飞机跑道进行整修,更换了陈旧设施。从2001 年底开始,这一基地对美国及其盟国展开的阿富汗战争提供了极大的便利条件,当时在该机场驻扎了约1 500名军人,30 架飞机,包括 F—16,大型运输机 C—130 和空中加油机 KC—135。后来,美国租用玛纳斯机场的期限延长到3 年。

3. 政治领域的渗透

"9·11 事件"后,美国增加了对中亚国家的财政援助,从 2001 年的 2.442亿美元增加到2002 年的4.08 亿美元。其中乌兹别克斯坦获得的援助,从2001年的5 590万美元增加到2002 年的1.618 亿美元。而与此同时,哈萨克斯坦从8 160万美元减少到7 150万美元;吉尔吉斯斯坦从4 900万美元减少到4 060万美元;塔吉克斯坦从8 530万美元减少到5 640万美元;土库曼斯坦从1 640万美元减少到1 220万美元。②

美国的财政援助在增加,但是如何使用这些援助,华盛顿是有明确的用途和要求的。很明显,美国对中亚国家的一些要求(特别是民主化),肯定会给中亚国家现政权带来非常复杂的影响。

美国 2002 年对塔吉克斯坦的援助用于以下领域:促进社会政治生活民主化计划实施,即支持独立政党、非国家非政府组织、向年轻一代提供教育;促进社会服务;提升地方社团在解决社会冲突方面的作用;发展卫生事业等。

美国 2002 年对吉尔吉斯斯坦的援助总额为 5 070 万美元,其中:1 140 万美元用于民主化计划,1 200 万美元用于市场化改革,1 200 万美元用于安全领域等。民主化计划旨在发展非政府组织,以便使公民积极参与政治进程;支持

① Rumsfeld D. No Permanent U. S. Military Bases in Central Asia, 26.02.2004 (http://fpeng. peoledaily. com. cn).

② [俄]萨姆伊洛夫:《美国在中亚的军事存在与投资》,载《美国—加拿大》,2004(8):35。

独立的广播出版事业;扩大公民参与地方政权机关事务;解决冲突。

美国的政治渗透已是毫不掩饰,公开支持中亚国家的政治反对派。例如美国驻吉尔吉斯斯坦大使和国务卿助理前往狱中会见政治反对派领袖库洛夫,国务院还邀请4名反对派头面人物到美国接受建党与选举方面的培训。

二、美国渗透的政治目标:"民主改造"中亚国家

"9·11事件"使得美国开始重视中亚国家,整个2002年,不仅美国行政当局,而且连美国国会也都对中亚国家相当善意,但2003年上半年形势发生了重大变化,主要是国会态度发生变化。

1. 美国国会态度的变化

2003年5月1日,美国参议院在经过长达数月的讨论后,最终通过了有关中亚国家政治制度的决议案。决议极力强调:美国为中亚国家创造了有利环境,因为战胜阿富汗塔利班政权,消除了危害中亚国家安全的制度,极大地削弱了恐怖主义组织——乌兹别克斯坦伊斯兰运动。但决议案还提到,美国国会在《世界人权报告》中已经多次注意到中亚国家的人权状况。例如,美国外交事务部门报告说,中亚五国政府在不同程度上都存在限制言论集会自由、限制或禁止人权组织和非政府组织的活动、妨碍独立传媒的活动、关押政治反对派、实行非法拘禁等。① 决议案还强调,国会多次表达了关于中亚国家必须深化民主化改革的建议,尤其是乌兹别克斯坦和哈萨克斯坦两国。

美国国会提出如下民主化改革意见:第一,释放所有被关押的政治反对派人士和利用和平非暴力手段信仰非官方宗教的人士;第二,允许那些独立的大众传媒、独立政党和非政府组织自由活动;第三,允许宗教信仰自由,停止迫害那些没有参与暴力活动的宗教团体人士;第四,实行自由公正的大选。

这项决议案提出种种要求:要求总统、国务卿和国防部在同中亚国家领导

---

① Human Rights in Central Asia. Senate Joint Resolution 63, 1. 05. 2003 (http://thomas. loc. gov).

人进行高层会晤时敦促后者要高度尊重人权和民主自由;要求美国同中亚国家发展双边关系的程度与性质、美国提供援助数额(包括军事援助)同这些国家改善人权与推进民主化进程联系起来;要求保证美国财政援助不被用于加强那些破坏人权的安全力量;要求通过美国计划对那些非政府组织和人士给予帮助,以促进中亚成为更加开放的社会。决议案还强调,阿富汗战争后,美国增加的援助只能给予那些在改善人权和推进民主化方面取得明显进展的国家。

国会提出这项决议案不具有强制力,但是却表明国会对中亚国家的态度非常苛刻,肯定会影响到行政当局的中亚政策。

2. 美国"民主改造"中亚国家的政治思维

对于中亚国家的国内政治状况,美国早就提出过批评。阿富汗战争前是这样,战争期间有所收敛,战争结束后又老话重提。可以说对中亚国家进行民主改造是美国的一贯主张,阿富汗战争前,美国在该地区的影响主要限于经济领域,战争结束后,美国在该地区的军事政治影响大大增强,说话的分量自然增加。

在2002年里,美国的政治精英人士和政治理论界对中亚国家现状与未来问题已经形成一种相当明确的看法。这就是:中亚国家出现的这些不稳定独裁政权,已经成为那些新的伊斯兰激进组织和恐怖组织滋生的根源,而这些组织威胁到美国的安全。而且,美国与联合国旨在促进阿富汗民主化和现代化的种种努力无法落实。为了防止这种事态的发展,必须对中亚国家实施民主化改造。

早在2002年2月,国务卿欧洲与欧亚事务助理艾·琼斯借工作访问机会,向中亚国家领导人转达了美国的态度与立场,她论证说,要保障本地区真正的安全,不能仅仅只靠美国和中亚国家之间的军事合作,同时必须实行真正的民主化、尊重人权、在经济领域实行市场改革。如果某一国家的民众感觉到他们处在无权状态,对总统、议会、政府,总之对政权,他们不能施加任何影响的话,他们就会转而追随激进组织。在经济领域也是如此,如果不能创造新的就业岗位,不实行市场化改革,就不能改善居民生活,绝望情绪会使民众成为极端主义组织的俘虏。①

----

① [俄]萨姆伊洛夫:《美国在中亚的军事存在与投资》,载《美国—加拿大》,2004(8):39。
U.S. Wants Engagement in Central Asia, Jones Says, 12.02.2002(http://www.arabicnews.com)。

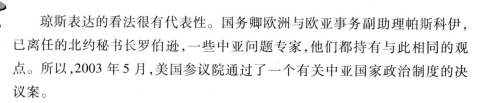

琼斯表达的看法很有代表性。国务卿欧洲与欧亚事务副助理帕斯科伊,已离任的北约秘书长罗伯逊,一些中亚问题专家,他们都持有与此相同的观点。所以,2003年5月,美国参议院通过了一个有关中亚国家政治制度的决议案。

美国的一个基本考虑,就是把民主化当作保障中亚地区稳定的手段。在美国看来,中亚国家的民主化进程与美国的安全之间存在着内在联系。它思考问题的逻辑是这样的:因为中亚国家存在独裁政权,诱发当地新的伊斯兰激进组织和恐怖组织产生,这些组织威胁到美国安全。美国认为,阿富汗战争摧毁了塔利班政权和拉登势力,乌伊运等组织受到严重削弱,它已经为中亚国家推进民主化进程创造了一个良好环境,现在是时候了。

可见,美国对中亚国家的政策,最终的落脚点还是为本国安全考虑。

3. 美国"民主改造"中亚国家的局限性

美国认定对中亚国家实施"民主改造"与消除国际恐怖主义、维护美国安全之间存在联系。这种看法具有一定道理,但是对国际恐怖主义的认识还存在很大局限性。

首先,这是经济全球化浪潮迅猛扩展的一种衍生物。因为资讯、交通技术的普及使得人员、商品、资本的跨国界流动空前便利,过去做不到的事情,现在则变得很容易。例如恐怖组织及其成员活动的经费、使用的器材以及相应的知识技能。目前国际社会面临的非传统安全威胁增大,与全球化浪潮有关联。

其次,这是全球化的收益分配不合理,国际社会缺乏紧密合作而造成的后果。现行国际政治经济旧秩序,使得国际社会贫富差距继续拉大,广大发展中国家同发达国家无法合理分享利益,导致它们之间不能紧密合作。例如,发达国家每年对来自发展中国家产品征收的关税,比适用于富国之间的关税平均高出4至5倍[①]。有的中亚国家,虽然由政治强人执政,但是经济困难,国家软弱,难以对社会实行有效治理。新的伊斯兰激进组织的产生,不是美国的"民主改造"一着棋就能奏效的。

再次,这是美国对恐怖主义势力推行双重标准所带来的恶果。大国之间

---

① 张宇燕:《关于世界格局特点及其走势的若干思考》,载《国际经济评论》,2004(3)。

的竞争是正常现象,但是正如俄罗斯媒体就别斯兰恐怖事件发表评论所说的,在美国人为地将恐怖活动分为"你的"和"我的","你的"是"好的",而"我的"是"不好的"。美国发动国际社会严厉打击针对自己的恐怖组织及其活动,而对针对他国的恐怖组织及其活动却采取暧昧纵容的态度,这是不得人心的做法。

美国作为当今世界的巨无霸,它自己也宣称要"领导世界",如果不对现行国际政治经济旧秩序实施革新改造,使之朝着公正、合理、平等、互惠的方向发展,而只是局限于做好美国本土的安全防卫工作,然后再根据美国的认定,对一些国家进行所谓的"民主改造",甚至是施加压力,那么可以肯定地说,美国"民主改造"的成效是极其有限的。

三、中亚国家领导人的顾虑

中亚国家取得政治上的独立,是在东欧剧变、苏联解体的过程中实现的。当时东欧国家由原来的政治反对派上台执政,俄罗斯由原来执政党内的反对派执政,而中亚国家由原来的领导人继续执政,一直持续到现在。虽然中亚多数国家还没有明确总统换届的时间,但是上层人物尤其是最高领导人的权力交接是不可避免的政治进程,大约再过5年至7年,制度更换将会结束,可是不论何时换届都是一个非常敏感的问题。

由于历史文化传统和国家制度建设等方面的原因,中亚地区的国家有一个鲜明的共同特点,即国家安全与政权安全紧密结合在一起,权力高度集中在总统手中,民众对于领导人及其政权的认同程度远远高于对于国家的认同,因此,最高领导人的政权交替顺利进行对于国家安全具有直接的影响作用。

中亚国家独立之初,形势极其复杂。在这里,俄罗斯影响占据优势,周边国家特别是来自阿富汗的影响最具威胁。1993年至1994年阿富汗塔利班势力兴起,1996年塔利班夺取政权,受其影响的乌兹别克伊斯兰激进组织(乌伊运)于1998年在阿富汗北部成立,然后迅速向邻近的中亚国家渗透,乌兹别克斯坦首当其冲。乌伊运的目的就是推翻乌兹别克现政权,在整个费尔干纳盆地建立一个神权国家。中亚领导人希望借重美国因素,应对这种威胁。但"9·11事件"前的一段时间,中亚国家对美国不肯提供安全帮助感到非常失望,于是出现疏美亲俄的微妙变化。

"9·11事件"以后,中亚国家的安全环境大有好转:美国牵头的国际反恐活动在全球展开;阿富汗战争摧毁塔利班政权与拉登势力;"乌伊运"因被列入国际恐怖主义组织名单而遭到严重打击;中亚国家同美国发展关系平衡了俄罗斯的影响①。中亚领导人认为,这些变化在很大程度上都是积极借重美国因素而产生的结果。

目前,中亚领导人的权力交替问题逐渐提上议事日程,2005年下半年吉尔吉斯斯坦首先开始总统换届。中亚领导人已经意识到,完成权力正常交替,推行政治民主化是大势所趋。"民主"成为各国使用频率很高的词汇,"民主"也在不断更新和充实新的内容。这说明,中亚领导人并不是完全拒绝政治民主化。但要完全按照美国的要求,实行西方式自由选举,他们无法做到,顾虑重重,最主要的就是担心个人失去权力;当然也担心国家动荡。这种担心有充分理由:独联体国家政治形势的发展表明,总统换届常常引发政治动荡,这与国内条件和外国势力插手有关。如果中亚国家实行西方式自由选举,现任领导人很有可能失去权力。

首先,美国必然插手。2003年11月格鲁吉亚发生"玫瑰革命",美国支持的萨卡什维利取代谢瓦德纳泽;一年后,乌克兰发生"橙色革命",美国支持的尤先科最终取代亚努科维奇。美国不仅同中亚国家发展官方关系,而且支持这些国家的政治反对派。中亚国家人权组织在格鲁吉亚"玫瑰革命"后,在互联网上发表文章,声称美国务院打算把"玫瑰革命"复制到中亚国家,第一个就是针对那个"难以驯服"的乌兹别克斯坦领导人卡里莫夫。

其次,美国从内心深处不喜欢中亚领导人。美国政界对中亚国家的领导人抱有很深的政治偏见,他们反对苏联时期的共产党高官继续在独联体的外高加索国家和中亚国家担任最高领导职务,认为这些领导人的独断专行就是苏联遗风,必须利用自由选举取代这些领导人。例如,美国驻吉尔吉斯斯坦大使已经

---

① 2003年3月13日,乌兹别克斯坦总统卡里莫夫访问美国,与布什总统签署"战略伙伴"条约,条约规定美国向乌提供"安全保障"。同年12月2日,塔吉克斯坦总统拉赫莫诺夫访问美国,同布什发表联合声明,强调两国在安全领域开展合作。

公开表示,如果阿卡耶夫放弃下一届总统竞选,将是对吉民主进程的一个贡献。对于乌兹别克斯坦,美国在这里取得了最大可能的军事渗透,可是一旦卡里莫夫拒绝实行西方式民主,美国就打算替换他。

再次,中亚国家政治反对派力量增强。"9·11事件"以来,中亚国家政治领域,反对派活动较过去活跃,尤其是在吉尔吉斯斯坦、哈萨克斯坦等国,虽然从整体上看,反对派还没有对现政权造成颠覆性威胁,没有出现格鲁吉亚、乌克兰反对派利用选举上台的事例。但是,政治反对派毕竟存在,它们进行公开活动,推举自己的候选人代表,如果实行美国要求的西方式自由选举,那么选举形势很难保证沿着现任领导人希望的方向发展。

中亚国家领导人因为担心自己失去权力,就在外交方面重新拉近同俄罗斯的关系,因为后者支持中亚领导人,主张目前中亚只能实行"可控民主",反对美国的民主化要求,于是再度出现疏美亲俄的明显变化。在内政方面,有的争取延长任期或者准备推举自己的候选人接班;有的对美国的压力进行抵制,以维持政局稳定。2004年1月,卡里莫夫总统发布关于乌兹别克斯坦境内国际组织重新登记的命令,据此,所有国际组织必须在司法部重新登记。很明显,乌兹别克领导人确信美国是要把格鲁吉亚"玫瑰革命"引进自己的国家,是想支持新的萨卡什维利上台,为防止此类事件重演,于是加强对国际人权组织和民主组织活动的严密监督。卡里莫夫对那些同政治反对派保持密切关系的国际组织极其不满①,不惜失去大量援助,取缔了索罗斯基金会。这一举措引起西方国家的严重抗议。

美国在中亚的渗透与影响已经是该地区安全与发展的一个重要因素,其"民主改造"中亚国家的计划,不仅存在很大局限性,而且还可能带来巨大的政治风险。美国试图将格鲁吉亚"玫瑰革命"复制到中亚国家,如果这里的政治发展进程果真按照美国的要求进行,可能会造成政治动荡。中亚国家政治体制的个人集权特征,并非像美国所说的仅仅是苏联遗风,而是与其历史传统与政治文化密切相关。中亚地区的形势非常复杂:费尔干纳盆地的伊斯兰激进势力残余分子藏匿在阿富汗北部;中亚国家之间的竞争;中亚地区的国家软弱;经济

---

① 诸如索罗斯基金、国家民主研究所、国际共和政体研究所等,这些组织在2003年9月格鲁吉亚"玫瑰革命"发生之前就已经同格境内的那些政治反对派保持密切联系。

困难等。在这里过急过快地实行西方式民主化,可能导致社会动荡不安。如果说这个地区政治发展必须要建立起一种正常的政权交替程序与制度的话,中国作为中亚的一个邻国,不希望出现政治动荡与失控局面。

四、吉美关系发展与吉尔吉斯斯坦"选举革命"及其影响

吉尔吉斯斯坦独立以来,素有中亚地区"民主橱窗"的美称,而"郁金香革命"恰恰是美国在中亚国家推行"民主改造"的一个突破口。我们以吉尔吉斯斯坦作为一个案例,来分析美国在这个国家不断扩大的影响,以至于最终发生"选举革命"。

1. 吉美双边关系的发展

吉美双边关系的建立与发展,是在国际格局发生大变革的时期进行的。苏联解体、原各加盟共和国独立,为吉尔吉斯斯坦发展同世界其他国家的关系提供了可能性。与此同时,西方国家对开拓后苏联时期欧亚地缘政治空间的兴趣明显增强。

美国是第一批承认吉尔吉斯斯坦独立的国家,并于1991年12月27日与吉尔吉斯斯坦建立了外交关系,1992年2月在比什凯克设立大使馆,同年5月吉尔吉斯斯坦在华盛顿设立大使馆。

美国对吉尔吉斯斯坦的政策是其中亚政策的一部分。客观地说,吉尔吉斯斯坦因在本地区的地位有限,美国从未把它当作该地区的主要战略合作伙伴。但是小有小的用处,美国可以充分施展其"软实力",把它当作向该地区输出西方民主制度的样板,所谓"民主橱窗"就是这种用处。吉尔吉斯斯坦在政治改革方面所推行的措施,都是同美国的影响密切相关的。

独立后,吉美关系发展大致经历了三个阶段。

第一阶段(1991—1995)。这一时期的特点是:对美国而言,它只是有限参与中亚国家内部发展事务,包括对吉尔吉斯斯坦。它只是研究制定对该地区及其国家外交政策的基本立场,制定为这一地区进行长期的政治经济改革的指导原则。可以说,中亚地区刚刚进入美国全球战略的视野。对于吉尔吉斯斯坦而

言,只是初步地同美国官方和民间建立起各种合作关系,试图借助于这种合作推行国内政治经济改革。

第二阶段(1996—1999)。这一时期的特点是:中亚和吉尔吉斯斯坦被纳入美国军事政治、经济文化的影响之下。美国开始更积极地渗透到这一地区,包括建立吸收中亚国家参与的财政军事政治机构(例如吸收它们为"北约和平伙伴")。也正是在这一时期,美国开始推行分化政策。如果说最初,美国希望与哈萨克建立战略伙伴关系,承认哈萨克的地区领袖地位,但是从1996年起,美国的兴趣转移到乌兹别克身上,因为它疏远俄罗斯。

在上述时期,美国想让具有文化优势的土耳其在该地区更多地发挥作用,后来发现土耳其作用有限,于是更加积极地参与该地区事务。美国借助于专门教育计划来扩大对比什凯克的外交援助,在上层领导集团培养亲美意识,吸收它为西方国家政治经济机构的成员。例如,1998年10月吉尔吉斯斯坦成为世界贸易组织的正式成员,它也是独联体国家中第一个加入该组织的国家,尽管它的条件并不符合该组织的要求。

第三阶段(2000年以来)。这一时期的特点:美国全面参与该地区事务,包括在乌兹别克和吉尔吉斯斯坦建立军事基地。鉴于2000年普京总统当选上台,宣布独联体和中亚是俄罗斯传统利益地区,并派总统代表访问中亚国家,美国国务卿奥尔布莱特也访问了这一地区。美国的中亚政策更加具有进攻性,认为自己负有维护该地区安全稳定的义务,把"民主"说教和资金帮助作为向该地区政治精英施加压力的手段,其真正目的在于建立受华盛顿影响的政治制度网络。美国充分利用了"9·11事件"提供的机会,加强了在这个国家的军事政治存在和对该国内部事务的影响力。

由于美国的渗透与争夺,2000年吉尔吉斯斯坦领导集团内部,就对外政策问题发生了两派尖锐争执:一派是"大西洋主义",主张无条件追随美国;另一派是"多边主义",主张不仅同老伙伴俄罗斯、中国发展关系,还同新伙伴美国、欧盟发展关系。2000年初,副总统库洛夫(后来他宣布自己是阿卡耶夫的政治反对派)被捕,表明领导集团内部的亲美派失利。这一时期,尽管美国积极介入吉尔吉斯斯坦内部争执,但阿卡耶夫还是成功地实施一种比较平衡的多边外交。这种状况自然引起美国方面的不满,所以它决心通过"民主选举"更换阿卡耶夫。

2. 吉美双边合作关系

吉美双边关系的法律基础是由在各个层次上达成的二十多个协定奠定的，其中最重要的是 1992 年 5 月 8 日在华盛顿签署的关于促进投资协定，1993 年 1 月 19 日在华盛顿签订的鼓励与保护投资协定。双边关系发展的基础是 1992 年 8 月 26 日签订的吉美政府相互信任备忘录。根据这些协定，双方在政治、经贸、文化和军事领域展开合作。可以说，美国是吉尔吉斯斯坦最大的援助者，或者说是最大的输血者。双边关系的不对称是极其明显的，鉴于这样一种基本关系，美国对吉尔吉斯斯坦国家发展的影响是显而易见的。

第一，政治领域合作。双边政治关系发挥了一种促进作用。美国许多国会议员访问吉尔吉斯斯坦，包括共和党人参议员布伦伯格、民主党人珀布巴等。同时，比什凯克的官员也经常访问美国，阿卡耶夫于 1993 年 5 月和 1997 年 7 月两次访问美国，与美国政府高级官员进行会晤。1999 年 4 月吉尔吉斯斯坦代表团参加北约在华盛顿的庆祝会和关于参议员布伦伯格"丝绸之路战略"方案的国际研讨会。于 1999 年 6 月 6 日至 8 日以总理为代表的吉尔吉斯斯坦代表团参加了世界银行组织的会议。除此之外，双方还举行了会谈，达成了有关在华盛顿举行美对吉投资会议的协定。

美国对吉尔吉斯斯坦进行访问的最高官员是副总统戈尔（1993 年 5 月）。奥尔布莱特于 2000 年 4 月对比什凯克进行访问，期间双方讨论了地区安全和向吉提供援助的问题，同时还讨论了吉尔吉斯斯坦 2000 年的议会选举问题。

对比什凯克提供技术援助的是美国国际合作组织的代理处，在 1994 年至 1999 年这种援助已经超过 1.7 亿美元，参与这项援助的有 42 个美国公司和组织。从 1992 年开始，比什凯克获得美国农业部人道主义性质的粮食援助。截至 1998 年，得到粮食援助总价值 2.1 亿美元。1999 年得到 7 万吨粮食，价值 1 800 万美元。2000 年得到 6 万吨粮食，价值 1 000 万美元。2000 年吉尔吉斯斯坦的主要任务是推进经济改革，发展民主。这一年比什凯克得到援助有一半多是用于民主和市场改革。根据"争取和平伙伴关系"计划，必须促进吉经济增长与吉美关系发展，实施费尔干纳盆地南部战略，旨在改善这个国内最贫困地区的经济状况，同时实施与颁布土地私有化法律相关的农业私有化计划。除去政府的直接援助，美国还通过政府资助的"民间机构"向吉国内反对派提供了大量资金。美国有十几个非政府组织在吉境内活动,有的组织在吉设有十几个办事处。

为了理解吉美双边政治关系发展,必须指出:在美国当局看来,吉尔吉斯斯坦只是一个年轻的国家,在经济和政治改革方面取得了明显成效。因此,在这个国家建立和巩固民主制度是双边合作的一个重要任务,务必要使吉尔吉斯斯坦成为"民主橱窗"并发挥示范样板作用。美国对于中亚国家的政治民主化进程非常关切,例如对中亚国家的议会选举、通过全民公决延长总统任期等做法提出批评,像哈萨克斯坦、乌兹别克斯坦和土库曼斯坦这些国家不屈从美国压力,美国便把注意力放在吉尔吉斯斯坦身上。

第二,贸易领域合作。自吉独立后,吉美双方就开展贸易合作,贸易量逐年上升。1999 年向美国出口商品 1 100 万美元,进口约 5 500 万美元。吉对美出口的主要商品是:无机化学、石油产品、矿产品、稀有金属、有色金属,水银、羊毛、棉花、棉布等。吉从美进口的商品主要是:农业机械设备、办公设备、医药器械与仪器。有一些美国公司进入吉尔吉斯斯坦,如烟草、电讯、饮料等行业的公司。吸引美国直接投资成效不大,截至 2001 年 9 月,大约在 1 000 万美元。总之,由于吉尔吉斯斯坦经济规模小,购买力有限,商业环境差,吉美贸易合作非常有限。实际上,美国对于同吉发展贸易关系并没有多大兴趣,兴趣主要在于从"民主改造"中亚的整体战略出发。

第三,社会人文交流。吉美两国在这一领域的合作卓有成效,通过各种名目的培训、实习、训练、交流计划,吉尔吉斯斯坦有数百人前往美国,其中有数十人得到美国大学的学位证书。1997 年 9 月在吉尔吉斯斯坦建立美国大学,2003 年 6 月又扩大为整个中亚的美国大学。

从 1992 年 12 月起,来自美国的"和平使团"志愿者在社会和文化领域开展了大量工作。美国新闻署、索罗斯基金会等机构都参与了这一领域的合作与交流。美国是吉尔吉斯斯坦最大的援助者或输血者。在这个国家里,实际上所有的机构和地区全部纳入与美国进行合作的轨道。必须指出:从 1992 年至 2003 年 8 月,美国向吉尔吉斯斯坦提供的资金援助已经超过 7 亿美元,其中 5.9 亿美元来自政府渠道,1.39 亿美元来自非政府渠道。① 吉尔吉斯斯坦是中亚国家

---

① ［俄］奥马罗夫:《美国与吉尔吉斯斯坦关系现状和前景》,载《美国—加拿大》,2004(6):39。

人均获得美国援助数额最多的国家。

第四，军事合作。军事合作是吉美双边关系中最重要的环节，双方在地区安全问题上结成伙伴关系。吉、美双方都认识到，必须致力于加强中亚地区稳定与安全，特别是在继续反对阿富汗国际恐怖主义行动中的合作。1999年比什凯克开始与美军山地研究中心共同实施"山区军事行动"计划，两国国防部开展交流，2000年美国防部为了支持吉防范国际恐怖分子的行动，向比什凯克提供了300万美元的援助。

"9·11事件"后，美国军事力量进入中亚地区，双方关系更加密切。这对中亚格局造成影响：首先，美国的进入急剧改变了该地区的力量对比；其次，该地区原来具有地缘政治优势的国家的影响受到限制（诸如俄罗斯、中国、伊朗）；再次，美国加强了对该地区油气资源的争夺（中东不稳定，波斯湾形势复杂）。

2001年12月双方签订协定，规定两国在以下领域加强合作：（1）吉尔吉斯斯坦经济融入世界经济；（2）将巩固民主作为长期稳定的基础；（3）加强边界保卫和提升防卫能力；（4）与国际恐怖主义展开斗争，包括切断一切社会经济资金来源。为了落实这个协定，双方还签订了一系列协议，例如2002年2月比什凯克政府代表团在访美期间，签订了关于美向吉提供4 990万美元的协议，以促进经济发展和支持人文领域改革。时隔不久，美国决定向吉再提供额外援助4 200万美元以用于安全领域。2002年9月阿卡耶夫访美，9月23日与美国总统会面，双方发表共同声明，认为吉美合作关系具有重要意义，两国致力于巩固本地区安全与稳定，继续吉尔吉斯斯坦的民主改革，促进经济发展。

在吉美两国关系中，除了上述领域的合作，美国的兴趣和介入的事务非常广泛，诸如推进市场经济发展，实行政治民主化，敦促实施西方式自由选举，鼓励新闻自由，强调个人自由与权利等，这类思想意识概念本身是没有错的，只是对于这个国家而言，它们既新奇又陌生，与传统观念迅速出现冲突，加上利益矛盾，社会政治结构出现分裂。所以，从吉尔吉斯斯坦国家现任领导人的角度看，美国对本国事务的全面介入及其影响，对他们的政治权力地位构成了危害。

3. 吉尔吉斯斯坦政治结构与"选举革命"发生

吉尔吉斯斯坦与中亚其他国家：哈萨克斯坦、乌兹别克斯坦、塔吉克斯坦和土库曼斯坦均脱胎于原苏联加盟共和国，独立后的国家制度和政权结构都比较相近。虽然独立之前,在苏联戈尔巴乔夫政治公开性民主化推动之下,确立了分权制、多党制的原则,但是后来通过加强总统的权力,形成"强总统、弱议会"的政治结构。由于吉尔吉斯斯坦国内存在着复杂的民族问题、地区差异和社会矛盾,政府把巩固国家独立地位和保持社会政治稳定作为首要任务,而对国家制度建设,诸如权力制衡、政权交替等问题或者是顾及不到,或者是没有引起足够重视。

自独立以来,阿卡耶夫一直担任吉尔吉斯斯坦总统职务。按照宪法规定,2005年2月举行新议会选举,6月举行新总统大选,实现权力交替。

吉尔吉斯斯坦独立初期,阿卡耶夫总统与议会之间就重大问题产生分歧,诸如推行社会经济改革、实行总统集权制等问题。总统要求议会赋予他更大的权力以治理国家,而议会则批评总统试图实行独裁统治。结果在议会里出现反对派。1993年12月,议会迫使成吉雪夫为首的内阁辞职。1994年9月,总统与议会就修改宪法问题发生冲突,阿卡耶夫宣布解散议会和内阁,决定提前大选,使得议会陷入困境。同年10月,就改组议会和扩大总统权力问题举行全民公决,但扩大总统权力的要求没有实现。

1995年2月举行议会选举,议会改为两院制后,总统权力开始扩大。同年12月举行总统大选,阿卡耶夫获得75%的选票,任期到2000年。1996年2月就修改宪法和扩大总统权力问题举行全民公决,结果大多数选民支持总统的建议,修改后的宪法,赋予总统更大权力以治理国家,削弱了议会制约总统的权力。从此,总统控制议会,驾驭政治局势的能力增强,上层集团内部的矛盾斗争趋向缓和。

2000年2月,吉尔吉斯斯坦举行新一届议会选举,有11个政党参加竞选,545位候选人竞争105个议席;10月举行新一届总统选举,有6人参加竞选:当时在任的总统阿卡耶夫、副议长捷克巴耶夫、社会党领导人基巴耶夫、人民党主席埃西姆卡诺夫等。大选期间,俄罗斯、美国、哈萨克、欧安组织派出310名国际观察员参加大选的监督工作。结果,阿卡耶夫获得74.4%的选票,连任总统,任期到2005年。①

阿卡耶夫总统通过修改宪法,加强了总统对议会的控制,扩大了对政府组成和工作的决定权,扩大了对司法机关长官的任免权,从而使总统处在国家权

① 赵长庆主编:《十年巨变——中亚和外高加索卷》,第89页,北京,东方出版社2003年版。

中国研究与亚洲理念

力体系的中心地位。实践证明,总统集权体制具有利弊两个方面的作用:一方面,总统集权制可以使政令贯通,总统地位更加巩固,这有利于社会稳定。虽然近些年来,伊斯兰极端势力在吉南部地区从事暗杀国家公务人员和绑架人质等恐怖活动,遭到大多数居民反对,但并没有对整个社会稳定构成威胁。这是有利的一面。另一方面,总统集权使得权力制衡机制明显削弱,权力过大会导致专制独裁、决策失误、政治腐败。

虽然法律承认公民有权利建立政党,并允许政党享有平等竞争的机会,但实际上,当局对不同政党的态度有很大不同,对拥戴总统的政党给予许多方便,而对反对派政党却加以种种限制。这引起了国内政治反对派的强烈不满和猛烈抨击,千方百计地要求借助于自由选举来改变这种政治结构。美国对阿卡耶夫施加压力,要求他放松对反对派的限制,在 2005 年议会和总统选举中实施自由选举。

2005 年 2 月,吉尔吉斯斯坦举行议会换届选举,揭开了政治动荡的序幕。2 月 27 日,举行议会选举,新议会共有 75 个议席,第一轮选举产生了 32 名议员。3 月 13 日,吉尔吉斯斯坦议会又由第二轮选举中选出 39 名议员。两轮选举共选举出 71 名议员,其中亲政府派议员接近 30 人,反对派阵营的议员接近 10 人,其余是独立的中间派人士。选举结果公布后,反对派人士指责政府在选举过程中存在舞弊行为,不承认选举结果,要求重新进行选举。

当政府与反对派就议会选举出现分歧矛盾,形成对抗之时,反对派开始诉诸于街头政治和暴力行动。2005 年 3 月 19 日,反对派首先占领奥什州和贾拉拉巴德州政府大楼。当地政府当局出动警察,试图驱散占领大楼的抗议者,使得政府与反对派之间的对抗骤然升级。抗议者开始围攻和焚烧警察局,占领机场,并要求总统阿卡耶夫下台。3 月 22 日,阿卡耶夫总统下令对选举违规指控展开调查。次日,阿卡耶夫颁布命令,解除了总检察长梅·阿布德尔达耶夫和内务部长巴·苏班别科夫的职务。3 月 24 日,大约有上万名反对派支持者在首都比什凯克举行反政府示威游行活动,并且控制了政府主要权力机关,占领了国家电视台,迫使总统阿卡耶夫及其家人离开吉尔吉斯斯坦。同日,吉尔吉斯斯坦最高法院宣布,不久前举行的议会选举结果无效。3 月 25 日,议会任命巴基耶夫为代总理并代行总统职务。同时确定 6 月 26 日举行新总统选举。可见吉尔吉斯斯坦以阿卡耶夫总统为代表的政权已经被推翻,4 月 3 日,阿卡耶夫在俄罗斯莫斯科的吉尔吉斯斯坦使馆宣布自己辞去总统职务。

4. 吉尔吉斯斯坦选举革命对周边地区的影响

阿卡耶夫执政十几年,在议会选举过程中成为中亚国家现任总统当中第一个被反对派赶下台的领导人。这一变化对周边国家的政治发展造成复杂影响,对该地区的区域合作也会造成影响。

第一,对周边国家的复杂影响

吉尔吉斯斯坦选举革命,这一变化是由美国等西方国家在中亚推动"民主化"的步骤之一,被西方视为一件具有"示范"意义的事件,因此,美国方面认为对中亚国家进行"民主改造"是可行的,今后肯定会对其他中亚国家施加更大压力,这一点是毫无疑问的。

同时,这一事件对周边国家的政治发展造成复杂影响,因为现政权的支持者和反对派人士都从中汲取各自需要的经验与教训,现政权支持者为了保住政权而提高警惕,加强对反对派的限制和打压;现政权反对者无疑从中大受鼓舞,为了夺取政权,他们会增加对现政权的压力,甚至不惜采取街头政治和暴力手段。这样肯定会加剧这些国家内部政治斗争的紧张程度,使得政权交替变得更加复杂化,甚至出现暴力事件,进而威胁到国家安全。例如,2005 年 5 月 15 日,乌兹别克斯坦安集延市的示威者同政府军发生流血冲突。

一方面,中亚其他国家的反对派人士从吉尔吉斯斯坦选举革命中受到鼓舞,更加坚定了他们通过选举革命推翻现政权的信心,反对派决不会再满足于取得合法地位和议员资格,而是直接夺取政权,甚至不惜通过暴力将总统赶下台。例如,吉尔吉斯斯坦选举革命令哈萨克斯坦的反对派人士深受鼓舞。哈萨克总统选举将于 2005 年年末或者 2006 年年初举行。反对派摩拳擦掌跃跃欲试,准备颠覆纳扎尔巴耶夫总统对哈萨克长达 15 年的统治。2005 年 3 月底,反对派成立了"为了公正的哈萨克斯坦"联盟,并一致推举前下院议长图亚克拜为总统候选人。图亚克拜出身上层部族,曾经是哈萨克第三号政治人物,他于 2004 年秋天公开抨击议会选举中存在的舞弊行为,辞去议长及执政党"祖国党"副主席职务(主席为纳扎尔巴耶夫),转而投身到反对派阵营。他在国内外享有一定威望,是很有实力的候选人。

另一方面,中亚其他国家的现政权支持者也会从吉尔吉斯斯坦所谓选举革命中汲取教训,加强对现政权的支持力度,强化对反对派人士的防范与控制。

例如,哈萨克现政权认真汲取吉尔吉斯斯坦选举革命的教训,以防止这类事件在本国重演。2005 年 4 月初,哈萨克议会通过了新选举法,新法律关键在于:从竞选拉票工作到正式公布选举结果,该阶段禁止举行集会和游行。负责起草该法案的司法部门表示,这一修改是为了"保障选举委员会能够正常工作"。现任总统纳扎尔巴耶夫担心阿卡耶夫的命运落在自己头上,因而采取了积极的防范措施,首先就是建立亲总统的党派联盟。其领导人公开宣称:该联盟成立是因为吉尔吉斯斯坦发生了"充满暴力的国家在政变"。看来,哈萨克政权远比吉尔吉斯斯坦政权更为巩固和强硬,它已经发出警告,将对反对派的行为作出相应的回应。

最后,因为介入乌克兰总统选举以失败告终,俄罗斯对吉尔吉斯斯坦选举采取了中立态度,今后它对于中亚其他国家的总统换届选举可能会更少介入。2005 年 4 月 8 日,普京与纳扎尔巴耶夫在莫斯科举行会晤,双方讨论了吉尔吉斯斯坦局势问题。纳扎尔巴耶夫试图与普京谈判,希望俄罗斯支持他消除选举革命的隐患。可是,莫斯科认为纳扎尔巴耶夫继续执政的可能性不大。纳扎尔巴耶夫在国内金融界、工业界和部族中树敌过多。这些敌人明确表示将向反对派提供资金支持与政治支持。莫斯科已经转变态度,不久前,杜马国际事务委员会主席科萨切夫就表示,俄罗斯已经汲取独联体革命的教训,将与各国各阶层群众展开最广泛的接触,而不只是限于当权者。在吉尔吉斯斯坦选举革命发生前的一个半月,吉反对派代表团访问过莫斯科。2005 年 4 月初,哈萨克反对派图亚克拜率领代表团访问莫斯科。看来莫斯科认识到,既然反对派愿意同俄罗斯保持关系,那么,同他们打交道符合俄罗斯的利益。鉴于俄罗斯的这种态度,哈萨克现任总统纳扎尔巴耶夫也可能为了自己的利益,同西方做一笔交易,即他放弃连任,以换取"安享晚年"。

第二,对区域合作的影响

吉尔吉斯斯坦位于中亚东北部,北面、东北面与哈萨克斯坦为邻,西南与乌兹别克斯坦接壤,南靠塔吉克斯坦,东南和东面与中国接壤。由于经济实力虚弱,资源相对贫乏,吉尔吉斯斯坦在地区事务中一直比较被动。但是吉尔吉斯斯坦爆发的所谓选举革命——"郁金香革命"造成的政治危机,对该地区稳定和国家关系造成一定的冲击,也直接影响到上海合作组织等区域组织的合作。不过从长远来看,吉尔吉斯斯坦还是需要上海合作组织其他成员国的帮助。

中亚国家有着特殊的地理位置和丰富的自然资源,对大国和周边地区都有很大的吸引力。近些年来,该地区大国关系出现了一些变化,地缘政治格局处于不稳定状态。中亚力量格局日趋多元化,美国、欧盟、中国、土耳其、伊朗、印度等都成为中亚国家的重要伙伴。

吉尔吉斯斯坦反对派执政后,它的对外政策不会发生明显的变化。但有一点是可以肯定的,即它会更加重视同西方国家的合作,西方影响将会进一步扩大。由于西方会借助吉尔吉斯斯坦的政治变化向其他中亚国家施加压力与影响,俄罗斯也会为保住其影响力而采取行动。中亚地区的地缘政治裂缝会扩大,相应的地缘政治对抗可能越来越表面化。

吉尔吉斯斯坦发生的选举革命导致了政权更替,除了对国内政治发展造成重大影响之外,对周边地区尤其是对该地区的区域合作造成一定影响。吉尔吉斯斯坦是上海合作组织成员国,一直重视推进该组织的经济和安全合作,并发挥积极作用。经过各国成员的共同努力,上海合作组织已经进入了稳定发展的新时期。吉尔吉斯斯坦政治局势动荡,对多边合作造成一定的负面影响。

在政治与安全领域,政权更替在一定时期造成政治混乱,一些部门的负责人将会出现变化,中央和地方的关系也要进行调整。在国内的权力分配完成以前,新政权参与国际事务的精力是有限的,肯定会影响到参与多边合作的连续性。由于外部势力活跃,特别是美国等西方国家以及欧安组织等的积极介入,对新政权的外交政策会产生重要影响。为争取西方帮助,新政权极有可能采取一些亲近美国的做法。这是预料之中的事情。

在经济领域,首当其冲的是交通运输和其他一些投资项目可能受到影响。吉尔吉斯斯坦基础设施陈旧落后,过去一直努力寻求上海合作组织的帮助。在2004 年的上海合作组织成员国国际道路运输便利化专家组会议和中国、巴基斯坦、哈萨克、吉尔吉斯斯坦四国过境运输会议上,正式启动了四国过境运输方面的合作。吉尔吉斯斯坦局势动荡对此可能会产生一些不利影响。

从长远来看,虽然吉尔吉斯斯坦出现政权更替,但是不论什么人上台执政,吉尔吉斯斯坦在经济安全合作方面仍然需要相邻国家的帮助。

上海合作组织是致力于该地区稳定和经济发展的国际合作组织,在成员国当中,俄罗斯与吉尔吉斯斯坦的政治经济文化联系最紧密,中国、哈萨克斯坦、乌兹别克斯坦、塔吉克斯坦是吉尔吉斯斯坦的相邻国家和重要的经济伙伴。吉尔吉斯斯坦参与上海合作组织框架内的合作,首先是基于本国的利益。无论政治局势如何变化,这种基于地缘政治的规定性是不会发生变化的。无论什么人上台,都不会远离这个方向。

吉尔吉斯斯坦是中亚地区经济上面临困难最多的国家之一,资金、技术、能源都极其缺乏,人民生活水平很低。尽管西方国家可以为吉尔吉斯斯坦提供援助,但是地缘上的特殊性决定了吉尔吉斯斯坦必须首先考虑与相邻国家进行合作。无论是本国生产能力的恢复,还是对外经济合作,都需要邻国给予帮助。俄罗斯是吉尔吉斯斯坦最大的债权国和劳务输出国,中国是吉尔吉斯斯坦最大的贸易伙伴和潜力最大的投资国,乌兹别克斯坦和哈萨克斯坦是吉尔吉斯斯坦天然气、石油等能源的保障国。吉尔吉斯斯坦有丰富的水电和旅游资源,要想有效利用,市场也在邻国。这些都是西方国家取代不了的。而且,政治局势动荡恶化给经济发展造成更大的困难,今后吉尔吉斯斯坦对上海合作组织的需要可能会进一步增加。

即便是吉尔吉斯斯坦政治上较快地安定下来,它在中亚地区安全问题上也面临许多困难。例如,吉尔吉斯斯坦南部地区的极端势力比较活跃,跨国犯罪活动相当猖獗,其他非传统安全威胁也不同程度地存在。吉尔吉斯斯坦是遭受"三股势力"影响的重灾区,恐怖活动时有发生。上海合作组织把打击"三股势力"、跨国犯罪作为安全合作的重点。吉尔吉斯斯坦政权更替,导致强力部门瘫痪与效率下降,极端势力和贩毒集团可能利用这个时机膨胀起来,吉尔吉斯斯坦最终还会需要上海合作组织提供直接的安全帮助。

［作者单位:中国人民大学国际关系学院教授］

The Neighboring Regional Security Situation of China's Xinjiang

——US's Penetration into the Central Asian Nations and the Election Revolution in Kirghiz and its Influence

CHEN Xinming

Abstract:The regional security situation of Central Asia has very important influence on our country. After the independence of the Central Asian nations, the American influence starts to enter the Central Asia. US carries on the economical and military and political penetration to the Central Asian nations, especially after demolishing the Taliban regime through the Afghan war, it has exerted more pressures to the Central Asian nations, its political goal is "democratically transforming" the Central Asian nations. In the Central Asia region, because of factors of history and culture and tradition and national institutional construction, and so on, there exists close relationship between the national security and the political power safe. US's advancing the "democratically transforming" must seriously threat the Central Asian nations' political power in position, thereby cause the interlock effect and threat the national security, and further its disadvantage to the entire regional security. The leaders of the Central Asia National have many misgivings regarding the fact, worrying about whether the handing over of the political power smoothly or not. The Chinese region of Xinjiang and the Shanghai Cooperative Organization also possibly can meet with the new problems.

Key words: the Central Asia region; US's penetration; election revolution; security situation

中国研究与亚洲理念

韩国研究和中韩交流

中国明朝诏使与朝鲜李朝远接使唱和诗研究

詹 杭 伦

【内容提要】 在中国的明朝和朝鲜的李朝时代,明朝的诏使与朝鲜的远接使曾有 24 次诗歌唱和活动。本文以唱和诗集《皇华集》和诗话评论《菊堂排语》为主,研究中朝外交诗歌唱和活动的情形和意义。

【关键词】 中朝外交;唱和诗歌;皇华集;菊堂排语

中、朝两国是唇齿相依的邻邦,交往关系源远流长。在中国的明朝和朝鲜的李朝时代,两国的关系非常密切。当时李朝经常派出使节到北京朝贡,明朝也经常派出使节到汉城宣诏。自明朝景泰元年开始,鉴于朝鲜素称礼仪之邦,文教发达,明朝决定多派文学之士充任使朝正使,派宦官充任使朝副使(偶尔也以宦官为正使),当时的朝鲜尊称他们为"天使"或"诏使"。朝鲜也派出文学之士充当远接使或馆伴,从鸭绿江边到汉城全程陪同迎送。诏使与远接使等人写下了大量的唱和诗文,朝鲜国王命令刊行,逐渐形成二十四部《皇华集》。当时朝鲜国王的用意,一方面在于表达对明朝的尊崇,另一方面希望《皇华集》成为朝鲜文学创作的矜式,以发展朝鲜的文教事业。《皇华集》刊行之后,引起朝鲜诗话家的广泛关注和评论,成为朝鲜诗话的重要内容之一。中国明朝诏使与朝鲜远接使的唱和诗及其朝鲜诗话家的评论,留下了中朝交往史上一段外交佳话。

"相今宜鉴古,无古不成今",这段诗歌交往的历史在中朝友好关系蓬勃发展的今天更呈现出非凡的意义和价值。首先,就政治外交层面来讲,礼仪辞让、赋诗言志的风范,对当代的外交家应该有不少的启迪意义。其次,就历史文献价值而言,明朝诏使的使朝诗文,除少量还保存在中国之外,大部分在本土已经荡然无存,因此朝鲜保存的使朝诗文对《全明诗》、《全明文》的编撰,便成为不可缺少的重要史料。第三,就文学创作与评论价值而言,诏使作品抒情写景,涵盖中国诗词文赋各种体裁,而远接使的唱和则一律次韵,因奇见巧,排难争胜,在诗词唱和的技巧方面留下了非常丰富的实例。这对于今人从事古典诗词的创作和古典文学的评论有着重要的研究价值。第四,就旅游开发价值而言,诏使和远接使的唱和活动,留下多处历史文化名胜古迹,即使某些楼台亭阁今天已经不存在了,但仍然可以根据唱和诗词与历史记载予以有重点的重建,部分恢复其本来面貌。这无疑有着巨大的旅游开发经济价值,建议两国的旅游部门应该重视和利用这笔历史留下的宝贵财富。本文的研究以《皇华集》和《菊堂排语》为主。

一、《菊堂排语》之作者及其书之性质

《菊堂排语》抄本一卷,原藏韩国国立中央图书馆,影印本载于赵钟业教授编辑的《韩国诗话丛编》修订本第三册。赵教授在《中韩日诗话比较研究》中考证此书作者云:"以'菊堂'为号者数人,丽末权薄,及朴兴生、李蓄、金益昌等。今虽不知为谁,但以权、朴、李三人,皆丽末鲜初之人,则恐是金益昌所撰。益昌字未详,庆州人,官副正、金知、通政,而曾于孝宗三年壬辰登甲科,则其为显宗时人可知已。"今按书中有"辛酉夏,余谪宁海"一语,查此辛酉是公元1681年,当清圣祖康熙二十年,朝鲜肃宗七年。作者在宁海得读《皇华集》,则其书著成也当在此时。

赵教授又论此书的性质云:"此书名为'排语',则是与'摭言'等相似,盖肃、景之际,党争甚炽,或辩其是非而为名者耶?但非必为党争之书,故间有文谈诗话也不少,是以后人之诗话书所引者多。"盖此书乃记事而兼论诗之书也。今通检全书,发现书中载有大量明朝中朝使节唱和诗,资料弥足珍贵,故逐条考证如下。研究中朝文学交往之学者,或有所取焉。

二、《菊堂排语》之"小序"分析

《菊堂排语》记中朝使节唱和诗前有"小序"云：

"我朝自开国以来，恪勤事大，朝聘以时。皇朝亦视同内服，凡有颁庆之事，诏使必以文学望重之士择遣，与傧接之臣有酬唱诗，即《皇华集》也。壬辰兵燹，公私书籍荡然；而又经丙子之乱，国初以来《皇华集》恨未得见矣。辛酉夏，余谪宁海本府，居李参奉时明家。闻有《皇华集》，送人借来，自景泰至隆庆，前后诏使《皇华集》俱在也。太平时盛事，一开卷而了然。何幸得见未见书于今日也！是集后难得以复见，兹用录其诗一二首。"

按：从这段《小序》来看，作者之所以得以记载中朝使节唱和诗，是因为他读到了景泰至隆庆的《皇华集》。朝鲜经过"壬辰兵燹"（指公元1592年，朝鲜宣祖二十五年，明神宗万历二十年，日寇入侵），又经过"丙子之乱"（指公元1636年，朝鲜仁祖十四年，明毅宗九年，清崇德元年，后金改国号称清，入侵朝鲜）两次大的战乱，公私书籍损失惨重。记载中朝使节唱和诗的《皇华集》，在当时已成为一般人难得一见之书。值得庆幸的是，《皇华集》并未失传。朝鲜保存的《皇华集》共二十四集，已经由台湾珪庭出版社影印成八大册重新出版①。三百年前号称难见之书今日已化身千万复显于世，研究者何其幸哉！我们自然可以取影印本《皇华集》与《菊堂排语》所载对读，看看两者有何异同。兹先引《菊堂排语》记载，再加按语，征引《皇华集》以及其他中朝史料佐证之。

三、《菊堂排语》记载中朝使节唱和诗考述

（一）倪克让刚风却妓乐，郑麟趾陪游献和章

《菊堂排语》记载：

"景泰元年庚午，世宗大王三十二年也。正使翰林侍讲倪谦、副使上

---

① 《皇华集》，台北，珪庭出版社1968年版。

科给事中司马恂来,颁登极诏。远接使,工曹判书郑麟趾。正使到安庆馆,却妓乐,有'刚风吹散阳台雨,烈日冲开洛浦烟'之句。其时宴诏使用妓乐,未知自何时废而不用也。正使《汉江春泛》诗曰:'缆登杰构纵奇观,又棹楼船泛碧湍①。锦缆徐牵依翠壁②,玉壶频送隔雕栏。江山千古不改色,宾主一时能尽欢。遥想月明人去后,白鸥飞下镜波寒。③'"

按:倪谦(1415—1479)字克让,号静存,上元人。明正统四年(1439)进士,授翰林院编修,晋侍讲。景泰元年奉使朝鲜。累官至南京礼部尚书。卒谥文僖。生平详见《国朝献征录》卷三十六。著有《倪文僖集》、《朝鲜纪事》。

上引倪谦推却妓乐诗句,全诗载《景泰皇华集》,名《安兴席上却乐》,今引于此:"安兴华馆盛张宴,云鬟霓裳列管弦。姑射有神多绰约,广寒无梦恋婵娟。刚风吹散阳台雨,烈日冲开洛浦烟。休遣声华娱耳目,此心元似广平坚。"倪谦却乐事,《朝鲜纪事》④有记云:"丁酉,新安起程,七十里至嘉平馆。嘉山郡事某设宴。过五十里至安兴馆,王遣礼曹参判李边来问安。设宴,盛饰女乐三十余辈,两行各抱乐器升堂跪。边进云:'此奉王命,自京携至以奉欢。'峻辞却之退。侍宴者,平安道都观察使韩确、安州牧使朴以宁。宴罢,边辞回复命,偕确同往。有《却妓诗》。"

倪谦使朝诗,朝鲜远接使郑麟趾多有和作,今各录一首,以见一斑。倪谦《谒文庙》诗云:"晓向成均谒庙堂,杏坛弘敞碧山阳。八条教典怀箕子,万世儒宗仰素王。济济衣冠忻在座,青青衿佩喜成行。文风岂特覃东海,圣化于今遍八荒。"郑麟趾次韵云:"谒圣还从入讲堂,周旋笑语似春阳。风云气概凌霄汉,黼黻文章佐帝王。老杜诗情已得妙,兰亭笔法更分行。陪游此日真天幸,惭愧吾材拙且荒。"

成倪《慵斋丛话》云:

"天使到我国者,皆中华名士也。景泰初年,侍讲倪谦、给事中司马恂到国。恂不喜作诗,谦虽能诗,初于路上不留意题咏,至谒圣之日,谦有诗云:'济济青襟分左右,森森翠柏列成行。'是时集贤儒士全盛见诗,哂之

---

① "棹"字《皇华集》作"擢"。

② "依"字《皇华集》作"缘"。

③ "下"字《皇华集》作"占","波"字《皇华集》作"光"。

④ 《朝鲜纪事》,有《丛书集成初编》据《纪录汇编》影印本。

曰：'真迂腐教官所作，可衵一肩而制之。'及游汉江作诗云云(诗见上)，又作《雪霁登楼赋》，挥毫洒墨，愈出愈奇。儒士见之，不觉屈膝。馆伴郑文成(麟趾)不能敌。"①

金安老《龙泉谈寂记》云：

"诏使倪谦之来，申保闲(叔舟)与之游赏，手把一集衣面，以小楷书'泛翁'(保闲之字也)二字，乃匦懈堂笔也。倪谦见之，曰：'笔法甚妙，此谁所书也？'文忠跪言：'吾友姜景愚(希颜之号也)也。'谦出纸求书，文忠赠以仁斋(希颜之号也)书，谦曰：'非一笔也。'世庙闻之曰：'王子公孙贵乎文雅，其于艺何讳？'令匦懈堂书与之。后国人赴燕者求妙笔，燕人曰：'尔国自有第一，何劳远购？'以是知清之(匦懈堂之字)之迹，见重于中国也。陈(鉴)、倪(谦)藻识之神，能辨其真赝于只句片字之间，诚可贵也。"②

这两则诗话，前者赞美倪谦擅长文学制作，后者赞美倪谦精于书法鉴赏，足见朝鲜人对他的钦佩。

(二)陈缉熙题画显清韵，朴原亨和作夺天真

《菊堂排语》记载："天顺元年丁丑，世祖大王三年也。正使翰林院修撰陈鉴、副使太常寺博士高润来，颁复登宝位诏。远接使，户曹判书朴原亨。正使《题屏间荷花双鹭》诗曰：'双双属玉似相亲，出水红莲更逼真。名播颂声缘有客，爱从周后岂无人。远观自可祛烦暑，并立何曾染俗尘。料得丹青知此意，绝胜鹅鸭恼比邻③。'远接使次曰：'水乡花鸟邈难亲，笔下移来巧夺真。菡萏初开如欲语④，鹭鸶闲立不惊人。淤泥净色元无染，冰雪高标迥脱尘。玉署儒仙看不厌，清仪馨德与相邻。'《慵斋诗话》云'从事李胤保所作'云。副使《游汉江》诗曰：'眼看沧海一杯浮，倒词泻源似峡流。烂醉祗疑人作玉，清游更喜彩为舟。天涯风雨催诗兴，上江烟波动客愁。高咏阳春皆莫和，不敢回首更搔头。'正使次曰：'湖光荡漾与云浮，泛泛沙

① 引自洪万宗：《诗话丛林》，卷一，见《韩国诗话丛编》，第五册，第57页。
② 同上书，第127页。
③ "邻"字原误作"怜"，据《皇华集》改。
④ "欲"字原缺，据《皇华集》补。

鸥逐水流。良会如君皆国器,好风吹我上仙舟。诗逢美景终难吝,酒入离怀亦破愁。谁向文章夸独步,我从东野亦低头。'"

按:陈鉴(1415—?)字缉熙,长洲人,寓住盖州。正统十三年进士,授翰林院修撰。天顺元年(1457)出使朝鲜。官至礼部侍郎。生平详见《吴中人物志》卷七。著有《介庵集》。

陈鉴题画莲诗及其朴原亨和诗,载于《丁丑皇华集》,原唱名《偶于屏间见荷花双鹭,感而有作,录奉一观,尚希和教》。

高润,《皇华集》作高闰。上引高闰诗,原名作《酒散,承金宰相和诗一首,已上马无笔,兹便草去博笑云》,可知是高闰和金守温之作。

成倪《慵斋丛话》云:

"世祖朝,翰林陈鉴到国。翰林见画莲作诗云云(诗见上)。朴延城为馆伴,次韵云云(诗见上),从事李胤保之所作也。又作〈喜晴赋〉,金文良(守温)即依韵次之,翰林大加称赞曰:'东方文士与中华无异矣!'"①按:朴原亨文才优裕,李胤保所作者当是屏间之画,非是代朴作诗。

金安老《龙泉谈寂记》云:

"古人于诗投赠酬答,但和其意而已,次韵之作,始于元白,往复重押,愈出愈新,至苏、黄、陈而大盛,然于辞赋用韵,未之闻焉。我国凡皇朝使臣采风观谣之作,例皆赓和之。虽辞赋大述,亦必步韵。明使陈鉴作〈喜晴赋〉,世庙难其人,召金乖崖(守温)曰:'汝试为之。'乖崖退私宅,独卧厅事中,凝神不动,兀若僵尸,缔思数日方起,令人执笔书进,文澜沛然,辞意贯属,韵若天成。世庙读之喜,令崔宁城(恒)润色之。宁城窜改数句,乖崖笑曰:'安有刻画无盐之余,为西施补妆者耶?'陈鉴见之,果大加称赏,而指点改下处曰:'非本人手段。'自是乖崖之名大播中朝。后乖崖入觐帝庭,翰林院带牙牌学士环立赏见,曰:'此金喜晴也。'"②

这两则诗话,可以见出诏使对朝鲜具有真才实学文士的夸奖。

(三)陈嘉猷登楼抒豪兴,朴原亨饯别一曲歌

《菊堂丛话》记载:

---

① 引自洪万宗:《诗话丛林》,卷一,见《韩国诗话丛编》,第五册,第57页。
② 同上书,第127页。

"天顺三年己卯,世祖大王五年也。刑科给事中陈嘉猷赍敕来,责我国授建州酋董山官职事也。远接使,刑曹判书朴原亨。给事《登汉江楼》诗曰:'与客登楼此为留①,宦情乡思两悠悠。山经宿雨云烟合,江带春潮日夜流。乱壑松涛惊睡鹤,斜阳渔鼓散闲鸥。寻常足底飞岚雾,疑在清霄最上头。'"

按:陈嘉猷(?—1467)字世用,浙江余姚人。景泰二年进士。除刑科给事中。天顺三年(1459)出使朝鲜。官终通政司右通政。成化三年卒。生平详见《商文毅公集》卷二十五《陈公墓碑铭》。上引诗,见《己卯皇华集》。

成伣《慵斋丛话》云:"陈给事中嘉猷到国,谒箕子庙,作诗云:'炮烙烟飞王气衰,佯狂心事有琴知。言垂千载存洪范,人到三韩谒旧祠。'为人美容姿,须髯如画,信乎人与才两美也。"②

《己卯皇华集》载陈嘉猷与朴原亨义顺馆钱别唱和诗,颇见二人交谊,今录于次。陈嘉猷《义顺馆中酌别偶成,写似③判书朴相公,博一粲耳》诗云:"万里天涯远客过,红亭绿酒意如何。扶苏地脉临江尽,辽左山光隔岸多。节指京畿催晓骑,恩覃海国涨晴波。西行自是还朝路,不用阳关向我歌。"朴原亨次韵云:"僻陋高轩辱枉过,相逢其奈别离何。口传北极纶音密,手拾东韩景物多。鹤野归旌凌溽暑,龙湾愁思带寒波。云泥从此杳相隔,翘首难禁一曲歌。"

(四)张靖之挥毫六十韵,朴原亨诗思入苍茫

《菊堂排语》记载:

"天顺四年庚辰,世祖大王六年也。正使礼部掌给事中张宁、副使锦衣卫指挥武忠赍敕来,责我国擅杀野人事也。远接使,刑曹判书朴原亨。正使《渡大同江》诗曰:'平壤孤城发晓装,画船箫鼓丽春阳。鸟边云尽青山出,渡口潮通碧海长。共喜皇仁同天地,不知身世是他乡。清樽且莫频相劝,四牡东风路渺茫。'远接使次曰:'远传丹诏促行装,暂驻星槎洌水阳。江浦云消春意动④,邮亭日暖客怀长。一杯且可酬佳节,万里无劳忆

---

① "此为留",《皇华集》作"为暂留"。
② 引自洪万宗:《诗话丛林》,卷一,见《韩国诗话丛编》,第五册,第58页。
③ 《皇华集》中"似"与"示"字通用,下同。
④ "云消",《皇华集》作"雪消"。

故乡。野阔天低山似画，不禁诗思入苍茫。'正使《登黄州广远楼》诗曰：'层楼高出翠微间，景物迢遥慰客颜。芳草夕阳天外路，乱峰残雪海中山。烟疑野色村居小，风送边声猎骑还。却忆帝乡春似海，蓬莱宫阙五云闲。'登汉江楼赋短律十首，其一：'东国有高楼，楼前汉水流。光摇青雀舫，影落白鸥州。望远天疑尽，凌虚地欲浮①。八窗风日好，下榻重淹留。'其二：'胜览浑相似，佳期不用招。行疑乡邑近②，坐觉客怀消。谷鸟声交应，溪花影对摇。春风如有意，吹送木兰桡。'其三：'时序有代谢，江上无古今。衣冠几游览，诗酒复登临。对景怀遗事，观风惬素心。太平声教远，随处有知音。'其四：'徙倚穷佳致，盘桓极胜游。贤王好宾客，诸相总风流。已醉仍须饮，将还更欲留。明朝太平馆，回首便悠悠。'登太平馆楼，又作七言排律六十韵。"

按：张宁字靖之，号方洲。浙江海盐人。景泰五年进士。擢礼科给事中。天顺四年（1461）出使朝鲜。成化元年出为汀州知府，以简静为治。以疾致仕，累荐不起，家居三十年。生平详见《明史》卷一八〇本传。著有《方洲集》、《奉使录》。

张宁《渡大同江》诗与朴原亨次韵诗，均载《庚辰皇华集》。成倪《慵斋丛话》云："给事中张宁以我国擅杀野人事来问，平壤舟中诗云云（见上），游汉江作诗十首，其一云云（见上），余九首亦佳。又作《豫让论》，论古人所不言之事。大抵诗文皆飘飘然，有凌云出尘之想，非它俗子所可仿佛也。"③

《四库全书总目·方洲集提要》④云："今观其奏疏诸篇，伟言正论，通达国体，不愧其名，他文亦磊落有气。诗则颇杂浮声，然亦无龌龊萎弱之态。观其使朝鲜日，与馆伴朴原亨登太平馆楼，顷刻成七言长律六十韵，殆由才调纵横，不耐沉思之故矣。"

（五）金太仆画竹入神妙，朴原亨四为远接使

《菊堂排语》记载：

---

① "浮"字原缺，据《皇华集》补。
② "乡邑近"原作"近乡邑"，据《皇华集》改。
③ 引自洪万宗：《诗话丛林》，卷一，见《韩国诗话丛编》，第五册，第58页。
④ 见《四库全书总目》，卷一七〇。

"天顺八年甲申,英宗皇帝崩,宪宗皇帝即位,世祖大王十年也。正使太仆寺臣金湜、副使中书舍人张诚①来,颁登极诏。远接使,礼曹判书朴原亨。正使善画,画素竹赠远接使,仍题一绝:'新试东藩雪苎袍,夜深骑鹤过江皋。玉箫声透青天月,吹落丹山白凤毛。'副使以钱塘王应奇所画红梅赠馆伴吏曹判书尹子云,仍题一绝:'孤山风景近来非,缟素佳人尽著绯。仿佛武陵溪上立,落花流水绕渔矶。'候接皇华,一时所韵艳而妙。朴原亨四为远接使,可谓荣矣。"

按:金湜字本清,号太瘦生,又号朽木居士,鄞县人。正统中举于乡,升太仆寺臣。宪宗即位,出使朝鲜,即席赋诗,数十篇立就。金湜善画竹石,篆隶行草,皆有晋人风度。使还致仕,屡征不起。生平事迹,详见《皇明世说新语》卷七。

金湜《画竹》诗,载《甲申皇华集》,其下有副使张城及其朝鲜诸人和诗。张城《太朴金先生写竹且系以诗,为判书朴君赠,予即其韵以见意云》:"袖得湘云满赐袍,闲将一片洒东皋。只疑白凤来琼岛,万里青天露羽毛。"朝鲜河东府院君郑麟趾《使华赠以手写素竹与诗,今扫彩筠和之,庶观一二二一之意》云:"扶桑出日照釜袍,手额皇华到汉皋。远忆淇园潇洒影,心同造化弄兔毛。"

成伣《慵斋丛话》云:

"太仆臣金湜、中书舍人张城到国。金湜善诗,尤长于律,笔法臻妙,画竹入神。人有求画者,以左右手挥洒与之。又画一簇呈于世祖,世祖令画士移描加彩,又令文士作诗,言夺胎换骨之意。请宴之日,挂诸壁间。太仆初见不识,熟视大笑,曰:'此大王颠倒豪杰处也。'天使诗云云(见上)。申高灵(叔舟)诗云:'天上儒仙蜀襕袍,笔端清兴寄林皋。青丘正值千年运,玉叶琼枝化翠毛。'金乖崖(守温)诗云:'十载春风染旧袍②,贞姿③会见雪霜皋。谁叫白质还青骨,变化中山一颖毛。'李文简(承召)诗云:'霜雪矓姿拔翠袍,夅龙风雨变江皋。岁寒结得枝头实,栖集丹山五彩毛。'徐达成(居正)诗云:'此君奇节可同袍,玉立亭亭万丈皋。龙腾变化应多术,

---

① "张诚",《皇华集》作"张城"。
② "染旧袍",《皇华集》作"旧染袍"。
③ "贞姿",《皇华集》作"贞怀"。

一夜雷风①换骨毛。'金福昌（寿宁）诗云：'苦节何曾换故袍，枉叫坚白辩湘皋。晴窗披得鹅溪茧，依旧青青颊上毛。'"②

这则诗话，可见诏使与朝鲜君臣间赏玩诗画的情景。

（六）徐参赞先手试天使，祁郎中即席赋壮词

《菊堂丛话》记载：

"成化十二年丙申，成宗大王七年。正使户部郎中祁顺、副使行人张瑾来，颁册立皇太子诏。远接使，左参赞徐居正。正使《百祥楼宴席却妓》诗曰：'姻缘旧愧风光曲，落魄空赢薄幸名。争似昌黎文字饮，醉来歌咏有余清。'游汉江日，徐居正以为天使虽善诗，皆是宿构，吾可先作，以试其才。仍投七言律：'楼中佳丽锦筵开，楼外青山翠似堆。风月不随黄鹤去，烟波长送白鸥来。登临酬唱三千首，宾主风流一百杯。更待夜深吹玉笛，月明牛斗共徘徊。'颔联乃丽朝蔡洪哲之句，而只改下数字，可谓发冢手也。正使即援笔次其韵：'楼前风卷白云开，坐看群山紫翠堆。百济地形临水尽，五台泉脉自天来。题诗愧乏崔郎句，对酒宁辞太白杯。花鸟满前春景好，不妨谈笑更迟徊。'〈游杨花渡〉诗曰：'依罢高楼未尽情，又携春色泛空明。人随竹叶杯中醉，舟向杨花渡口横。东海微茫孤岛没，南山苍翠淡云生。从前会得江湖乐，今日襟怀百倍清。'又次副使韵诗曰：'江头风景满楼船，花柳争妍二月天。帆影带将飞鸟去，笛声惊起老龙眠。山连两岸云林合，石激中流雪浪溅。莫怪东来好游赏，寻常诗酒惯相穿。'愈出愈奇，见者吐舌。诏使能文章者，倪侍讲、张给事之后，称祁户部云。"

按：祁顺（1434—1497）字致和，号巽川，东莞人。天顺四年进士。授兵部主事，进户部郎中。成化十二年（1476）赐一品服出使朝鲜，金帛声妓之奉，悉不取。三韩君臣佩服，为筑郊金亭。累官江西布政史。弘治十年卒于官。生平详见《国朝献征录》卷八十六张元祯撰《祁公墓志铭》。著有《巽川集》。

祁顺却妓诗及徐居正和诗具载《丙申皇华集》，上引不全，兹全引如下。祁顺《宴百祥楼却妓口号》："绮筵何用出娉婷，礼重由来色是轻。尤物移人应迅

---

① "雷风"，《皇华集》作"风雷"。
② 引自洪万宗：《诗话丛林》，卷一，见《韩国诗话丛编》，第五册，第59页。

祸,淫声乱雅太无情。姻缘旧愧风光曲,落魄空赢薄幸名。争似昌黎文字饮,醉来歌咏有余清。"徐居正《次百祥楼却妓口号韵》:"铁肠元不挠娉婷,不是都迷礼重轻。妆点姬娥犹旧习,欢娱宾主是真情。观风采俗诚能事,纳污匿瑕亦大名。莫说风光陶学士,信君心迹本双清。"

　　成俔《慵斋丛话》云:"户部郎中祁顺与行人张瑾一时而来。户部纯谨和易,善赋诗,上待之甚厚。户部慕上仪采,曰:'真天人也。'卢宣城(思慎)、徐达成(居正)为馆伴,余与洪兼善、李次公为从事官,以备不虞。达成曰:'天使虽善作诗,皆是宿构;不如我先作诗,以希赓韵,则彼必大窘矣。'游汉江之日,登济州亭,达成出,呈诗数首,曰:'丈人逸韵,仆未能酬;今缀芜词,仰希高和。'户部微笑一览,即拔笔写下,文不加点。如'百济地形临水尽,五台泉脉自天来'之句,'倚罢高楼不尽情,又携春色泛空明。人从竹叶杯中醉,舟向扬花渡口横'之句。又作《江之水辞》。顺流而下,至于蚕岭,不曾辍咏。达成胆落岸帽,长吟而已。金文良舌吒不收,曰:'近来我不针灸,诗思枯涸,故如此受苦耳,不能措一辞。'人皆笑之。"①

　　按:祁顺和徐居正诗句,朝鲜诗话中谈及者甚多,以成俔所述为最早,而以金安老所述较详。

　　金安老《龙泉谈寂记》云:"成庙朝,祁户部顺来颁帝命。道途所由,览物兴咏。远接使徐四佳(居正)以为平平,心易之。竣使事明日,四佳以汉江之游请,顺曰:'诺,在道酬唱,客先主人;明日江上,主人先客以起兴可也。'四佳预述一律,并录凤制永川明远楼诗韵,曰:'当竖此老降幡矣。'到济川亭,酒未半,于座上微吟,若为构思之状,索笔书呈,一联有曰:'风月不随黄鹤去,烟波长送白鹤来。'顺即席走毫,曰:'百济地形临水尽,五台泉脉自天来。'顾四佳曰:'是否?'笔锋横逸,不可枝梧,四座皆色沮。乖崖亦预席,当和押,有'堆'字,苦吟思涸,攒眉顾人曰:'神耗意竭,吾其死矣。'久乃仅缀云:'崇酒千瓶肉百堆。'尔后又有'头'字押,乖崖云:'黑云含雨已临头。'顺曰:'可洗肉百堆。'乘舟放棹,顺流而下,江山役神,筋豆疾形,操舣沥精,不暇流眄,西日半衔,夕波微兴,依醺瞑目之顷,舟至蚕

―――――――
　　① 引自洪万宗:《诗话丛林》,卷一,见《韩国诗话丛编》,第五册,第60页。

头峰下，户部开目曰：'是何地名？'舌者曰：'杨花渡。'即吟一律：'人从竹叶杯中醉，舟向杨花渡口横。'四佳次云：'山似高怀长偃蹇，水如健笔更纵横。'二公巧速略相敌，犹两雄对阵，持久不决，奇正变化，莫不相谙，锋交战合，电流雷迅，而揖让之气存乎旗鼓之间。虽堂堂八阵，举扇指麾，而仲达之算无遗策，亦未易降也。顺尝曰：'先生在中朝，亦当居四五人内矣。'还至临津舟上，四佳先赋古风长韵，顺卷纸尾置案上，手批徐徐，览一句辄成一句，手眼俱下，须臾览讫，而步韵亦迄。步讫而笔犹不停，连书竟纸，飒飒风驰雨骤，而一篇又成。四佳心服之，顾从事懒斋曰：'速矣、多矣！'额稍蹙然，即连赓两件，意思泉涌，浩浩莫竭。彼一再唱而和必重累，以多为胜。此亦希世之捷手也。中朝人士见国人，问徐宰相安未？崔司谏溥尝自耽罗漂海至台州，溯苏杭而来，南人亦有问者。四佳名闻于天下可知已。"①

按：此文描述祁顺与徐居正唱和情形颇为生动。

鱼叔权《稗官杂记》云："徐四佳次祁天使诗：'金岩日暖初杨柳，剑水春寒未杜鹃。'黄柳村（汝献）公歆艳不已，仆质于郑湖阴，则曰：'颇有语病，吾不知其美也。'一扬一抑，两意不同。退而思之，此一联之对，专用元人诗语，彼则以两地相远，故著初未字固宜。金岩、剑水之间，朝发夕至者，岂有日暖、春寒之异？此所谓语病。当以湖阴之言为是也。"②

按：此文认为祁顺原诗是用古人诗语作对，而徐居正和诗用今地名作对，对气候的描述不准确。

（七）董越改名葱秀山，许琮洒泪鸭绿江

《菊堂排语》记载：

"弘治元年戊申，成宗大王十九年也。正使翰林院侍讲董越、（副使）工部给事中王敞来，颁登极诏。远接使，吏曹判书许琮。两使于路上遇奇胜处，则必住马吟赏。副使〈坐松下〉诗曰：'空山落日翠烟微，点点归鸦向北飞。坐久酷怜风景好，春寒不觉透罗衣。'正使次曰：'盘薄松阴坐翠

---

① 引自洪万宗《诗话丛林》，卷一，见《韩国诗话丛编》，第五册，第128页。
② 同上书，第183页。

微,隔林斜日乱烟飞。江南三月无边景,到此偏伤未拂衣。'远接使次曰:
'一村桑柘夕阳微,芳草萋萋柳絮飞。已过兰亭修禊后,风寒犹未著春衣。
'正使重游大同江,有'壶觞又劝归来客,诗句难留过去春'之句。两使诗
俱清赡。葱秀山之'葱'字,旧用'聪'字,正使谓远接使曰:'峰峦削出
如青葱,胡不易聪为葱乎?'葱秀用葱字,自董侍讲始。"

按:董越(1431—1502)字尚矩,号圭峰,江西宁都人。少孤贫,奉母至孝。
举成化五年进士,授翰林院编修,进侍讲。明孝宗即位,与王敞一同出使朝鲜。
累官至南京工部尚书。卒谥文僖。生平事迹详见李东阳撰〈董公墓志铭〉,载
《国朝献征录》卷五十二。著有《董文僖集》(一名圭峰集)、《使东日录》、《朝鲜
赋》(有自注)。

据《戊申皇华集》,副使王敞原唱名《松林晚照》,远接使许琮所和为两
首,另一首云:"青烟乔木远稀微,落日天低一雁飞。为爱苍苔仍坐久,近山
岚气湿人衣。"上引董越《重泛大同江》诗句,见《戊申皇华集》下卷,全诗云:
"楼船重泛出通津,细细晴波漾曲尘。翠柳嫩摇丝袅娜,青山倒浸碧嶙峋。壶
觞又劝归来客,诗句难留过去春。却讶凫鸥似相识,水滨沙际往来频。"许琮
次韵云:"平芜淡淡接烟津,镜面澄澄绝点尘。酒影暖涵金沆瀣,山光晴浸玉
嶙峋。四千里路将归客,九十韶光欲暮春。别后相思眇空阔,天涯莫惜寄
书频。"

金安老《龙泉谈寂记》云:

"董侍讲来到平壤城,张盛席于风月楼。按察成虚白(倪)仪貌不扬,
董使以为州官,视之不甚省及。酒酣赋诗,在座皆和,虚白之作有'红雨满
庭桃已谢,青钱点水藕初浮'等语。董使改容曰:'此人何故作州官?'许
忠贞公琮答曰:'我国重观风,拣朝右为之。'董使《风月楼记》云:'观察内
秀而文',盖以此也。逮回旌,临鸭绿江祖伐,彼此俱有惜别之色,忠贞作
一绝云:'青烟漠漠草离离,正是江头欲别时。默默相看无限意,此生何处
更追随?'董使览而悦之,即次曰:'重上兰舟话别离,相逢莫道更何时。檐
花细雨挑灯夜,两地应知有梦随。'因相视不觉涕下。信乎情志同归不间
风土也。"①

---

① 引自洪万宗:《诗话丛林》,卷一,见《韩国诗话丛编》,第五册,第130页。

按:董越《游葱秀山记》、《风月楼记》,均载《戊申皇华集》卷下。

(八)艾郎中性急一宿返,卢公弼礼勤不辞劳

《菊堂排语》记载:

"弘治五年,成宗大王二十三年也。正使兵部郎中艾璞、副使行人高
瀛先来,颁册立皇太子诏。远接使,户曹判书卢公弼。郎中轻躁,务要速
还。渡江后,道而驰抵国都,一宿便回程。往来所作诗只十余首,而语甚稚
涩,不足观。参赞洪公贵达序其集,有曰:'吾邦虽陋,仲尼之所欲居,箕子
之所受封。前乎此,皇华大夫之来游者,皆从容宽假,至于登楼有赋,栖壁
有诗,自以为不知身在他乡。何先生之不留不处,鯈而来,忽而逝也?何前
后之皆贤达,而所履之殊也?'云云,盖讥之也。"

按:艾璞(1451—1513)字德润,号东湖,南昌人。成化十七年进士。历兵
部郎中,弘治五年壬子(1492)出使朝鲜,速还朝。累官右副都御使。艾璞为人
正直敢言,坐忤刘瑾逮狱,谪岭海。瑾诛,复官致仕。正德八年卒,享年六十三。
生平详见《国朝献征录》卷六十一杨一清撰《艾公传》。

艾璞正直廉洁,抵朝鲜国都一宿而返,固然显得性急,但也是其廉政表
现。《菊堂排语》以为洪贵达"序"有讥讽之意,恐怕也属误解。盖洪"序"欲
扬先抑,续云:"两使之勤俭高洁,固已著人耳目,自有不可掩者,若其才之蕴
于内者,则孰能窥其涯涘哉!"可谓推崇甚至。艾璞诗虽不甚佳,但也不至于
"稚涩"。兹据《壬子皇华集》录艾璞与卢公弼唱和诗各一首于次。艾璞《馆
车辇次前使金太仆揭壁诗韵》:"帝命亲将岂事皋,风尘盈首日三搔。天从西
北瞻龙气,人拥东南识凤毛。诗入客途偏有趣,礼勤馆伴不辞劳。五更又渡
山河去,月白风清听石涛。"卢公弼次韵:"心如秋鹤唳江皋,诗似麻姑痒处
搔。鲽海东南穷马迹,云霄九万翼鸿毛。使乎如子能专对,国耳忘身岂惮劳。
惆怅明朝江上别,星槎一去隔烟涛。"就此二诗来看,艾璞诗中间两联颇见功
力,结句则稍嫌生硬。卢公弼诗较为圆熟,但第二联对偶不够工整。两人大
抵功力相称。

(九)徐穆出使却馈赠,历览山川兴不孤

《菊堂排语》记载:

"正德元年丙寅,燕山十二年①。正使翰林院侍讲徐穆、副使吏科给事中吉时来,颁登极诏。远接使,不知何人也。正使《题葱秀山董圭峰碑》诗曰:'命使天家老仲舒,形容真是列仙臞。驱驰道路身常健,历览山川兴不孤。踪迹可堪成蝶梦,文章犹遣载龟趺。莓苔风雨年年事,楮墨先须万本模。②'"

按:徐穆(1468—1511)字舜和,江西吉水人。弘治六年进士,授编修,晋侍讲。武宗正德元年(1506)丙寅,出使朝鲜,却其馈赠,人皆佩服。刘瑾擅权,穆不通谒,遭贬南京兵部员外郎。瑾诛,复入翰林,授侍读。正德六年卒,年仅四十四。生平详见《怀麓堂文后稿》卷二十八《徐君墓志铭》。著有《南峰稿》。《丙寅皇华集》存其诗七首。

(十)唐皋诗坛老将,李荇词翰动人

《菊堂排语》记载:

"正德十六年辛巳,武宗皇帝崩,世宗皇帝即位,中宗大王十六年也。正使翰林院修撰唐皋、副使兵部给事中史道来,颁登极诏。远接使,右参赞李荇。正使《安兴馆遇雪》诗曰:'昨日阴云昨夜风,晓来忽见雪满空③。貂皮狐腋勋方策,缟带银杯句亦工。候卒战牙虫唧唧,征夫争立④密翁翁。平生未贯朝鲜景,况复迷茫一望中。'副使次曰:'天剪冰花散晓风,千山一色混长空。明来华馆催新句,暗入红楼斗巧工。幽谷模糊樵采径,寒江妆点笠蓑翁。亦知掬雪烹茶处,胜似销金暖帐中。'远接使次曰:'寒宵万窍静无风,晓起乾坤色境空。江上鱼蓑堪如画,林间檐卜欲争工。骑驴远忆襄阳客,授简惭非司马翁。剩得使华冰雪句,不知身在道途中。'国都南山,旧名木密,正使以'木觅'改之。纳清亭旧无名,正使名之,副使为《记》。"

按:唐皋字守之,号心庵,歙县人。正德九年(1514)进士第一。授翰林院

----

① "十二年",原误作"二十年",据金成俊编著:《增补韩国历史年表》改正。按:本年燕山薨,中宗即位,亦为中宗元年。

② "模"字,《皇华集》作"摹"。

③ "满"字,《皇华集》作"漫"。

④ "立"字,《皇华集》作"笠"。

修撰。正德十六年(1521)奉使朝鲜。还朝预修《武宗实录》成,进侍讲。卒于官。生平详见《状元图考》卷二。著有《心庵文集》。

唐皋、史道与李荇等人唱和颇多,编成《辛巳皇华集》二卷。上引三首诗均见上卷。改名作《记》事则见下卷。

金安老《龙泉谈寂记》云:

"正德辛巳,嘉靖皇帝立。唐修撰皋等来,宣登极诏。伴使李容斋(荇)初于燕接交酢,举觯前揖,皋辄伸手执其台,少推之,俾稍却立,似有厌近之意。皋有〈饮酪诗〉,容斋连次四绝,曰:'柳下胸中定自和,休论酪性更如何。芳名得上诗人句,已比寻常酒德多。''盐梅今日不须和,奈尔残伤真性何? 若使次公知此味,当时未必戒无多。''一碗尝来返太和,新诗得意妙阴何,若将曲糵论优劣,一段天真汝自多。''香粳雪乳共调和,滋养工夫舍此何? 熊掌从来非所欲,子舆之论有谁多。'自是交际款昵,常称诗坛老将,词翰动人类如此。"①

按:此事鱼叔权《稗官杂记》也有记载:"正德辛巳,容斋远迎唐太史皋于义州。太史有畦畛,不轻言语。至定州,容斋于座上走笔次《饮酪》四绝句,太史赞之曰:'真老拳!'"②

鱼叔权《稗官杂记》云:

"丙寅岁,余在义州,侍退休堂苏相公夜坐,看唐皋《皇华集》。余曰:容斋汉江诗'缥缈三山③看覆鼎,逶迤一带接投金'之联极佳。公笑曰:'汝诚具眼。此我之所作,容斋适多事,使我代赋耳。'覆鼎、投金之对,果为天成。虽荆公复生,亦无愧矣。(原注:此实容斋作,苏据为己作,无耻甚矣)"④又云:"容斋次唐天使皋诗曰:'缥缈三山看覆鼎,逶迤一带接投金。'覆鼎,三角山之一名;杨花渡亦曰投金江。对偶甚精。此一联,苏退休相公之所作云。"⑤

---

① 引自洪万宗:《诗话丛林》,卷一,见《韩国诗话丛编》,第五册,第131页。
② 同上书,第156页。
③ "山"字,《皇华集》作"峰"。
④ 引自《诗话丛林》,卷二,见《韩国诗话丛编》,第五册,第159页。此注疑为洪万宗所加。
⑤ 同上书,第181页。

按:此乃李荇次唐皋《登汉江楼》诗句,见《辛巳皇华集》卷上。

(十一)龚用卿文名高标科甲,郑士龙短章用表揄扬

《菊堂排语》记载:

"嘉靖十六年丁酉,中宗大王三十二年也。正使翰林院修撰龚用卿、副使户部给事中吴希孟来,颁皇嗣诞生诏。远接使,刑曹判书郑士龙。正使《生阳馆》诗曰:'老树千年暗,晴峰万点尖。山肴多枣栗,海利擅鱼盐。远水笼烟碧,新苗过雨沾。栖鸦归返照,诗思晚来添。'世称龚翰林能文章,而观其诗赡而不精,散而不收,此一律其中铮铮者也。远接使次曰:'到处题诗遍,春云绕笔尖。声名光瑞世,事业在调盐。已获兰熏袭,多蒙沥水沾。未由酬逸韵。苦吟鬓斑添。'大定江旧无亭,曾于唐翰林、史给事之来,只设帐幕,史令筑亭,至是亭始成。正使以'控江'名之,副使为《记》。"

按:龚用卿(1500—1563)字鸣治,号云冈,福建怀安人。嘉靖五年(1526)进士第一。授修撰。嘉靖十八年出使朝鲜。迁左春坊左谕德,兼侍读值经筵。除南京国子监祭酒。生平详见《国朝献征录》卷七十四林庭机撰《龚公墓志铭》。著有《云冈集》、《使朝鲜录》。

《丁酉皇华集》篇幅庞大,凡分五卷。首卷刊载正使龚用卿与副使吴希孟唱和诗二百一十三首,末尾附载沈彦光、郑士龙读后有感之诗数首。兹录郑士龙诗一首,〈伏睹途中诸作,通录见示,不胜荣幸,诵味之余,猥奉短章,用表揄扬〉诗云:"车骑雍雍载道迟,邦人争睹凤麟姿。名高桂玉标科甲,选重论诗待讲帷。声价马群空冀野,飞扬鹏翼出天池。东来诞布前星庆,愧乏先容拜盛仪。"龚用卿、吴希孟与朝鲜远接使、馆伴诸人唱和诗入后四卷中。

鱼叔权《稗官杂记》云:

"龚天使时,湖阴(郑士龙)为远接使,安分(沈彦光)为宣慰使。安分次天使诗曰:'日下高名斗南北,天涯别酒玉东西。'天使曰:'此诗佳,当优于礼数以答其诗。'安分每入拜,天使必下椅子而答之。安分以此自夸。仆以此白于湖阴,曰:'此非自作,实出吾手。'文人之争名盖如此。山谷诗曰:'佳人斗南北,美酒玉东西。'此诗只改数字,而其所赏者,'漠漠

Scholarly Studies on Asia 2006

阴阴'①之类也。龚仙岂未阅山谷诗者欤？"又"龚天使之来也，湖阴、安分、寓庵开酒统军亭，乱酌吟诗。寓庵赠妓生一绝曰：'舞爱翻红袖，歌怜敛翠眉。'湖阴、安分佯醉，不复下笔。"②

此则诗话见出朝鲜文士和诏使诗争奇斗盛的雅趣。

（十二）华子潜喜读皇华集，苏世让逐首和诗词

《菊堂排语》记载：

"嘉靖十八年己亥，中宗大王三十四年也。正使翰林院侍讲华察、副使工部给事中薛廷宠来，颁册立皇太子及太上皇天上帝泰号二诏。远接使，左赞成苏世让。正使《谒圣庙示诸生》诗曰：'一望宫墙数仞余，瓣香瞻拜暗③踟蹰。春风有待鱼龙化，时雨无心草木舒。闻乐自忘三月味，乘桴谁共九夷居。箕畴更衍斯文在，吾道东来信不虚。'《登太平楼绝句》：'人从花下归，鸟向林④间宿。无限惜花心，夜深还秉烛。'游汉江有'鸟随落日投林去，花惜余春待客开'之句。副使《泛临津》诗曰：'不识船为屋，今看缆挂楹。正宜行载酒，更可坐乘晴。日暖游鳞动，风轻细浪生。鱼舟来往泛，滞虑洗孤清。'远接使次曰：'障日张云幕，凌波载画楹。游鱼惊避棹，浴鹭喜逢⑤晴。酒力凉浸退，诗怀景会生。无因留返照，随意⑥乱深清。'"

按：华察（1497—1574）字子潜，号鸿山，无锡人。嘉靖五年进士。选庶吉士，历兵部郎中、翰林修撰，进翰林侍读经筵讲官。嘉靖二十四年（1545）出使朝鲜。还改太子洗马，得罪劾罢。复起翰林侍读，掌南院事。卒年七十八。生平详见王世贞撰《华公墓碑》，载《国朝献征录》卷二十三。著有《岩居稿》、《翰苑稿》。

---

①　王维《积雨辋川庄作》诗："漠漠水田飞白鹭，阴阴夏木啭黄鹂。"按：《诗文清话》云：维有诗名，然好窃取人句，如"行到水穷处，坐看云起时"，此《英华集》中诗也。"漠漠水田飞白鹭，阴阴夏木啭黄鹂"，此李嘉佑所作，但增"漠漠、阴阴"四字（载《韩国诗话丛编》，第三册，第146页）。

②　引自《诗话丛林》，卷二，见《韩国诗话丛编》，第五册，第184页。

③　"暗"字，《皇华集》作"意"。

④　"林"字，《皇华集》作"花"。

⑤　"逢"字原脱，据《皇华集》补。

⑥　"意"字原脱，据《皇华集》补。

《己亥皇华集》凡五卷,上引《谒圣庙示诸生》诗载第三卷,题作《宣圣庙示诸生》;《登太平楼绝句》,原题作《太平楼次韵六绝》,此引为第六首。上引副使诗,原题作《泛临津江次云冈宫谕韵》,载第二卷。

本次唱和特点有三:其一,用词唱和。华察有《肃宁道中和云冈惜春词六阕》,薛廷宠有《残春风雨用云冈惜暮春词五阕》,苏世让皆有次韵和作,载《己亥皇华集》卷二和卷三。其二,用东坡体唱和。所谓东坡体是一种文字游戏,即用三个字或两个字代表一句七个字的意思。见卷五。其三,正使有《读皇华集序》、副使有《读皇华集后序》,载《己亥皇华集》卷五。

(十三)张承宪质疑东坡馆,申光汉巧答百东坡

《菊堂排语》记载:

"嘉靖二十四年乙巳,仁宗大王元年也。行人张承宪以中宗大王赐祭赙谥事来。远接使,吏曹判书申光汉。行人到东坡馆,题诗壁上:'山路东偏下,邮亭敞处开。因名东坡馆,误道昔贤来。南海已迁谪,东韩何谓哉?怜哉①无限意,虚使客心猜。'远接使次曰:'因名若责实,馆号何以开。散为百东坡,无乃一者来。既被名所累,留咏亦多哉。虚名竟成美,或恐造物猜。'"

按:据郑士龙撰《乙巳皇华集·序》云:"维嘉靖二十三年十有一月,我恭僖王薨逝。讣闻,皇帝轸悼有加,赐谥。若赙祭司礼监太监郭仿、行人司行人张承宪实膺简命,并日原隰,来赐。"据此知使朝鲜者为郭仿与张承宪二人,宦官郭仿为正使,张承宪为副使。此与明朝使朝鲜惯例文士为正,宦官为副不同,故张承宪在唱和诗中只以地望署名,称"华亭张承宪"。上引诗下,张承宪有跋云:"东坡馆本在山坡东得名,自云冈学士以下,皆以苏长公为题意。余谓长公当时谪海南远矣,诸公复何意远? 小诗纪实。"朝鲜诗人本崇拜东坡,申光汉以"散为百东坡,无乃一者来"为答,意亦可取。

(十四)王鹤瞻拜箕子墓,郑士龙求得草堂书

《菊堂排语》记载:

"嘉靖二十五年丙午,明宗大王元年也。行人王鹤以仁宗大王赙谥事

---

① "哉"字,《皇华集》作"才"。

来,远接使,吏曹判书郑士龙。(王鹤)《立春诗》曰:'驻马山城独惨然,客心候节总堪怜。烟生堤抑①惊新岁,雪放江梅忆旧年②。时序实随忙里去,音书虚向梦中传。直从东海瞻西岳,渭水秦川霄汉边。'《谒箕子墓》诗曰:'商运式微日,先生隐忍时。当年须有见,后世讵能知。教泽东人祖,书畴周武师。瞻依终③万古,驻马荐清醨。'远接使次曰:'堂封当道左,使节住移时。授圣书犹在,佯狂意孰知。三仁虽异迹,万古尚同师。黄卷空相对,争如一奠醨。'"

按:王鹤字子皋,号于野,陕西长安人。嘉靖二十三年进士,授行人。嘉靖二十五年丙午(1546)出使朝鲜。还朝选工部给事中,升吏科都给谏。历太常少卿提督四夷馆,官终应天府尹。生平详见《夜垣人鉴》卷十四。据王鹤《游汉江诗序》,此行正使为太监刘某,王鹤实膺副使。

《丙午皇华集》由申光汉作序,未出正使之名。上引《立春》诗载卷首,《谒箕子墓》诗,亦载卷中。卷尾有王鹤为郑士龙撰《湖阴草堂序》,可见二人交情不菲。

鱼叔权《稗官杂记》云:"东国无猿,古今诗人道猿声者皆失也。嘉靖丙午,王行人鹤游览汉江,有诗曰:'绿莚隐浪浮春蚁,长笛吹风笑暮猿。'大提学骆峰申公和之曰:'汉水即今逢彩凤,楚云何处听啼猿。'盖乙巳夏,张承宪奉诰命而来,骆峰送迎江上,今闻出使楚国,故下句云尔。押啼猿字而无斧凿痕,最为警绝。"④

这则诗话见出朝鲜文士和诗的精彩之处。

(十五)许维桢囊中萧然清操益励,朴忠元国有巨创不敢酬唱

《菊堂排语》记载:

"隆庆元年丁卯,明宗大王二十二年也。正使翰林院检讨许国、兵部给事中魏时亮来,颁登极诏。远接使,工曹判书朴忠元。诏使行到嘉平馆,明宗大王升退。两使出沿道中所作,而国有巨创,远接使不敢酬唱。回程时只次二首诗。正使《登太平楼》诗曰:'汉江城上太平楼,使节东来几度

---

① "堤抑",《皇华集》作"堤柳"。
② "旧年",《皇华集》作"故年"。
③ "终"字原缺,据《皇华集》补。
④ 引自《诗话丛林》卷二,见《韩国诗话丛编》,第158页。

留。穷海尽闻歌帝力，殊方那复动乡愁。卷帘秋色千山入，依槛烟光万井浮。独有中霄怀魏阙，遥随北斗望神州。'两使入京宣诏之后，吊孤祭亡，礼意具备。事毕乃还，囊中萧然，清操益励，当时称之曰：'许魏两使，前后诏使之来东者，无出其右云。'"

按：许国字维桢，歙县人。举乡试第一，嘉靖四十四年（1565）进士。改庶吉士，授检讨。穆宗隆庆元年（1567），出使朝鲜。神宗为太子出合，兼校书。及即位，进右赞善，充日讲官。历礼部左、右侍郎，改吏部，掌詹事府。累官礼部尚书兼东阁大学士。卒谥文穆。生平详见《国朝献征录》卷十七载《许公墓志铭》。《明使》卷二一七有传。

洪偲序《丁卯皇华集》云："两公之来，适丁大戚。以其襟宇之旷，词藻之富，而满目愁惨，无意于览物辄题。逐篇和进，亦非有丧者所当为。所以唱之少而和之寡也。"兹录朴忠元〈次正使太虚楼诗韵〉如次："名下奇才信不虚，循墙趋走更踌躇。登高作赋怜红远，对月题诗卷碧疏。自是仙朝增境胜，谁言僻壤好楼居。棘人方抱终天恸，未敢抠衣效起予。"

鱼叔权《稗官杂记》云：

"许、魏之来，朝廷议令远接使从容告以宗系等辨诬事，仍以《牧隐集》中〈桓祖大王〉及〈李仁复墓碑〉示之，且曰：'览此则国主与李仁任不为一李，自可辨矣。'盖李仁复为李仁任兄故也。许读过曰：'文章甚好，欲见此人诗篇。'洪纯彦对曰：'诗集不来矣，浮碧楼中有所制题咏。'答曰：'汝试写之'。纯彦遂写'昨过永明寺，暂登浮碧楼。城空月一片，石老云千秋。麟马去不返，天孙何处游。长啸倚风磴，山清江自流'之诗以呈。许吟讽良久，曰：'汝国安有如此之诗乎？'其言似轻东国，而心服牧隐之作也。"①
此则诗话见出诏使对朝鲜著名诗人诗作的推崇。

四、补　　充

《菊堂排语》所录明朝诏使与朝鲜远接使唱和仅十五次，但据今存《皇华

---

① 引自洪万宗：《诗话丛林》，卷二，见《韩国诗话丛编》，第五册，第174页。

集》共有二十四次,盖隆庆之后《皇华集》,《菊堂排语》作者未获寓目。其余九次唱和情况笔者当另文予以考述,兹先据《皇华集》补充列表如下:

顺序	公元纪年	明朝纪年	朝鲜纪年	明朝正使（或为副使）	朝鲜远接使	唱和集名称
十六	1568 年	穆宗隆庆二年	宣祖元年	欧希稷	朴淳	戊辰皇华集（上）
十七	1568 年	穆宗隆庆二年	宣祖元年	成宪	朴淳	戊辰皇华集（下）
十八	1573 年	神宗万历元年	宣祖六年	韩世能	郑惟吉	癸酉皇华集
十九	1582 年	神宗万历十年	宣祖十五年	黄洪宪	李珥	壬午皇华集
二十	1602 年	神宗万历三十年	宣祖三十五年	顾天畯	李好闵	壬寅皇华集
二十一	1606 年	神宗万历三十四年	宣祖三十九年	朱之藩	柳根	丙午皇华集
二十二	1609 年	神宗万历三十七年	光海君元年	熊化	柳根	己酉皇华集
二十三	1626 年	熹宗天启六年	仁祖四年	姜日广	金鎏	丙寅皇华集
二十四	1633 年	思宗崇祯六年	仁祖十一年	程龙	辛启荣	癸酉皇华集

[作者单位:中国人民大学国学院教授]

Reserch on Activity to Compose Poem and Reply each other between the Diplomat of the Ming Dynasty and the Diplomat of Korea

ZHAN Hanglun

Abstract:In the age Ming Dynasty of China and Lee Dynasty of Korea, the diplomat of the Ming Dynasty with the diplomat of Korea once had 24 times to make the activity to compose poem and reply each other. This paper study the situation and the meaning on the activities of Verse to compose poem and reply each other by the Data of collection of poems *HuangHuaJi* and the verse comment of *JuTangPaiYu*.

Key words: diplomacy of China and Korean; a ctivity to compose poem and reply each other; HuangHuaJi, ;JuTangPaiYu.

中、日、韩企业文化初探

——兼从企业文化角度探讨企业核心竞争力

林 坚

【内容提要】 企业文化是企业在长期的经营管理实践中形成的企业理念、企业伦理、企业制度、企业形象等的聚合，具有自己的行为规范和独特的风格模式。中、日、韩的许多企业具有独具特色的企业文化，表现出不同的特质，对企业的经营管理有很大影响，对提升企业核心竞争力起着重要作用。

【关键词】 中国；日本；韩国；企业文化；企业核心竞争力

中国、日本、韩国同处东亚地区，有共同的文化渊源和深厚的历史传统，中、日、韩的许多企业形成了自己的经营模式、文化样态和哲学理念，具有鲜明的个性，值得认真研究，进行比较和总结，从中得到有益的启迪。

我们首先对企业文化的研究状况进行简要的概述，再分析中、日、韩企业文化的特质，最后总结企业文化对提升企业核心竞争力的作用。

一、企业文化研究概观

企业文化作为管理科学中的一个阶段，兴起于 20 世纪 80 年代，这时科学已进入既高度分化又高度综合的时期，企业文化理论就是管理科学发展的新综合。企业之间既有激烈的竞争，又提倡文明、合作、开放、相互学习，形成竞争与合作的关系。一些企业家进行了经验总结，如日本松下电器公司创始人松下幸之助写了《实践经营哲学》，索尼公司创始人盛田昭夫写了《日本造》，引起人们注意。有一批专家学者对世界各国企业文化的状况进行了广泛的调查研究，得出自己的结论。美国的企业家提出了"紧靠用户、顾客至上、竭诚服务"等理念，主张员工参加管理，甚至认为"普通职工比企业主管更加伟大"，"管理者应该对职工怀着尊敬和感谢的心情"，通过尊重和理解他人来赢得人心，通过文明竞争而取胜。

20 世纪 80 年代，许多国家出版了大量企业文化理论著作及企业家的经验总结，如特雷斯·E·迪尔和阿伦·A·肯尼迪合著的《企业文化——现代企业的精神支柱》；威廉·大内的《Z 理论——美国企业界如何迎接日本的挑战》；托马斯·J·彼得斯、小罗伯特·H·沃特曼的《寻求优势——美国最佳管理企业的经验》；理查德·帕斯卡尔、安东尼·阿索斯的《日本企业管理艺术》等。在这个时期，企业文化的研究以探讨基本理论、总结历史经验为主，并分析企业文化发挥作用的内在机制，以及企业文化与企业领导、组织气氛、人力资源、企业环境、企业策略等企业管理过程的关系。

20 世纪 90 年代，人们开始注重研究组织文化，塑造企业形象，进而对企业文化与企业经营业绩进行追踪研究，并开始了定量化研究，提出企业文化的测量、诊断和评估的模型，注重可操作化和实证性，并且注重企业文化与组织管理、领导艺术、企业竞争力、人力资源、企业竞争战略等的研究，开展了企业文化与跨社会文化和生态环境的研究，等等。

近年来，国内外对企业文化的研究范围大大拓展，主要表现在：第一，把企业文化与制度建设紧密联系起来；第二，把对市场环境的适应程度作为企业文化研究的重要方面；第三，研究企业高级管理人员的领导才能、领导艺术和风格，倡导建立领导力，树立企业家精神；第四，把企业文化当作一种创造企业绩效和满意度，创造管理者和员工最佳行为、品格和素质，从而确保产出成功业绩和能力的科学；第五，提倡建立学习型企业，通过组织学习、团队学习，加强自我修炼和团队修炼，培养学习力，开发创造力，提升企业核心竞争力。

当前的企业管理已经进入知识化和全球化的阶段，持续成长成为管理的目标。知识管理的兴起带来了管理模式的创新和革命。企业知识管理与企业文化密切相关。企业文化也发生了深刻的变化。在知识经济时代，经济的竞争性、创新性、动态性、快速增长趋势大大加快,在信息网络化和经济全球化进程中,企业面对一个新的竞争环境,构建新型的学习型企业成为当务之急。许多企业家认识到,必须以企业内外资源要素为基础,以创新型企业文化为动力,以整体优化、优势互补、聚变长大为手段,以实现社会责任、造福于公众为目标。企业管理模式和经营机制发生变化,管理目标不受传统的资源概念的约束,强调可持续发展;强调信息、知识、人才、企业理念、企业内驱力、企业环境等软件要素的主导作用;管理系统和组织系统明显打破传统的企业边界和等级制结构,系统界限趋于模糊,组织结构趋于网络化、扁平化;实行柔性管理、模糊控制,通过观念创新、技术创新、管理创新、制度创新、文化创新、市场创新,使企业不断做大做强做好。

关于企业文化的定义有数十种。一般把企业文化分为三个层面,即企业的精神文化、制度文化和物质文化。

我们认为,企业文化是企业理念、企业伦理、企业制度、企业形象等的聚合,形成企业的行为规范和独特的风格模式,表现为企业怎么待人和怎么做事。①

企业文化的内核是精神文化,由企业理念表现出来,主要包括企业宗旨、企业目标、企业战略、企业价值观、企业精神、企业哲学等;企业伦理即企业的道德规范,调节企业和员工的行为;企业制度是企业理念的外化和固化;企业形象则是企业精神文化、制度文化和物质文化的综合体现。

企业文化必须得到企业员工的认同,是一种群体性的意识,但又具备鲜明的个性,具有不可模仿性。把企业内部力量凝聚起来的措施,是确立全体职工认同的企业价值观、企业精神、企业最高目标和企业理想追求。企业的群体意识如果没有本企业的特色,就不能长久地深刻地内化于员工心中。"以文明取胜"是企业文化的本质特征,主要表现在:第一,通过文明竞争的手段,提供优质产品或优良服务等来树立本企业的良好形象,具有文明的企业精神、企业制度、企业行为等;第二,通过尊重和理解人来赢得人心,以此调动人的积极性、创造性,为企业发展提供动力,使企业在竞争中充满生机活力,而且必须给顾客、用户、社会带来实际利益,促进社会的稳定和发展。只有以文明取胜的竞争意识,才有可能被全体员工认同和接受,形成优良的企业文化。

① 参见林坚:《企业文化修炼》,第 5 页,北京,蓝天出版社 2005 年版。

企业精神文化决定了企业的制度文化,主要表现在企业规章制度、管理模式、行为规范、习俗礼仪等方面。企业文化体现在企业的一切活动中,包括企业的生产经营管理、美化工作环境、参与社会事务、处理人际关系、制定规章制度、从事科研教育、开展文(艺)体(育)知(识)技(能)竞赛等活动。

企业物质文化是企业文化的物质表现,往往能折射出企业哲学、审美意识、经营理念、管理风格、工作作风等。具体体现在企业外观、建筑物、企业的产品(或服务)、文化传播媒介、传达企业文化的各类物品等。企业文化具有意识、过程和结果等多种层面,不能没有物质载体。

企业文化的精神本质是为社会服务,为社会发展做贡献;理解尊重人,为人的全面发展做贡献。如果以为企业文化只是价值观念之类的精神现象,而完全撇开"为社会服务"之类的精神本质;或者以为企业文化只是态度、心理、观念、感情之类的主观精神,而不包括任何物质载体或基础;甚或以为企业文化只是物质和精神财富等结果,而不包括创造这些结果的活动过程,所有这些都是不全面的,也是对企业文化建设不利的。①

对中、日、韩企业文化的分析应着重各国的具体情况和问题,总结其历史和现状,进行比较。既要有宏观的、全景式的透视,又要有微观的、具体的"解剖",从多层面、多角度进行分析,抓住要点,突出优势,明确特色。

二、中、日、韩企业文化的特质分析

中、日、韩企业文化有一些共同的地方,也有不同的特点。这里做一些概要的分析。

1. 日本企业文化的主要特质

日本人认真地学习世界各国的管理经验,结合本民族的传统文化与企业的经济活动,熔炼出独具特色的企业文化。

——强调为社会经营的理念。突出企业的社会责任,强调追求经济效益和

---

① 参见罗长海、林坚:《企业文化要义》,第38—40页,北京,清华大学出版社2005年版。

社会效益的双重价值目标,往往用社训、社歌、社徽等形式来表现社会经营的理念;具有"产业报国"的理念,企业和国家在利益上往往是一致的,在影响日本国家利益的关头,不同企业之间能够密切合作。

——提倡"综合即创造"的经营哲学。日本企业把"综合"与嫁接、模仿、借鉴等联系在一起,把"综合"也视为一种创造性思维和行为,在"综合"中创新和提高;他们学习、"综合"了中国的文化、西方的管理,实现了企业文化和管理方法的变革。

——重视中国儒家思想倡导的重人伦、"和为贵"特质。追求和谐统一,提倡团队精神,力主建立"命运共同体"和良好的人际关系;讲合作、协作,注重集体的智慧和力量,实行集体主义管理,坚持主要着眼于团体而不是个人的激励制度;注重人文关怀,主张泛家主义,施友善,行礼让之心,视员工为家庭成员,从多方面予以关心。

——倡导西方文化的科学理性精神。提倡自上而下的集体管理,重视企业的非正式组织作用,主张学习而不盲从,实用而不满足,追求尽善尽美。

——日本本土文化的"家文化"特质。视国家为家、企业为家,提倡员工与企业、与国家共荣;要求员工坚守忠诚,信奉"家规、社训",遵循严格的等级制度;实行终身雇佣、年功序列制度,按企业组织工会;企业职工结成"命运共同体",对公司的归属意识很强,对企业有很强的"感情和忠诚心"。

——突出人本管理。尊重人格,注重情感沟通,注重教育和培训,鼓励员工参与管理,同时要求员工实行自我管理;提出"经营含教育"、"造物先树人"的观点,主张"企业的发展在于人才",把教育作为企业对社会的义务。

日本的名和太郎指出:"日本人竭尽智力和体力而从事经济战争。他们工作的目的并不仅仅是为了在物质上富裕起来,他们具有一种感情,似乎和追求壮烈之美的武道家和艺术家有一脉相承之处。"

日本人具有强烈的集体意识,缘于特有的"团队精神"。日本是一个岛国,自然环境恶劣,日本先民在求生存的过程中,逐渐形成许多具有协作性质的集体组织。在利益的驱使下,人们都要求以自己所属集团为本位,集团成员在观念和感情上趋于一致,形成共同认可的集团本位意识。这样的集团,具有强大的凝聚力,等级观念森严,成员有极强的效忠意识,下级对上级绝对服从,归属感强烈,个人对所属集团竭尽忠诚,行动上和集体保持高度一致。

【案例1】夏普公司：倡导人与技术的完美结合

夏普公司倡导人与技术的完美结合，在发展技术的同时也对人进行深入的研究，非常重视消费者的感情和心理，设计出许多容易操作、与使用者"友好相处"的产品来。公司雇有出色的烹调专家，指导开发小组不断进行烹调试验，根据所得结果编制微波炉、电冰箱的最佳加热、冷藏和冰冻温度的程序。为了让人们更好地享受生活，得到视觉和心灵上的满足，夏普公司不断地倡导"彩色化革命"，目前，夏普不仅在彩色液晶技术方面领先，而且在彩色信息的读取、加工和编辑、输出、复印及电传技术方面也处于最领先的地位。新型电子化住宅，是夏普追求人和技术以及环境之间和谐协调的另一种体现。这是一种智能化的全电子住宅，专家们通过它来研究如何使人生活得更加舒适优雅、更富于创造性，提高人们的生活质量。

【案例2】日本京都陶瓷："敬天爱人"的企业伦理

日本京都陶瓷公司把"敬天爱人"作为自己的管理哲学、企业伦理理念，并赋予其全新的时代感。这种企业伦理是从被誉为平成时代的"经营之圣"的稻盛和夫的"以心为本的利他经济学"中提炼出来的。稻盛和夫认为，人心大致可分为两种：利己之心和利他之心。利己之心是维持肉体所必需的，但只有利己之心决不会幸福，如果企业家只想增加自己公司的利润，起初可能会顺利，但不会持久。随着公司的扩大，经营者应奋发努力，使员工更加安心地工作和生活，如果能为社区以及国家和国际社会做一些贡献，那么他的利他之心就更为宽广。

2. 韩国企业文化的主要特质

韩国用三十多年时间，走过了欧美国家一百多年实现工业化的历程。重视和大力发展教育和科学技术是韩国经济腾飞的重要经验。韩国大企业财团的历史并不长，却有十多家跻身世界500强企业，如三星、现代、LG集团等。韩国人强烈的民族精神和创新意识等起了重要的作用，促进韩国企业快速成长。

韩国《中央日报》1996年7月18日载文，总结了企业成功的十条经验和失败的十条教训。十条成功经验是：坚持人才第一主义，培养优秀人才；通过研究和开发投资发展尖端核心技术；积极支持政府政策以获得政府支援；搞好劳资关系，使双方相互信赖；用专门经营者来建立责任经营制；能够预测潮流的能力;持续不断地开发新产品;建立和睦相处的企业共同体文化;实施企业多元化战略;开拓海外市场以克服内需市场的限制。十条失败教训是:为显示财富而盲目扩大投资;资金管理不力;最高经营者在企业中独断专行;经营者经验不足;缺乏对企业经营环境变化的应对;家族经营深化;技术开发不够;经营者逻辑性不强;同政府的关系恶化;排外和盲目的流通网管理。

韩国的许多企业走过了从模仿到创新的历程,注重研究与开发,形成了自己的特色,具有独特的精神气质。到21世纪,韩国许多企业进行了改革,强化了管理哲学和企业文化在企业经营中的地位和作用。韩国企业文化的特质大致如下:

——注重文化传统,形成文化复合体。融入大量的中国儒家文化传统,与朝鲜本土文化结合形成一种跨民族的文化复合体系。许多企业具有强烈的社会责任感,外化为一种对于民族和民族文化的感情和以社稷国家为重、以民生民瘼为怀的抱负。

——教育领先,多渠道学习。韩国非常重视教育,企业教育由政府、企业、团体和私人共同兴办。企业非常重视对员工进行再教育,形成教育和培训网络。将东方文化的人文精神和西方科技、制度文化有机地融合起来,广泛地学习和吸收,为自己所用。三星一直在许多技术领域内"偷艺",不引进成套技术,而通过多种渠道获取非成套技术,派出工程师到世界上一些国家的先进企业中进行技术学习。

——个人主义与集体主义均衡发展。既强调集体精神,注重"一心同体"的集体行为,又接受了西方文明强调个性自由和竞争的思维模式,充满生机和活力。

——把握远景,多种激励。韩国企业注重设立远景目标,以多种方式激励员工努力工作。重义轻利,见利思义,从一个动态的过程出发追求整体的最佳效益,而不为眼前利益所动。

——适度的权力距离。一般来说,西方企业文化显示出权力距离较小的特色,东方文化带有权力距离较大的特点,韩国企业文化体系表现出适度的权力距离的特征。他们认为亲密感的需求是基本的人性需求,但等级顺序不仅存在,而且严格,表现为"亲密"而"有间"的状态。

——竞争意识强,从引进模仿到自主创新。吸收儒家刚健自强的人生态度,不甘人后,开始时模仿、借鉴,达到一定程度后注重自主创新,勇争第一,如三星集团奉行"第一主义原则","人才第一","不是第一,也要惟一","视不合格产品为癌症"。

韩国企业最早向网络化和数字化转型。三星、现代、LG 等在 20 世纪 90 年代就开始在计算机动态存储技术上加入全球竞争,已具有很强的竞争力。

【案例3】三星电子的"创意战略"

三星电子是韩国三星集团中最耀眼的明星,年销售收入超过 260 亿美元。三星集团董事长倡导极端的战略变革理念:"除了妻儿,改变一切!"

三星电子因为其独特的"数码战略"和"创意战略"而获得成功。从 1999 年开始实施"数码战略",即以数码产业为中心进行产业结构重组,引导全球的数码消费。这一战略使三星电子成为全球第三大手机制造商、直观式数字电视制造商和第一大彩电制造商,还是全球最大的 CDMA 手机供应商,占有整个市场份额的 26%。

三星电子产品具有两个鲜明的特征:个性雅致的外观设计,精巧灵敏的人性界面。三星电子成为数码概念的引导者,其"创意战略"发挥了重要的作用。

三星新经营战略的主要内容为:以危机意识反省,强调变化从我做起,注意人性美、道德、礼仪,通过质量为主、国际化、组合化三大经营方针,提高竞争力,成为 21 世纪的超一流企业。

【案例4】现代集团的精神

现代集团始于建筑和机械。1967 年底,成立现代汽车公司。现代集团的信念是:"用我们的双手,我们的技术,生产出世界一流汽车,持续不断地向世界最高峰进军。"这体现了现代人的自强和顽强奋斗的精神。

现代集团的口号是:"用现代人的精神和现代人的技术制造出世界一流汽车!""资源有限创意无限","追求最高技术"。以"现代"人为代表的韩国人具有强烈的民族自豪感和爱国热情,由此产生自强、创新和艰苦奋斗的精神,使韩国在不长的时间内发生了巨大的变化。

3. 中国企业文化的主要特质

中国的企业开展企业文化活动,经过引进和传播、交流和研讨、创建和提升等过程,已取得很大成效,对企业发展以及社会进步发挥了重大的作用。

——提倡艰苦创业。自力更生,艰苦奋斗,埋头苦干,勤俭节约;发愤图强,迎难而上,勇争一流,自强不息。

——人本主义,以人为本。体现在选人、用人、育人、爱人等方面,重视人才,讲究用人之道;体现"人和"、"亲和"精神,吸收员工参与管理,强调培养主人翁意识;强调"天人合一"。

——重情重义,人性化管理。尊重人格,促进沟通,实施心理影响,施以"人性化管理",把"义"作为职业道德、信誉投资、责任和义务,让利于顾客、伙伴、员工;具有"家理念",爱厂如家,建立顺畅的人际关系,培养团队精神,内聚而不排外,外争而不无序。

——提倡集体主义和全局观念。决策注重集体主义,集思广益,形成群体决策、民主集中的决策机制,但权力相对分散,责任不易明确,行动比较迟缓,效率较低;推崇"群体至上","集体利益大于个人利益",注重全局观念、整体和谐。中国人的集体精神建立在血缘关系与家庭基础之上,孝悌至上,重乡土观念、同乡情分,组成了中国人际关系的"熟人社会"。

——树榜样,重教化。树立劳动模范,注重榜样的力量,以先进带动后进。重视教育培训,捐资助学,出资办学,对社会产生辐射作用。

——敬业报国,为民族争光。爱岗敬业,实业报国,服务社会,以国家利益为重,讲究大局,勇于承担社会责任。民族精神强,要为民族振兴贡献力量。

【案例5】青岛海尔集团企业文化

海尔文化是海尔人的价值观,核心是创新。它是在海尔发展历程中产生和逐渐形成特色的文化体系。

海尔文化以观念创新为先导、以战略创新为基础、以组织创新为保障、以技术创新为手段、以市场创新为目标,伴随着海尔从无到有、从小到大、从大到强,从中国走向世界,海尔文化本身也在不断创新、发展。员工的普遍认同,主动参与是海尔文化的最大特色。海尔的目标是创中国的世界名牌,为民族争光。这个目标使海尔的发展与海尔员工个人的价值追求完美地结合在一起,每一位海尔员工将在实现海尔世界名牌大目标的过程中,充分实现个人的价值与追求。海尔文化不但得到国内专家和舆论的高度评价,还被美国哈佛大学等世界著名学府收入 MBA 案例库。

海尔价值观:创新

- 创新目标:创造有价值的订单。
- 创新的本质:创造性地破坏。
- 创新的途径:创造性地借鉴和模仿。
- 创新体系:战略创新是方向,观念创新是先导,技术创新是手段,组织创新是保障,流程再造是活力,市场创新是目标。

在海尔,人人都是创新主体,事事都是创新舞台,天天都有创新机会。

海尔精神:敬业报国,追求卓越。

海尔作风:迅速反应,马上行动。

管理模式:OEC 管理法,日事日毕,日清日高。

名牌战略:要么不干,要么就争第一。

质量观:高标准、精细化、零缺陷。

营销观:先卖信誉,后卖产品。

服务观:用户永远是对的。

技改观:先有市场,再建工厂。

人才观:人人是人才,赛马不相马。

海尔的目标:进入世界 500 强。

【案例6】同仁堂:"同修仁德"

北京同仁堂有三百多年历史,是中医药行业著名的老字号。同仁堂的创业者尊崇"可以养生、可以济世者,唯医药为最",把医药作为济世养生的高尚事业。遵守"炮制虽繁必不敢省人工,品位虽贵必不敢减物力"的古训,树立"修合无人见,存心有天知"的自律意识,坚持"德、诚、信"的优良传统,创造出了许多消费者放心的精品良药,发展成为总资产三十多亿元,集产供销、科工贸为一体的大型企业集团。同仁堂提出了"建名牌,争一流"的奋斗目标,即创建国际传统医药企业中的知名品牌;争创一流的职工队伍、一流的药品质量、一流的营销服务、一流的企业文化、一流的工作作风。

同仁堂企业文化建设的内涵主要是:讲求经营之道,培育企业精神,塑造企业形象。具体内容包括:

——诚实守信,以义取利

同仁堂创业者恪守诚实敬业的品德深深影响着历代经营者,并升华为同仁堂职业道德的精髓。

诚:(1)诚实:货真价实,绝不弄虚作假,在服务中强调童叟无欺;(2)诚心:诚心诚意,不虚不伪,讲求周到服务,不讲分内分外;(3)诚恳:以恳切的态度倾听顾客意见,不计较顾客身份。

信:(1)信念:服务同仁堂,献身同仁堂,立志岗位成才;(2)信心:在困难面前,敢于迎接挑战,善于排除障碍,勇攀高峰;(3)信誉:珍视"同仁堂"的金字招牌,维护信誉。

同仁堂的宗旨是"济世养生",经营哲学是"以义为上,以义取利,义利共生",把义放在首位,以崇高的社会责任感,讲求社会大义,以义为上、为先,合义取利,义利并举,不取无义之利。重信厚义,不掺杂使假;坚持诚信经营,不求暴利;坚持信用原则,不坑蒙拐骗。自觉投身于社会公益活动,以自身的义举,赢得人们的信任,而获得美誉。

——以质取胜,创新发展

同仁堂历来把药品质量视为生命。制药特色为:"配方独特,选料上乘,工艺精湛,疗效显著"。凭优良可靠的质量占领市场,领先市场。

同仁堂既继承传统,又注重创新发展。建立现代企业制度,依靠科技,加快发展,走向国际。

——以人为本,团结奋进

同仁堂以"仁德"建设队伍,把三百多年的道德传统注入新的时代精神,强调志同道合的人组成一个群体,同修仁德,亲和敬业,真诚爱人,实行仁术,济世养生,服务社会,服务民众;一视同仁,不分亲疏远近;讲堂誉,承老店诚信传统;求珍品,扬中华医药美名;拳拳人心,代代传;报国为民,振堂风。

同仁堂继承了"人和"的传统,树立团队意识,讲礼仪,重人和,具有浓郁的人情味,形成了亲善仁爱、团结和睦的企业氛围。以关心人、理解人、尊重人为原则,以塑造企业形象为重点,注重建立对员工的激励机制。

——"同修仁德,济世养生"

同仁堂的企业精神——"同修仁德,济世养生"。

服务精神——"热心、耐心、恒心、公心"。

管理理念——"同心同德,仁术仁风"。

工作作风——"讲实话,用实学,鼓实劲,办实事,拓实业,见实效"。

工作信条——"下真料,行真功,讲真情"。

诚信经营是同仁堂的行为规范,以德兴企是同仁堂的发展原则。

三、从企业文化看企业核心竞争力

对中、日、韩企业文化发展状况进行比较分析,有助于总结经验,提升管理境界,增强企业核心竞争力。在全球化时代,各国各地区企业有竞争有合作,企业文化凸显重要意义。

企业竞争力是衡量一个国家国际竞争力的十分重要的要素。企业核心竞争力概念,最初是由美国管理学家普拉哈拉德(C. K. Prahalad)和加里·哈默(Gary Hamel)于 1990 年在《哈佛商业评论》上发表的《企业的核心能力》中提出的。他们认为,一个企业之所以具备强势竞争力或竞争优势,是因为其具有核心竞争力,即指能使企业给顾客带来特别利益,使企业获取超额利润的一类独特的技能和技术,是企业开发独特产品、发展独特技术和发明独特营销手段的能力。

哈默在 1994 年发表的《核心竞争力的概念》一文中,重申核心竞争力代表着多种单个技能的整合,正是这种整合才形成核心竞争力的突出特性。[3]麦肯锡咨询公司的研究报告指出:核心竞争力是群体或团队中根深蒂固的、互相弥补的一系列技能和知识的结合,借助它,能够按照世界一流水平实施一项到多项核心流程。核心竞争力包括两类能力:洞察力和预见力。理查德·朗克(Richard Lynch)认为,核心竞争力是技能、知识和技术的整合。[4]

我国在 20 世纪 90 年代中后期开始引入核心竞争力概念,在理解上有所不同。管益忻说,企业核心能力是一个企业独有的、优异的、扎根于组织中的、适应市场机制的、能形成可持续竞争优势的能力。它是企业把技术、设备、人力资源和市场优势等诸多因素组合起来形成的能力,这种能力在本质上是一个企业特定的经营化了的知识体系。[5]吴敬琏说,核心能力是将技能、资产和运作机制有机融合的企业的组织能力,是企业推行内部管理战略和外部交易战略的结

亚洲学术
●2006
Scholarly Studies on Asia 2006

果。联想集团柳传志在谈到其核心资本即核心竞争力时指出,无形的东西深入企业的管理理念和企业文化更为重要,只有这样,才能使所有有形的东西得以建立,才能让企业的每个业务环节的、有自己价值追求的员工都成为一个小发动机而不是齿轮。

企业核心竞争力应具备以下特征:(1)价值性。核心能力的本质是核心价值观,有助于实现用户所看重的核心价值,为企业创造长期的竞争主动权,具有明显的竞争优势。(2)独特性。核心竞争力是在企业发展过程中长期培育、积淀而成,凝结为企业文化,难以为其他企业模仿和代替。在竞争的差异化方面,表现出独有的优势和独特吸引力。(3)延展性。扩展应用的潜力,能够不断开拓新产品,具有旺盛的、持续的生命力。能使企业同时完成多项任务,能在较大范围内满足顾客需要;不断开拓新的领域,衍生出一系列新产品和新服务,保证多元化拓展的成功。(4)动态发展性。核心竞争力也经历着产生、成长、成熟、衰亡、再创等阶段。核心竞争力不可能一蹴而就、一成不变、一劳永逸。要强化和发展核心专长,发挥独特优势,不断拓展。

企业核心竞争力是决定企业生存和发展的主要力量,是形成企业竞争优势的综合能力,包含企业能使其发挥作用的核心资源和核心能力,其中包括企业的技术研究与开发能力、质量保证能力、市场开拓能力、经营管理能力等。形成企业核心竞争力的要素包括:人力资源(核心竞争力形成的基础)、技术体系(核心竞争力形成的关键)、管理体系(有效组织协调人力资源和技术资源)、信息系统(核心竞争力形成的重要保障)、价值观(构成核心竞争力的无形因素)等。企业核心竞争力存在于企业内质之中,是企业获得持续竞争优势的基础。

企业核心竞争力具体表现在:核心产品、核心技术、核心业务、核心运营能力、核心文化价值观。核心竞争力的形成不是企业内技能或技术的简单堆砌,而需要有机协调和整合,需要管理的介入。企业文化在其中起着关键的作用。

产品竞争力是企业竞争力的直接体现,而产品竞争力是由技术竞争力决定的,制度竞争力又是技术竞争力的有力保证,而企业理念是决定所有这些的内核。可以说,理念决定制度,制度决定技术,技术决定产品,因而,先进的、正确的理念,才具有最强的竞争力。

在国际竞争力评价体系中,企业竞争力是由创新、赢利和社会责任能力来衡量的。根据瑞士洛桑国际管理发展学院(IMD)的报告,可从生产率、人力资源、管理绩效、企业文化和科技创新几个方面分析企业核心要素的演进趋势。

管理绩效、企业文化是决定企业核心竞争力的最关键要素,并且随着经济的发展和企业竞争层次的提高而显得日益重要。这两项指标将从根本上决定企业的创新能力强弱和创新是否能够遵循市场变化来进行。企业管理能否灵活地适应市场变化来配置企业资源,满足市场需要,企业文化能否充分支持企业目标的实现,对于企业核心竞争力的形成至关重要。

科技创新和人力资源是企业核心竞争力形成的重要基础,在起步阶段甚至是关键。但随着企业竞争层次的提高和企业资源的进一步聚集和优化,管理创新和企业文化将发挥越来越重要的作用。生产率是企业核心竞争力的标志性表现,是其最终落脚点。

在企业文化方面,可选择顾客满意度、企业家创新精神、企业家的社会责任感、企业伦理、管理者信用、企业管理适合程度等指标。发达国家和地区最为重视顾客满意度,为顾客提供价值最大化的产品和服务已成为企业竞争的导向,并且重视企业家创新精神。发展中国家和地区更重视建立便于协调企业运行的企业文化。管理者信用成为企业文化环境的一个基本要素。在人才的国际竞争中能否占据优势,决定着企业竞争力的高低。这就凸显了企业文化的重要作用。

企业竞争力的衡量,不能光看经济指标,同时还应考虑环境、社会指标,即三维指标:经济、环境和社会,这也是道·琼斯可持续发展指数的衡量标准。

——经济方面的标准包括:行为规范、遵守法制、遏制贪污腐败;公司治理、客户关系管理、财务活力、投资者关系、风险和危机管理、记分卡/衡量系统、战略规划、所在行业特有的标准。

——环境方面的标准包括:环境政策及管理、环境责任表现、环境责任报告、所在行业特有的标准。环境应从广义来理解,包括自然环境、物质环境、社区环境和人文环境等。

——社会方面的标准包括:企业公民、慈善事业、对利益相关者的敬业度、劳工实践标准、人力资源开发、知识管理/组织学习、社会责任报告、吸引和留住人才、为供应商制定的标准、所在行业特有的标准。

企业必须以经济、环境、社会三底线业绩管理体系,形成核心竞争力,推动可持续发展。企业的社会责任管理如何,不只是决定着企业能否获得持续发展,也关系到商业合作和业务交易能否取得成功。企业的社会责任管理更是中国企业提升国际竞争力的必由之路。要把追求社会责任整合到企业价值观和文化中,建立起经济、环境、社会三种业绩的协调管理体系,并在组织结构和工作流程上加以配套,系统地实施,化为企业竞争力。

企业的竞争,越来越表现为文化的竞争。企业文化是企业核心竞争力的立足点。企业的成功和持续发展,技术、管理、市场营销等等固然不可或缺,但企业文化是根本的、决定性的力量。优秀的企业文化是强大的精神动力,能够激发企业员工的积极性和创造性,提高员工的文化素质和道德水准,形成内在驱动力,增强企业的凝聚力,创造一个良好的企业环境,提高企业对外的适应力,从各个环节调动积极因素,使资源得到合理配置,从而提高企业竞争力。企业文化对企业发展的作用和影响比产品、技术和市场等因素更全面、深刻和持久,因而,企业文化是形成企业核心竞争力的决定性、根本性因素。

现代企业管理有六大要素:人、财、物、设备、技术、信息,人是企业生产和经营的主体,是企业生存和发展的关键因素。使用物力、财力和信息的是人,其使用方法和效率如何,将影响企业绩效。现代管理思想提倡以人为中心,由管理财、物、技术到管理人;由管理人走向善于待人,培养、发挥人的潜力,育人、用人;影响企业形象的不是最好的人,而是最差的人;提倡员工参与管理、参与竞争,让其自主工作,使组织适应人的需要。人类活动的目的是为了提高人的生活质量,包括生活待遇、工作自主性、人际关系、安全感和成就感等。企业管理必须以人为本。企业竞争之本就是企业的人力资源。

企业文化是企业发展的深层推动力,经济活动往往是经济、文化一体化的运作,经济的发展需要文化的支持。谁能拥有文化优势,谁就具有竞争优势、效益优势和发展优势。一个成功的企业,必定要有完善的制度、有竞争力的核心技术、有创新精神的企业家和高效率的管理团队以及优秀的企业文化。不同的文化资源会形成不同的市场。促进企业发展的文化是支持商业和企业家精神的文化,而鼓励企业家精神的方式会因文化背景不同而有所不同。有利于企业发展和经济增长的文化模式是在吸收不同方面的文化因素中形成的。

企业在战略上决定"做什么,不做什么",在理念上决定"提倡什么,反对什么",在价值观上决定"追求什么,放弃什么"时,就显示出企业文化的重要作用。企业文化是构成企业差异化竞争战略的重要特征,是企业全面推进科学化、制度化、人文化管理的思想内涵。

企业文化主要在以下方面对提升企业核心竞争力发挥作用：

1. 确立价值观，引导竞争力。

通过塑造企业价值观，明确企业的发展方向，积极引导企业核心竞争力发挥作用。要看重市场，积极竞争；文明竞争，协作共赢；顾客至上，服务为先。企业必须树立起以客户为中心的核心价值观念，塑造和培育以客户服务为中心的企业文化，用客户服务的理念、方法、行为规范来指导企业的客户服务实践。

企业价值观的作用主要体现在：(1)为企业提供价值标准，形成共识，支撑企业的发展。(2)指导决策，决定企业的基本特性和发展方向。(3)形成价值取向，规范员工行为。(4)激励员工创造价值，增强企业竞争力。企业共享价值观引导形成一种文化环境，促使员工超越自我，为企业创造价值，提升企业竞争力。

企业核心价值观是企业核心竞争力的灵魂和遗传密码。二者的关系类同于人的大脑(核心价值观)和心脏(核心竞争力)，互相依存，不可分割。

2. 培育企业精神，鼓舞竞争力。

企业精神是在长期生产经营实践中形成的，体现了企业所有员工的意志和利益，反映企业理念、宗旨、目标、价值观的总体精神，是突出企业特点和优势的、时代精神与企业个性相结合的一种群体精神，是企业员工健康人格、向上心态的外化，是员工对企业的信任感、自豪感和荣誉感的集中表现。企业精神，是一个企业积极向上的群体意识的体现，决定着一个企业的品格和风貌，凝聚着企业的精气神。企业精神的主要内容包括主人翁精神(参与意识)、敬业精神(奉献意识)、团队精神(协作意识)、竞争精神(文明竞争意识)、创新精神(永不满足意识)、服务精神(让顾客满意意识)等。

企业精神对企业的作用主要表现在：(1)企业精神代表着全体员工的精神风貌，是企业凝聚力的基础。(2)企业精神是引导全体员工前进的指针，是激励员工进步的驱动力，激发员工的主动性、能动性，鼓舞士气。(3)企业精神是企业无形的创业动力，它可以提升企业形象，对社会也能产生一种感召力。(4)企业精神是企业生机活力的源泉，也是评判企业行为的重要依据，是提升企业竞争力的精神支柱。

3. 遵循道德规范，维系竞争力。

企业道德建设，主要着眼于处理好以下四种关系，并相应地建立四个方面的道德约束机制：(1)处理好企业、国家、社会的关系，建立"企业社会道德"的约束机制;(2)处理好企业与环境的关系,建立企业生态道德的约束机制;(3)处理好企业与人的关系,建立企业人际道德的约束机制;(4)处理好企业的本职工作权力和企业的特殊行为责任之间的关系,建立企业行业道德的约束机制。坚持诚实守信的道德原则,要做到:遵守协议、合同和诺言;提供尽可能高质量的产品,实事求是地介绍产品的优点和缺陷;分配和报酬严格守信,按质论价,按劳付酬;企业各项活动都保持诚信。

企业伦理表明一个企业为什么存在,将以什么方式和途径来体现其存在。从一定意义上说,企业伦理是企业竞争力的发源地,是企业核心竞争力最本质的因素。形成完善的道德规范,以道德自律,调整企业与企业、企业与顾客、企业与职工之间的行为。应着力构建为全体职工信奉和遵循的道德规范,形成一种良好的环境和氛围。良心为本,公正为善,维系企业持久的竞争力。

4. 塑造企业形象,优化竞争力

企业形象是企业文化的外显形态,也是企业文化的载体。通过塑造优美的企业形象,提高企业的知名度、美誉度和文明度,从而优化企业竞争力。

评价企业形象的优劣,应该采用三维的立体评价标准,即一看文明度,二看美誉度,三看知名度。所谓文明度,是指一个公司的内在素质,包括:它进行生产经营、参与市场竞争的指导思想是否端正,它达到产品对路、服务周全、质量上乘、价格恰当、品牌可靠的方法和手段是否正当,它的生存和发展过程是否在自然生态和社会生态方面造成负面影响,等等。企业形象,就是一个公司的文明度、知名度和美誉度的有机合成。

优美的企业形象,有助于企业乘风破浪,展翅凌云,不断做大做强,使竞争力得到优化。

5. 建立企业制度,保障竞争力

制度化是组织和程序获取价值观和稳定性的一种进程。建立稳定性与灵活性结合的企业制度。制度要创新,建立信息通畅的沟通机制、有效运行的组织结构、灵活适应的管理方式、公开透明的决策方式、权利与义务统一的奖惩机制。各项规章制度应着眼于能够最大限度地调动职工的积极性,激活每一个人。

企业文化制度化,可以根据其组织和程序所具备的适应性、复杂性、自治性和内部协调性来衡量,形成制度文明,为提升企业竞争力提供保障。营造制度文明,是企业增强竞争力的保障。

6. 强化企业理念,统摄竞争力

企业理念,是企业经营管理和服务活动中的指导性观念,它来自企业家和企业员工对企业的存在意义、社会使命、发展方向和目标的认定,对于企业价值观、企业精神的确立具有指导作用,对于企业经营具有导向作用,是增强企业竞争力的统摄力量。

企业理念应导向明确、定位准确、表达清晰,充分体现企业的个性。大致有以下几类:(1)抽象目标型:浓缩企业目标,反映企业追求的精神境界或经营目标、战略目标,如日本电信电话公司——"着眼于未来的人间企业",劳斯公司——"为人类创造最佳环境"等。(2)团结创新型:提炼团结奋斗等传统思想精华或拼搏创新等群体意识,如美国德尔塔航空公司——"亲如一家",贝泰公司——"不断去试,不断去做"等。(3)产品质量、技术开发型——强化企业立足于某类拳头产品、名牌产品,注重产品质量或开发新技术的观念,如日本东芝公司——"速度、感受度,然后是强壮",佳能公司——"忘记了技术开发,就不配称为佳能"等。(4)市场经营型——注重企业的外部环境,强调拓宽市场销路,争创一流的经济效益,如百事可乐公司——"胜利是最重要的",日本卡西欧计算机公司——"开发就是经营"等。(5)文明服务型——突出为顾客、为社会服务的意识,如波音公司——"以服务顾客为经营目标",美国电报电话公司——"普及的服务"等。

企业理念具有导向性、影响力和教育、约束作用。企业理念是一种无形的力量,孕育着一种氛围,使企业员工遵循企业理念,调节自己的世界观、心态和行为。在恰当的企业理念规范下,企业员工可以感受到自豪、自尊、满足、愉快,自我价值得到实现。

在新世纪,要吸收东西方企业文化的优点,相互学习,相互借鉴,有扬弃,有融合,形成一股合力。建设企业文化,首先要加强学习,构造学习型企业。建立学习型企业,提高学习能力,开发研究能力。要学习一切对企业发展有益的知识、方法,注重研究与开发。在学习和研究的同时,充分发挥主观能动性,提出自己的见解,形成自己的观点。最有竞争力的公司是学习型组织,塑造学习型组织需要创新。要注意几个方面:(1)以人为本,人物相宜,把对人、财、物、信息和知识的管理当作一个有机的系统,而人处于中心和主导地位;(2)刚柔并济,软硬兼施,既要有主动引导、柔性管理,也需要硬性的制度约束;(3)外圆内方,伸展自如,在市场竞争机制下充分调动每个人的主动性、积极性和创造性,增强凝聚力、向心力,发挥作用力、竞争力。

树立科学发展观,构建和谐社会,要求从过去单纯追求经济增长转到促进经济、社会和人的全面发展;不仅要关注经济指标,而且要关注社会发展指标、资源和环境指标、人文指标等,注重协调发展,实行可持续发展战略。企业的发展应追求全面、协调的发展,为构建和谐社会作出表率。

企业提升竞争力的关键在于整合和创新。著名管理学家彼得·德鲁克指出,创新公司懂得,创新始于设想,这些设想与其说给人以果实,不如说给人以指望。由于创新意味着为顾客创造新的价值和新的满足,所以,企业不是以科学或技术上的重要性,而是以对市场和顾客的贡献来衡量创新的价值。因此,社会创新和技术创新一样重要,首先需要的是具备创新组织的态度、政策以及实践。[6]提升企业核心竞争力,必须形成整体合力,在其中,企业文化会影响核心竞争力的价值取向,企业文化理念的先进程度会影响核心竞争力的先进程度。

从中、日、韩等国企业的成功经验可以得到启示,增强企业竞争力,应着重在以下方面努力:

第一,构建独具特色的企业文化体系。每个企业都要根据实际情况,确立和构建与本企业相适应的企业文化体系,形成所有员工认可的企业理念和企业精神,用伦理道德规范来约束企业及其员工的行为,建立行之有效的企业制度,塑造优美的企业形象,打造企业的核心竞争力。

第二,培育卓越的企业家队伍。培育一支具有创新精神和卓越管理能力的企业家队伍,是提高企业竞争力的关键。企业管理的重点逐步转变为适应性、应变能力、创新精神、服务、质量、研究与开发、国际经营、企业的社会责任等方面,迫切需要有一支具有战略眼光、创新精神和应变能力的企业家队伍。

第三,以人为本,开发和合理配置人力资源。要调动全体员工的内在积极性,增强凝聚力、向心力,排除斥力、阻力、摩擦力,注重人的素质、人的协调、人的激励和人的自控,使企业形成良好的组织氛围和自律自激机制,提升企业的核心竞争力。

第四,系统集成,整合创新。培育企业创新环境,重视人力资源激励环境的培育和创造,大力倡导科技创新,重视管理创新,形成适应变化的企业运作机制。运用系统集成的思想指导企业的各项活动,整合创新系统,包括理念创新、技术创新、产品创新、组织创新、管理创新、制度创新、文化创新、市场创新,等等。从整体上提升企业的素质,全方位地考虑问题,全面提高企业的竞争力。

总之,企业应顺应市场竞争的变化,适应社会的需求,通过企业文化建设,不断提升企业的核心竞争力,只有这样,才能在激烈的竞争中立于不败之地。

参考文献:

[1] 林坚:《企业文化修炼》北京:蓝天出版社,2005.5。

[2] 参见罗长海,林坚:《企业文化要义》北京:清华大学出版社,2005.38～40。

[3] Gary Hamel. The Concept of Core Competence. The Strategic Management Society, 1994.

[4] Richard Lynch. Corporate Strategy. Aldersgate Consultancy Limited,1997.

[5] 管益忻:《企业核心竞争力——战略管理赢家之道》北京:中国财政经济出版社,2002. 48、70。

[6] 彼得·德鲁克:《管理的前沿》北京:企业管理出版社,1988。

[作者单位:中国人民大学出版社副编审]

Analysis to the Corporate Culture of China, Japan and Korea
——Inquire into the Corporate Core Competitiveness
from View of Corporate Culture

LIN Jian

Abstract: Corporate culture is the integration of corporate ideas, corporate ethics, corporate institution as well as corporate identify systems, which formed in the long-term business practice and management experience. Those Corporations in China, Japan and Korea have distinctive style of their corporate culture. Corporate Culture plays an important role in improving corporate management and enhancing the corporate core competitiveness.

Key words: China; Japan; Korea; corporate culture; corporate core competitiveness

汉城为何没有唐人街？

——从散居格局看韩国华侨

陆益龙

【内容提要】 唐人街是海外华人华侨的一种聚居和适应当地社会生活的移民适应模式。韩国华侨并未选择这一模式，而是选择散居与嵌入韩国社会的适应模式，其原因主要在于韩国社会对华侨的排斥以及韩国华侨自身的认同结构。

【关键词】 汉城；唐人街；散居；韩国华侨

唐人街(Chinatown)是指海外华人聚居的社区或华人经济聚集区，因为历史上唐朝的贸易和文化发达，中国人因此为世人所熟悉，海外华人于是常称自己为"唐人"，唐人街因此而得名。唐人街实际上就是海外中国移民的居住和生活方式的形态。从迁移规律来看，移民从祖国迁往异国侨居生活，他们在选择居住地时，必然遵循着一定的法则。具体地说，移民选择定居地和居住方式，是为了更好地适应新环境中的生活。因此，通过对移民居住格局的考察，我们不仅能发现移民的适应生活状况，而且由此也能发现影响移民迁移和定居行为的各种因素。

本文主要通过对韩国华侨的分布和居住现状的考察，分析华侨居住特征的形成过程及其影响因素，由此反观韩国华侨与韩国社会的关系，解释韩国华侨为何既不像移民同化理论所说的那样与韩国社会同化融合，也不像民族文化模式理论和民族经济聚集区理论所提出的自愿隔离那样与韩国社会隔离，韩国华侨选择了一种嵌入模式，既让自己嵌入到韩国社会关系之中，但又保持着其民族与文化特色。

亚
洲
学
术
●2006

Scholarly Studies on Asia 2006

一、韩国华侨的分布

　　韩国华侨概念具有一定的特殊性,目前韩国华侨较多的是指居住在韩国的持"中华民国"护照的中国人,他们多为1940年迁移到韩国的华侨后代,被称为"老华侨";自1992年韩中正式建交以来,两国经济来往较密切,人员交流也不断增加,来自中国的劳工数量增长较快,他们当中朝鲜族较多,也有其他民族,本文将他们统称为中国新侨民。由于历史、政策等多种因素的影响,一些关于韩国华侨的统计,常常仅指老华侨,而不包括新侨民。

　　据韩国法务部2002年的统计数据显示(见表1),在韩华侨人数共计21 610人,其中汉城人数最多,有8 399人,占38.9%。其次是仁川和京畿道,分别占13%和9.8%。

表1　2002年华侨居住分布情况

地区	人数(人)	比例%
汉城	8 399	38.9
釜山	1 883	8.7
京畿	2 128	9.8
江原	591	2.7
忠清北	699	3.2
忠清南	740	3.4
全罗北	686	3.2
全罗南	279	1.3
庆尚北	525	2.4
庆尚南	403	1.9
济州	280	1.3
蔚山	306	1.4
大邱	1 002	4.6
仁川	2 800	13.0
光州	358	1.7
大田	531	2.5
总计	**2 1610**	**100.0**

　　资料来源:www. moj. go. kr。参见韩国国家人权委员会:《国内各地华侨人权状况调查》,第8页,2003。

从表1的数据来看,华侨在韩国的分布似乎集中在首都汉城附近的地区,仁川市是离汉城不远的一个直辖市,京畿道是汉城周边的一个省。从韩国全国人口分布情况来看,这三个地方的人口总和基本占全国人口的一半。由此看来,相对于韩国人口分布来说,华侨的分布并非特别集中(见表2),各个省市的华侨人数规模相当,没有形成特别集中聚集的现象。

表2 2000年韩国人口分布情况

地区	人数(人)	比例%
汉城	12 560	26.82
釜山	4 320	9.22
京畿	7 003	14.95
江原	1 508	3.22
忠清北	1 267	2.71
忠清南	1 758	3.75
全罗北	1 922	4.10
全罗南	2 080	4.44
庆尚北	2 493	5.32
庆尚南	3 886	8.30
济州	539	1.15
大邱	2 616	5.59
仁川	2 131	4.55
光州	1 479	3.16
大田	1 268	2.71
全国	**46 828**	**100.0**

资料来源:韩国人口保健研究员:《最近人口政策动向和展望》(韩文版),第227页,1989。

从表2与表1的对照可以看出,韩国华侨在韩国的分布与韩国人口分布是较为一致的,并没有形成特别集中的分布和居住格局。从某种意义上说,韩国华侨的非聚集现象,反映出他们是以散落和嵌入的方式来适应在韩国社会的生活的。

在韩华侨的总体规模相对来说较小,且分布也较为分散,这是韩国华侨群体的基本特征之一。与人们的直觉印象所不同的是,向韩国迁移的华侨规模并非庞大,华侨群体在韩国社会仍属于人数较少的一种群体。根据韩国国家人权委员会2003年对693名华侨的抽样调查的结果①,华侨的性别和年龄分布情况大致如下:

华侨在性别构成方面,男性较多,402人,占58.4%,女性286人,占41.6%(见表3)。

表3 韩国华侨性别构成

性别	人数(人)	有效百分比%
男	402	58.4
女	286	41.6
缺失值	5	
总计	693	100.0

资料来源:韩国国家人权委员会:《国内各地华侨人权状况调查》,第14页,2003。

表3数据所显示的华侨性别比较高,即男性比例大大高于女性比例,这一结果可能是由于调查所采用的抽样方法所造成的偏差,因此,从这一调查中很难判断出准确的华侨性别构成。但一般迁移理论认为,由于男性更具有迁移的条件和能力,因此往往在移民群体中所占比例较高。按照这一逻辑来推理,我们可以部分地接受这一调查的结果,即韩国华侨的男性比例高于女性。但至于是否差别很大,则需要更准确的抽样或全面的调查。

在年龄构成方面,40岁至49多岁的人为最多,占64.9%,其次是30岁至39岁和50岁至59岁的人,分别占18.9%和8.1%(见表4)。

---

① 这次调查对象的分布情况是:汉城427人,占61.6%;釜山151人,占21.8%;大邱76人,占11.0%;光州39人,占5.6%。参见韩国国家人权委员会:《国内各地华侨人权状况调查》,2003。

表4 韩国华侨年龄构成

年龄组	人数（人）	有效百分比%
20 岁代	28	4.0
30 岁代	131	18.9
40 岁代	450	64.9
50 岁代	56	8.1
60 岁以上	10	1.4
缺失值	18	2.6
总计	693	100.0

资料来源：韩国国家人权委员会：《国内各地华侨人权状况调查》，第 15 页，2003。

以上数据所显示的是调查对象的年龄构成，众数组为 40 岁年龄组，此外，30 岁和 50 岁年龄组的人数较多。如果调查的抽样误差没有完全消除系统误差的话，那么，我们可以由此认为，韩国华侨在年龄分布上的差异是存在的，既现实当中，在韩国侨居或定居生活的华侨以 30 岁至 60 岁的人为主，占 91.9%。

韩国华侨地域分布的分散特点，表现出该群体在韩国社会的迁移和生存状态。这一状态的形成，一方面可能是因为韩国社会对华侨的普遍包容性，即各地区对华侨是开放和接纳的；另一方面也可能是因为华侨具有对韩国社会的广泛适应性，他们不只是适应某些地区的移民生活，而是能够在各种不同地区侨居生活。华侨分布的分散性从某种意义上说是华侨嵌入的表征，他们并没有将自己或没有被集中隔离在某个地区之内，同时又有自己的民族认同。

二、华侨的散居特点

韩国华侨不仅在地区分布上是分散的，而且在同一个地区，华侨的居住乃至经营活动也是较为分散的。

在汉城和京畿道，华侨人数相对较多，但居住也很分散，没有一个集中居住的华人社区。以前，汉城的南山和明洞一带，居住的华侨相对较多，当时有一条街道，华侨开的餐馆、澡堂和杂货铺较为集中。但到20世纪70年代以后，由于政府城市规划和政策的需求，华侨的小餐馆和店铺难以在市中心生存下去。按照政府规划的要求，这些地带必须建起高楼大厦。华侨面临着两种选择：一是自己投资改建，将小店铺建设成高楼大厦；二是将自己的房产变卖给政府。而对于华侨来说，由于缺乏经济实力，再加上政策限制，不可能进行大规模投资，按照韩国法律规定，外国人不能从银行获得贷款，所以，华侨实际上只有唯一的选择，就是将自己的店铺变卖给政府，然后另觅住处。

【个案1】

S先生，1942年生于汉城，父母是在20世纪30年代来到韩国的，从事酿酒业，居住在汉城龙山区的一条街道，S先生现仍住在此地的公寓里。S先生在韩国上了华侨小学和中学，毕业后去台湾上了师范大学，大学毕业后到韩国任教至今。S先生弟兄姊妹共有7人，目前只有他仍在韩国，一人在台湾，其他人都迁到美国定居。他有两个儿子，大儿子在台湾读了医科大学并在那里从医，小儿子迁居美国。

S先生回忆：记得小时候这条街上没有其他华人居住，只他一家华侨，现在仍然如此。汉城好像没有华侨居住集中的地方。

在汉城，虽然在这里学习、生活和侨居的中国人为数可能不少，但除了中国留学生在校居住相对集中外，我们似乎很难找到华人华侨集中居住的地区或街道。走在汉城的大街小巷，你会见到中国制造的商品非常集中的地区。例如，在东大门市场、南大门市场这些商业区，只要你留心看看商品的生产地，就会发现多数价格低廉的商品，会有"Made in China"的标志。同样，在那些中国商品集中的地区，你也可能经常遇见中国话说得很流利的推销员，但他们常常不是中国人（中国朝鲜族），而是韩国人。虽然中国商品和中国料理餐馆充斥大街小巷，但是，我们很难找到华人华侨经营集中的地区或街道。汉城没有唐人街或华人区，这是一个事实，但也是一种特殊现象。

在延世洞有汉城华侨中学，一般人会以为华侨学校所在地区一定是华人华侨集中居住地区，但事实上，这一带华侨活动虽然相对较多，但并未形成华侨集中居住的街区，也不是华侨集中经营的经济区。

相对于韩国人口分布来说，居住在汉城的华侨相对较多，汉城人口占韩国人口的 26% 左右,而汉城的华侨占韩国华侨的 38% 左右。但是,汉城华侨作为一个群体,并非集中居住在某个街道和区域。所以,从汉城华侨的居住格局来看,华侨选择的是散居于韩国社会的居住、生存和生活策略。

汉城华侨分散居住在不同的街区,我们很难发现形成华人文化特色的华侨社区,也难以发现有华人华侨经营的经济聚集区。虽然面向华人华侨的市场是相当普遍的,但难以看到这种市场主体中的华人群体。

在汉城的来自中国的新移民中,有一个较大群体可能就是朝鲜族,他们中很多人是通过在韩的亲属关系网络来到韩国的。他们可能是以探亲为由而获得入境的,但其中有相当多的人来韩国的另一个重要目的是希望能在韩国找到打工的机会。因为相对于中国内地的工资收入来说,即便是短期的临时工作,其收入水平也远远超过在大陆的工作报酬。这种比较利益的差距之大,自然会驱动越来越多新侨民的出现,而这些新侨民在身份上可能会遇到法律问题,即非法滞留问题,因此,他们的工作性质也可能面临同样的问题,也就是在未取得外国人工作许可证的情况下而在韩国打工,将面临非法打工的法律问题。然而,韩国劳动力市场的需求,例如经营中国料理的餐饮业对来自大陆的厨师的需求,以及大陆劳动力的低报酬要求等条件,同样是促成非法劳动力市场形成的不可或缺的因素。也就是说,非法滞留或非法劳工的形成,并不仅仅是因为新侨民的非法动机和非法行为所至,而在另一方面,韩国劳动力市场的非法需求是促成其行为实现的必要因素。

在汉城的众多餐馆里,我们经常会遇到来自中国的新侨民,其中较多是中国朝鲜族人,他们在韩国工作不存在语言障碍,而且还有双语的优势。此外,在这些新侨民当中,可能就存在着所谓非法滞留者或非法打工者。那些延期滞留韩国并在餐馆工作的新侨民,为了避免被告发及韩国法务部门的处罚或驱逐,所以在多数情况下,他们尽量避免使用汉语,以防暴露身份而遭人告发。

此外,在京畿道安山市,离汉城约 50 公里左右,许多来自外国的新移民常常首先聚集到这里,其中来自中国的劳工较多,所以,有人称这里为"中国城"。安山一带主要聚集了许多中小型企业,为外国劳工寻找工作机会提供了便利条件。因此,聚集在这里的大量劳工,主要是追寻自己的"淘金"之梦。他们当中,部分是通过旅游观光签证而滞留韩国,以寻求打工机会;有些则是通过商务考察机会而滞留下来；有些是通过跨国婚姻而来到韩国的。在这些新移民当中，很多人的滞留是属于非法的。韩国法务部和劳动部 2003 年的统计信息显示，签证到期提出延期申请的人仅为 6% 左右，而向劳动部提出就业申请的仅有 6% 左右。所以，2004 年韩国法务部实行了打击非法滞留的大搜捕行动，在外国劳工聚集地区，如安山市、水原市和大邱市等地进行了大搜捕。此后，大约有 2/3 的新移民被迫离开韩国。他们当中，约一半人是被搜捕后强制遣送回国，其他人则主动回国，因为在搜捕行动的风头上，韩国会社（公司）的老板不敢雇用这些非法滞留的劳工，因此，这些劳工很难找到工作机会，而且在韩生活费用高昂，与其等候还不如带着已赚到的钱回国，所以有些人主动选择回国；估计还有近 1/3 的人开始四处躲藏，分散到韩国各地，尤其是那些他们认为法务部抓捕不严的地区。在他们看来，那些相对偏僻的地方，一方面找到工作的机会可能更大，另一方面被抓捕的可能性也更小。

经过对外国非法滞留者和劳工的大搜捕和强行遣送，在韩劳工人数大大减少，尤其是中国劳工人数锐减，因此，劳工的聚集效应或规模效应难以形成。此外，执法行动的加强，使得大量的劳工向四处分散，以避免聚集给自己带来的风险。

所以，无论是在韩国的老华侨，还是新移民或滞留者，都有选择分散居住的倾向和特征。这种选择是他们适应韩国大社会背景的一种策略，该策略让他们能闪开和规避大社会的排外力量的直接冲击，并能在此环境中生存下来，寻求实现低度和中度发展预期。

在仁川，华侨相对集中，随着华人街的建设，华人华侨经济的规模效应也在发挥作用。仁川华人街的建成，实际上是以华侨文化为特色、以华人市场为依托的经济开发区，在这里，华人华侨并未集中居住，也未形成相对独立的民族聚居区。

在釜山及韩国其他地方，华侨的居住、生活和工作地同样存在着分散化的特点，且这种趋势还在不断增强。一方面，老华侨随着在其他地区发展机会的增多，不断向其他地方迁移和分散；另一方面，由于韩国政府对外国劳工的非法滞留和非法打工的打击力度加大，越来越多的新华侨通过分散居住和工作，谋求生存和挣钱的机会。

三、影响散居的因素

韩国华侨为何选择散居而非集中的居住模式呢？通过对华侨的访谈,我们可以从历史、社会与文化心理、政治和经济这四个方面理解韩国华侨选择散居的原因。

（一）历史因素

韩国华侨的散居现状有着历史的渊源,概括起来说,影响华侨选择分散居住的历史因素主要有:密切的交往史、政体结构变迁和战争等。

首先,从历史上看,朝鲜半岛与中国大陆的人员流动、迁移等活动较为频繁,两地在政治、经济和文化上的交往关系极为密切,既有中国大陆向半岛迁移的移民,也有半岛向中国大陆迁移的移民。密切的交往关系使得两地的移民都能够较快地在迁入地生存下来,适应当地的社会生活,而不需要依赖族群团结的力量获得生存的机会。频繁的交往能够让迁移者对迁入地的情况有较为深入和全面的了解,从而提高了迁移者个体的适应能力和生存能力。因此,移民可以凭借自己的信息和能力,在接纳国生存和生活下去。

其次,朝鲜半岛政治变迁的历史过程也是影响华侨选择居住地和生存方式的重要因素之一。20世纪初,朝鲜半岛沦为日本殖民地后,日本的殖民统治在某种程度上改变了中国移民和本地居民的社会关系。早期的很多华侨是日本殖民政府在中国招募的劳工,而对韩国当地居民来说,这些劳工所扮演的角色是特殊的,一方面,他们可能被看作是帮助日本人建设和统治的外人,另一方面,他们却又遭受日本殖民政府的剥削和压迫。所以,为了缓和与韩国当地人的紧张和对立关系,较多的华侨选择回避的策略,也就是不显示自己的族群身份。特别是1931年,由日本人挑唆而引发的韩人仇华和反华的万宝山事件后,华侨更加担心暴露自己的身份,于是分散到韩国各地,尤其是南部各地。

万宝山事件充分表明,由于第三方力量的作用,日本殖民统治时期的华侨与韩国社会的关系出现了对峙、僵持甚至冲突的局面。然而,万宝山事件给华侨与韩国社会的整合关系留下阴影。目前在韩的老华侨,其父母或祖父母多经

受过这一事件的冲击甚至是直接打击,较多人至今提起此事件,仍心有余悸。那些在韩国出生的第二、三代华侨,其中部分人的童年就是在这一事件所造成的紧张气氛中长大的。

      个案1中的S先生回忆说:"小时候,我父母一再叮嘱我们,不要出门,不要和韩国孩子一起玩,韩国人现在恨我们,出去会惹祸的。所以,我们除了到华侨学校上学外,几乎不敢出门。所以我一直不会说韩语,只是在做教导主任后,由于要和韩国教师打交道,才学了点韩语。我们小时候在韩国的生活是很孤独的。"

万宝山事件的痛苦经历,促使较多的华侨选择分散嵌入式隔离方式在韩国社会生存下来,而不是采取聚集隔离的族群团结模式来保护自己。因为华侨和韩国人在种族上是相同的,外貌特征相似,因此,只要在生活中采取适当的掩饰自己身份的措施,就能避免直接的冲击和对抗。如果选择民族聚集区的族群团结模式,更容易招来歧视和仇恨。

最后,战争是影响韩国华侨生存和生活方式变迁的又一重要因素。1945年日本战败投降后,韩国告别日本的殖民统治而独立,中国也结束了日本人的入侵。但是,第二次世界大战所带来的国际政治格局和意识形态的变化,波及和影响到中国和韩国的内部政治格局,最终导致朝鲜半岛战争的爆发和中国内战的进一步延续。很多迁移到韩国的华侨,都是山东籍,驱使他们迁移的重要动机之一就是避免战乱,谋求和平稳定的生活。但是,在迁到韩国后不久,他们在韩国又遭遇到内战的困扰。为了避免战乱的影响,华侨和其他居民一样,也会选择四处分散的策略。最初来到韩国的华侨,主要集中在仁川和汉城一带,后来他们也被迫南下迁移,于是逐渐分散开来,有些华侨在战争结束后,重新回到汉城和仁川,有些则就地定居生活下来。所以,战争导致了华侨的再迁移,也促使他们从聚集走向分散。

(二)社会与文化心理因素

对于移民来说,选择何处居住意义重大,尤其是在接纳国的初次居住地点的选择,往往会遵循一定的规律。较多研究提出,亲属和社会关系网络是居住地点选择的决定因素。例如,麦克唐纳(J. & L. MacDonald)提出,海外移民一般属于"联动迁移"(chain migration),即后来的移民往往是在亲戚和朋友的介绍下,获得移民信息并决定迁移,而且他们迁移的地点也往往是在亲戚朋友居住的邻近地区,所以移民的初住地选择主要是由社会关系网络结构决定。① 汤普森(B. Thompson)在研究美国的意大利移民初住地选择问题时发现,文化因素在移民选择初住地中起着决定性作用,移民在选择初住地时有文化同源性倾向(cultural homogeneity),即具有同一文化传统的族群往往向一个地方集中。②

以上的理论命题都是基于美国社会的移民的事实而提出来的,然而,中国移民与韩国社会的关系不同于美国社会,美国是一个多民族、多种族的移民社会,其历史传统、价值观念和法律制度都不同于韩国社会,因此,韩国华侨的生存策略和适应模式的选择,是针对韩国社会结构、价值观念和文化特征而作出的。华人与韩国社会虽然在文化上有相似性以及在历史上有亲近性,但是,韩国社会并非是一个移民构成的社会,而是一种单一民族社会,这样一种社会结构对移民的开放性,无论在法律制度方面,还是社会心态方面,可能都不同于美国社会。所以,当一个外民族族群集中居住时,必然使自己的身份凸显出来,从而更容易导致移民和当地人边界的形成,并可能诱致差别看待和紧张关系的形成。例如,在安山市,这里的中小企业对廉价外国劳动力有较大的市场需求,因为韩国人并不愿意在这些企业从事某些又累又苦,报酬又低的工作,而对于来自中国、俄罗斯以及东南亚的滞留劳工来说,找到活儿干是第一位的。再者,相对于祖国的工资收入来说,韩国的低工资还是较高的。所以很多刚到韩国的外国人,都聚集到安山一带,这里便形成了外国劳工聚集区。但是,正是由于这种聚集,便产生了一种身份暴露和凸显效应,从而招致政府的集中驱赶和强制遣送行动。据韩中友好促进会的人士介绍,到 2004 年,这一带的中国劳工至少锐减了 2/3 以上,而且其中有 70% 以上还是朝鲜族同胞。

目前,安山外国人聚集区规模在缩小,聚集区也在走向衰退,而且最终也不可能形成真正的外国移民聚集区,而仅仅是一种工业聚集区。安山市外国劳工从聚集走向分散,虽然与他们违反韩国出入境管理法的行为有直接关系,但从

① MacDonald, J. and L. , 1962. " Urbanization, Ethnic Groups, and Social Segmentation", *Social Research*. 29:443—448.

② Thompson, Bryan. 1980. *Cultural Ties as Determinants of Immigrant Settlement in Urban Areas*. New York: Arno Press.

另一个方面也反映出韩国社会对外国移民的开放程度。在这种大社会背景下，移民是很难形成聚集区的，更不用说民族聚集区了。

此外，从华侨自身的角度来看，虽然华人有着注重亲属关系网络的文化传统，在迁移过程中，他们常常是通过亲属关系网络而获得信息和资源的，而且迁移活动也常常是通过亲属而联动的。但是，华人也具有吃苦耐劳的特点。在迁移侨居后，他们往往不愿意再给亲属带来更多的负担，而是愿意依靠自己的力量来生存和发展。华侨的个体适应能力都相对较强，他们愿意在大社会中独立自主地寻找发展机会。所以，华侨在迁移过程中，可能依赖于亲属关系网络获得资源和支持，但在适应移民生活的过程中，常常靠自己奋斗而不愿意再给亲属关系增添负担。这样，他们就会四处寻找工作和有利于生存下来的地方，于是，他们自然就逐渐远离亲属关系的支撑，分散到各地居住和生活。

【个案2】

L先生，1955年生，曾当过兵，退伍后读了电视大学，在中国大陆的某县级市当公务员，34岁就被提拔为副局级干部，十多年仍未继续晋级，便想到来韩国挣钱。

L先生的爷爷是韩国独立有功者，哥哥一家作为长孙能够享受韩国政府的优待政策，所以早已来韩国定居，现居住在汉城。L先生办理因病提前退休手续后，便通过哥哥办理了来韩国探亲的签证，但是其真正的目的是要来韩国打工挣钱。但是，到了韩国以后，情况与他想象的完全不一样。作为机关干部，他没有任何技术特长，所以只能从干苦力开始。得知安山一带对外国劳工需求较多，于是他选择到安山，而不是滞留在其哥哥身旁，开始在一些企业里干"大日挡"（勤杂工）。

从个案2的事实来看，L先生迁到韩国的整个过程中，是依赖于他的哥哥这一亲属网络，而且在韩国遇到麻烦和问题时，也是要通过他哥哥这一关系才能解决。但是，他并不是完全依赖哥哥来适应移民生活的，而是努力通过自己的吃苦耐劳和较强的适应能力，在韩国居住和生存下来。他所选择的发展地，是通过自己的努力而选择的。此外，从一个中国机关干部到干苦力这样一种职业大转变的经历，充分体现出了中国人那种能伸能缩、吃苦耐劳的特点，而对于移民来说，这一特点正是反映适应能力高低的重要标志。

（三）政治因素

影响韩国华侨选择散居策略的政治因素主要是指相关针对外国人的政策和法律因素。政策方面主要表现为对外国人在韩国的投资和产业发展的限制政策，法律因素主要包括法律对外国人在韩国行动范围的局限。

韩国对移民在韩国发展的限制是非常严格的，在韩定居的侨民不能像韩国国民一样享受同等的待遇和政策。例如，在亚洲金融风暴之前，华侨是不能向银行贷款的，华侨也不能购置超过200坪（相当于660平方米）的房产，而且华侨的房产是不能出租的，华侨也不能获得超过此规模的营业资格和营业执照，华侨要办一定规模的产业，必须找到韩国人以他们的名义申领营业执照。所有这些限制性政策，都严重阻碍了华侨在韩的发展，限制了他们的发展规模。

此外，由于华侨在韩国的主要谋生之路就是经营小餐馆或杂货铺等生活服务业，由于资金和规模较小，这些店铺常常会因为政府的道路规划或市政建设规划而必须拆迁，于是他们必须将店铺卖给政府，然后又得去他处另谋生计。所以，很多华侨常常因此而迁移。在这种政策背景下，华侨很难集中起来发展自己的民族特色产业，也很难聚集在一个地区不断发展。据华侨T先生说，仁川的唐人街曾经非常辉煌，享有很多自治权利，但是，后来由于政府政策的限制，唐人街走向衰退和消失。目前恢复的华人街牌坊，还是中国威海市赠送的。

韩国老华侨的分散化与再迁移和华侨规模的锐减是密切相关的，随着华侨逐渐向北美、欧洲移民的增多，还有大量华侨返回台湾或大陆，所以在韩华侨人数自然大量减少。导致韩国华侨人数锐减的一个重要原因就是韩国的歧视性法律因素的作用。

【个案3】

T先生1953年生于韩国。父亲1944年迁到韩国，开始在仁川经营小店铺，后来到汉城开办了一个皮鞋厂。由于外国人不能申办营业执照，只能借用韩国人的名义办理营业执照。后来，被韩国人骗了，皮鞋厂破产，家庭产业也就倒闭。父母和家人后来不断在公司谋职，所以，全家共经历了9次搬迁。目前，已在延世洞购置了一幢价值6亿韩币的房子。另外在山东省烟台市也购买了一套公寓，想以后回到祖国过老年生活。

T先生是在韩国华侨学校接受中小学教育的，大学是在韩国成筠馆大

学上的,硕士学历,现在汉城教育大学任兼职教授,华侨中学教师。

T 先生给我讲述了韩国法律对华侨或其他外国人的歧视性问题,他说,他正准备向法院提出宪法诉讼,状告韩国政府和保健福利部没有尽到保护外国人人权的责任。理由之一是韩国出生的外国人身份证号码没有被编入全国统一的识别系统之中,所以不能和韩国人一样享受上网的权利;理由之二是福利保健部没有将在韩外国残疾人纳入社会保障系列,违背了基本人权保护原则。

T 先生说,虽然他知道自己可能败诉,但是,他想通过自己的行动向世人展示韩国的法律对外国人的歧视性。他说,韩国法律系统存在英美法系与大陆法系的冲突问题,虽然宪法规定人们享有自由、平等的基本人权,但是,一些具体法律则又具有大陆法系的特点,那就是:只要法律没有规定的,你都不允许做;而不像英美法系那样,只要法律没有规定你不许做的,你都可以去做。韩国华侨遇到的问题就是:法律没有规定你可以做的事你都不能做,但是,他们也拿不出一部法律来向你证明:法律不允许你做这件事。所以,很多事韩国人做没问题,但华侨做就有法律问题,这就是歧视。

在对老华侨的访谈过程中,很多华侨都谈到诸如因政府规划而被迫搬迁或变换生计方式、发展产业受到各种政策和法律的限制,以及开办产业而遭遇韩国人欺骗的经历。老华侨所遭遇的这些问题,以及这些问题并未得到令他们感到公平的解决,某种意义上说,也有政治方面的原因。由于华侨的身份是外国人身份,不具有韩国公民身份,而在像韩国这样的民主政治体制国家中,法律的修订是利益集团利益表达的结果。而作为外国人,他们没有选举和被选举的权利,就连做公务员的人也极少,因此,自己的利益需求很难在政府决策和立法过程中得以有效的表达。

就老华侨及其后代来说,侨民身份在韩国意味着政治法律待遇就是外国人待遇,华侨虽然生在韩国,却不享受韩国公民待遇。所以,在这种背景下,韩国华侨所选择的侨居之路既然不是同化之路,那么在韩国社会的发展自然就受到种种限制和制约,因而必将走向散居化,而且散居化的趋势不仅表现为向国内各地的分散,还表现为向祖国和其他国家的分散。韩国华侨人口规模增长缓慢乃至减少的现象,正反映出华侨散居化的趋势。

就新移民和新到劳工来说,无论他们的迁移是否属于合法途径,尽管在选择初住地时有向某些地区聚集的倾向,但是,由于政策因素的作用,这种聚集也仅仅是暂时的,当新移民和新到劳工从迁移过程的艰辛中缓过气来,或者是对陌生的环境有所了解之后,他们会最终选择分散的策略。因为,聚居或集中较容易暴露自己的身份,因而也容易招致大社会的排斥。分散居住对新移民来说,尤其是对那些延期滞留或非法滞留的劳工来说,尽管在寻找工作机会方面存在一定困难,但总比遭到政府的强制遣送要好。所以,在分散和被遣送之间,他们当然更趋向于选择前者。

华侨作为社会重要的移民群体,他们在韩国社会的生存和生活状态,在较大程度上受到韩国社会政治法律制度及其对华侨身份地位界定的影响。韩国华侨之所以分散到全国各地乃至各种社区,而没有建立和发展自己的聚居区和民族经济聚集区,一个重要因素就是政策和法律的限制。法律制度制约和限制了他们的行动范围,更限制了他们的发展规模。另一方面,无论是老华侨还是新移民,为了回避政策上的排斥,他们更愿意选择小规模的发展空间,于是他们便分散到韩国社会的各处,而不是集中在民族社区之中。

(四)经济因素

在一般的迁移理论中,研究者通常把影响移民选择居住地的经济因素归结为:房租价格和离工作地点的远近。他们认为,对于刚到一个陌生地方的新移民来说,他们希望在新的地方能得到发展机会。然而在一切都尚未起步的时候,他们的经济实力并非雄厚。所以,节俭过日子是新移民的普遍心态。韩德林(O. Handlin)研究发现,美国纽约的一些房屋承包商就把握了新移民的这一特点,将一些商用楼和住宅楼进行改装,将一间大房改成几间空间较小的房间,以便廉价租给新到移民。有这些廉租房的地区,就吸引了大量的新到移民。换句话说,这种廉租房地区为新到移民的后来发展提供了适宜的条件。另一方面也说明,新移民选择居住和工作地点时,首先需要考虑到房租的价格。[①]

在有关城市居住结构的理论中,有一种"上班路程"(journey-to-work)的理论假设。该假设认为,在城市社会居住结构形成的过程中,上班路程这一因素

---

① Handlin, O. , 1959. *The Newcomers: Negroes and Puerto Ricans in a Changing Metropolis.* N. Y: Anchor Books.

在居民选择居住地中也起着决定性作用。一般来说,人们对上班途中所花费的时间和费用的最高限度会心中有数,所以,对于新到移民来说,往往会选择交通设施便利和劳动机会较多的地区居住。①

然而,韩国华侨的散居特征的形成,似乎受房租和上班路程因素的影响并不显著。首先从移民的构成来看,早期来韩国的华侨,他们当中有一部分是作为劳力来韩国农村种地的,而不像迁移到欧美国家的移民,大多在工业化程度较高的城市或商业发达的大都市。据《华侨志—韩国》记载,1954 年,在韩华侨中,以农业为生的侨胞主要分布在仁川和永登浦两地,共计 933 人,当时在韩华侨共有 22 090 人,占 4.2% 左右。② 农业职业本身就具有分散化和非组织化的特点,因而早期华侨在人力资本和资金资本缺乏的情况下,就选择到农村寻找田地耕种,以维持生计。这类华侨自身就不具有向大都市聚集的倾向和资本。所以华侨迁移前的经济实力和人力资本状况,影响和决定着华侨初次生计模式的选择,而生计模式又影响和决定着他们的居住方式。也就是说,如果华侨选择在农村种地,那么就难以形成规模较大的聚集社区,因为留给华侨的可耕地是有限的。

此外,韩国华侨的一个突出特点就是,他们绝大多数家庭以发展餐饮业或与此相关的服务业为主。例如,据 2004 年汉城华侨中学对在校 628 名学生家长所从事职业的调查统计显示,居前三位的分别是餐馆、厨师和旅游业,他们所占比例分别是:34%、15.6% 和 8.6%。华侨所从事的这些职业或行业,相对来说都是投资少、规模较小的产业,从事这些服务行业,与其说是发展产业,不如说是华侨的最理想的谋生手段。除旅游业外,餐饮服务业的市场都不属于民族经济市场,而是以韩国人为主的市场。即便是各种特色餐馆、中医药店等,市场所面对的主要是韩国居民,而非移民群体。在汉城,有多种多样的中国料理餐馆和饭店,顾客大多是韩国人,而不是华侨或中国游客。开办餐馆、店铺等饮食业和服务业,其市场对象以当地居民为主,这种单一功能职业或生计特征决定着华侨必须依赖于韩国社会,而不能独立发展自己的民族市场和民族经济。现

① Thompson, Bryan. 1980. *Cultural Ties as Determinants of Immigrant Settlement in Urban Areas*. New York: Arno Press.

② 华侨志编纂委员会:《华侨志—韩国》(内部资料),第 60 页,1958。

实生活中,餐馆等服务设施不可能都集中在一个地方或几个地方,而需要根据居民的居住和生活需要的规律而设置。因此,华侨不可能集中到一起来开办餐馆、杂货铺等,这样做显然不符合市场规律。对于以普通居民日常需求为市场对象的小餐馆来说,聚集显然不会带来市场规模效应,而只会增加市场竞争的压力和市场范围的缩小。只有根据当地居民居住格局和需求结构来开办餐馆店铺,才有可能保证小店铺的基本赢利空间。

韩国华侨不同于美国纽约的华侨。纽约唐人街作为一种深具发展潜质的民族经济聚集区,不同于一般的民族聚居区或移民聚居区,华人向唐人街的聚集,是因为这一社区有着不同于大市场但又与大市场密切联系的民族经济市场的存在。① 纽约唐人街的发展,依赖于民族经济的发展。例如,以制衣业为支柱的民族产业的发展,让越来越多的劳工和移民向这里聚集,从而带动了民族市场的形成,进一步促进聚集区规模的扩大和聚集区经济的全面发展。而华人民族经济的发展,是靠自有资本和独特的劳务市场发展起来的,也就是说,华人充分利用了自己的社会资本或社会网络,积累起发展民族产业的资本,同样通过具有民族特色的社会网络,发展起民族劳务市场。但是,民族聚集区的产业并不是与主流社会的市场相隔离的,而是从大社会、大市场中获得资源和发展机会。随着社区聚集规模不断扩大,自身的民族市场也自然形成,如娱乐业、生活服务业、房地产业逐渐发展起来。

然而,在韩国,华侨未能发展起规模较大的、具有支柱性的民族产业(即依赖民族资本和民族劳务市场的同时又与大市场密切相连的产业)。韩国华侨在发展产业的历程中,遇到了种种阻力和困难,所以,他们的产业常常是比较脆弱的、易变的。许多华侨在谈到自己的家庭生活史时,都涉及创业的艰辛,甚至是痛苦经历。

个案 3 中的 T 先生就谈到自己家庭产业中遇到的困难和不幸遭遇。他说,祖父母开始来韩国时,在仁川开了小店铺,做点小生意。后来父母搬到汉城,开办了一个皮鞋厂,是以韩国人名义申请营业执照的,最后被韩国人骗了,皮鞋厂倒闭,父母只好到公司去谋职,所以,随着职业和工作的变动,他们家从到韩国以来共计搬了 9 次家。

---

① 周敏:《唐人街:深具社会经济潜质的华人社区》,第 1—66 页,北京:商务印书馆 1995 年版。

还有一位现在做厨师的 TN 先生也讲述了类似的故事。他的祖父母为了逃避战乱,从山东文登坐船来到韩国仁川,当时他父亲年仅 11 岁。祖父母到韩国开过餐馆和布店。韩战爆发后,全家逃往南部城市釜山,父母在那里开起小餐馆。后来因为韩国政府道路规划,小餐馆必须拆迁,父母便卖了餐馆,搬到汉城发展,在汉城开了一个酒类批发部,由于营业执照是借用韩国居民的名义申办的,后来被那人骗了,家里贫困潦倒,不能支持自己上大学。父亲后来在一个日本会社上班,退休后回到山东,买了一套房子,并在那里安度晚年,但经济上仍需要子女的支持和赡养。

从对华侨的访谈中发现,上述个案中所涉及的华侨在发展自己家庭产业的过程中,因受骗上当而导致破产和发展困境的经历,并非是特殊事例,而是一种较为常见的问题。很显然,这反映了华侨在发展经济方面所面临的法律上的弱势地位问题,是滋生此类事件发生的根源。由于华侨难以取得合法的经营权,要突破这种瓶颈限制,他们就不得不采取变通措施,借用本地人的名义。但是,当他们采取这种变通做法时,在法律上就处于弱势地位,存在着较大风险,因而遭遇欺骗也就在所难免。

韩国华侨创业过程中遭遇受骗的事例,说明了华侨在发展经济中所面临的困难和障碍,由此也表明,韩国华侨是不可能像美国华侨那样在韩国发展起支柱性的民族产业的。如果规模较小的家庭产业的发展都受到严格限制和困难,那么,更不用说发展大规模的民族特色产业了。

在缺乏大规模民族特色产业的情况下,在韩华侨很难发展起民族经济聚集区,也就是说,华侨难以通过自身的民族资本和民族产业从大社会中较为集中地获取经济资源,他们只能依附于大社会的经济体系,所以,他们就不得不分散到大社会之中,从大社会中获得零散的、渗漏的资源。

对新到移民来说,虽然他们在初期有向中小企业集中的地区聚居的趋势,但是,他们同样难以在韩国发展自己相对独立且又与主流社会的大市场体系相联系的产业体系,因此,他们并没有向某个地区聚集和聚居的经济基础,而最终会散落到各地,寻找各自的打工机会和谋生之路。

无论是老华侨还是新到移民,无论是通过合法途径迁移的还是非法滞留的,无论是汉族还是朝鲜族,他们在韩国的侨居生活中,由于难以发展起自己的相对独立的、具有支柱性的民族产业,所以,他们不仅在韩国国内不断分散,而且也在不断向其他国家迁移分散。韩国华侨的散居现象,既是他们适应侨居生活的一种策略,也是华侨经济发展受到制约的结果。在韩国,难以出现类似美国移民那样所形成的民族经济聚集区或民族聚居区,其重要原因是他们的民族产业发展受到严格限制和制约。华侨和其他国家移民都面临着职业选择和产业发展的制约及法律限制,不可能形成较大规模的民族特色经济体系和扩大民族投资规模,这也就意味着他们的集中聚居或聚集缺乏经济基础。

四、散居策略的社会功能

韩国华侨选择散居模式,是由韩国大社会背景所决定的,同时也是华侨适应韩国社会生活的一种策略。从某种意义上说,这一策略帮助他们能尽快在复杂的情境中生存下来,并在其中得到自己所期望的发展。散居模式之所以具有这样的效果,是因为散居生活能够产生这样一些社会功能:

(一)缓解功能

从韩国华侨迁移历史可以得知,虽然华人向朝鲜半岛的迁移有着较为久远的历史,但目前在韩的老华侨及其后代,他们向韩国的迁移主要是在 20 世纪三四十年代,而且绝大多数来自山东,他们是为了逃避战乱到韩国谋生的。但是,在韩国的侨居生活中,万宝山事件所挑起的反华和排华情绪和力量,危及在韩华人华侨的生命财产安全。这一事件的爆发导致了华侨与当地人之间的冲突、对立和紧张关系,虽然随着时间的推移,事件渐渐平息,对立和紧张关系有所缓和,但在华侨的心理上,不可避免地产生顾虑和担忧,所以,他们选择分散的居住模式,是为了尽量掩饰自己的身份。散居使华侨能够存在于却又不凸显于大社会之中,从而可以避免来自于大社会的族群排斥力量的侵害。

华侨在韩国社会的分散,从实际功能来看,它起到了掩饰和淡化华侨与当地社会边界的作用,从而缓解了华侨与韩国社会的冲突和紧张关系。华侨在对自己极其不利的历史条件下能够留下来并生存和发展,与他们所采取的悄无声息地分散在韩国社会的各个地方的策略是有着密切的关系的。虽然正如有些老华侨所说的那样,在韩国是很难听到华侨的声音的,但是,或许正是因为华侨自身的掩蔽策略,才缓和了与大社会的明显对峙和紧张,才使自己赢得了悄悄发展的余地或机会。

(二)适应功能

作为一种应对特殊情境和大社会环境的生存策略,韩国华侨所选择的分散居住的模式,在某种意义上说,增强了华侨的适应侨居生活的能力;散居尤其强化了移民个体的适应能力、生存及发展能力。虽然韩国华侨未形成族群团结和集中聚居,但是,分散在韩国社会各处的华侨却充分发挥出自己的个体适应潜能,从大社会中获取生存和生活的资源。从诸多老华侨的艰辛生活史和奋斗历程可以看出,他们的家庭和事业发展到如今的状况,是与他们超强的适应能力和个体克服困难的能力分不开的。而这种超强的个体适应能力,与他们分散在陌生环境时的生活磨炼是密切相关的。

韩国华侨在侨居生活中,难以发挥族群聚居和团结的力量,来应对和解决生活和事业发展过程中遇到的问题和困难,他们分散在大社会之中,既无密集和大规模的民族社会关系网络可依靠,也无民族劳务市场作依托,他们只能凭借个人和家庭的资本或力量,通过自我发展来谋求生存和发展。

很多华侨选择种地、餐馆、厨师或开杂货铺为谋生手段,虽然这些职业经济收入和社会地位并不高,也可能不是他们的理想职业。但是,选择这些职业,一方面反映出华侨对理想职业期望范围的广泛性和伸缩性,另一方面也反映出华侨善于在新的环境中和复杂背景下谋生的特征。

在非聚居的情况下,华侨的民族经济和民族市场难以形成。此外,华侨的民族社会网络资源和其他社会资本也相对短缺,这在某种意义上迫使华侨不断提高和发展个体的适应能力。只有依靠个体适应性的增强,华侨作为移民才能在异国他乡生存下来,才能为进一步发展创造条件。

(三)非同化功能

韩国华侨的散居状况,在一定程度上导致了华侨在异地生活的非同化结果。华侨在韩国社会的非同化结果,一方面表现在他们事实身份的非同化,另一方面表现为文化的非同化。而且这两者之间有着密切关系,前者既作用于后者,同时又是后者作用的结果。也就是说,华侨的非公民身份在较大程度上增强了他们对民族文化和精神气质的自尊和自信,使得他们更加注意保持和维护本民族文化的内在精神;而另一方面,正是由于诸多华侨形成了这种对民族传统文化和民族精神的崇尚和自信,使得他们更加坚定地维护华侨身份。例如,目前虽然韩国《国籍法》对申请加入韩国籍的条件和程序相对有所放宽,但是,较多的华侨及其子女仍然坚持维护自己的华侨身份,而不愿意加入韩国国籍。

不过,在新到移民中,由于较多的人是朝鲜族,而且其中有相当多的人是通过联姻而迁移到韩国的,所以这部分人会自愿加入韩国国籍,其他新到移民也难以改变自己的身份。

由于韩国华侨的散居状态是大社会排斥力量作用的结果,因此,华侨在散居生活过程中实际上也规避大社会的排异作用,他们虽然能在大社会中寻求生存的机会,但又不可能成为大社会的组成部分。结果,散居的状态进一步阻碍了华侨与大社会的同化融合进程。

另一方面,华侨的散居状态虽然表面上抑制了族群团结意识和族群团结的成长,但是,华侨在分散居住的过程中,在艰苦奋斗的历程中,却形成了很强烈的独立自主的意识。正因为这样一种意识或精神,驱使着他们与大社会的非同化。

所以,从韩国华侨特别是老华侨的散居状态来看,他们在文化心理和族群认同方面,与韩国社会的同化程度都是极低的。他们当中许多人虽然生在韩国、长在韩国、在韩国生活,却依然不是韩国人。

(四)嵌入功能

韩国华侨的散居状态意味着他们不能依赖于民族经济体系和社会网络,也难以利用族群团结的力量来获取生计资源和发展机会,他们的经济资源必须依赖于韩国大社会的经济体系,而且获取这种资源的渠道和手段也是有限的。华侨在这种既依赖于大社会又遭到排斥的复杂条件下,选择了在韩国社会分散开来的"游击战术",结果达到了向大社会渗透和嵌入的效果。

嵌入不同于同化之处在于,华侨出生在和生活在大社会之中,表面上看已经与大社会相融合,其实不然。大社会既不能把他们排除出去,也未能将他们同化。他们如同镶嵌在一个整体中的却又不是整体组成部分的物体。

此外,散居状态也增强了华侨与韩国大社会的互补与相互依赖的关系。一方面,华侨的分散意味着他们难以形成规模较大的产业,这在较大程度上制约了他们在韩国社会的发展程度,同时也在较大程度上制约着他们向外发展的机会。大多数华侨选择在餐饮业和服务业发展,那是因为这些行业有利于他们更好地立足于韩国社会,使他们能够在韩国社会较容易生存下来,正如有些华侨所说的:"干餐饮业,自己饿不死,还能养活一家人。但韩国华侨也只能这样维持能吃饱饭却发不起来的状况。"由此可见,对于一般华侨来说,他们要生存下来,还得依靠韩国社会,因为他们生在这里,长在这里,在没有充分人力资本和资金可利用的情况下,无论到台湾、大陆还是到美国,可能面临更多的发展困境,所以,他们只能留在韩国。另一方面,由于华侨所从事的餐饮业和生活服务业,与普通民众的生活密切相关,为百姓的生活提供了便利,且这些产业规模小、利润低,对同行的韩国人并不构成较大的竞争危险,相反,韩国人开办的餐馆有时还需要华侨厨师。所以,正是这种依赖关系,韩国社会才没有把华侨完全排斥在外,从而使得华侨获得了立足之地。

五、结论与讨论:同化抑或嵌入?

目前,韩国华侨可分为两大类:一是老华侨,二是新到侨民。老华侨是指20世纪50年代前其祖辈或父辈迁移到韩国,自己在韩国长大或出生的华侨,他们的护照身份仍是"中华民国"护照,且在韩国有外国人身份证的华侨。新到侨民主要指20世纪90年代后从中国内地来到韩国打工或工作的中国人,其中包括汉族和朝鲜族,朝鲜族占多数,约70%以上。新到侨民较为分散,且其中较多的人是来韩国打工的,他们有些属于非法滞留,也有一部分人是通过跨国婚姻而迁到韩国的。

老华侨是韩国社会的一个特殊群体,他们定居在韩国,在韩国生活,甚至生在韩国,但并不享受韩国人的待遇。目前,这一群体的规模约在2万多人左右,其中多数属于第二代和第三代移民,也就是说,他们当中大多数人出生在韩国,年龄在30岁至50岁之间的占绝大多数。韩国老华侨经过半个多世纪的艰苦奋斗历程,如今已经分散到韩国社会的各个地方。虽然在汉城、仁川和京畿道地区华侨人数相对较多,但从居住格局来看,韩国华侨显现出分散居住的格局,而没有形成民族聚居区和民族经济聚集区。

　　韩国华侨的散居状态是由多种因素相互作用而形成的。其中,历史方面的因素主要有日本的殖民统治、中国内战和韩国战争等历史事件,这些事件一方面驱动了华侨的迁移,另一方面,也在改变着华侨与韩国社会的关系。万宝山事件激起了韩国民众对华人的歧视和排斥,使得华侨不得不回避和掩饰,以求立足和生存。韩战的爆发又使得华侨不得不向南方逃难,正是在不断规避和逃难的过程中,使得华侨的个体生存能力提高,同时也促进了在韩华侨的不断分散。这种分散不仅表现在国内的散居,而且表现为向韩国以外地方散居。

　　此外,韩国社会的排外结构特征是促成华侨散居的又一重要原因。韩国社会不同于美国这样的移民社会,移民的族群聚居和团结将受到强大的排外结构性力量的冲击。因此,华侨选择散居模式,是为了避闪排外力量的直接冲击。华侨注重个体发展和较强适应性的特点,也是华侨散居韩国社会的原因之一。

　　从政策法律的角度看,韩国的法律和相关政策限制了外国人的发展规模,因而也制约了移民的族群聚居和团结。更为重要的是,这些对待外国人的政策和法律,严重阻碍和制约了华侨经济的发展,华侨难以发展自己的大规模产业,而只能选择餐饮业和服务业,所有这些都迫使华侨只能依附于大社会,而不能形成民族特色的产业体系,因而,华侨的族群聚居和经济聚集都缺乏经济基础。

　　韩国华侨的散居状态所产生的社会效应主要表现在四个方面:一是它作为一种适应性策略,有效地缓解乃至消解了华侨与大社会的矛盾、对峙乃至冲突,从而有助于华侨在大社会的立足和生存,并最终获得越来越多的发展机会。

　　二是散居状态在一定意义上促进了华侨个体生存能力和适应能力的提高,在散居的过程中,华侨通过个体的生计技巧和能力,在复杂环境中能理性地选择更有利于生存和发展的谋生手段和产业。

　　三是散居状态客观上制约了华侨与大社会的同化,同时也增强了华侨在主观上的反同化倾向。因为散居状态是大社会对华侨排斥的结果,从另一角度看也限制了华侨与大社会的同化过程。此外,来自大社会的排斥力量又在一定意义上强化了华侨的自尊和民族认同意识,因而华侨在主观上对与大社会同化的意向和愿望便有所减弱。

　　四是华侨的散居状态体现了华侨嵌入韩国社会的关系,华侨在韩国非同化的过程中,却又立足和生存于韩国社会,并不断得以发展。华侨与韩国社会的

互补和相互依赖关系在不断增强,这表明华侨已经广泛嵌入韩国社会。

综上所述,从韩国华侨目前的居住和分布格局来看,华侨在韩国社会的侨居和奋斗历程中,他们与大社会的同化程度很低,之所以能够立足并在韩国社会生活,是因为他们通过个体较强的适应能力,不断嵌入于韩国社会。他们生存于韩国社会,却没有被其整合和同化,也就是说,他们依然不是所生活社会的整体的构成部分,这就是华侨与大社会嵌入关系的具体形态。

[作者单位:中国人民大学社会与人口学院副教授]

Why Seoul has no Chinatown?

LU Yilong

Abstract:Korean Chinese are parts of Chinese emigrants, who have their characteristics in adapting mechanism and lifestyle. From the residence pattern of Korean Chinese in Seoul, we can find they have not their concentrate community. The causes that Korean Chinese in Seoul haven't their community are exclusion from Korean society, Chinese identity of ethnicity and cultural tradition, and good adaptive ability. For the reason of dispersing residence, Korean Chinese have not been assimilated in Korean society, but embedded into Korean society, through which they have maintained their subsistence and their traditional culture, and achieved new development in other countries.

Key words:Seoul;Chinatown;dispersing residence;Korean Chinese

中韩经贸合作关系的若干问题
及其改进建议

刘　瑞　　卢鹏起

【内容提要】　中韩经贸合作经过十多年的迅速发展之后,总的态势还是良好和健康的。但是由于中韩经贸条件的各自变化,目前也进入了敏感时期,出现诸如外贸不平衡、投资不均衡、韩国企业在华投资行为偏差、中资进入韩国市场壁垒过多、韩国对中国农产品进口的忧虑、中韩技术差距、中资对韩国企业收购引发的争议、韩国产业所谓"空洞化"争议、中韩能源合作面临新突破等问题。正确认识和积极解决这些问题,有助于中韩经贸合作关系的进一步发展,也有助于中韩两国在东北亚区域经济合作进程中发挥更大的作用。

【关键词】　中国;韩国;经贸合作

　　十多年来,中韩两国已建立起全面合作伙伴关系,在各个领域的合作与交流正在向更深、更广的方向发展。对此,在两年前当中韩迎来建交 10 周年之际,作者就曾经撰文对中韩经贸合作的健康良好状况给予高度的评价,并预言了中韩经贸关系在互补性合作关系继续发展的同时,也将迎来竞争的局面。[①]自此以后,实践证明了这种判断:随着双方国内经济和经贸竞争力量的相对变化,中韩在贸易、投资与经济合作方面也开始出现了一些不和谐因素,在高技

————————

[①]　分别参见刘瑞:《中韩建交 10 年经贸关系分析》,载(韩国)《新亚细亚》,2002(10);《韩中建交 10 周年回顾与展望》,(韩国)《中央月刊》,2002(8)。

术产业、资源要素等方面出现竞争,有时这种竞争变得十分激烈。如何妥善处理两国经贸合作中出现的问题,正确看待两国企业之间的竞争与合作,并采取一些适当措施解决这些问题,关系到两国经贸关系的健康稳定和长期发展。

一、对中韩经贸关系重要性的再认识

在经济全球化、区域经济一体化的大背景下,中韩经贸合作与发展已超出两国自身意义的范畴。对于中韩经贸合作关系,不仅要从如何长期稳定和不断深化两国关系的角度去看待,还要放在推动区域经济合作的大框架下去认识。在东亚区域合作和东北亚次区域合作中,特别是随着东盟"10＋1"、"10＋3"模式的提出,为中韩两国提供了紧密性经济合作的契机和更高的要求。中韩两国作为具有巨大经济规模和发展潜力的大国,对推动本地区经济合作的深入发展具有重要影响,并负有重要责任。保持两国经贸关系和谐、健康、顺利发展,是形势需要,大势所趋,不仅对发展两国友好关系有利,而且对推动和深化本地区合作也具有十分重要的意义。

中韩两国具有无可比拟的地缘和人缘优势,两国地理位置相邻,文化习俗相近,经济优势互补,政治关系良好,互信不断增强。韩国具有优秀的制造业生产技术、丰富的资本和先进的管理经验;中国拥有广阔的市场、低廉的劳动力和土地,以及丰富的自然资源,并且两国处于不同的发展时期,在经济上有较强的互补性,两国企业界加强合作的愿望强烈。目前中韩双方彼此都是名列前几名的主要经贸合作伙伴,互相依赖性日益增强。维护好、发展好两国经贸关系,对两国经济发展和两国友好关系发展都有利。

随着中国政府积极培育高科技产业,以及大量外商投资带来资本和技术,中国经济从轻工业向高科技和重工业成功转型,韩国技术密集型产业和过渡原料加工企业已越来越多地感受到了来自中国企业的压力和挑战。两国企业在市场开拓、技术发展等方面存在竞争。对这种区位竞争,应从更高的境界去认识。竞争是对新福利的促进,合作是对旧福利的再分配。在竞争中合作,在合作中竞争,在发展中开展竞争与合作,是推动双边经贸发展的有效方法。作为出口导向型的韩国,韩国经济对中国具有更大的依赖性。中国经济的崛起,对韩国来说是挑战,但更重要的是商品市场和发展机会。中韩之间目前存在着双赢的关系,而不是"恶性竞争"的关系。只要本着互为依托、取长补短、互惠互利、共谋发展的原则推进双边合作,着眼于联合发展,扩大相互投资,增进技术交流,推动人员往来,建立起信任措施和规范化、稳固的经济关系,就会将中韩经贸合作关系推向一个新水平。

以上判断自然引出一个话题:中韩之间能否建立起"自由贸易区"(Free Trade Area)? 现在在东北亚区域出现的热门话题是韩国与日本之间建立自由贸易区。理由不外乎韩国与日本都已经属于发达经济实体,经济差异较小,双方推行贸易自由化不会造成相互利益的受损,也不影响双方竞争效率的发挥。因此,这种自由贸易区的建立会形成强强联合和双赢局面。韩国与中国,或者日本与中国单独建立自由贸易区都不及韩国与日本单独建立 FTA 效果好。但是依据作者的判断:正是由于韩国与日本经济结构的高度趋同性,导致这种所谓"强强联合"失去比较优势、结构互补性。韩国和日本都面临着如下客观限制因素:国内市场狭小导致内需不足;国内游资过多寻找不到出口;国内产业、技术结构具有相似性;国内都缺乏资源要素。两国之间建立自由贸易区之后,不是缩小而是进一步放大了上述特点或弱点,使得自由贸易区结构趋同化现象更加严重。国际贸易中互利互惠合作关系建立的一个最基本的前提是合作双方存在着比较经济利益及优势,这种比较经济利益的存在构成了互补性而非竞争性的关系。目前,与中国建立自由贸易区则存在着与其他两方的经济互利互惠的互补性特点,并不存在这种结构趋同问题。因而,更为有建设性合作意义的是中国、韩国、日本建立共同的 FTA,三国政治经济领袖人物应当朝着这个方向努力,而不是谋求其中两方单独建立 FTA。

总之,在处理现代版本的"三国演义"东北亚区域经济贸易合作关系中,中国与韩国发挥着独特的作用。双方合作深度加强有助于东北亚经贸关系的进一步拓展。

二、中韩贸易情况及双边贸易中存在的问题

中韩贸易起步晚、发展快、潜力大。两国建交 12 年来,年贸易额达到 600 亿美元。2003 年 8 月中韩两国领导人峰会确定了至 2007 年双方贸易额达到 1 000 亿美元的目标有望提前实现。

2003 年,中韩双边贸易额为 632.3 亿美元,同比增长 43.4%①。在中国对外经贸关系前 10 位主要合作伙伴中,韩国是第六大贸易伙伴(参见图 1)。从中国对外出口看,韩国是第六大出口市场;从中国对外进口看,韩国是第五大进口来源。2004 年 1 月至 9 月,中韩双边贸易额达 649.3 亿美元,同比增长 46.7%,其中中国从韩国进口 456.3 亿美元,同比增长 49.4%;中国向韩国出口 193.0 亿美元,同比增长 40.7%②。中国 12 年来对韩国进出口贸易的变动情况参见图 2。

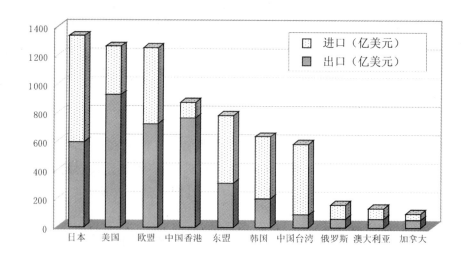

图 1　2003 年中国对主要贸易国家的进出口规模

---

① 《中国海关统计年鉴(2003)》。
② 中国海关总署:《海关统计》,2004(9)。

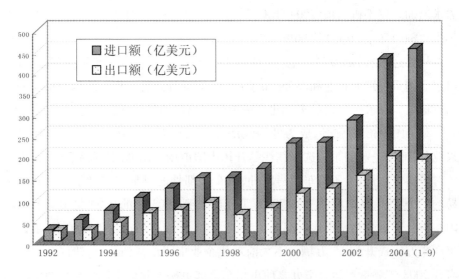

图例：
- 进口额（亿美元）
- 出口额（亿美元）

图 2　中国对韩国的进出口贸易额对比

（一）对韩国出口现状的分析

1. 韩国出口增长强劲,顺差大增,但出口对少数企业和主力产品的依赖日益加重。据韩国海关统计,韩国 2004 年上半年进出口贸易顺差高达 152.77 亿美元,超过了 2003 年全年的顺差额(149.9 亿美元)。其中出口1 232.98亿美元,比上年同期增长 38.4%,创历史最高纪录。半导体、无线通信器(手机等)、汽车、计算机、船舶等五大类产品的出口总额约 500 亿美元,占韩国全部出口的四成。这五大主力产品主导着韩国的出口增长。韩国出口格局中,三星等大企业以及部分重点产品所占比重越来越高。2004 年上半年三星电子出口额为205.6 亿美元①,占韩国出口总额(1 232.9亿美元)的 16.68%。此外,三星电子年度出口占韩国出口总额的比重也逐年上升,2003 年为 14.86%,2004 年则突破了 15%。

韩国情报通讯部消息称,2004 年上半年信息科技产品(IT)出口比上年同期增长了 47.1%,高达 364.88 亿美元,进口 205.2 亿美元,实现贸易顺差约160 亿美元。出口大增的原因是美国、日本等发达国家恢复景气、对信息产品

---

① 参见韩国《联合通讯》有关报道。

需求增加。仅手机一项,2004 年 1 月至 8 月出口额达 141 亿美元,接近上年全年出口额(156 亿美元)的 90%。

从长远来看,随着国际电子产品市场的竞争加剧和需求变化,韩国这种出口过于偏重个别大企业和部分产品的状况,容易导致韩国出口结构和贸易顺差的不稳定。寻求出口商品多元化应成为韩国出口的战略选择。

2. 向中国出口强劲,成为韩国经济发展的动力。不管是传统产业还是新兴业务,韩国企业的第一选择往往是开拓中国市场。以韩国传统强项汽车产业的对华出口而言,除了整车贸易以外,汽车零部件的对华出口已是韩国对华贸易的一个支柱,从 2000 年的 6 700 万美元激增到 2003 年的 9.54 亿美元。以韩国在华合资企业北京现代汽车公司为例,2003 年投产后产量迅速扩大,由计划年产 8 万辆提升到 15 万辆。不久前现代企业集团总裁到北京,建议北京市政府到 2008 年北京奥运会举办之前出租车全部更换为北京现代汽车公司生产的汽车。而实际上,北京现代汽车公司生产的汽车,大部分是从韩国进口的汽车零部件组装品。2004 年以来,化工、电子、金属制品以及电脑等行业的对华出口也十分火爆,成为韩国对外贸易顺差的主要来源。在新兴业务方面,软件业、游戏业、电影业、卡通业等发展前景看好的服务业正成为对华新的出口动力。

由于中国内需扩大和出口增加,刺激了对汽车零部件和 IT 产品的进口需求,韩国的电脑配件、无线通信产品和汽车零部件出口在对华出口总额中所占的比例有所上升,这些产品在韩国贸易收支顺差中贡献率较大,占韩国对华工业品贸易收支顺差的 90% 左右。但是,随着中国手机、家电、IT 等产业的崛起,已对韩国相关产品形成竞争压力。

中国已成为韩国第一大出口市场和第一大顺差来源国,对韩国经济发展具有重大影响。这种结构对韩国来说充满着风险和不稳定性。韩国应注意重点开发高附加值和高技术产品,出口市场应积极向多元化发展,特别是扩大到因国际油价而受惠的俄罗斯和中东地区。

(二)中韩贸易不平衡问题

中方巨额贸易逆差是中韩经贸合作中最突出的问题。自 1992 年中韩建交以来,中国对韩贸易持续逆差,且逆差规模连年大幅增长,至 2004 年 8 月累计已超过 1 000 亿美元,2005 年前三个季度中方贸易逆差就达 263.3 亿美元。中国对韩国的贸易逆差情况见图3。

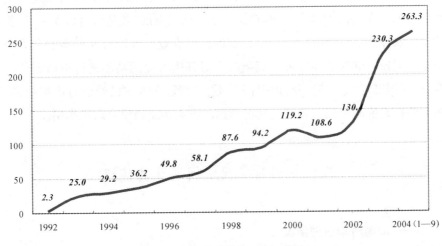

图3 中韩贸易逆差加剧(亿美元)

中方出现逆差,除了韩国对华直接投资企业从韩国进口半成品、零配件的原因外,韩国产品在中国市场上具有较强的竞争优势也是重要因素。从趋势看,中方巨额逆差的情况会保持相当长一段时间。虽然在经贸交往中存在逆差是正常的,也不能一味追求绝对的平衡,但长此以往将不利于双边贸易持续稳定地发展,这一问题应得到韩国政府部门和经贸、企业界的重视。为了保持双边经贸关系顺利发展,在促进双方贸易扩大的同时,韩方应着眼于长远发展,加强与中方的协调与协商,进一步消除对中国产品进入韩国市场的种种障碍,积极解决中国对韩出口的问题。

比如,韩国方面对从中国进口农产品持有几乎是恐惧的心理,经常以各种方式限制进口。其实,对从中国进口的农产品要站在更高的位置上去看待:首先,进出口总是要建立在互利互惠基础上的。中国农产品进入韩国市场与韩国电子产品进入中国市场,均是两国经济实力的体现和利益的需要。而且由于农产品的附加值远低于电子产品,因而韩国是获得更多经济利益的一方。有关中国价值15亿美元大蒜对韩出口与韩国价值40亿美元手机对华出口的交易协议充分证明了这点。其次,从中国进口价廉物美的农产品使得韩国中低收入阶层消费者获益。同样,从韩国进口高档电子产品使得中国的富裕年轻人获益。

再次,在面对更具农业竞争力挑战的邻国面前,韩国需要考虑主动进行农业功能调整。从全球范围看,工业化完成的国家,农业已经基本退出国民经济主导产业行列。在发达国家,农业的功能一般呈两极发展:或则以出口为主,如美国的出口农业;或则以环保为主,如日本的环保农业。韩国目前事实上在为维持一个功能模糊的农业而努力。应当考虑对韩国农业的功能进行重新定位。如今,在美国已经没有纺织业,但美国人不愁穿戴;在日本已经没有煤矿业,但日本人照样有能源可用。此点或许对韩国的农业功能调整有启示作用。

三、韩国对华投资问题及其建议

(一)韩国对华投资情况

韩国于 1985 年首次对华投资,直到 1987 年由在香港、日本等地的机构小规模、试探性地对华间接投资,1988 年开始直接投资,大部分参与投资活动的是中小企业。1992 年 8 月中韩建交后,韩国对华大规模投资出现并呈跳跃式发展,韩资在中国外资中的地位列前八强。1997 年亚洲金融危机后,韩国对华投资步伐放缓。到 2000 年后,由于中国经济维持高速增长和中国加入世贸组织带来巨大商机,以及美、欧、日景气衰退,韩国对华投资再度升温,2002 年中国成为韩国第一大海外投资对象国,2003 年韩对华投资再创新高。

据中国商务部统计①,2004 年 1 月至 8 月,韩国对华实际投资额为 46.61亿美元,占中国实际使用外资的 10.7%,列中国香港(138.28 亿美元)、英属维尔京群岛(49.77 亿美元)之后,居日本(37.75 亿美元)、美国(30.73 亿美元)之前。如考虑中国香港和维尔京群岛属于避税地区,事实上韩国已成为中国最大的投资国。

韩国企业重视在中国市场竞争力的提升,将中国视为重要生产基地,期待巨大的市场竞争力和市场占有率,对华投资更趋积极和大型化,由大型企业集团带动相关产业链在华投资。韩国企业对华投资主要集中在制造业,其中纺织及服装业最多,其次为电气和通讯设施、石油化工、机械设备、运输设备等行业。

① 《国际商报》,2004—09—15。

投资对象主要分布在山东(截至 2003 年底,韩国企业在山东省的总投资额达 102 亿美元,占韩对华总投资的 40%)、江苏、辽宁、北京、浙江、广东等地,近几年韩商对中国长江三角洲地区的投资有趋热之势。

目前,由于中国经济持续增长,加上中国实施西部大开发和振兴东北老工业基地等战略,以及北京举办 2008 年奥运会等利好因素,韩国各界看好中国经济发展前景,对华投资急剧上升。三星、LG、SK、现代汽车等韩国大企业将中国视为海外投资首要重点区,不断扩大投资规模及技术投资,积极实行本土化政策,取得了巨大成功。2005 年以来,韩国在华投资的一批大企业,如 SK 石油化工、现代汽车、LG 化学等,接连在中国设立控股公司,加快占领中国市场的步伐。

与此同时,韩国中小企业在华投资也取得一定成效。在相当长的一段时间内,韩国中小企业在华投资活动绩效平平。但是随着中韩经贸活动持续推进,尤其是中韩两国政府以及非政府组织的大力协调和帮助,这些中小企业已经度过初期开发的付学费阶段,进入了熟悉和适应中国市场的成熟阶段。韩国中小企业成为持续推动中韩经贸合作的重要因素。

(二)韩企对华投资合作中存在的问题及其建议

1. 韩国近来对华投资大幅增长,与中国金融机构放宽对韩资企业融资限制有很大关系,而真正直接来自韩国本土的资金相对较少,多数在华韩国企业都将盈利就地转化为投资。与其他国家和地区的外商投资企业相比,韩资企业的规模普遍较小。另外,由于将中国视作竞争对手的观点在韩国有一定市场,韩国大部分企业尚无意对中国投入或转让高新技术项目,造成许多在华韩资企业竞争力不强。

2. 韩国大部分企业在华投资属于出口加工型,目的是利用廉价劳动力和土地,将制成品出口美欧等发达国家,小部分返销韩国。因而对在中国当地生产后直接销售、开拓中国市场方面的经验和能力不足,在对外销售不畅时,企业经营会遇到困难。

3. 相对于欧美在华投资企业,在华韩资企业的中方员工尤其是中方管理层的薪酬偏低,而企业员工的工作强度大。由于中韩文化差异等因素,如韩国企业老板不习惯于支付中方员工的加班费和节假日奖金等中国方面做法,致使在华韩资企业在中国人才和劳动力市场中的形象不佳,难以吸引和留住高素质人才,员工对企业的忠诚度不高,"跳槽"现象较为严重。这些因素影响了在华韩资企业的发展。

4. 由于受大企业投资带动的产业链关系的影响,韩国在华投资有"扎堆"现象,在地域分布上主要集中在环渤海地区,对具有巨大投资和发展潜力的中国广大中西部地区关注不够,投资较少。韩国投资者比较倾向于在所谓"韩资开发区"投资办厂,韩国员工也比较倾向于居住在所谓"韩国村"、"韩国街",这种情况导致韩国投资者不能按照经济比较优势选址办厂,韩国人与当地人及本企业员工交流不够,不能尽快融入中国社会,实现韩资中国本土化,从而对韩国企业在华的长期发展不利。

解决上述投资行为的偏差问题,需要考虑采取如下措施:

1. 韩国投资者需要进一步认识中国国情,制定符合投资环境的中长期开发战略。韩国企业由于意识到中国市场容量的巨大,因而一般都做了长期投资的打算。但是中国地域辽阔带来的巨大差异更应当是韩国企业考虑的首要战略因素。比如,中国东部已经形成较为完善的市场环境,而西部则缺乏这种环境,因而需要分别制定针对中国东部地区和西部地区的不同发展战略。

2. 韩国投资者需要制定更加符合中国本土文化的具体政策措施。韩国企业一般在细节上注意改进劳资关系,比如员工过生日,老板会送上节日祝贺礼物。但这种方式并不能完全打动中方员工的心。中方员工更加在乎的是社会流行的价值判断,当中方员工被一种流行文化所包围时,韩国企业老板任何有违于这种流行文化的行为都会给自己带来麻烦。比如体罚员工、节假日加班没有加班费。从总体上说,中国与韩国处于同一文化圈,接受儒家文化影响。但是这并不表明亚文化也是完全相同的。相比较而言,中国的亚文化更具有开放性,而韩国的亚文化更具有内省性。如果深入研究并采取符合中国本土文化的管理政策,就会赢得中方员工的信赖,形成更强的企业竞争力。

3. 按照投资成本—收益比较原则开拓在华业务。高速增长时代的韩国企业发展模式特点之一是低利润数量型扩张,企业追求市场份额而不关注资本收益水平。此种模式的弱点及其后果在1997年的亚洲金融危机中暴露无遗。现在这种痕迹又在中国投资中出现,许多公司提出在中国即使三年不赢利也要取得在华市场的一定占有率。这种想法不可取,成本—收益比较原则才是企业应当考虑的。

4. 韩资过于集中在少数沿海城市和少数区域的做法不可取。同样基于成本—收益原则的考虑,韩资企业在华建立的"韩国村"、"韩国街"、"韩资区"等现象,久而久之会使得集中在该区域的投资平均利润递减。中国是国土辽阔的国度,由东向西,从沿海向内陆延伸,土地和人工成本呈递减趋势。目前中国企业已经开始实施战略性投资转移,韩资的流向也应当如此。同时,更为主要的是以成本—收益原则来确定自己的投资区位,让投资眼光从人为的限制中解放出来。

5. 加快韩资企业在华本土化进程。韩国企业越来越注意到本土化给企业发展带来的益处,现在需要加速。韩资企业的本土化是成功的秘诀。

(三)中国企业对韩投资合作中遇到的问题及其建议

近年来,韩国掀起了吸引外资的热潮。从总体上看,中国企业对韩投资的整体规模不大,个体规模也较小,服务类企业仍占多数,发展并不顺利。据一些中国企业反映,中国企业在韩投资遇到许多困难,除了中国企业自身原因外,韩国在经营和投资环境方面也存在一些障碍:

1. 韩国的工资水平比较高,雇用当地人员成本高,给企业本土化造成一定困难。同时,由于韩国对劳动力准入限制较严,一些行业需要从中国聘请操作人员,办理签证时手续繁琐,办成较困难。

2. 韩国的工会组织力量强大,动辄组织罢工、集会,劳资纠纷不断,并且长期形成的排外思想依然存在,影响了中国企业对韩投资的积极性。

3. 韩国企业自我保护意识比较强,担心在技术方面失去竞争优势,对技术转移保持高度警惕,排斥中国企业参股、收购韩国高技术企业,以防止彼此缩小差距。韩方有一种观点认为[1],中国在总结二十余年来以"市场换技术"战略实施成效时,技术并没有换进来成为基本判断。因而为了纠正这种技术引进的失败,中国政府推动中国企业到国外通过直接收购企业而取得高技术,采取所谓"狩猎行动"。因而,韩国企业要警惕中国的收购,避免韩国技术优势的丧失。

---

[1] "韩国欲将中国资本为其所用,只要资本不给技术",来源:news. sohu. com,2004—12—11。

由于这些原因,在韩国大量对华投资并取得成效的同时,中国企业对韩投资数量却相对较少,投资领域不广。这与韩资企业在中国的蓬勃发展形成鲜明对比。此种状况从长远来看,并不利于中韩经贸关系的健康发展,因而需要考虑采取一些改进的措施:

1. 韩国政府应适应经济全球化趋势,采取措施进一步改善投资政策环境和人文环境,冲破外资包括中资进入韩国市场的壁垒。

2. 韩国新闻媒体应当积极营造国际化的社会舆论氛围,开导韩国国内利益集团和社会民众树立全球化意识。在这方面,韩国新闻媒体还有很多事要做,不应当去有意刺激已经非常强烈的韩国国内民族主义情绪,不应当把国际上正常的经贸交往活动与民族利益甚至民族情绪联系起来。相比较而言,中国新闻媒体要克制得多。

3. 正确理解中国海外企业收购的行为,避免误读中方政策。首先,对二十余年来"市场换技术"战略是否失败的判断并不是中国的主流认识。中国政府与学术界在20年前就曾清醒地意识到:国外资本不可能将最先进的技术输出给中国。因而中国一直没有放弃自主研发高端技术的努力,并在一些领域取得进展。其次,中国早在20世纪90年代中期就调整了单向对外开放的战略思路,提出实施"走出去"战略。中国企业海外收购只是这种战略的落实,而与"市场换技术"战略失效判断无关。再次,逐利是资本本性,中韩企业概莫能外。中国企业收购韩国企业,就像韩国企业对其他外国企业的收购行为一样,属于正常的商业行为,没有必要与所谓"中国资本阴谋"联系起来,而应当从获得一般商业利益角度去理解。

4. 中国企业也需要认真对待韩国的文化传统。一是积极学习韩国的历史,对韩国民族的过去与现状有更加深入、充分的了解和认识;二是尊重当地民俗习惯;三是遵守当地法律法规;四是在用人用工上注意积极吸收当地具有合法身份的人士;五是克服中方员工自身的各种坏毛病、不良习惯。

四、中韩技术差距和所谓的韩国产业"空洞化"

随着韩国制造业企业海外投资特别是对华投资大幅度增加,在看待中韩双边投资方面,韩国一方面担心本国出现产业"空洞化",导致就业环境恶化和经济低迷,影响增长潜力,另一方面担心在韩企对华投资和中国企业收购韩企的过程中,韩企的先进技术外泄,削弱韩国对中国保持的技术优势和竞争力。韩国科学技术部于2004年9月29日通过发表向国会未来战略委员会(委员长大国家党议员安商守)提交的名为《核心技术,十大增长动力产业技术水平比较》的报告书,认为移动通信、未来能源等被政府选定为99项核心技术的领域中,韩国与中国的平均差距为2.1年。另外,两国在下一代半导体等十大增长动力产业领域的技术差距也不过2.5年。① 实际上,这种将两国动态的技术演变及其产业竞争实力差距问题精确到时间的表述方法是十分不科学的。此种担忧曾经也在20世纪70年代至90年代的美国与日本、日本与中国的对比中出现过,但是实践很快证明这是一种人为夸大的虚拟差距。各个国家经济与科技长期发展所形成的诸多差距总是使得各个国家的企业寻找到比较竞争优势,并从中获得比较收益。近几年来,韩国媒体不断发表有关中韩技术差距的对照表,将中国高新技术及产业的发展渲染得咄咄逼人。认为中韩技术差距缩小,中国信息技术的飞速发展已对韩国IT产业构成巨大威胁,主张为了防止核心技术流向中国,对中国企业收购韩国国内陷入困境的高科技企业保持高度警惕并采取限制措施,强化产业尖端化和本地化。韩国不少政界、学界、产业界人士也出现一种焦虑情绪,对中韩投资和技术合作产生了忧虑和猜疑,使越走越密切的中韩经贸关系正处于一个前所未有的敏感期。

如果全面、客观地分析,我们应该认识到:

1. 生产和技术转移在自由市场竞争的条件下是一种非常自然的现象。国内企业在激烈的市场竞争中没有了竞争力或者是为了获得更大的竞争力,到国外去投资发展,是企业生存发展的必然要求。更多的时候,区域产业分工和布局的形成,是企业按照自身生存需要自觉形成的一种态势。总体上,韩国的人工费用是中国的6~10倍,地价高出数倍至数十倍,税金上高出两倍,由此构成的较大生产成本差异,以及为了回避韩国国内的高工资、劳资纠纷、投资限制、经济萧条等,自然促使韩国企业愿意将工厂外迁。此种情况曾在日本企业发生过,但是直到今天,日本的技术和产品在全球依然是富有竞

---

① 《韩中两国技术相差为2.1年》,(韩)《今日韩国》(中文电子网络版),2004—09—30。

争力的。

2. 从产业结构演变趋势来看,韩国正在逐步降低工业制造业在经济结构中的比重,把这部分产业向外转移。但这种转移并不彻底,高附加值的电气、机械制造等重要行业在韩国国内仍旧呈现很强的成长性,并没有造成韩国产业空洞化。《中国企业家》杂志采访韩国驻华经济参赞张元三时,张也认为中国未令韩国产业空洞化,大多数韩企仍然保留了其国内的制造工厂,2004年在华投资的韩国制造业企业中,把国内工厂关闭的企业只占企业总数的约4%。①

3. 中国市场是一个需求升级加快的国际化的大市场,也是一个各大跨国公司竞争角力的市场。为了降低生产成本,提高产品在中国市场上的竞争力,全球跨国公司纷纷在中国投资设厂,投放最新技术和产品,提高企业本土化率;同时,经过数年的发展,中国本土企业在参与国际竞争过程中实力不断壮大,已出现一大批具有现代化技术和较强竞争力的企业,如中国家电企业、手机、电脑企业等。韩国企业面对的是中国本土企业、外国企业甚至是韩国企业自己的强有力竞争。如果不采用降低生产成本、提高技术含量方式对华投资,将根本无法应对中国市场上的激烈竞争。

4. 韩国避免出现产业空洞化现象,最重要的,一是要不断发展具有潜在增长能力的产业和新兴产业,实现传统的产业结构升级;二是要改善高费用低效率的情况,强化企业的竞争力;三是要不断推动国内投资的增加,一方面鼓励和支持中小创新企业的投资,另一方面要积极改善国内投资环境,大力引进海外投资,以在一定程度上抵消韩国企业的海外移转;四是要大力开发韩国版的专利技术,以便在技术竞争方面保持自己的优势。

5. 从中韩技术和产品竞争力看,尽管中韩某些领域的技术差距日益缩小,但韩国仍占居较大领先优势。中国技术总体水平和产业竞争力仍然较低,在高新技术研发水平上与韩国存在整体性的差距。中国科技力量和产业发展现状以及态势存在着许多制约因素,快速启动和超越的阻力相当大。这种差距不可能在短期内全面抹平,中间会有一个较长时期的追赶过程。不着眼于合作,单纯强调和仅看到存在的竞争未免太过狭隘。

---

① 《中韩"蜜月"之患 中国未令韩国"空洞化"》,《中国企业家》,2004(9)。

五、中韩建立东北亚能源共同体合作的可行性

中韩之间需要深入扩大经贸合作的一个方面,是围绕建立东北亚能源合作共同体探寻合作的可能性及可行性。在这方面,中韩均面临复杂的国际环境。需要考虑的因素有三个:第一,中国既是能源生产大国,又是能源消费大国,与东北亚其他国家或者是能源生产大国(俄罗斯),或者是能源消费大国(日本、韩国)有明显不同的战略考虑;第二,朝鲜问题给东北亚稳定带来的不确定性,这是国际政治问题,并非中国一方能够解决得了;第三,东北亚能源共同体的主导力量。

中国既是能源生产大国,又是能源消费大国,这决定着中国的能源政策是全方位的、综合的。中国能源战略强调能源开发以我为主,以环境保护和能源安全为主。这在战略层面上决定了中国的能源对外贸易强调中国为主,自主独立开发为主。在此情况下,中国最关心的对外合作目的是稳定获取能源的能力。由于中国已经将国内主要能源价格与国际市场价格接轨,因而中国最担心的并不是国际能源价格的涨落(这不是中国单方面能够决定得了的),而是能源的稳定供应渠道与实际获得数量。

目前中国进行能源国际合作的主要方式是:(1)建立中方股占优势的股份制企业,共同开发中国国内外能源。(2)对海外上市能源企业拆股分散股东,扩大股东基础,保证中方绝对控股。(3)收购国外能源公司的股权。(4)按照国际惯例开展市场能源贸易交易活动。(5)与石油资源国家进行合作,共同开发。

中国在对周边国家的能源合作态度上有明显的区别。对于能源生产国,中国视为投资合作方,尽量争取;对于能源消费国,中国视作投资竞争方,保持警觉。这种看法不单单是中国持有,作为能源消费大国的日本更是持有同样的立场。因此,在世界能源市场上,中国与日本是两个最大的能源竞争者。

目前,由于日本利用技术和资金的优势相继在与中国争夺俄罗斯远东石油管道投资、伊朗大油田开发、伊拉克石油重建等领域取得胜利,中国与日本的这种战略竞争关系越来越明显,并进一步主导国际能源市场的走向。中国与日本

亚洲学术

● 2006

Scholarly Studies on Asia 2006

在历史上的恩怨和现实中的经济利益冲突都积累到一个新的高度。在此情况下,中日之间很难就能源合作达成一致意见。对于建立东北亚能源共同体或亚太能源网的设想,日本与中国没有正式的官方立场与态度,目前只是处于双方技术专家和技术官员的探讨阶段。但是可以推断,日本与中国都抱有以我为主建立能源共同体的基本立场。这种立场在短期内不会改变。所以基于中国、日本、韩国、俄罗斯共同开发和供应石油资源的东北亚能源共同体设想,因为缺乏两个石油消费大国的合作基础,因而很难在近期建立起来,更不必说建立一种制度来推进能源共同体建设。

中国与俄罗斯开展能源国际合作的基础要比日本扎实。第一,俄罗斯与日本有北方四岛的领土争议问题,而俄罗斯与中国的边界领土争端问题早在20世纪90年代就已经解决。随着日本民族主义抬头,会给俄罗斯与日本的能源合作造成麻烦。第二,日本在外交政策上缺乏独立性,偏向美国,也造成俄罗斯对日本的不信任。第三,日本目前拥有的对俄能源投资技术和资金优势不可能持续保持下去,中国正在逐步赶上。而能源合作将是长期的,时间对中国有利。第四,中国与俄罗斯已经确立了战略性合作伙伴友好关系,中俄各个社会层面的相互信任与合作的气氛正在加深。而中国与日本之间目前还没有形成这样的关系与氛围。

俄罗斯基于国家经济利益的考虑而选择了与日本合作的安纳线石油管道项目,但由于日本与俄罗斯之间关系的变数超过中国与俄罗斯,因此未来关于谁首先从利用俄罗斯西伯利亚石油中获利还不能过早下结论。

韩国夹在中国与日本两个能源消费大国中间,很难执行一条能源合作的中立路线。韩国如果把自己置于日本立场上,会失去与中方进一步合作的机会,如果采取与中方共同投资东北亚能源开发的立场,与中方合作的机会就会大大增加。基于以上分析,中国与韩国可以考虑共同组建能源开发股份制企业,以应对东北亚能源开发巨额投资的需要,并实现双赢的局面。

[作者单位:刘　瑞:中国人民大学国民经济管理系教授;

卢鹏起:中国国际贸易促进委员会办公室副主任]

Some Problems and Desirable Resolutions In The Economic and Foreign Trade Co-operation Between China And Korea

LIU Rui LU Pengqi

Abstract: The relationship of economic and trade co-operation between China and Korea, through 12-years rapid developing, is in good and healthy situation as a whole. However because the changes in the internal and external conditions of economy and trade between them, this relationship is going to a more sensitive stage. There are some examples as a bigger misbalance of foreign trade, dis-equilibrium investment, some deviations of investment behavior of Korean enterprises in China, facing more bulwarks in Korean market when Chinese investor entering, the growing technical gap between China and Korea, an argument whether transition of manufacture industries from Korea to China made these industries disappearing in Korean lands, and a future and a challenge in energy resources co-operation between China and Korea. Korean side should be eager to decrease the misbalanced numbers of foreign trade, further to open its markets, and to develop itself independent technology for competition in the Chinese market. Also the Korean enterprises in China should make promotion to set a good relationship between employer and employee according to the Chinese custom. If these problems have been understood rightly and resolved actively, it is helpful for both sides further to develop the co-operation of economy and foreign trade, in addition, helpful for both sides to play a more important role in process of economic co-operation in North-east Asia.

Key words: China; Korea ; International Economy; Economy And Foreign Trade Co-Operation

韩国研究和中韩交流

明朝状元朱之蕃出使朝鲜考述①

詹 杭 伦

【内容提要】 明朝状元朱之蕃于万历三十四年出使朝鲜,与远接使柳根等人诗歌唱和,形成《丙午皇华集》五卷。这本书与朱之蕃带往朝鲜的《诗法要标》和携回中国的《兰雪轩诗集》成为中朝文化交往的物证。本文详细分析了这次诗歌唱和活动的全过程,并揭示其对于当今发展两国友好文化交往关系的意义。

【关键词】 朱之藩;出使朝鲜;文化交流

一、生平和著作

朱之蕃(1561—1626),生于明世宗嘉靖四十年,字元介,号兰嵎。茌平人,祖籍金陵。工诗词书画。万历二十三年(1595)举进士第一。万历三十四年(1606)出使朝鲜。仕至吏部侍郎,卒赠尚书。《明史》无传,生平略见顾祖训《状元图考》②。又赵宏恩监修《江南通志》:"朱之蕃,字元升,衣之子。万历乙未殿试第一。奉使韩国,遇属国君臣严重有体,事竣,尽却馈赆,韩国重之。擢右谕德,掌南翰林院事。晋南礼部侍郎。丁艰归,不复出。素行孝友,既贵,悉以遗田推弟,办同产子女之婚嫁,分宅居,父执之,妻孥乡党重之。"③又朱彝尊

---

① 本文曾在高雄中山大学2005年6月2日—7日举办的东方诗话学国际学术会议上宣读。
② 顾祖训:《状元图考》,卷三,台北,明文书局影印《明代传记丛刊》本,1991。
③ 赵宏恩监修:《江南通志》(清乾隆刊本),卷一百六十三《人物志·儒林》。

编《明诗综》:"朱之蕃,字元介,南京锦衣卫籍,荏平人。万历乙未赐进士第一,授翰林院修撰。以右春坊右谕德掌院印,以右春坊右庶子掌坊印。升少詹事,进礼部右侍郎,改吏部右侍郎,赠礼部尚书。有《使韩国稿》、《南还纪胜》诸集。"①

以上诸书所载小传,除了其字有"元升"、"元介"之别外,其他只有略繁略简的差异。中国民间还流传着一些朱状元的故事:朱状元父亲为官清廉,被奸臣陷害,朱家被抄。后来朱之蕃父母相继去世,他就变卖家产过起了流浪的生活。后来,他到苏员外家里当家庭教师,教苏员外4岁的小女儿识字。苏员外还有一个大女儿,那一年18岁。朱之蕃对苏小姐一见钟情,他鼓起勇气,对苏员外说想娶苏小姐为妻。苏员外听了大怒,将他赶了出去。苏小姐偷偷送给朱之蕃二十两银子,让他去考取功名,一年以后,朱之蕃中了状元,第一件事就是到苏员外家求亲,终得所愿。②

朱之蕃所著书,《四库全书》记录《奉使稿》和《明百家诗选》两种,但仅入存目。

《四库存目提要》云:"《奉使稿》(无卷数,两江总督采进本),明朱之蕃撰。之蕃字元介,荏平人,南京锦衣卫籍。万历乙未进士第一,官至吏部右侍郎。之蕃以万历乙已冬被命使韩国,丙午春仲出都,夏抄入闽,与馆伴周旋,有倡必和,录为二大册。第一册为奉使韩国稿,前诗后杂着,之蕃作也;第二册为东方和音,韩国国议政府左赞成柳根等诗也。末有乙未制策一道,及东阁倡和诗数首,为读卷官沈演等作,盖后人所附入。案《千顷堂书目》载之蕃《使韩国稿四卷》、《纪胜诗》一卷、《南还杂着》一卷、《廷试策》一卷、《落花诗》一卷,与此大同小异,盖所见者又一别本云。"③

《四库存目提要》又云:"《明百家诗选》三十四卷(通行本),明朱之蕃编。之蕃有《奉使稿》,已著录。是编前有万历丙辰自序,称锡山俞公宪殚生平之精力,搜罗四百余家,编帙浩繁,难于广布,阅之几半岁,始克卒业,因汰其七八,存仅二三。友人周时泰谬相许与,用广梓传,因人成事,良足自愧云云。其标题称百家,而首卷所载名氏实三百一十八人,盖用王安石《唐百家诗》之例,惟以诗

① 朱彝尊编:《明诗综》(《四库全书》本),卷六十三。
② 于志兵、姜天涛、晓白:《朱状元故居藏着建筑精品》,载《金陵晚报》,2005—01—28。
③ 《四库全书总目》卷一百七十九集部三十二别集类存目六。

分体,而不以诗系人。与分家之说,名实相连。首列赋二卷,末附诗余一卷,与编录之体亦乖。其去取尤漫无持择,非善本也。"

近年刊印《四库存目丛书》已经收入上述二书:《奉使韩国稿》一卷附《东方和音》一卷,(明)朱之蕃撰,附(韩国)柳根等撰,明万历间刻本,集部第176册。《盛明百家诗选》三十四卷首一卷,(明)朱之蕃选,明万历间周时泰刻本,集部第331—332册。

朱彝尊《明诗综》所收朱之蕃诗仅《和周吉甫春日移居》一首,诗云:

墙短山斋出,庭空月易留。泉香浮茗碗,渔唱起苹洲。终岁一无事,平生百不忧。奔忙浑未解,酒伴且相求。

康熙《御选明诗》亦选《和周吉甫春日移居》一首,诗云:

身健当何患,尊盈不计贫。古今成过客,风月属闲人。但许横飞笔,休论倒着巾。谩怜同调病,吾亦任吾真。①

就这两首诗来看,虽然诗律纯熟,但仅写闲居生活,意境平平,语言也无新奇之处,所以朱彝尊《静志居诗话》评云:"元介文翰兼工,张旃东国,与馆伴周旋,有倡必和。微嫌诗材熟,语不惊人。"

另外,康熙《御定佩文斋咏物诗选》选录朱之蕃咏物诗五十余首,可见朱比较擅长咏物诗作。

总之,在名家辈出的明代诗坛,朱彝尊虽然身为状元和翰林院编修,但似乎并没有以诗出大名,反倒是他的书法,以及他为别人文集或书画所作的题跋,常常见诸各种文献记载。朱之蕃展现诗才的场合不在国内,而在其出使朝鲜期间。

二、出使朝鲜的唱和活动

明万历三十四年丙午,朝鲜李朝有皇子诞生之喜。明廷派翰林院修撰朱之蕃作正使,刑科都给事中梁有年为副使,出使朝鲜,颁《皇大孙诞生诏》。朝鲜方面由议政府左赞成柳根(字西坰)为远接使,负责接送事宜。申钦撰《丙午皇华集·序》云:

---

① 康熙:《御选明诗》(《四库全书》本),卷六十二。

钦惟我皇帝陛下即次之三十三年十一月甲申,皇孙诞生,加恩宇内。特遣翰林院修撰朱公、刑科都给事中梁公奉诏敕赍彩币文锦来颁,实翌年四月乙酉也。两先生竣事而回,远接使柳根送之境上。其还也,纂次两先生途道所制诗文,汇为若干编,以进于我殿下。我殿下即下书局,寿诸梓,俾永厥传。

朱之蕃出都之后,直到鸭绿江边,一路写下诗作约七十八首,结尾有识语云:

偶书此册,以既成鄙俚之音,不忍焚弃耳。值西坰先生奉贤王之命迎予江上,遣译者问途中怀抱,乃勉出呈教。倘蒙笔以代舌,当感切铭心。岂徒杯酒殷勤,坐谈挥麈,始称愉快哉? 是月二十五日之蕃顿首识。

从识语可知,朱之蕃把途中所写诗册作为见面礼送给了柳根,并希望"笔以代舌",传递情感。柳根收到诗册后,回函称谢:

猥蒙不鄙夷,既惠琼草,又辱珍贶,感恩则深,怀璧是惧。自昔天朝大君子之至于斯也,迎候之臣有唱或和;而上国沿路所作,未敢攀和。今之盛卷,实所罕闻。不揆荒陋,辄和扇上暮春十七日诗韵,少致区区景仰之意云尔。

柳根所和诗,指《大雪晚晴》,朱之蕃原作云:

花发映山红,欢游春色中。青山一夜雨,白雪五更风。雪片时疏密,山容换淡浓。寒暄分半晌,威力减三冬。想慰风尘客,因施点缀工。回翔方拂地,轩举复凌空。虚馆飞银蝶,屯云隐玉龙。村鸡啼午罢,霁景散群峰。

这是一首五言排律,对仗整齐,句式工稳。柳根的和作云:

瑞锦绚麟红,芝函出禁中。承颜经几日,便面播仁风。一代文章伯,全家道气浓。殊恩颁下国,大庆在前冬。敢道知音赏,叨逢斫鼻工。使星明左海,卿月耀层空。警策篇篇玉,飞腾字字龙。平生慕绝学,快睹武夷峰。

原作主要是写景,和作则将明朝派遣史臣的意义,朝鲜人恪谨事大的态度,以及对朱之蕃诗才的钦佩,融为一炉,确实难能可贵。柳根作为远接使,他与朱之蕃唱和最多,几乎朱之蕃在朝鲜期间的每首新诗,柳根都有和作,有时甚至数度赓和。柳根之外,其他朝鲜重臣与朱之蕃唱和的不少,以下只录他人唱和之作,柳根则省略。

第二次与朱之蕃唱和者是礼曹佐郎赵希逸(字怡叔),朱之蕃原诗《晓月待渡作似赵都监怡叔正之》云:

晓空新熨青罗幕,斜印犀梳月半痕。露坠秋花闲绣榻,云连远岫掩重门。光同生魄初生海,影淡征衫不落樽。渐有阳乌分曙色,鸡声犹自满前村。

赵希逸和诗《伏蒙琼什,贶及贱庸,圭复不已,感戢深极,辄忘固陋,敬步高韵,少纾区区之意》云:

星斗阑干河汉转,碧空遥衬半轮痕。淡随柔橹摇江国,孤趁悲笳度塞门。曙色渐分催玉节,清光何处照金樽。霏微花雾沈前路,风驭泠然过别村。

赵氏之和诗首联与朱氏一样,写天上挂着半月的景色,二联承接写月,句法流转,三联转到天晓和出使,结联归结待渡之意,疏解题目"晓月待渡"四字很圆满。与朱氏原唱相比,原作第二联写"露"写"云",虽然可能是用以表示"待渡"的闲情,但好似闲笔,与主旨无关,且"绣榻"字眼带闺秀气,与使节身份不合;在结构和用词上,和诗似乎比朱氏原唱更胜一筹。

第三次唱和者是成均馆司艺李志完(字斗峰)。朱氏原诗《渡鸭绿江兼似李都监斗峰正之》云:

历历岩峦启画屏,江联中外汇沧溟。鸭头过甬新添绿,螺髻盘云远送青。自是大观垂宇宙,从知有道嘘威灵。春风彩鹢成飞渡,海表应占聚德星。

李志完和诗《伏奉瑶篇,百遍庄诵,自惟凡贱,何以得此,不敢以芜拙辞,谨步原韵,仰尘藻鉴》云:

四围山势列苍屏,三派江流入紫溟。雨洗汀沙全露白,烟绵岸草乱抽青。祥云暧暧骞双凤,绣节辉煌拥百灵。喜得明珠携满袖,海东前夜照文星。

朱氏原诗写得很有气势,尤其中间两联,一景一情,写景细腻,议论明快。李氏和诗前一半流走自然,后一半夸奖正副使节,虽然有溢美之嫌,但也是题中应有之义。

与朱之蕃一同出访的副使梁有年①也有一首《渡鸭绿江》诗:

---

① 《湖广通志》(《四库全书》本),卷四十一《名宦志》:"梁有年,号星田,广东顺德人。万历末由刑科出为河南按察使,寻补湖广,嘉意造士,开黄鹤社课文艺,升江西副使。人多思之。"

188

夹岸笙歌引画船,旌辉摇曳镜中天。春回暖浪鱼龙跃,泽遍遐方草木妍。乐意尽从欢舞见,淳风不待语言传。迎恩簪绂纷相属,一雨遥看绿满阡。

柳根的次韵诗云:

鸭绿江头整彩船,紫泥书自九重天。蛟螭畏影猩袍绚,云日摇光玉节妍。德意正随甘露至,欢声忽逐好风传。恩波所及无遐迩,却信箕封是汉阡。

这两首诗写作水准不相上下。梁诗第七句"迎恩簪绂纷相属"句法欠流畅,而结句颇活动。柳诗相当流畅,但结尾一联属于套话。

第四次唱和者是兵曹判书许筬,朱之蕃原诗《诏入平壤,舞队甚盛,观者塞途,记之以诗》云:

黄麻朝捧下金鸡,异国风光入品题。到处甘霖随玉节,充衢行午杂铜鞮。百神后拥香尘起,双鹤前翔瑞霭迷。稽首铭肝偏感戴,并生殊渥洽群黎。

许筬次韵诗云:

江上城门侯晓鸡,紫泥轻捧御前题。惊看使节逾阳谷,政见皇风畅狄鞮。信宿岂无桑下恋,退朝犹忆柳边迷。八条遗泽东渐里,更喜仁恩浃远黎。(归途承题扇,追和)

许诗中所谓"八条遗泽",指箕子制定的八条规范。据《汉书·地理志》记载:箕子到韩国之后,教当地人民种田、养蚕,讲习礼义,并为他们制定了八条行为规范。

另一位唱和者是成均馆典籍宋硕祚,他的次韵诗云:

何意鸾凤数鹜鸡,手中轻箑寄新题。动人符彩仪朝野,盖世才名震狄鞮。紫气暗随双节远,丹霄空望五云迷。唯应不沫春风在,吹尽东韩百万黎。(归途承题扇,追和)

这一次的唱和是针对平壤百姓欢迎诏书的场面而发,所以都谈到皇恩浩荡与百姓拥戴的场面。

第五次唱和者是兵曹佐郎权昕,朱之蕃原诗是《太虚楼用许颖阳韵》,许颖阳指许国,隆庆元年(1567)为颁登极诏正使,其《太虚楼》诗为名作,过往者皆予以追和。朱之蕃诗云:

缥缈层楼漾碧虚,断云孤月几踌躇。云飞远树吟眸豁,月印清尊鬓影疏。汉水耕桑同乐土,桃源花竹散郊居。浮槎有客凌星汉,未信游观更起予。

权昕和诗云:

诗赋纵横压子虚,阳春欲和却踌躇。谁言礼绝还投分,只信情同未作疏。千里星槎临海域,五云环佩返仙居。辉煌宝墨荣家牒,不独扬风最起予。(归途承题扇,追和)

朱之蕃之诗第三联对仗似不甚工稳,结句表意不大清楚,若是针对许国原诗而发,则"未信"作"始信"较为得体。权昕和诗结联也阑入他事,夸奖朱之蕃的书法,以其为和题扇诗,故与太虚楼本题无关。

第六次唱和者是成均馆直讲权缙,朱之蕃《吾助川回澜石》诗云:

甘雨朝来助浩川,奔如三峡几涡旋。不缘介石施回挽,何得安流见净涓。风过掀翻高柳浪,鸥飞冲破绿蓑烟。狂驰息处浮沤散,一濯尘缨思豁然。

权缙和诗云:

绛节遥临百曲川,为怜苍壁却梢涟。一时词学倾潘陆,千古襟期压务涓。宝箑摇毫珠出海,宸章留跋玉含烟。他年想象天仙面,怀袖清风便洒然。(归途承题扇,追和)

朱氏之诗描写回澜石,写景虽不甚细,但颇有气势;而和诗与景色无关。

第七次唱和者是成均馆直讲睦长钦,朱之蕃《高丽故宫》诗云:

囊括三韩一世雄,荒丘几迷指遗宫。十年惊骨方生聚,千古销魂共怨恫。亭远仪鸾唯兔窟,场空蹴鞠满荆丛。尚余乔岳长松树,与客凄凉咏晓风。

睦长钦和诗云:

今代骚坛第一雄,早岁诗律中商宫。停槎海岳身惊远,抚迹兴亡意自恫。双凤紫霞翔万仞,孤罴白日出深丛。鲰生亦幸沾恩眷,三叹提携满袖风。(归途承题扇,追和)

朱诗为咏叹高丽故宫遗迹之作,感慨颇深,诗篇首联破题,次联抒发感慨,三联写景,结联以景结情,结构也很严谨;睦诗"双凤"意象自然指正副使节、"孤罴"句出自韩愈《寄崔立之》诗云:"傲兀坐试席,深丛见孤罴。四座各低回,不敢捩眼窥。"原本指考场试官的傲岸风骨,用来形容使节风采也恰如其分。

第八次唱和者是成均馆直讲赵存世。朱之蕃《临津江》诗云:

澄江深泻万山隈,遥见波光合复开。岂是填桥通鹊驾,还疑鞭石接蓬莱。鲛宫雾谷笼青绮,鱼服涛笺展碧苔。津口渔郎能迓客,醉将晓月到船来。

赵存世和诗云:

新诗雄紧孰争隈,坐遣蓬心豁尔开。直讶鹏掀超九万,还如鳌怒驾瀛莱。轻纨薄薄裁湘竹,缥帙看看剪水苔。却喜仁风仍满座,籯金何必遗云来。

朱诗用典不少,赵诗亦不遑多让,尤其结句用《汉书·韦贤传》"黄金满籯,不如一经"之典,赞美朱之蕃传播仁风,很是贴切。

第九次唱和者是领中枢府事李好闵。朱之蕃《碧蹄晓发》诗云:

天家福庆启重离,凤驾颁恩到海涯。湛湛露华濡草木,辉辉晓色上旌旗。周星炬列山留耀,测景车停野候时。遥望严城雄百雉,欢呼四洽见雍熙。

李好闵和诗云:

残更腊炬灿星离,才度山椒更水涯。林杳分明应有雾,风鸣蓬勃觉萦旗。谁知槎使催车意,政慰藩邦拭目时。看取迎恩多喜气,西郊旭日转清熙。

原唱与和诗中四句皆一联写景,一联纪事,颇得律诗疏密有致之法。

第十次唱和者是礼曹正郎沈诶,其和诗云:

祥烟笼旭影离离,迎诏欢声溢海涯。仪凤联翩随玉节,晴虹缭绕挈金旗。尧天舜日逢千载,圣子神孙颂一时。余绪雄风承宝篆,洗清烦热囿淳熙。(归途承题扇,追和)

沈诶和诗乃和题扇诗,无实景感受,故比较空泛。

第十一次唱和者是礼曹正郎宋(马専),朱之蕃《观汉城迎诏,欢舞塞途,纪之以诗》:

九重丹诏下青霄,百技陈衢十里遥。初日传林观老稚,光风拂袂斗轻飘。掷身更进竿头步,跃足浑翻掌上腰。总是欢腾同乐意,追随征角奏

箫韶。

宋（马専）和诗云：

　　煌煌玉节降丹霄，万里东藩不惮遥。威凤耀翔光电逴，彩鳌骋戏势风飘。观瞻士女争加额，礼数君臣共折腰。珠唾忽随便面地，朗吟花底悦闻韶。（归途承题扇，追和）

两诗皆写汉城百姓迎诏，可以想见当时的盛况。

第十二次唱和者是司导寺正赵希辅。朱之蕃《五峰李丈受赐金归，构亭以志感戴，为赋一章》云：

　　玉陛亲承帝赐金，归来卜筑买青林。峰峦东郭探深秀，花鸟溪南惬素心。晴日三竿烘倚枕，鸣泉一派助弦琴。怜予颇谙沧州趣，海表追从足赏音。

赵希辅和诗云：

　　橐里归来卖十金，郊原卜得小园林。溪山绕屋堪乘兴，烟霭当窗足赏心。终日倚筇还觅句，有时呼酒独鸣琴。清诗多谢新题扇，从遣东人识正音。（归途承题扇，追和）

朱诗题中的五峰李丈指李好闵，朱之蕃曾以此诗题扇面赠赵希辅，故赵予以追和。和诗与原唱相比，更显流利畅快。

第十三次唱和为拜谒文庙，参与唱和的新人有知中枢府事郑昌衍、议政府左参赞宋言慎、成均馆大司成洪履祥、承政院都承旨尹昉等。朱之蕃原唱《圣庙展谒，登明伦堂，延见六馆诸士，诗以勖之》云：

　　庙貌更新杏桧繁，跄跄多士集桥门。八条遗泽遵箕范，六艺源流溯鲁论。道不远人期愂愂，灵含成性在存存。应知愿学先时习，扶植天常壮翰藩。

和诗录洪履祥的一首：

　　樽俎雍容缛礼繁，鲰生何幸托龙门。欣瞻宝墨辉新构，更挹春温吐绪论。翰阁词华风格老，考亭家学典型存。洋洋圣代同文化，莫道东韩是外藩。

朱之蕃在文庙所作诗有勉力诸生弘扬文明之意，洪履祥和诗也是从此处立论，首联叙述题意，中间四句，首谓朱氏为文庙题写匾额，次谓其为诸生讲学传道，三谓朱氏出自翰林，文笔老到，四谓其乃朱熹思想的传人。结尾一联更谓天朝与东韩文化一脉,亲如一家。

第十四次唱和为游览汉江的纪游之作,新加入的唱和者有议政府领议政柳永庆、判敦宁府事李光庭、礼曹判书李庭龟、工曹判书徐渻、户曹判书韩浚谦、汉城府判尹申钦、成均馆司艺丁好善、成均馆司成李湛等。朱之蕃《汉江纪游》诗题下有一段小序声言:"蕃于此道,以久困制举业,所得殊浅,不避献丑,切于引玉耳。望诸丈和教,豁我蓬心,多多益善也,至恳至恳。"其诗云:

> 汉江风物东邦最,海国群贤燕席张。稳泛中流舟是屋,剧浮大白醉为乡。一天月彩兼灯彩,四面山光接水光。更漏迢迢归酩酊,犹疑枕藉向沧浪。

和诗诸人中文名最高者是申钦,录其诗一首:

> 平湖千顷碧茫茫,曲岸岹峣绮幕张。霄汉竞瞻仪凤彩,楼船正是水仙乡。霞觞屡举催龙管,碧月才升乱镜光。胜地盛宴知不再,莫嫌今夕且聊浪。

两人之诗都写出了汉江景色和欢宴盛况。

第十五次为赠别唱和。朱之蕃在韩十日,完成使命,返国之时,时任馆伴的中枢国相李好闵有赠别诗:

> 西郊杨柳绿千枝,折得长条赠别离。岂有浮丘久下界,空教阮籍泣穷歧。清欢可忘江干会,厚意还瞻墓道碑。约到金台思不断,此心真是藕中丝。

朱之蕃和诗云:

> 柳折长亭碧玉枝,相逢十日遽相离。投予明月怀中句,任尔青山路口歧。元礼门高欣得御,林宗风邈更题碑。难忘洒泪论心处,汉水钟云各鬓丝。

李好闵与梁有年也有赠别唱和诗,李好闵诗云:

> 相送皇华出郭迟,青山如画燕差池。闲花不似来时路,垂柳空伤别后思。天上琼楼元缥缈,人间宝篆漫离披。年年芳草无穷恨,却怨逢春有子规。

梁有年和诗云:

> 黯黯销魂马去迟,可堪新绿荫荷池。一生未解殊方别,百岁能忘此日思。山水有缘偕赏遍,语言不待已襟披。欲知去后萦怀处,想象清光月

半规。

赠诗与和诗皆情深意长,可以想见,虽然朱、梁二人使韩仅仅十日,且言语不通,但文字相通,诗情相通,所以与韩国友人相互间建立了深厚的感情,分别之时,难免恋恋不舍。

第十六次为归途唱和。返国途中,朱之蕃与柳根有大量唱和诗,其中最有趣的是用"东坡体"十二首和"回文体"六首唱和。所谓"东坡体"是一种文字游戏,大致是写两排怪字,六个怪字一排;每三个怪字可以解读成一句七言诗,合起来是一首七言绝句,示例一首如下,朱之蕃原唱:

灯(火旁小写)明(小写)村(木旁篆书)途(走之长写)见(双写)闲

解读:灯火微明古木村,长途又见月当门;

烟(小写)雾(淡写)宀(空头)中(无中竖)此(倒写)宜(偏写)酒尊

解读:轻烟薄雾空中尽,到此偏宜酒满尊。

柳根和诗:

径(弯写)林(分写)山村(上下接写)桥(小写)柳(长写)门(重写)

解读:曲径疏林山下村,小桥垂柳拂重门;

帘(半写)月(半写)位(分写)花红(接写)玉尊(倒写)

解读:半帘缺月人孤立,花底红稀倒玉尊。

"回文体"也示例一首:

朱之蕃《春日》:

妍芳景属赏春先,辔揽时催马策鞭。连接树光云吐岫,绕回山色水平川。眠鸥白处横舟钓,坠日红生晚炊烟。年似昼长途旷野,芊芊草合望村前。

这种回文体诗可以倒过来读,仍然是一首完整合格的诗:

前村望合草芊芊,野旷途长昼似年。烟炊晚生红日坠,钓舟横处白鸥眠。川平水色山回绕,岫吐云光树接连。鞭策马催时揽辔,先春赏属景芳妍。

柳根和诗:

妍华满路客看先,玩赏行吟纵马鞭。连岫迭云埋断树,小桥横涧注流川。眠酣蝶粉滋花露,语闹莺梭织柳烟。年抵日长愁罢梦,芊芊绿草远郊前。

这首诗也可以倒过来读：

前郊远草绿芊芊，梦罢愁长日抵年。烟柳织梭莺闹语，露花滋粉蝶酣眠。川流注涧横桥小，树断埋云迭岫连。鞭马纵吟行赏玩，先看客路满华妍。

返国途中，规模最大的是《平壤十六景》组诗唱和，包括《德岩》、《酒岩》、《朝天石》、《麒麟窟》、《乙密台》、《井田》、《锦绣山》、《牡丹峰》、《绫罗岛》、《大同江》、《快哉亭》、《练光亭》、《浮碧楼》、《白银滩》、《风月楼》、《挹灏楼》等十六首绝句，录《大同江》一首：

东来春雨涨春江，闲泛江天画桨双。江水不随乡国异，声同杨子共淙淙。

柳根和诗云：

鸭绿清江大定江，大同形盛信难双。平铺净练终归海，涓滴元从万壑淙。

三、对唱和活动的评价

对朱之蕃出使朝鲜唱和活动的评价，首先应当提到申钦的《丙午皇华集·序》，其评云：

窃观是编，则其响也浏浏而长，其节也绎绎而齐。岂非所谓情深而文明者乎？气盛而化神者乎？其所经过山川郡邑、土风民俗，酬酢接应、燕娱眺览，有可以昭阐性灵、畅叙幽情者，则莫不以诗发之。春容而大、寂寥而少，辞当于境、声协于耳、色调于目，而繁省廉肉，凿凿皆中于大雅之遗音。因两公之作而究其所自，则皇朝政治之温柔敦厚所以感之者，概可见矣。

以至记述题序之文、楷书行草之法，咸能力追两京、蹑武二王，而为我东人传世之大宝。得于天者，信乎全且大矣。

若其仪观之修饬，器宇之恢弘，将命而不贰，肃敬周旋而动遵规绳，衍衍雍雍于风仪符彩之间者，则殆非言语文字所形容也。既与我殿下从容于迓劳之日，复辱与诸陪臣赓唱于候接之时，亹亹惓惓，终始若一，非有得于古昔王人容诹询度之意者，能如是乎？

雅度懿则,赫赫在人耳目,愈往而愈不沫。是集之行,固若泰山之毫芒,而角弓嘉树,殿下之所无忘也。他日想象仿佛而少抒其景仰之素者,其不在于斯乎?

两先生之归也,偕升廊庙,励翼清朝,笙镛黼黻,一出于性情之正。则是集也,奚但铿鍧烺耀于海隅僻壤而已哉? 必将披之管弦,登之朝廷,媲美于周家之什;而我殿下感戴皇眷之精衷,祗敬王人之至悃,以是而益白于天廷矣。

这段话,首先夸奖朱、梁两使节之诗,乃大雅之遗音;其次赞美朱之文章与书法功力深厚;第三赞美其得体的风度仪表和勤勉的精神;第四谓是集为朝鲜人对两天使之景仰怀念留下实物;最后谓是集将在明朝产生反响。以上当然是朝鲜李朝对朱梁出使之官方评价,不免有一些冠冕堂皇的套话。接下来再看一些私人笔记的评价。

尹国馨撰《甲辰漫录》评云:"乙巳冬。皇元孙诞生。播告天下。朱之蕃为正使。梁有年为副使。丙午四月。始至我国。朱嗜饮喜诗。且能额字。与我国宰枢游宴。有同侪辈。至如戏挐。人有请额。则无论贵贱。便即挥洒。笔迹几遍于中外人家窗壁。至有以碑碣请者。无不应之。梁才华落朱远甚。大概皆不免爱银之病。"

成俔《庸斋丛话》评说:"天使到我国者,皆中华名士也。"然而柳梦寅《于于野谈》却说:"《皇华集》非传后之书,必不显于中国。"天使之作,不问美恶,我国不敢拣斥,受而刊之。我国人称天使能文者,必曰龚用卿,而问之朱之蕃,不曾闻姓名。祈顺、唐皋铮铮矫矫,而亦非诗家哲匠。张宁稍似清丽,而软脆无骨,终归于小家。朱天使之诗驳杂无象,反不如熊天使化之萎弱,其他何足言? 然我国文人每与酬唱,多不及焉,信乎大小正偏之不同也。远接使徐居正对祈顺,敢为先倡,若挑战。然卒困于"百济地形临水尽,五台川脉自天来",栗谷记之曰:"四佳有似角抵者,先交脚后仆地。下邦人待天人,宜奉接酬唱而已,何敢先唱?"此真识者之言。

尹国馨谓天使"大概皆不免爱银之病",柳梦寅谓"朱天使之诗驳杂无象",这些评价与前述申钦评价相比固然负面,不过也是一家之言,可以供今人参考。

四、朱之蕃带到朝鲜的《诗法要标》

　　《诗法要标》是朱之藩携至朝鲜的一部书,抄本保存在韩国,中国已不存,近年由韩国赵钟业教授影印刊入《韩国诗话丛编》卷十七。

　　《诗法要标》书前有朱之藩撰"小序"云:"自选、律分曹,而奏诗法之说遂持吟柄以鞭弭骚人久矣。玄心妙会者,不法法而法存;斗巧炫华者,拘拘求合于法而法之意先亡矣。观于吟咏"①,及睹诸名家诗法,每苦议论多而格式繁也。偶检笥中二帙,得二曲王先生、无障吴太史汇诸言诗法,间出己意,删定增损,议简有确,寻绎有据,而更称引合作者着为式,苦心妙悟,俱见篇中。余校之本业,窃服其玄赏独诣,可为吟坛律令,一破拘挛,而顿望筌筏也。会有程山人者寄兴风雅,见案牍是编,津津云:"斯帙虽谭及有法,而法无所法之旨耀然以呈。"因请以付剞劂,用公海内。而僭为题其首简云。

　　卷尾有署新都人程逵"跋"云:"夫唐诗之工,非唐人所有式而能工也。盖出于情成于才,隐隐然若有圆机,是以声震金石,响中韶夏。今后生则不然,以雕琢为巧,以尖新为异,而泛泛然如水中之鸥,无所适从。故诗法之设也,欲初学俾一触目,即会而通之,庶几适从之的哉。若曰焉兰嵎先生是选也,必欲后人宗其格而成诗,则大非先生诠次之初心也。惟因法无所法之旨,一游自然之途,则庶有所托而传焉。"

　　此书卷一目录下题"无障吴默、二曲王棱选集,兰嵎朱之藩评,山人程逵校",可视为一部集体著作。由朱《序》和程《跋》,可以见出他们编选是书的两大宗旨:一是简明扼要,有例有法,以便初学;二是由有法进入无法,而达到"法无所法"的自然境地。

五、赓和诗法

　　《诗法要标》卷二载"赓和诗法":"此诗当观原诗之意何如,以其意和之,

---

　　①　上六字影印本原缺,据韩国赵钟业教授鹤山书室藏另一抄本校补。

韩国研究和中韩交流

197

则更新奇。聊造一二句雄健壮丽之语，方能压倒元白。若又随原韵脚下走，则无光彩，不足观。其结句当归着其人，方得体，有就中联归著者。此诗已见前，兹不录载。观唐人奉和诗章，但和意不和韵。和韵，以韵生意，则易；和意，则架空为之，固难。初学只把古人好诗选来熟读详味，因他题目而效其体，和其意。和得一首则记一首，久久皆在胸中，即随心应口，自然成诗。此诗法之捷径。"

此则又见黄省曾《名家诗法》、朱绂《名家诗法汇编》、顾龙振《诗学指南》等，皆出自元代杨载《诗法家数》（或名《杨仲弘诗法》）。这里归结出和诗的原则与方法，首先是以和意为主，其次是语言上要有雄健壮丽之句，第三是要关联原唱之人。用这三条来检验朱之蕃与朝鲜诸臣唱和诗，可以说达到高标准的并不是很多。

六、律 诗 平 仄 论

兹录《诗法要标》中《诗有平仄》条如下：

平起七言全律式：	仄起七言全律式：
平平仄仄仄平平	仄仄平平仄仄平
仄仄平平仄仄平	平平仄仄仄平平
仄仄平平平仄仄	平平仄仄平平仄
平平仄仄仄平平	仄仄平平仄仄平
平平仄仄平平仄	仄仄平平平仄平
仄仄平平仄仄平	平平仄仄仄平平
仄仄平平平仄仄	平平仄仄平平仄
平平仄仄仄平平	仄仄平平仄仄平

平起五言律式：	仄起五言律式：
平平仄仄平	仄仄仄平平
仄仄仄平平	平平仄仄平
仄仄平平仄	平平平仄仄

平平仄仄平	仄仄仄平平
平平平仄仄	仄仄平平仄
仄仄仄平平	平平仄仄平
仄仄平平仄	平平平仄仄
平平仄仄平	仄仄仄平平

《诗法要标》上述平仄谱式之后,录有一首"平仄歌谣":"平对仄、仄对平,反切要分明。有无虚与实,死活重兼轻。上去入音为仄韵,东西南字是平声。一三五不论,二四六分明。"①

同样的平仄谱式和歌谣也载于晚明人费经虞(1599—1671)《雅伦》②卷九。费氏注明这首"平仄歌谣"出自《诗法指南》,所引文字与《诗法要标》稍有不同:"平对仄、仄对平,反切要精心。有无虚与实,死活重兼轻。上去入声皆仄韵,东西南字是平声。一三五不论,二四六分明。"这部《诗法指南》,或即《诗法要标》之别名,或许也是《诗法要标》的材料来源之一。

另外,有一部署名谭有夏先生鉴定、游子六先生纂辑的《诗法入门》③,卷首《诗法》部分也列有平仄谱式和"平仄歌谣",与《诗法要标》文字全同。如果此书真是经过谭元春(1586—1637)鉴定,也是一部晚明刊本,不过出自书贾冒题的可能性较大,其书真实年代可能晚至清初。

上述材料说明,明人已经标明平仄谱式的正格,《诗法要标》也许是今存最早的一部标明平仄谱式的专书。用上述平仄谱式来检验朱之蕃与朝鲜接待诸臣唱和诗,可以说基本上都符合要求。

---

① 王力:《汉语诗律学》,香港,中华书局1973年版。第一章第七节《关于一三五不论》云:"这两句口诀不知是谁造出来的,《切韵指南》后面载有这个口诀。"按:查元刘鉴撰《经史正音切韵指南》(《四库全书》本),未见载有这个口诀,王力所据可能版本不同。

② 费经虞:《雅伦》(清康熙四十九年(1710)刻本)。全书已收入吴文治主编《明诗话全编》(南京,江苏古籍出版社1997年)第九册。案:《雅伦》卷十五《针砭》引朱兰禺(当作兰嵎)曰:"玄心妙会,不法法而法存;斗巧炫华,拘拘求合于法,而法之意先亡矣。"此乃《诗法要标·序》中语,说明费氏得见朱氏《诗法要标》。

③ 游子六:《诗法入门》(金陵,白玉文德堂刊本,康熙五十四年(1715)。上海,千顷堂石印本,民国三年(1914)仲冬月。台湾新文丰出版公司影印民国本,1974年)。本文所用为上海千顷堂石印本。

七、律 诗 结 构 论

《诗法要标》卷一"诗学正义"条：

夫作诗有四字,曰起承转合是也。以绝句言之,第一句为起,第二句是承,三句是转,四句是合。大抵起处要平直而戒陡顿,承处要春容而戒促迫,转处要变化而戒落魄,合处要渊永而戒断送。起若必突兀,则承处必不优游,转处必至窘速,合处必至匮竭矣。然起承二句固难宛转变化,工夫全在第三句。若于此转变得好,则第四句如顺流之舟矣。以律诗言之,有破题,即所谓起也。或对景兴起,或比起,或引事起,或就题起,要平直高远,如狂风卷浪,势欲滔天;有颔联,即所谓承也。或写意,或写景,或书事,或用引证。此联要接破题,务如骊龙之珠,抱而不脱;有颈联,即所谓转也。或写意写景,或书事用事引证,如前联之意相应相避要变化,如疾雷破山,观者惊愕。有结句,即所谓合也。或就题结,或推开一步,或缴前联之意,或用事,必放一句作散场,要如剡溪之棹,自去自回,言有尽而意无穷。此诗之正义也。

按:《诗法要标》论绝句的材料与元代诗论家傅与砺《诗法正论》相近,傅说:"作诗成法,有起承转合四字。以绝句言之,第一句是起,第二句是承,第三句是转,第四句是合。律诗则第一联是起,第二联是承,第三联是转,第四联是合。"至于各段的具体要求,傅氏也予以指明:"大抵起处要平直,承处要春容,转处要变化,合处要渊永。起处戒陡顿,承处戒促迫,转处戒落魄,合处戒断送。起处若必突兀,则承处必不优柔,转处必至窘束,合处必至匮竭矣。"①

按照傅氏之说来对历代诗歌进行检验,确实不少诗歌符合这一结构规律。如杜甫著名的《绝句》诗:

迟日江山丽,春风花草香。泥融飞燕子,沙暖睡鸳鸯。

此诗句句绝妙,但全诗四句仿佛各是一幅图画,互不联属,内在的结构线索

① 吴景旭:《历代诗话》卷六十七引傅与砺述《诗法正论》,关于此书作者问题,可参见张健:《元代诗法校考·诗法源流》。

不容易看得清楚。宋人薛韶曾举此诗作为"四句各一事,似不相贯穿"的例子(见洪迈《容斋五笔》卷十)。然而依照傅氏"起承转合"学说,则能见出此诗的内在结构脉络来,傅氏解道:"杜诗'迟日江山丽',是《中庸》'天地位'之意;第二句'春风花草香',是'万物育'之意;起、承处可谓平直而春容矣。第三句、第四句是申言'万物育'之意,然'泥融飞燕子',是言物之动者,得其所也;'沙暖睡鸳鸯',是言物之静者,亦得其所也;转合处可谓变化而渊永,而升降开合之法见矣。"(傅与砺述《诗法正论》)《礼记·中庸》有云:"喜怒哀乐之未发谓之中,发而皆中节谓之和。中也者,天下之大本也;和也者,天下之达道也。致中和,天地位焉,万物育焉。"傅氏认为,杜诗《绝句》体现了《中庸》的"天地位焉,万物育焉"思想。傅氏的理解是有根据的,在傅氏之前,宋人罗大经曾说:"杜少陵《绝句》云:'迟日江山丽,春风花草香。泥融飞燕子,沙暖睡鸳鸯。'或谓此与儿童之属对何异。余曰:不然,上二句,见两间(天地之间)莫非生意;下二句,见万物莫不适性。于此而涵泳之,体认之,岂不足以感发吾心之真乐乎?"(《鹤林玉露》卷八)在傅氏同时,元代诗论家刘将孙曾举杜甫此诗作为理解《中庸》的证据:"往闻汤晦静接后进,每举'喜怒哀乐未发'两语,无能契答者。一日,徐径畈以少年书生径诣请,晦静复举此,径畈云:'请先生举,某当荅。'晦静举云:'如何是喜怒哀乐未发之谓中?'径畈云:'迟日江山丽。'又举:'如何是发而皆中节之谓和?'应云:'春风花草香。'师友各以为自得,而径畈平生学问大旨不出此。"(《养吾斋集》卷十《如禅集序》)在傅氏之后,清代著名杜诗学者仇兆鳌也说:"此诗皆对语,似律诗中幅,何以见起承转阖?曰江山丽而花草生香,从气化说向物情,此即一起一承也;下从花草说到飞禽,便是转折处;而鸳燕却与江山相应,此又是收阖法也。"(《杜诗详注》卷十三)由上可见,按照起承转合的结构法则来理解杜甫的这首绝句,确实无往不利,若合符契。

《诗法要标》论律诗的材料与元代诗论家杨仲弘的《作诗准绳》相近:"律诗要法,起承转合。破题或对景兴起,或比起,或引事起,或就题起,要突兀高远,如狂风卷浪,势欲滔天;颔联或写意,或写景,或书事用事引证,此联要接破题,要如骊龙之珠,抱而不脱;颈联或写意写景,书事用事引证,与前联之意相应相避,要变化如疾雷破山,观者惊愕。结句或就题结,或开一步,或缴前联之意,或用事,必放一句作散场,如剡溪之棹,自去自回,言有尽而意无穷。"①

例如,杜甫律诗《曲江二首》之一云:

> 一片花飞减却春,风飘万点正愁人。
>
> 且看欲尽花经眼,莫厌伤多酒入唇。
>
> 江上小堂巢翡翠,苑边高冢卧麒麟。
>
> 细推物理须行乐,何用浮名绊此身。

傅与砺解道:"诗法有正有变,如子美一片花飞减却春,风飘万点正愁人,起处似甚突兀,然通篇意是惜春,起处正合如此,乃痛快语,而非陡顿语也。且看欲尽花经眼,莫厌伤多酒入唇,一句承上,一句起下,甚得春容之体。第三联江上小堂巢翡翠,苑边高冢卧麒麟,就景物中寓感慨意,正是转处变化之法。结句细推物理须行乐,何用浮名绊此身,若非第七句沈着渊永,则第八句便有断送之句矣。"依照傅氏的理解,杜甫的这首律诗首联为起,次联承上启下,三联为转折变化,尾联沈着收束,正符合起承转合之法。

清代大诗人王士祯曾回答学生提问说:"问:律诗论起承转合之法否?答:勿论古文、今文、古、今体诗,皆离此四字不可。"(刘大勤编《师友诗传续录》)为什么王士祯将"起承转合"之法推广到各种文体?这说明"起承转合"符合人的思维的一般规律。宋代喜好佛学的学者晁迥说:"予尝作《四禅体要偈》,因再思之,大约物理成坏势,数至四而极。夫心念则生、住、异、灭,身相则生、老、病、死,器界则成、住、坏、空。此世间必坏之理势,数至四而极者也。"(《法藏碎金录》卷三)确实,世间万物一般经历"发生、发展、转折、结束"四个阶段,文体的起承转合,也符合这一发展规律。

清代朝鲜诗人申景浚所撰《旅庵诗则》②,亦有论起承转合一节,云:"凡八字,以绝句言之,第一句是起,第二句是承叙,第三句是转息,第四句是宿结卒。以律诗言之,第一联是起,第二联是承叙,第三联是转息,第四联是宿结卒。卒,即乱也。"根据该书图示,可以归纳出每句的要求:"起处宜平稳,毋陡顿;承处宜从容,毋迫促;叙处宜整齐,毋落魄;转处宜变化,毋着力;息处宜静全,毋低绝;宿处宜稳含,毋惊危;结处宜坚固,毋着迹;卒处宜渊永,毋匮竭。"从这段说

---

① 吴景旭:《历代诗话》,《四库全书》本,卷六十七引。

② 《旅庵诗则》一卷,撰成于朝鲜英宗十年(1734),当清世宗雍正十二年。

亚洲学术 2006

Scholarly Studies on Asia 2006

明来看,申景浚所论述的起承转合虽然在细节上有所深化,但基本理论仍然来自傅与砺《诗法正论》、杨仲弘《作诗准绳》以及朱之蕃评定《诗法要标》。

八、朱之蕃带回中国的李朝人诗集

明朝诏使出访,也有文化双向交流的意味。朱之蕃也从朝鲜带回了李朝人的诗集。如李朝女诗人许楚姬的《兰雪斋诗集》,即由朱之蕃带回中国刊行,为符合女性特点,改称《兰雪轩诗集》。许楚姬(1563—1589),号兰雪轩。又号景樊。生于一个有文化教养的贵族家庭。她的曾祖父有《野堂集》,祖父有《梅轩集》、父亲许晔有《尚有堂集》,兄许篈、许筬也都是文坛知名之士,弟弟是著名诗人、小说家许筠。全家人各有集,合成《阳川世稿》。生活在这种家庭的女诗人,幼年聪慧多才,从诗人李达学习诗文,八岁作《广寒殿玉楼上梁文》,受时人称道。成人后嫁进士金诚立,丈夫死于国难,遂为女道士。

朱之蕃《兰雪斋诗集小引》云:

> 闺房之秀撷英吐华,亦天地山川之所钟灵,不容强亦不容遏也。汉曹大家成敦史以绍家声,唐徐贤妃谏征伐以动英主,皆丈夫所难能而一女子办之良足千古矣。即《彤管遗编》所载不可屡数,乃慧性灵襟不可泯灭,则均焉,即嘲风咏月何可尽废。以今观于许氏《兰雪斋集》,又飘飘乎尘壒之外,秀而不靡,冲而有骨,游仙诸作,更属当家。想其本质,乃双成、飞琼之流亚,偶谪海邦,去蓬壶瑶岛不过隔衣带水,玉楼一成,鸾书旋召,断行残墨,皆成珠玉,落在人间,永充玄赏。又岂叔真、易安辈悲吟苦思以写其不平之衷,而总为儿女子之嘻笑颦蹙者哉?许门多才,昆弟皆以文学重于东国,以手足之谊辑其稿之仅存者以传。予得寓目,辄题数语而归之。观斯集,当知予言之非谬也。万历丙午孟夏廿日,朱之蕃书于碧蹄馆中。

许楚姬的一些诗作往往流露出贵族妇女的情趣;父亲的去世,哥哥的被流放,家庭生活的不愉快,造成她一种抑郁、伤感的气质,在许多写别离、相思、怀旧的诗里,透露着凄苦的心情。社会现实生活中的种种问题,也常使她有感而发之于诗。在她的笔下,有边防将士练兵习武的形象,有筑城役夫对统治阶级无能抵御外敌的忧虑,有贫苦农民的悲惨遭遇,表现了她对国事的关心和对劳动人民的同情。

《贫女吟》写贫苦的少女,寒冬深夜,两手冻得僵直,还在为别人做嫁衣裳,表达了她心中的不平。有的诗用鲜明对比的手法,揭露封建社会的阶级对立。此外,尚有一些吟咏男女爱情和山水景物的诗篇。沈德潜认为她的作品"风格意度俱好"。

九、朱之蕃在朝鲜留下的遗墨

朱之蕃在朝鲜留下的墨宝很多,如"迎恩门"。朝鲜李朝时代新王即位时,中国每派大臣持敕书往贺,新王依例于此地亲迎中国使臣入国门,以示感恩与隆重,其址在汉城西大门区,现已改建为独立门。中宗三十二年(1537年),朝鲜依金安老之建议改建慕华馆南侧之红箭门,盖青瓦,悬匾额,称为迎诏门。中宗三十四年(1539年),明朝使臣薛廷宠持敕书赴韩时,谓其持有诏、敕及赏赐等,如仅谓迎诏显有未妥,因书"迎恩门"三字悬之,自此改称为迎恩门。壬辰、丁酉之乱后,明朝使臣朱之蕃为匾以悬之,并署名"钦差正使金陵朱之蕃书"。甲午中日战争后,慕华馆改名"独立馆",废迎恩门,于原址建独立门。现独立门南侧尚留有二支石柱,即为迎恩门石柱之底层,现由韩国政府指定为古迹第五十九号,朱之蕃所书匾额亦由其国立博物馆保管。

又如"明伦堂"。成均馆大学可以说是当今韩国儒学的象征。该大学位于汉城的北汉山下,其前身是高丽时代的"国子监",创建于公元991年。李朝太宗七年(1398年)更名为成均馆,成了中央尊贤养士的机构。每三年,各地考上小试者来京住此读书,准备参加春闱大试。成均馆前有大成殿,供奉孔子以及其他中韩名儒;后有"明伦堂",其匾额为明朝诏使朱之蕃所书。

十、南京留存的朱状元故居

据《金陵晚报》记者于志兵报道:朱之蕃故居建于明代,占地甚广,曾很有气魄:东至仓巷,北至丁家巷(莫愁路),巷前砖石雕刻牌坊,府内有花园,楼台亭阁、小桥流水。现莫愁路小学里,尚存有石牌匾"华园",笔力苍劲,流动秀美。原结构为多路数进,仅跑马楼就有7进之多。

朱状元巷的状元故居现存两座大厅及其他用房均属清代重建建筑,位于目前的南京市朱状元巷32—34号,仅存2路3进。记者来到朱状元巷时,发现这条灰蒙蒙的老街上,半边全是古色古香的古老建筑。状元宅位于路口,门前的市文物保护单位牌落满了灰尘。一推开门进去的,是状元宅32号的大厅,现在这里也只剩下大厅了,面阔三间11米,进深9.25米,高为7.6米。院子里黑旧不堪,建了一些新的砖墙,附在老墙上,盖起了卫生间、厨房,院子里一片水迹。房子的木结构松动,已经很不结实了,有的地方木头都已经腐朽。34号存有门厅、轿厅和大厅3进,每进两侧有廊连接,门厅面阔3间12.8米,进深9.8米,高8.9米,厅堂高敞,用材粗壮,但雕工细致。特别是34号,大厅梁上刻有戏曲人物图案,刀工细致,人物栩栩如生,是南京地区古建筑中很少见的精品。①

十一、结　语

朱之蕃虽然出身状元,供奉翰林,但如他自己所说,年轻时在科举文体花费精力过多,未能在诗学上深造自得,所以他在明朝并非一流诗坛大家,但在出使朝鲜的短短十余日期间,在朝鲜远接使和馆伴的唱和热情鼓舞之下,却诗兴大发,写下两百多首各体诗作,成就了唱和诗集《丙午皇华集》五卷(《皇华集》之卷三十八至卷四十二)。这种情况说明,合适的文化语境是诗歌创作灵感的催化剂。明朝派往朝鲜的诏使多为文学重臣,朝鲜派出的远接使、馆伴等,也是经过精心挑选,长于诗文的朝鲜文士。"相今宜鉴古,无古不成今",明朝状元朱之蕃与朝鲜李朝柳根等诗歌唱和交往的历史在中朝友好关系蓬勃发展的今天更呈现出非凡的意义和价值。首先,就政治外交层面来讲,礼仪辞让、赋诗言志的风范,对当代的外交家应该有不少的启迪意义。其次,就文化交流价值而言,朱之蕃带到朝鲜的诗格著作《诗法要标》在本土已经荡然无存,因韩国的重视而得以保存;他带回中国刊行的《兰雪轩诗集》,也成为研究韩国文学史不可缺

韩国研究和中韩交流

---

① 于志兵、姜天涛、晓白:《朱状元故居藏着建筑精品》,载《金陵晚报》,2005—01—28。

亚
洲
学
术

● 2006

Scholarly Studies on Asia 2006

少的重要文学史料。第三,就文学创作与评论价值而言,诏使作品抒情写景,涵盖中国诗歌古体、律诗、绝句、排律,乃至"东坡体"、"回文体"等各种体裁,而远接使的唱和则一律次韵,因奇见巧,排难争胜,在诗词唱和的技巧方面留下了非常丰富的实例,可以说是继承唐代元白唱和,宋代苏黄唱和之后,在明代发生的最为大型的诗歌唱和活动。这对于今人从事古典诗词的创作和古典文学的评论有着重要的研究价值。第四,就旅游开发价值而言,诏使和远接使的唱和活动,留下多处历史文化名胜古迹以及书法牌匾,即使某些楼台亭阁今天已经不存在了,但仍然可以根据唱和诗词与历史记载予以有重点地重建,部分恢复其本来面貌。再现明朝诏使的旅游路线,无疑是有着巨大的旅游开发文化经济价值的专案,建议两国的旅游部门应该重视和利用这笔历史留下的宝贵财富。

[作者单位:中国人民大学国学院教授]

A Study on Zhu Zhi-fan in the Civil Service Exam Champion of the Ming Dynasty Goes abroad as Ambassador to Korea

ZHAN Hanglun

Abstract: Zhu Zhi-fan of the Ming Dynasty in China as ambassador went Korea in 1606, with connect the LiuGen and other people to make the activity to compose poem and reply each other, to Formation book the BingWuHuangHuaJi of five chapter. This book and Zhu Zhi-fan carries the book ShiFaYaoBiao to Korea and holds the book LanXueXuanShi-Ji return China becomes the China and Korean cultural interaction Proof. This paper was detailed to analyze whole process of the activity that compose poem and reply each other the time, and announce to public its meaning for nowadays development friendly cultural association relation between China and Korea.

Key word: Zhu Zhi-fan, Visit the Korean ambassador, cultural interaction

韩国农产品流通体制现代化及其对中国的启示[*]

王志刚　　苑会娜　　金成哲

【内容提要】 本文根据韩国农产品流通体制的现代化进程,特别是以首尔市可乐洞农水产品批发市场和韩国农产品综合流通中心为例,分析了韩国农产品批发市场体系的市场结构、市场行为和市场绩效,指出了韩国农产品流通体制对我国的启示。通过中韩农产品流通体系的比较分析,我们得出建立农民协会、给农民和消费者提供仓储式服务、建立从消费环节到生产环节的双向信息反馈机制以及加强法制建设等措施对于健全和完善我国农产品流通体制至关重要。

【关键词】 农产品流通体系;市场结构;中韩比较

韩国研究和中韩交流

一、引　言

韩国在 20 世纪 60 年代还是一个以农业为主的经济欠发达国家,1962 年韩国人均 GDP 仅为 87 美元。通过 20 世纪 60 年代至 70 年代的发展,到 20 世纪 80 年代至 90 年代,韩国已成为新兴工业化国家(NIES),1993 年其人均 GDP

* 本论文的写作得到如下两个基金项目的支持: (1)"十五""211"工程项目"流通经济与物流管理"子项目"农产品批发市场与期货市场比较研究与模拟实验室建设"资助项目;(2)中国人民大学亚洲研究中心资助项目"东北亚农产品批发市场流通体制比较研究"(项目批准号:2004014)。在此一并鸣谢!

已猛增到 7 466 美元。随着经济的发展,大城市人口的增加,国民收入的提高,农产品消费也开始朝着高级化、多样化和欧美化的方向发展。与此相对应,农产品流通体系也得到进一步发展和完善。随着城市消费者需求的增加,远距离运送也逐渐发展起来。

但是,与我国颇为相似的是,由于财政的原因,韩国施行优先推进工业化的不平衡发展战略,举国上下集中人力、物力和财力发展工业,农产品流通体系的建设被推迟了。这样,尽管国民经济得到了一定程度的发展,但在农产品流通体系的建设方面,除了一部分批发市场外,大部分仍然沿用前现代化的传统方法进行交易。从交易关系来看,批发商和中间批发商,以及中间批发商和买卖参加人呈纵向的封闭关系,自由的交易被商业习惯所限制。①

韩国的农业生产以家庭为单位进行,农产品生产规模不是很大,分布较散。在经济发展过程中,韩国通过 1994 年和 1997 年两次农产品流通体制改革,有效地改革农产品流通体制,由"卖什么"的消极市场形态逐渐转变到"怎样使优质商品卖得便宜"的积极市场形态,以适应无限竞争时代的世界新趋势,较好地解决了流通中的一系列难题。在 1997 年东南亚经济危机中使农业免受了巨大损失,这与工业的巨大损失形成鲜明对照,显示出了新体制极大的优越性。②

目前,对韩国农产品流通体制的研究不是很多。曹俊杰等(2004)、小林康平等(1998)对 1993 年之前韩国农产品批发市场体系的建设,以汉城可乐洞农产品批发市场为例,进行了翔实的分析。纪良纲等(1998)、金永生(2004)、袁永康(2003)和浙江消协网(2005)从农产品流通中介组织的形成和发展入手,分析和比较了韩国农产品流通体系和我国的不同。丁来强等(1999)和田元兰等(2000)从总体上对中韩两国农产品流通体系进行了横向比较,指出我国的不足和从韩国改革中得到的启示。张曙临(2003)则从农产品市场营销体制角度分析了韩国农产品流通模式。

从历史演化观点来看,韩国确实是属于以日本为代表的东亚模式,交易方法主要以拍卖为主,农产品销售组织主要以农协为主。但是,韩国在借鉴日本

---

① 参见小林康平等:《转换中的农产品流通体系》,北京:中国农业出版社 1998 年版。

② 参见丁来强、郑进:《论韩国农产品流通体制改革及对中国的启示》,载《农业经济》,1999(3);浙江消协网:《日本、韩国农产品批发市场考察报告》,http://www.zjaic.gov.cn,2005 - 1 - 7。

的同时,不断根据本国国情对农产品流通体系进行必要的改进。另外,中韩两国地理位置临近,文化背景类似,农业生产也有很多相同点:人多地少和以家庭为单位的小规模农业生产;都采取过以牺牲农业为代价的工业优先发展战略。所以,韩国改革时采取的措施、制定的法规、遇到的困难、取得的成就和不足之处,对我们的借鉴意义和警示作用远远胜过流通体系更完善的日、美等国家。

本文在回顾韩国农产品流通体系改革历程的基础上,以可乐洞批发市场和农协直销超市为例,介绍了韩国农产品流通体制的现状(结构和运行机制)和绩效,分析其特点,从而提出对我国农产品流通体系建设的启示。所用的资料和数据是作者于 2005 年 5 月在韩国实地调查时取得的。

本文的结构如下:第二节回顾了韩国农产品流通体制的两次改革;第三节说明了韩国现今的农产品流通体系,并以可乐洞批发市场和农协直销超市为例,分析韩国农产品流通的结构和运行;第四节分析韩国现行农产品流通体系的绩效,概括其特点;第五节总结全文,提出对我国农产品流通体系改革的启示。

二、韩国农产品流通体制的两次改革

(一)1994 年改革内容及改革成果

本节主要是利用小林康平等、丁来强等有关韩国农产品流通政策的内容加以整理概括的。

在 20 世纪初仿照日本建立的批发市场的基础上,为了改善农产品流通体制,1994 年韩国政府制定了《农产品流通体制改革对策》,使农产品和消费市场的流通设施得到了大幅度的扩充,而且批发市场运行状况也得到了显著的改善。其主要内容为:(1)扩大以生产者为中心的产地流通设施,增加农产品的附加值;(2)扩大农民的销售选择范围、实行流通方式的多样化,降低流通费用,提高流通效率;(3)确立产地和消费者之间的公平交易秩序,确保交易的透明度;(4)给生产者提供快速、准确而有价值的市场预测和流通信息。

通过这次农产品流通体制改革所取得的成果有:(1)扩大实施了农产品质量认证制,使农产品流通体制的运行逐渐稳定。(2)通过生产集团设立流通公司来方便农民进行流通和销售。例如韩国农协中央会在其所有的三个集配中心、11个超级市场(后面会对其进行介绍分析)和12个连锁店的基础上设立了流通公司"农协流通"。(3)农产品的产销交易周末市场与大城市的大量消费单位结成伙伴关系,使农民的产销活动活跃起来。(4)改善了批发市场运营体系,补充制定有关制度。例如强化对批发市场法人的评价制以促进公平交易;降低指定批发市场法人的手续费来减轻出售人的负担。尽量使处于产地与批发市场之间的中间商专门化以确立公平交易秩序。分割了中介商的产地收集、批发、中介零售等的业务领域,由数量大、品种多的农产品的上市交易来确立公平交易秩序,实行拍卖电算化,提高拍卖过程的透明度。(5)减少对农产品流通的相关限制,使农民对加工产业的参与变得容易起来。

(二)1997年流通体制改革

韩国政府为了进一步推动农产品进口自由化和流通市场完全开放以及国内外流通体制的变化,在1994年实施流通体制改革的基础上,1997年专门制定了《农产品流通改革具体推进对策》。该对策重点是流通设施运用,市场交易和物流的效率化。该推进对策的主要内容是以生产者组织为中心来确立产销流通体系,实施农产品规格化、品牌化战略。为此,积极扩大农产品集产地、农产品包装中心、产地加工厂、批发市场、大规模物流中心、农协直销超市等,使其成为品牌农产品生产和共同销售的组织,提高其经营效率。具体推进对策有:

1. 农产品集产地。因受到生产和销售的季节性限制,一部分集产地的利用率不高。在100坪以上的小集产地里按品种设置必要的机械、设备,使其发展成为小规模包装中心。在非作业期可用作材料保管所或其他农业的共同设施。

2. 农产品包装中心。农产品包装中心是一定规模以上的组织单位,可把农产品收集、分类、包装以后做成"均等的商品"。

3. 产地加工厂。在产地具有加工设施的产地加工厂因农民的专业知识匮乏,在设施设置和经营过程中有很多困难。为了解决这些困难,政府应事先估计计划的稳妥性、经营主体的能力等,并且加强对设施设置批准的严格性,对机械装备的购买、原料补给和生产及收购等问题给予洽谈指导。拓宽销路是产地加工企业所共有的最大的难题。为此,1997年在首尔市开设"生产者综合展示直销市场",并在大城市百货店等大型设施设置专柜销售场。

4. 农产品批发市场建设。韩国在大型批发市场的建设上实行政府行为，从市场规划开始就统筹安排，并组织方案论证，投入资金。其具体过程是：地方政府根据经济发展需要向中央政府提出申请，中央政府的主管部门（农林部）进行审批和提出规划方案，其中30%的建设资金由中央政府提供，其余资金由地方政府配套，地方政府若有经济困难，还可以向中央政府申请低息优惠贷款，贷款时间可长达20年。市场建成后，由政府的公职人员组成市场管理公司，负责整个市场的管理与服务。而市场的商务交易活动则完全按市场机制办事，管理部门按规定收取一定的费用。韩国共有农产品批发市场83个，其中每市、道（省）有1～2个大型市场。这种市场规模效益比较显著，对控制市场商品总量、稳定流通秩序、防止投资主体多元化造成的市场分化，起到了重要的作用。

5. 大规模的农产品物流中心建设。为了促进农产品流通渠道的多样化、减少流通环节，要进行大规模的农产品物流中心建设。也就是说，各种农产品的生产者按事先签订的生产合同将生产的规格产品提供给物流中心，并由物流中心经过分类、组合，直接提供给那些需要"一揽子商品"的实际需求者。这样使中间商人的介入最少化，使通过减少流通环节所得的利润回到生产者和消费者手中。

6. 农协直销超市的建设。韩国的农协是根据1961年的《农业协同组合法》组织建立起来的农业合作社。其目的不在营利而是为农民社员提供最优的服务，其本质体现了合作社运动的精神，它以流通为主。韩国农协的主要作用是：一是购买供应事业。动员农家在多数商品中购买重点品种，以便做成有质量的大笔交易。设定农协的自家商标，委托厂家生产，统购包销，确立责任交易体系。从国内外购进生产饲料、肥料、农药等原料提供给生产厂家进行生产，使农协在掌握货源和价格方面处于主动的地位。开展农政活动，要求出台、实施的政策措施是：在农业生产资料的购买过程中，作为需要者的社员的农家的利益，不能受到侵害。不能使农业生产者吃亏。二是贩卖与销售事业。发挥介于社员农家和批发市场之间的集货、出货的作用。在每年年初，农民协会与农户签订农产品交易合同，并交付一定数额的定金，待收获之际将农产品由农村集中运到批发市场，由农民协会与众多的中间商进行竞卖交易。这种供销关系为农民协会提供了稳定的农产品来源和收入，农民的销售问题也得以很好的解决。因此，农民协会与农户之间形成了共荣共损的互动关系，协会对会员既起到了组织保护作用,又具有一定的组织约束性,农民协会真正发挥了组织农民生产和解决农产品销路的纽带作用。三是生鲜食品的农协直销形式。排除流通的中间环节,降低流通费用,保证消费者能得到自然、新鲜、安全的生鲜食品的直销形式,已日益引起实行连锁经营的大型超级市场的注意。作为生产生鲜食品的农协,也已开设生鲜食品共销场及直销店。农协直销超市正是为保障生产者销售渠道的畅通,限制中间商在产地和消费市场之间的活动而设置的。

三、韩国农产品流通体系的现状

长期以来,韩国逐渐形成了农业生产经营的联动机制,通过许多中介组织和中间商将农户与市场连结起来,形成了"农户—农民协会—中间批发商—零售商—消费者"农业生产流通的格局。一方面,在农产品供给与收购上形成了契约关系;另一方面,协会与中间批发商之间、中间批发商与零售商之间也都形成了契约关系。

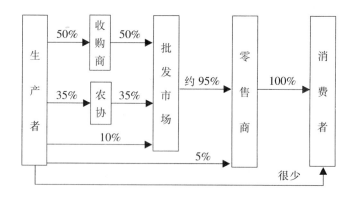

图1 韩国农产品流通体系示意图

据统计,生产者直接把农产品卖给收购商的约占50%,直接卖给农协的约占35%,直接卖给批发市场的占5%,直接卖给零售商的占5%,直接销售给消费者的很少。在批发环节,农产品批发市场是流通的主体,通过批发市场销售的约占95%(图1)。所以,批发市场是鲜活产品流通的主要渠道,这也正是以日本为代表的东亚农产品流通渠道的一大特征。韩国政府对农业发展的主导功能主要体现于政府支持农村市场建设方面,通过建立大型的农业批发市场和专业市场来引导农业生产。政府投资相继在全国建立了八十多个大型农产品批发市场,有 22 个较大的国营农产品批发市场,这些批发市场逐渐成为农产品流通的主渠道。现以汉城的可乐洞农水产品批发市场为例,说明韩国农产品批发市场的结构以及运行状况。

(一)可乐洞农水产品综合批发市场

该市场位于首尔市,1985 年 6 月 19 日开始营业,占地 49.3 万平方米,由 47 座建筑物构成,是韩国最早、最大的公营批发市场,也堪称世界交易量最大的农产品批发市场(见表 1)。可乐洞农水产品综合批发市场的交易量占全国农产品产量的 10%,首尔市需求量的 49%,占全国 22 个国营批发市场总交易量的 44%,发挥着全国农产品流通中心的作用。市场基础设施 100% 由政府直接投资,市场扩大时也是政府投资。管理市场的核心机构是"农水产品公社",它是于 1984 年 4 月 10 日由首尔市出资成立的地方公营企业。它的主要任务是:经营管理由首尔市政府建立的农水产品批发市场,管辖的市场有可乐洞农水产品综合批发市场、良才洞粮食市场、江西农产品批发市场;指导并监督流通行业从事人员;维护批发市场的秩序;促进现代化农水产品流通结构;调查、分析及传播农水产品流通信息;维护管理商品的规格化、等级、包装及保鲜;设施管理等。

表 1　2004 年世界主要市场与可乐洞市场的比较

(单位:千坪、万吨)

区　分	市场占地面积	市场交易量
韩国可乐洞市场	164	230
法国朗吉斯市场	702	173
西班牙马德里市场	533	165
美国纽约市场	153	150
日本大田市场	117	94
意大利罗马市场	425	80

可乐洞农水产品批发市场的结构和运行。可乐洞市场的设施有:蔬菜水果市场、水产市场、畜产市场;其他设施有金融管理处、畜产物直销场、中间蔬菜批发店、直销市场(超市)、干鱼类拍卖场、干辣椒销售场、蔬菜水果市场、水产市场、干鱼类仓库及加工处理场、冷库、立体式停车场、服务处、加油站。

可乐洞市场的流通体系一般为,生产者用心生产、挑选并包装农水产品;个人或生产者按团体向批发市场供应农水产品;生产者或团体向市场内的批发市场法人委托销售产品;批发市场法人扣除中标物的上市手续费,向出货人支付销售额;中间批发商中标的商品销往零售店、百货商店、超市等(图2)。关于该市场流通从业人员的现状可见表2。法定的批发商的个数较少。具体的流通商所从事的活动(发挥的作用)以及上市收取佣金比率如表3所示。

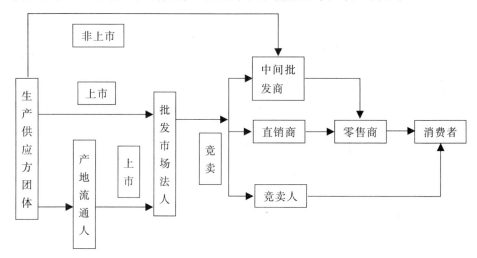

图2　可乐洞市场流通体系图

表2　可乐洞市场流通从业人员现状(2004 年)

区　分	合计	蔬菜水果	水产品	畜产品
批发市场法人	10	6	3	1
中间批发商	2 008	1 558	399	51
竞卖人	155	140	10	5
直销商	1 723	1 107	421	195
加工商	151	100	51	—

表 3　流通商发挥的作用（2004 年）

可乐洞市场中流通业者的组织形式	主要活动
（1）批发市场法人	（1）代售生产者、供货方的农水产品或从生产者处购买农水产品后进行出售（集货、拍卖、结账） （2）委托上市佣金：水果、蔬菜 4%；鲜鱼、贝类 3%～4%；干鱼 3%；牛、猪、粮食 1.5%
（2）中间批发商	参加拍卖收购上市批发市场法人目录的农水产品后，中介给批发商或获得非上市品种许可后，收购或委托销售非上市品种
（3）竞卖人	由加工商、零售商、出口商及消费者团体等农水产品需求者组成，参加农水产品拍卖，购买所需产品
（4）直销商	从市场内中间批发商处购买农水产品后，零售给零售商、消费者
（5）加工商	经营大酱、辣椒酱、清酱等农水产品的二次加工食品、腌类或祭祀、包装材料的商人

　　可乐洞市场的交易方式有：（1）主要是市场竞卖，即市场代理销售制。产品竞卖后，市场收取上市手续费。上市后的交易方式——拍卖。为保护洽商能力较差的供货方，由批发市场法人以拍卖或招标方式代销农水产品的制度。拍卖及招标方法：1）举手示意法。参加者用手指表示报价，拍卖师向报出最高价格的竞买人落标；2）电子式。竞买人利用遥控机形态的投标机按投标价，电脑则向报出最高价格的竞买人落标。（2）非上市交易。目前，只允许中间批发商经营上市的农水产品。但是，货量极少或因认为不适合进行上市交易时，允许生产者与中间批发商进行直接交易。

　　为新鲜安全食品提供保障：（1）安全检查。为保护消费者，并向消费者提供安全食品，可乐洞市场实行农产物残留农药安全检查。由农水产品公司实行属性检查，若出现阳性，立即下令停止交易，并提交到汉城市保健环境研究院进行精密检查。若不符合要求则将废弃农产品，并令供货人停止供货等，给予行政处分。（2）标明原产地。为确立农水产品公正的流通秩序，保护生产单位和消费者的合法权益，实施标明原产地的规定，由可乐洞市场的指导督察队监督管理，对违反规定者采取警告、取缔营业执照等严格的行政措施。（3）促进农产品包装规格化。对萝卜、白菜、大蒜、大葱、小葱、小萝卜、西瓜等8种产品进行标准包装时,由政府与农水产品公司对包装费用及完全规格(托盘装载供货)供货品颁发奖励,并给予多项优惠政策。

建有信息发布体系。(1)各主要农产品批发市场实现了全国联网;(2)农林水产部流通情报网;(3)各大批发市场一般配有用于价格咨询的自动应答电话,可供随时查询价格行情;(4)政府利用电视广播、报纸杂志等传播媒介,定期发布每日市场行情、每周价格变动信息、月份或季度供销情况和价格变动趋势等。2004年可乐洞市场的主要交易概况参见表4。主要的拍卖时间,根据品种的不同都各不相同(见表5)。尽管可乐洞市场2001年后的年交易额稳步增加,但是从年成交量来看,同期却逐年减少(见表6)。这主要是由于从国外进口的蔬菜水果和水产品的数量逐年增加的缘故(见表7)。国外主要的进口产地,大蒜为中国,水果为美国和菲律宾,牛肉为美国和欧洲等(见表8)。

表4 2004年可乐洞市场的主要交易概况

区分	交易品种			非交易品种		
	品种数（种）	交易量（千吨）	交易额（亿韩元）	品种数（种）	交易量（千吨）	交易额（亿韩元）
农产品（162种）	49	1 793	19 742	113	294	3 889
水产品（110种）	72	119	3 237	38	7	241

表5 主要品种的拍卖时间（2004年）

品种	拍卖开始时间	拍卖结束时间
葡萄、大桃、草莓、甜瓜、西红柿、樱桃	凌晨2点30分	
西瓜、梨、苹果、橘子、其他水果	上午9点	
菠萝、生菜、萝卜、白菜、黄瓜、辣椒、土豆、地瓜、水芹等	上午7点 晚上7点	上午11点30分 晚上11点30分
水产品（鱼类）	下午11点30分	凌晨5点
牛肉、猪肉	上午9点30分	下午1点

表6　可乐洞市场按年度成交概况

（单位：千吨、亿韩元）

年度	总计		蔬菜水果		水产品		畜产品	
	数量	金额	数量	金额	数量	金额	数量	金额
2001	2 437	27 279	2 209	19 263	146	4 087	82	3 929
2002	2 380	28 788	2 169	20 504	127	3 909	84	4 375
2003	2 300	31 313	2 088	23 631	126	3 478	86	4 204

表7　韩国可乐洞市场进口产品成交情况

（单位：千吨、亿韩元）

年度	总计		蔬菜水果		水产品		畜产品	
	数量	金额	数量	金额	数量	金额	数量	金额
2001	80.0 (3.3%)	1533 (5.6%)	52 (2.4%)	793 (4.1%)	27 (18.3%)	666 (16.3%)	1.0 (1.8%)	74 (1.9%)
2002	94.1 (4.0%)	1698 (5.9%)	69 (3.2%)	998 (4.9%)	25 (20.3%)	690 (17.7%)	0.1 (0.2%)	10 (0.2%)
2003	120.2 (5.3%)	2141 (6.8%)	90 (4.3%)	1340 (5.7%)	30 (24.3%)	792 (22.8%)	0.2 (0.1%)	9 (0.2%)

注：数量和金额后面括号中的数据为占当年该市场交易量的比重。

表8　可乐洞市场2004年主要进口农产品的品种、数量等一览表

品种名称	进口量（吨）	进口比率（%）	进口国家
香蕉	18 842	100	菲律宾、厄瓜多尔
菠萝	7 112	100	菲律宾、美国
葡萄	754	100	美国、菲律宾
橙子	20 728	96.7	美国
柠檬	731	100	美国、新西兰
猕猴桃	2 509	70.3	新西兰、美国
大蒜	3 138	8.2	中国
洋葱	11 289	7.0	中国、美国
大口鱼	1 118	83.7	美国
大马哈鱼	1 009	61.5	美国
牙鲆	626	64.5	美国
梭子蟹	778	38.6	中国
Anchovy	84	0.6	日本、越南
牛肉	124	0.4	美国、新西兰、澳大利亚

在可乐洞市场,所有的货物原则上经过强制性拍卖才能销售,否则由政府出面干预。80%的农产品参加拍卖,20%的货物通过零售,中间商直接销售给消费者,或者被转运到其他市场进行销售,或者由于不合格被送回生产者。在可乐洞市场的流通商不能直接从产地进货,只能通过拍卖购买货物。但是在2004年2月新建成开始营业的江西市场,中间批发商可以从产地直接进货,并且不经过拍卖,可直接在场上进行交易活动。

(二)韩国农产品综合流通中心

1. 概况。农产品综合流通中心是韩国农协的流通部门,是农产品的直销机构。1995年5月成立,1998年1月该中心开设了良才农产品物流中心,并兼并了农协粮食流通部门,1998年5月开设仓洞农产品物流中心,同年8月,与驻韩美军签订了农产品供货合同,2001年兼并了农协釜山庆南流通公司和忠北流通公司,2002年7月合并了农协畜产流通公司(超市10家,釜山水产品店4家),同年8月开设了Hanaro俱乐部木洞店(Hanaro在韩语中是第一或者一的意思)。2003年1月,与全州农产品综合流通中心分社合并。2004年9月总社强调在现有业务的基础上,加强现代化和专业化建设的第二次创业。该中心的农产品销售量占韩国全国的5%,首尔首都圈的1 700万人口中有20%的市民从该中心购货。在Hanaro超市中有80%为鲜活农产品,20%为加工食品。该店是韩国全国13家大型直销超市之一。这种直销连锁店在首尔有5个分店。Hanaro超市全国有2 000人以上的员工,在首尔Hanaro直销店有700余人。该农产品综合流通中心的销售额逐年增加,2004年成为韩国排名第140位的大企业,2005年该中心的销售额预计突破2万亿韩元(表9)。

农产品从生产者到消费者一般要经过产地集货商、运输商到消费地批发市场,再经过零售商销售给消费者。韩国农产品综合流通中心则是生产者和消费者的交易中介,由该组织从农协手中购买农产品,运送到该组织所属的直销超市直接销售给消费者。这样从5~6个复杂的流通环节缩小到3~4个环节的流通渠道,能够减少流通费用,并且将减少的流通费用返还给生产者和消费者。这种直销的流通方式,与现存的批发市场相比,具有如下特点:通过供给新鲜安全的农产品,对增进韩国国民的健康发挥重要作用;通过调节农产品的供求,实现价格的稳定,贡献于国民经济发展;建立满足生产者和消费者双方需要的新流通体系。

<table>
<tr><th colspan="2">表9　韩国农协综合流通中心销售额　　　　　　　　（亿韩元）</th></tr>
<tr><td>年度</td><td>销售额</td></tr>
<tr><td>1995</td><td>1 023</td></tr>
<tr><td>1997</td><td>3 348</td></tr>
<tr><td>1998</td><td>9 765</td></tr>
<tr><td>2000</td><td>14 159</td></tr>
<tr><td>2002</td><td>16 200</td></tr>
<tr><td>2004</td><td>19 450</td></tr>
<tr><td>2005</td><td>20 000</td></tr>
</table>

注:2005 年销售额为估计值。

　　韩国农产品综合流通中心不仅具有集分货、价格形成、货款结算和提供市场信息等传统的批发市场功能,而且还拥有批发直销兼营、农产品预约交易、农产品加工小包装、农产品储藏保管等功能。该组织作为保护生产者和消费者的直销商业组织,从生产者手中以较高的价格购买农产品,以便宜的价格销售给消费者,调节农产品的供给和需求,平抑消费地市场价格。

　　2. 理念和行动纲领。该中心的具体活动可以用 FARM 的每一个字母来表示。F 代表 Frontier,表明中心具有农产品流通的先进性:电子在线商品批发交易,开展对团体和大量订货的配送业务,设立电视电子商品销售部门,农产品出口的销路扩展(对驻韩日美军供货),不断开拓新商业业务(绿色店铺,便利店,连锁餐饮店等)。A 代表 Agriculture,表示主要以农民为本的批发物流业:提供稳定的销售渠道,保障农民权益;研究开发消费者需求的商品和服务;发挥重视环境的农产品的集散中心(Hub-center)的功能;确立理性的购买价格,为农民提供有效的销售渠道;与外部机构进行战略合作,成立产学连主妇俱乐部。R 代表 Reform,表明发展参与和革新的企业文化:以业绩为标准,建立目标超过利益分配制度;以业绩为中心建立新的人事制度(Hanaro 人力资源开发战略);营造积极参与和协作,重视劳动的文化氛围;建立即时可以确认销售数量的经营管理体系;强化可信赖的质量管理制度(加分召回制度,优良农产品管理制度,定期清扫制度等）。M 代表 Marketing,表明确立以顾客第一的"新 Hanaro"理念:树立消费者营销的取向（顾客评价团,顾客监督的提案）,通过伦理经营,实现透明的流通企业;开展热爱农村运动,通过缔结姊妹关系,开展农村实践和环境体验,实现农村和城市的和谐发展;以顾客为中心建立环境友好的农产品营销体系;开展"Hanaro 绿色 365"运动;菜篮子加分打折和保护环境运动。

农协流通 Hanaro 超市的行动纲领为:（1）促进产业发展,即以公司的名义进行竞争,通过每个人的努力和想办法,为公司作贡献;主动对消费者进行宣传和营销,扩大外部产地,增加销售额;对顾客一定要亲切,实行会员制。（2）业务体系化,即通过教育培训,提高水平;商品实行标准化,增加利润;对残留农药进行检查,实现可追溯系统,实行有机标志,严格管理,取得消费者信任,强化市场信誉。（3）组织文化革新,不经营伪劣产品;顾客和服务员要通力合作,满足消费者需求,实行透明经营;不仅追求利润,以感谢的心情把农产品送到消费者手中,而且追求顾客的幸福,使企业得到信誉;都市和农村协同发展,让消费者认识到这种共生、互惠的关系,感谢农协给他们提供的服务。

3. 经营运作。该中心作为先进的流通体系,实行了物流标准化,冷链体系,24 小时出货配送和流通信息化体系。它采纳了不同于现存的批发市场的先进的流通技术。它以农民为本,从以下几个方面积极探索,减少的费用返还给农民:以比批发市场价格高的价格和农民结算;支付出货奖励基金,出货时免除货物搬运费;将结算手续费从 5% 降低到 4%,每年返还给农民 30 亿韩元;给产地提供消费地市场信息;建立为农产品出货会员服务应急处理中心、出货农协联合会以及实施对超低米价的价格保护政策等。在农产品整理和包装上,50% 是由农协在产地进行,50% 在 Hanaro 直销店进行。一般都是从农协进货,货物短缺时从批发市场进货。在价格决定时,一般参考可乐洞市场的批发价格来制订零售价格。货款结算全部实行电子化。

在质量管理方面,把过去主要农药残留的速成检查制度转换成每天精密检查制度,强化了农药残留检查,在韩国国内首次实施"有机农产品判别制度",旨在为消费者提供高质量的农产品。另外,为了实现安全的食品流通,实施"质量满意保障制度",通过不同渠道听取消费者对商品的意见。

该中心属下的 Hanaro 俱乐部主要的任务是销售食品。销售的有可追溯体系的农产品,Hanaro 韩国牛肉,无农药番茄等,优良农产品管理制度（GAP）的品种不断扩大。通过产品开发,强化了商品的多样性,提供高品质的农产品,小包装的有机蔬菜,无农药白菜作成的韩国辣白菜,Hanaro 手打黏米饼,通过质量认证的猪肉,等等。

Hanaro 俱乐部在下述几个方面下工夫:(1)开展多样的服务,实行农产品质量召回制(plus recall),Hanaro 质量加分制。(2)为购物提供方便,扩大停车场,1 年不休息,每天 24 小时营业,开发和研究小包装商品,方便即食的韩国辣白菜等,便利的商品开发及其销售等。(3)为大量消费机构提供专业的批发业务,实行会员制,开设专业的批发场所,价格低廉,供应大容量仓储式商品。(4)主要商品的构成有水果、蔬菜、水产品等,90% 以上为农产品和食品。

农协 Hanaro 俱乐部是农产品直销交易市场和大型廉价超市成功组合的、韩国唯一销售农畜产品的大型销售市场,从产地直接运来的新鲜农产品,以比一般零售价格便宜 10%—15% 左右的价格卖给消费者,赢得了消费者的欢迎和信赖,对于稳定物价作出了贡献。

作为新的商业活动,(1)该流通组织通过网络,实行农产品无店铺在线销售,实行直接经营的方式和客户交易。实施了三成洞 I-park 团体接受订货的配送方式,通过电视家庭购物扩大销售,主要的食品有韩国辣白菜、杂粮、干货、水果、精肉等。实现了销路的多样化。通过因特网 e 商品目录,接受订货,扩大销售。(2)建立 e-hanaro 俱乐部购物主页,为忙碌的消费者家庭提供"购物代行服务"。在产品方面,开展了韩国辣白菜流通业务,在乐天(rotte)、家乐福、LG 流通、大市场(grand mart)等大型超市中开设店铺,销售辣白菜,在市场上占据重要的地位。在制作辣白菜时原料都是韩国生产的农产品,并进行卫生管理和质量管理。

在经营中,实施了零售流通信息体系,增加经营的效率和透明度。所有商品的出订货、入库、销售、在库,从金额到数量都可以进行即时把握和确认。强化顾客关系管理(CRM),确保 Hanaro 稳定客户的增加。通过多种销售活动对消费者进行细分,对其提供不同的售货服务。通过"Hanaro 教育中心"启动 CS 教育项目,实施"CS(consumer service)365"的目标。

在超市内部管理上,实行 Hanaro 平均绩效评价体系(HBSC),扩大业绩工资的适用范围,根据对各个部门评价绩效来实施"超过利益分配制"。确立了以业绩为中心的新人事制度,构建"统一人员管理体系(I-HR)"。实行大胆的改革,将过去的劳使协议会改组为勤经协议会,实施有选择的福利制度。以现场为中心,对员工进行知彼知己训练,实行 Hanaro 想法回收机制、现场激励机制和反馈机制。开设伦理经营推进小组,提高员工的服务意识,定期开展活动,培养伦理经营理念。

4. 市场开拓和外界对应。该中心不断创新,扩大农产品的销路。(1)该中心为了扩大批发物流事业,不断增加批发品种,现有蔬菜、水果、粮食、畜产品、水产品的批发、供给饮食、运输事业等农产品物流。(2)农产品物流中心的作用不断扩大,不断培育以保护环境为中心的战略事业。设立了促进批发的部门,尽量满足消费者需求和开发新事业;设立了批发咨询委员会,提出了援助和促进批发事业的方案。(3)对应新环境,不断推进农产品和食品配送。扩大对学校供给饮食范围,汉城大学教职工食堂的运营,把直销超市内的传统的食堂转换为保护环境的专业餐厅,积极对泰陵选手村供给农产品和食品。(4)不断扩大环境友好的农产品批发事业。2005 年培育各主要产地,强化中心的营销能力;2006 年将开设专业物流中心,扩充稳定的批发设施;2007 年建立环境友好的农产品中央物流中心,发挥其应有的作用。该中心作为 21 世纪流通的主体,在保护环境的同时,积极发挥其农产品集散中心的作用,不断扩大和强化自身体系。2004 年货物批发的销售额达到 1 兆韩元。

Hanaro 超市与韩国三星集团的现代百货联手,于 2005 年 5 月 11 日签订协议,组建 Hanaro 现代俱乐部,共同经营超市,在超市中农协提供农产品,现代百货负责提供服装和日用品等。该直销店最大的问题,是在商业追求利润的同时如何保护农业。也就是说,公司职员追求利润,而农协组织保护农业,二者是矛盾的。这需要政府的行政干预。另外,现代百货 e-mart 从国外进口农产品,零售价格比 Hanaro 直销店的价格平均要低 1/3,所以 Hanaro 经销的国产货不好卖。需要进行积极的宣传,推销国产农产品。

配合新农村和新农协开展的活动,组织成立新农村、新农协推进委员会及其执行委员会,领导实际运行;与第二次创业活动相配合,开展自律实践和开发活动;灵活应对各种批发业务,提高直销的竞争力,扩大国产农产品的销售;开展"Hanaro 绿色 365"运动,使消费者重新认识到农业和农村的重要价值(作用)。

在开展热爱农村的实践活动中,(1)推进一超市一村姊妹关系的建立活动,实现可持续发展。为了使姊妹村农产品商品化,开展对农民生产指导支援以及销售促进活动。通过与农协福祉广告部的联系,扩大姐妹村的数量。(2)开展重视人与自然活动,从热爱生命的角度强调食品企业的重要性。引导城市居民去感受大自然,重视环境和农业、农村的存在价值。在与顾客交流的实践中,举办区域文化活动和广告宣传等活动。该中心为了促进当地居民对农业的理解,开展免费开放文化中心、野外电影放映、艺术文化公演等活动,得到顾客的广泛好评。

四、韩国农产品流通体系的绩效

从以上的分析中,我们可以看出韩国农产品流通体系既有以拍卖交易为主的批发市场交易,同时也有以农协为主导的直销超市零售。这样使得两种流通渠道之间既存在竞争,又存在着互补的关系。韩国农产品流通体系的绩效(作用)可以从如下四个方面进行定性分析。

1. 市场业态和市场管理现代化程度比较高。韩国的市场建筑设计合理,配套设施齐全;交易与结算方式比较先进,拍卖交易全部电子化,商品流通速度快;市场信息透明度高,市场多配有电子显示屏,即时公布拍卖交易信息。零售商可在现场看到中间批发商的进货价格,有利于公平竞争和防止经营暴利的产生;市场的日常服务管理比较到位。

2. 发挥了引导生产、促进消费的作用。这种农户、农协(或农业合作社)、市场三者之间在产品销售中形成的分工合作与利益共享关系,有很多好处:一是产销专业分工,可以让农户专心从事农业生产,不必过多担心产品销不出去,从体制上为农户较好地解决了"卖难"问题。二是最大限度地保护了农民的利益,增加了农民收入。农户委托销售的方式,加上政府限定手续费的政策,既减少了农产品的流通环节,也降低了流通成本,使农产品的销售收入绝大部分到了农民手里,而不是被中间商赚走。三是按产品销售额提取手续费的规定,将市场、农协与农户的利益捆在一起,有利于促使市场与农协尽心尽责,尽可能地把农产品价格卖得好一点,这在客观上起到了维护农民利益的作用。

通过物流中心销售减少了中间环节,一部分商品产销直接见面,比较灵活,受到广大生产者和消费者的欢迎。韩国的农产品流通体系完善后,流通费用降低了20%,基本上解决了小生产与大市场的矛盾,对引导生产,促进消费起到了较大的作用。

3. 通过流通的导向作用,提高农产品质量。较完整的产品质量标准体系和检验检疫体系,对农药化肥残留超标的商品有一定的限制措施,引导广大消费者改变传统的消费观念,树立消费绿色食品、有机食品的理念,从而引导生产。

4. 完善的信息服务提高了农产品交易效率,缓和了交易不均衡性,减少和避免了农业生产经营和结构调整的盲目性,增强了农业生产经营与结构调整的预见性、主动性和目的性。①

五、韩国农产品流通体制现代化对中国的启示

(一)我国农产品流通的现状

我国农产品生产在世界上具有得天独厚的优势,农产品的绝对数量和人均占有量在世界上名列前茅,品种结构不断优化,市场供应持续改善,价格和成本优势十分明显,对外贸易连年增长。这是打入国际市场、融入国际农产品贸易圈的良好前提,也是加速农产品流通现代化和国际化的坚实基础。然而,我国农产品流通方式远远不能适应加入世贸组织的需要,主要表现在:(1)产品流通设施简陋,交易方式落后,缺乏适应市场经济要求尤其是全球贸易一体化要求的跨区域、信息灵敏、现代化的市场体系和网络。(2)信息网络没有形成,农民得不到准确的国内外市场信息,小生产和大市场的矛盾十分尖锐,供给与需求的矛盾集中地体现在产品结构不合理,增产不增收。(3)农产品品种、质量和卫生条件距离国际先进水平还很远,仅依靠初级化、大路货的国际贸易远远不能适应加入世贸组织的要求。(4)农产品的经营形式和物流技术手段相对落后,产品的储藏、保鲜、包装和加工运销能力严重不足,农产品物流尚属初级。

---

① 丁来强、郑进:《论韩国农产品流通体制改革及对中国的启示》,载《农业经济》,1999(3);浙江消协网:《日本、韩国农产品批发市场考察报告》,http://www.zjaic.gov.cn,2005 - 1 - 7。

（5）在我国的批发领域中,批发市场经营主体规模小、流动性强,从而使得,一方面,交易费用较高,造成了批发市场成本的上升,因为流动性强,导致机会主义行为增加,进而导致了批发市场风险增加,市场秩序混乱。另一方面,批发市场主体规模小,意味着其承受风险的能力较弱,进而导致批发市场行情波动频繁而且剧烈,这又会成为更大市场风险的诱因。①

（二）韩国农产品流通体制现代化对中国的启示

1. 合作制。农民必须组织起来进入流通领域。农民一家一户单独进入流通,在时间、人力、财力上是很大的浪费。而且在信息、运输方面受到限制,在市场上处于不利的地位。再者,在不断变化的流通体制下,农民建立起自己的销售系统,有利于摆脱各种中间商的盘剥,有利于提高农民在市场上的地位和信誉。所以,真正自主的农业合作组织的建立至关重要。在这一点上,韩国农协及其直销连锁超市的经验值得我们借鉴。为解决现代市场经济中农业"小生产与大市场"之间的矛盾,可通过建立现代农业大市场,以市场的发展来促进农村合作社的建设。这样,大市场就不必直接与小农打交道,可以通过农村合作社这个桥梁和纽带,间接地与农户做交易。一方面可降低大市场经营中的交易成本;另一方面,也可以提高农户的谈判能力,促进大市场服务质量的提高。流通利润真正可以惠及农民和消费者。

2. 会员制。必须完善农产品市场体系,要逐渐形成专业市场和农产品批发市场。即一方面,商业活动全部由个体、集体商人和生产者组织完成;另一方面,管理组织必须具有保证交易的公平性和效率性的机能。特别是应通过对流通信息、商品规格化、定级、包装、包装改善、保鲜维持等方面的引导,以帮助实现市场流通机能为重点,达到农产品批发市场活力化。为了创建良好的市场秩序,在大市场内部,各个市场参与者（经济主体）均采用会员制。入场交易的商业组织,采用会员制,利用同业协会的自律来保证厂家的信誉。同业协会由会员选举产生理事会,理事会对优秀会员进行评级,利用产品免检等手段奖励重信用的厂商。对会员的经济活动实行电子化管理,不同会员着不同颜色的马

---

① 田元兰、徐明进:《应加快制定加入 WTO 后农产品流通的对策》,载《中国商贸》,2000（5）;袁永康:《中国农产品流通体制改革前沿报告》,北京:中国农业出版社 2003 年版。

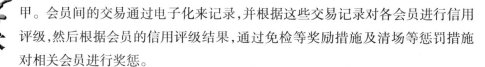

甲。会员间的交易通过电子化来记录,并根据这些交易记录对各会员进行信用评级,然后根据会员的信用评级结果,通过免检等奖励措施及清场等惩罚措施对相关会员进行奖惩。

3. 仓储式。通过仓储式的货物管理,减少中间各级批发环节的利润,从而改造传统商业运营模式。利用仓储式的货物管理,可以降低商户与生产者之间的对立程度,减轻产品经营中的成本转嫁程度。在农业生产资料和农产品销售方面都可以利用这种大容量仓储式的商业运作模式,减少流通费用,以较为便宜的价格销售给生产者和消费者,提高流通效率,从而提高社会福祉。

4. 双向信息反馈式。建立和完善农产品流通信息服务组织。必须建立县(市)、乡、村各级都健全的农产品综合信息服务组织,提供与生产地农产品供求动向价格有关的信息。引导农民生产适销对路的农产品。这种信息反馈应该是供给—流通—需求双向型的。不仅要将大城市消费者的需求信息传达给生产者,而且还要将生产者生产的信息传递给流通业者和广大的消费者。这种双向的信息传递,无论是对于农村专业合作组织的发展壮大,还是对流通组织的发展和消费者对于农业的理解都具有非常重要的意义。

5. 法制化。加快建立有关农产品流通的法律、法规、标准、规划、规范建设。这些法规、标准不仅对规范流通秩序、稳定市场、促进国民经济的发展有积极作用,也是加入世贸组织的一项应对措施。

参考文献:

1. 曹俊杰,王学真:《东亚地区现代农业发展与政策调整》,北京:中国农业出版社,2004.

2. 丁来强,郑进:"论韩国农产品流通体制改革及对中国的启示",《农业经济》,1999(3)。

3. 纪良纲等:《农产品流通中介组织研究》,北京:中国商业出版社,1998。

4. 金永生:《中国流通产业组织创新研究》,北京:首都经济贸易大学出版社,2004。

5. 田元兰,徐明进:"应加快制定加入世贸组织后农产品流通的对策",《中国商贸》,2000(5)。

6. 小林康平等:《转换中的农产品流通体系》,北京:中国农业出版社,1998。

7. 袁永康:《中国农产品流通体制改革前沿报告》,北京:中国农业出版社,2003。

8. 张曙临:《转型时期农产品市场营销研究》,北京:中国财政经济出版社,2003。

9. 浙江消协网:"日本、韩国农产品批发市场考察报告",http://www.zjaic.gov.cn, 2005 - 1 - 7。

10. 中国人民大学农业与农村发展学院课题组:《建立安阳市现代农业大市场(农业大超市)的策划与研究方案》,2005 - 05。

[作者单位:王志刚,中国人民大学农业与农村发展学院任副教授;
苑会娜,中国人民大学农业与农村发展学院硕士研究生;
金成哲,韩国江原国立大学农业资源经济系硕士研究生]

An Inspiration to China from The Modernization
Process of Agricultural Distribution System in Korea

Zhigang Wang, Huina Yuan and Chengzhe Jin *

Abstract: This paper is to analyze market structure, conduct and performance of agricultural distribution system in South Korea, and point out the inspiration to China, based on reviewing the modernization process of agricultural distribution system of Korea, especially giving the Seoul Karakdong Wholesale Market for Fruit and Vegetables and Korea Agricultural Cooperative Marketing Inc. as examples. After making a comparison between China and Korean agricultural distribution system, we conclude that it is necessary for China agricultural distribution system reform to form agricultural cooperative, to supply storehouse service to farmer and consumers, to build two-way information feedback system and to strengthen the legal system etc.

Key words: agricultural distribution system; market structure; comparison between China and South Korea

亚洲学术

●2006

Scholarly Studies on Asia 2006

中韩两国家庭变迁的轨迹与特征①

宋 健

【内容提要】 本文运用时期分析和队列分析,通过婚姻、生育、居住安排这些组成家庭的基本要素的变化,以及家庭结构的变化,对近几十年来中韩两国家庭变迁的轨迹与特征进行了比较研究。结果发现,在从"传统家庭"向"现代家庭"的转变过程中,同处于东亚文化圈、都具有"家本位"传统家庭模式的中韩两国的家庭都发生了巨大的变化,且家庭变迁的轨迹与特征极为相似。

【关键词】 中国;韩国;家庭变化;比较研究

一、引 言

在"传统家庭"向"现代家庭"的转变过程中,家庭发生着巨大的变化。有一些变化在世界各国被普遍观察到,如婚姻选择的更加自由、女性初婚年龄的上升、近亲间婚姻的减少、多妻纳妾制度的逐渐消失、离婚率和再婚的增加、年轻夫妇经济上的更加独立等等(Goode,1968;Leslie,1973)。

目前中国的家庭正在发生整体性的全面变化,主要表现为:家庭观念(包括择偶观、婚姻观、生育观、性观念等)全面更新;家庭关系趋向平等但日趋松散;家庭规模小型化;家庭结构核心化、简单化;家庭模式多元化、多样化;家庭

① 本文是韩国高等教育财团(KFAS)2003—2004年"国际学者交流"资助项目(ISEF)"现代化进程中家庭变化研究"报告的部分内容。感谢我的韩国合作教授——东国大学社会学系金益基提供了部分韩国相关资料。

功能(包括生育、生产、消费、教育、赡养、娱乐功能等)社会化等(罗萍,1995;丁文,1999;安秀玲,2001;孟芳等,2001)。

研究显示,韩国的家庭在结构、模式和家庭关系方面也都发生了巨大的变化(Ahn,1997;N. J. Han,1999;Y. S. Kim & C. S. Kim,2001)。过去几十年间韩国家庭变化的特点可以归纳为:向小型化、核心化家庭转化,非典型家庭(non-typical family)不断增加,居住方式发生很大变化(C. S. Kim, 2003)。韩国家庭变化的速度之快以及家庭变化的方向已经成为韩国社会面临的严峻挑战(Lee & Yang,1999;Jeon,2000;Yim & Janelli,2002)。

基于以上背景,本文运用时期分析和队列分析方法,通过婚姻、生育、居住安排这些组成家庭的基本要素的变化,以及家庭结构的变化来探索近几十年来中韩两国家庭变迁的轨迹与特征。

二、家庭基本要素的变化

(一)婚姻:普遍性与稳定性均有所下降,平均初婚年龄上升

婚姻是形成家庭的前提。婚姻的普遍性与稳定性,可以通过结婚比例和离婚率的高低来判断;结婚时间的早晚则可以用平均初婚年龄指标来衡量。

近几十年来中国人口婚姻的变迁趋势是:婚姻的普遍性略有下降。根据有关研究(Coale,1984;Zeng Yi,2000),从1950年到20世纪80年代末,中国妇女的结婚比例几乎达到100%。20世纪90年代至今,虽然婚姻仍是大多数人的自然选择,但婚姻的普遍性有所下降,尤其在大城市,单身贵族的数量不断增加。与此同时,婚姻的稳定性也在降低,主要表现为离婚、再婚数量的增加,以及离婚率的较大幅度上升。1985年中国人口的离婚率仅有0.9‰,到2001年,离婚率已高达2‰。人们进入婚姻的时间普遍推迟,平均初婚年龄持续上升(表1)。

韩国人口的婚姻直到20世纪60年代末仍保持着普遍和高度稳定的特点,尽管结婚年龄已开始推迟①。家庭在子女的婚姻问题上仍具有较大的决定权,

---

① 韩国妇女的平均初婚年龄从1925年的16.6岁逐渐提高到1940年的17.8岁。参见 E. S. Mason, et al. ,1980:383。

文化习俗对于女性的再婚持反对态度,同居行为以及非婚生子女会受到严厉的社会惩罚和强烈的社会歧视(T. H. Kwon,1977)。但随后几十年来,韩国人口的婚姻经历了剧烈的变动。

表1　中韩两国妇女的平均初婚年龄:1949—2000　　（单位:岁）

年份	1949	1960	1970	1980	1990	1995	2000
中国妇女平均初婚年龄	18.6	19.6	20.4	22.9	22.1	22.9	24.2
韩国妇女平均单身年龄	/	21.5	23.3	24.1	24.8	25.4	26.5

注:平均初婚年龄与平均单身年龄均反映人口的结婚年龄,但依据的数据和计算方法不同。

数据来源:中国数据来自:国家统计局人口和社会科技统计司,《中国人口2001年》;

韩国数据来自:KNSO;摘自 K. H. Jun,2003:92,表3.3。

与中国相比,20世纪80年代以来韩国人口的婚姻更不稳定,表现为更高的离婚结婚比。与中国2000年1.9‰的离婚率和14.4%的离婚结婚比相比,韩国的相应指标则高达2.5‰和35.9%。有研究(N. Cho & S. Lee,1999)指出,韩国人口离婚率在20世纪90年代末期的较大幅度上升主要受经济衰退的影响:经济危机导致户主失业率上升,并引发家庭动荡。

与同时期的中国人口相比较,韩国人口的平均初婚年龄更晚[1],变化更大（表1）。在1960年到2000年的40年间,中国妇女的平均初婚年龄从19.6岁上升到24.2岁,初婚推迟了4.6岁;同期韩国妇女的平均初婚年龄则从21.5岁上升到26.5岁,初婚推迟了5岁。

（二）生育:时间推迟、数量减少;性别偏好依然强烈

生育子女是家庭扩展的基础。其中,时间、数量与性别是生育的三个基本要素(顾宝昌,1992)。生育时间可由妇女的平均生育年龄和生育间隔来反映;生育数量则可以用妇女总和生育率或妇女的平均生育子女数和平均存活子女数来衡量;性别主要是指所生育子女的性别构成,在中国和韩国这样有着传统

---

① 始于朝鲜战争的韩国男性义务兵役制度,对于韩国男性以及女性人口结婚年龄的推迟起着重要的影响作用。参见 T. H. Kwon,1977:264。

男性偏好的国家,子女的性别构成与生育的数量有着相互影响的关系。

中国人口生育变化的趋势是:生育的时间推迟、数量减少、性别选择的客观性减小但主观性有所上升。

生育的时间推迟突出反映为妇女的平均生育年龄上升,这与妇女的平均结婚年龄推迟有密切的关系,受初婚、初育年龄间隔的影响不大。早在 20 世纪 80 年代,就有学者研究发现,中国育龄妇女在 20 世纪 80 年代的年龄别生育率与 20 世纪 40 年代中期以前相比有了明显的不同,表现为早婚早育模式改变,生育子女数量减少(田雪原,1988)。根据 1990 年第四次普查数据的分析,也显示出同样的趋势(刘爽,1994)。20 世纪 90 年代中期,中国妇女的平均初育年龄超过了 24 岁。

中国人口总和生育率的大幅度降低使家庭的子女数明显减少(表 2),2000 年第五次人口普查时,全国妇女平均活产子女数为 1.32 个,平均存活子女数为 1.30 个,妇女的平均生育子女数量已极为有限①。更为极端的情况是,自愿选择不育的家庭越来越多,尤其在大城市具有较高学历的青年夫妇中,所谓"丁克"家庭的数量正在增加。据中国人口情报中心 1992 年 6 月的统计,全国具有生育能力而自愿不育的夫妇已逾 60 万对(张枫,2003)。

性别选择的变化则比较复杂。由于现存孩子的数量与性别结构是影响性别比的两个主要因素(Li Yongping & Peng Xizhe,2000:69),因此一方面,在客观上受计划生育政策的限制,生育数量减少,育龄人群的性别选择范围变窄;另一方面,受生育选择范围趋窄的影响,在主观上刺激了部分人群"偏男"和"男女双全"选择的意向,成为中国近些年出生性别比居高不下的一个重要原因。但也有些人群由于生育观念的变化,主观上性别偏好倾向减弱。

韩国人口的生育变化显示出相似的特点。从生育时间来看,2000 年韩国妇女的平均生育年龄已达到 29.1 岁,妇女生育第一孩的平均年龄也已达到 27.9 岁,比 1985 年的相应指标 26.0 岁和 24.9 岁推迟了 3 岁,更比中国妇女的平均生育年龄晚得多。从总和生育率的变化来看(表 2),在 20 世纪 70 年代之前,两国妇女的平均生育子女数量均高达 5~6 个的水平;之后都呈现出迅速的下降态势,中国在 20 世纪 90 年代总和生育率达到了更替水平,而韩国更早,在

① 数据来源:国务院人口普查办公室等,《中国 2000 年人口普查资料(下册)》。

1984 年总和生育率已达到 2.1 的更替水平(n. Cho & s. Lee,1999);目前两国的总和生育率都已降到很低的水平①。

表2　中韩两国人口总和生育率:1950—2000

中国		韩国	
年份	总和生育率(%)	年份	总和生育率(%)
1950	5.81	1945—1950	5.96
1955	6.26	1950—1955	5.60
1960	4.02	1955—1960	6.30
1965	6.08	1960—1965	5.99
1970	5.81	1965—1970	4.64
1975	3.57	1970—1975	3.96
1980	2.24	1975—1980	3.00
1985	2.20	1980—1985	2.38
1990	2.17	1985—1990	1.62
1995	1.85	1990—1995	1.64
2000	1.80	1995—2000	1.55

数据来源:中国数据来自:国家统计局,《中国统计年鉴(2002 年)》;

　　　　韩国数据来自:KNSO;摘自 K. H. Jun,2003:85,表 3.1。

　　韩国的男孩偏好倾向比中国还要严重,相关调查显示,持有强烈性别偏好的妇女的比例并未随着时间流逝而有明显变化(K. H. Jun,2003:98)。为了同时满足小规模家庭与男孩偏好,性别选择性流产在韩国成为一种普遍的途径(N. Cho & S. Lee,1999)。2000 年韩国人口的出生性别比高达 110.2,而在 20 世纪 90 年代的大部分时期,这一数字还要更高(如 1990 年为 116.5;1990 年中国人口的出生性别比为 111.4);出生性别比随着孩次的增加呈现明显的飞扬趋势,即使在 1985 年总出生性别比值相对较低(109.5)的情况下,第 3 孩的出

_____

① 韩国妇女总和生育率 2000 年为 1.47;2001 年为 1.30;2002 年为 1.17,参见 K. H. Jun, 2003。

生性别比已高达 129.0,4 孩及以上出生性别比更是高达 146.8;更不用说在总出生性别比逐渐提高的 20 世纪 90 年代,个别年份的多孩出生性别比甚至超过了 200(1994 年第 3 孩的出生性别比为 202.6;1992 年至 1995 年 4 孩及以上出生性别比均超过 200)。多年持续的性别比偏高已经造成了韩国适婚年龄人口的性别失衡:以平均结婚年龄男性为 26 岁至 30 岁之间,女性为 23 岁至 27 岁之间计算,韩国适婚年龄人口之间的性别比在 2000 年已达到 115.6(K. H. Jun,2003),这意味着仅仅由于两性数量的不均衡,有 13% 的韩国适龄男性在寻找合适的配偶方面会存在困难。

(三)居住安排:平均户规模不断减小,代际关系趋于简化

居住安排指的是在一个家庭户中,共同生活的人口的数量及相互之间的关系,可以通过户均人口规模、户内代际关系等指标来衡量。

中国家庭居住安排变化的趋势是:家庭户规模基本上呈减小趋势,数代同堂家庭减少,家庭内的代际关系趋于简化。

从历次普查数据来看,中国的平均家庭户①规模从 1953 年的 4.33 上升到 1964 年的 4.43,之后减少到 1982 年的 4.41 以及 1990 年的 3.96,2000 年时已降至 3.44 人,即每个家庭户中的平均人口数只有不到 4 人。与 20 世纪 50 年代相比,平均每个家庭中减少了近一个人。研究认为,中国家庭户规模的趋于缩小既有分户增加的影响,也有计划生育政策所造成的家庭中孩子数量减少的影响(Guo Zhigang,2000)。

家庭户规模与类别的构成状况进一步显示(表 3),自 20 世纪 80 年代以来,中国 5 人及以上家庭户的比例在急剧减少,4 人及以下小家庭的比例从 1982 年的 53.7% 上升到 2001 年的 80.3%,20 年间增加了近 30 个百分点。与此同时,包括一对夫妇户和两代户在内的广义的核心家庭一直是中国家庭结构类型的主流,占全部家庭类型的 70% 左右。所不同的是,随着时间的推移,一对夫妇户的比例一直在呈现上升趋势,从 1982 年的 4.7% 增至 2001 年的 12.7%。与这一时期的

---

① 严格地讲,家庭与家庭户的概念是不同的。家庭强调的是家庭成员间的关系,而家庭户则首先受到居住安排的局限,指的是居住在同一户内的彼此之间具有亲缘或血缘联系的家庭成员。在调查及统计应用中往往会用家庭户的概念来取代不易获得资料的家庭的概念。

平均家庭户规模以及家庭生命周期规律结合起来看,可以猜测一对夫妇户的上升与子女数减少以及子女离家所造成的"空巢"现象有关。

表3　中国家庭户规模与类别构成:1982—2001 （单位:%）

家庭户规模构成					
年份	1人户	2人户	3人户	4人户	5人及以上户	合计
1982	7.9	10.1	16.1	19.6	46.3	100.0
1987	5.5	9.5	20.8	24.1	40.2	100.0
1990	6.3	11.1	23.7	25.8	33.1	100.0
1994	5.7	11.8	27.1	25.5	29.7	100.0
2001	7.8	17.7	31.5	23.3	19.7	100.0

家庭户类别构成					
年份	单身户	一对夫妇	二代户	3代及以上	其他	合计
1982	7.9	4.7	64.7	17.2	5.3	100.0
1987	8.0	4.8	64.6	17.1	5.6	100.0
1990	4.9	6.5	65.8	17.1	5.8	100.0
1994	5.7	7.7	64.0	18.6	4.1	100.0
2001	7.8	12.7	57.7	16.6	5.2	100.0

资料来源:《中国人口统计年鉴(2002年)》。

从韩国20世纪80年代以来户规模、家庭结构和代际结构的变化(见表4、表5)来看,家庭小型化和核心化的趋势也同样十分明显。

韩国的平均家庭户规模从1980年的户均4.5人减少至2000年的户均3.1人,一人户和夫妇户的比例大幅度上升(C.S. Kim, 2003)。4人及以下小家庭的比例从1980年的50.1%上升到2000年的86.6%,20年间增加了36.5个百分点,比同期中国家庭的变化更为剧烈。自20世纪80年代以来核心家庭一直是韩国家庭结构类型的主流,超过全部家庭类型的70%①,与此同时,核心家庭

---

① 韩国的家庭统计分类与中国有所不同:以户为单位的家庭结构类型中不包括单身户。参见 C.S. Kim, 2003:211)。

的比例一直随着时间的推移在增加,到 2000 年时,韩国核心家庭比例达到了 82%。一代户的比例则从 1980 年的 8.3% 迅速增加到 2000 年的 14.2%。

研究认为,韩国核心家庭与一代户的增加主要是由于老年夫妇户数量的增加引起的(T. H. Kwon & Y. J. Park, 1995)。韩国农村地区一人户和夫妇户比例与城市相比更为迅速地增加,则反映了农村年轻人外迁,以及由此导致的与子女分居的农村老年人增加的事实(T. H. Kwon & Y. J. Park, 1995;N. Cho & S. Lee, 1999;T. H. Kim, 2001)。

表 4　韩国户规模、户类别构成与代际结构:1980—2000　　（单位:%）

	1980	1985	1990	1995	2000
户规模					
1 人户	4.8	6.9	9.0	12.7	15.5
2 人户	10.5	12.3	13.8	16.9	19.1
3 人户	14.5	16.5	19.1	20.3	20.9
4 人户	20.3	25.3	29.5	31.7	31.1
5 人及以上户	49.9	39.0	28.6	18.4	13.4
合计	100.0	100.0	100.0	100.0	100.0
家庭结构					
核心家庭	74.0	75.3	76.0	79.8	82.0
主干家庭	11.2	10.7	10.3	9.1	7.9
其他类型	14.8	14.0	13.8	11.2	10.1
合计	100.0	100.0	100.0	100.0	100.0
代际结构					
1 代户	8.3	9.6	10.7	12.7	14.2
2 代户	68.5	67.0	66.3	63.3	60.8
3 代户	16.5	14.4	12.2	9.8	8.2
4 代及以上户	0.5	0.4	0.3	0.2	0.2
其他类型	6.3	8.6	10.5	14.1	16.7
合计	100.0	100.0	100.0	100.0	100.0

资料来源:KNSO(韩国人口与住房普查年度报告);摘自 C. S. Kim,2003;211,表 7.1。

表5　韩国分性别和居住地普通户①成员在
不同类型户中的分布:1980—2000　　　　（单位:%）

年份	户类型	合计	性别		居住地	
			男性	女性	城市	乡村
1980	一人户	1.1	0.8	1.5	1.2	1.1
	夫妇户	3.2	3.2	3.1	3.1	3.2
	两代户	69.1	70.7	67.6	73.3	63.6
	三代及以上户	24.3	23.2	25.4	19.1	31.2
	其他	2.3	2.2	2.3	3.3	0.9
	合计	100.0	100.0	100.0	100.0	100.0
1990	一人户	2.6	2.2	3.0	2.5	3.0
	夫妇户	5.2	5.3	5.1	4.3	8.0
	两代户	71.0	72.6	69.6	74.3	61.5
	三代及以上户	18.7	17.6	19.8	16.2	26.3
	其他	2.4	2.3	2.4	2.8	1.2
	合计	100.0	100.0	100.0	100.0	100.0
2000	一人户	5.1	4.2	5.9	4.6	6.8
	夫妇户	8.8	9.0	8.6	6.8	16.4
	两代户	70.4	71.9	68.9	73.9	56.8
	三代及以上户	13.6	12.8	14.5	12.4	18.5
	其他	2.1	2.1	2.1	2.3	1.4
	合计	100.0	100.0	100.0	100.0	100.0

资料来源:KNSO(相应年份普查2%抽样原始数据);摘自 C. S. Kim, 2003:214,表7.2。

三、家庭结构的变动

在家庭变化所涉及的诸多领域中,家庭结构的变动是核心。可以将家庭结构②划分为婚姻、血亲、供养等家庭本质关系以及家庭人际关系两个层面,其中

①　韩国的普通户(ordinary household)区别于机构户(institutional household),类似于中国家庭户与集体户的区别。根据韩国2000年普查资料,机构户中成员有51万人,占韩国总人口的1.1%(C. S. Kim, 2003:213)。

②　G. R. Lee(1982)在其著作中区分了家庭结构与婚姻结构。他认为,家庭结构由一个家庭中所包含的社会位置的数量(而不是个人的数量)所决定,换句话说,由构成家庭的个人的不同种类的数量所决定。而婚姻只有两种社会位置,即丈夫的和妻子的。婚姻结构取决于填充每个位置的或尽这些位置职责的个人的数量。

家庭人际关系是家庭本质关系的外在表现。家庭结构的变动实际上是这两个层面关系的性质或组合方式的变化(丁文,1999)。

(一)家庭本质关系:家庭结构随生命周期而不同,随时间而趋于小型化

最常用的家庭结构分类方法是从家庭本质关系这一层面来着手的,以家庭成员的婚姻关系、血源代际层次关系为依据,将家庭分为核心家庭、主干家庭和联合家庭等(刘宝驹,2000)。

不少学者(Laslett & Wall,1972;Hajnal,1982;Goode,1996;陈卫民,2001)都曾指出,在家庭变化研究中,仅仅凭借家庭规模的变动很难确切判断家庭是否发生了实质性的变化,因为似乎在历朝历代,家庭规模的变动都不是特别明显。虽然从家庭结构角度入手能对家庭变化的轨迹给予更深刻的说明,但有学者(Parish & Whyte,1978)根据对中国1949年至1974年农村家庭变化的观察,认为从任何一个时点来看,许多家庭都是核心结构,规模也不大。研究同时指出,如果从时期的角度观察,则会发现在过去有相当比例的人口短时期内居住在扩大家庭内,只是在长辈死亡或兄弟分家之后才又回归到核心家庭形态。这种家庭结构时点与时期观察结果的差异无疑增加了家庭变化研究的难度。也有研究(刘宝驹,2000)认为,处于同一生命周期阶段上的家庭,结构基本相同。虽然不同时期社会因素的作用会影响某一种家庭结构的变化,并在不同的社会存在一定的差异,但没有完全改变生命周期过程中家庭结构变化的基本趋势。

以上研究成果给人的启示在于:研究家庭的变化不能仅仅凭借家庭规模的变动,而是需要同时借助于家庭结构的变化来予以说明;但在描述家庭结构变化时,仅仅靠时点的数据是不充分的,需要引入时期的观察以及从生命周期的角度来认识。

虽然目前所能获得的多数家庭户数据都是一次性调查的时点数据,纵向数据非常缺乏,但是在这些一次性时点数据中引入年龄变量,并将不同年龄的人群视作不同的出生队列,我们还是可以比较不同出生队列的人口所具有的家庭户结构特征。

由于数据的限制,我们只能对中国1990年和2000年的家庭户结构特征进行比较。图1和图2分别是1990年第四次全国人口普查和2000年第五次全

国人口普查时中国家庭户户主的年龄与其所在家庭户的规模情况①。

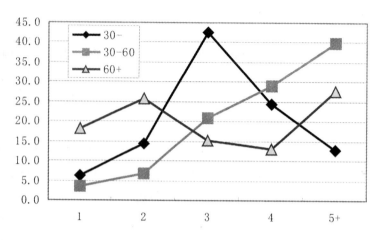

图 1　1990 年中国户主的年龄与家庭户规模

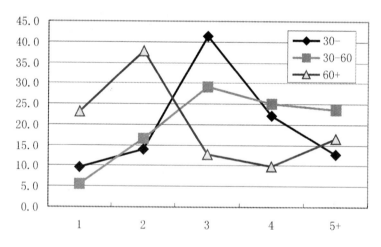

图 2　2000 年中国户主的年龄与家庭户规模

　　二者相比较,至少揭示出两个特点:一是不同年龄或出生队列的户主其所
在的家庭户的确存在规模与结构上的差异,显示了生命周期与居住模式之间的

───────────

　　①　数据来源:国家统计局,1990 年第四次全国人口普查 1% 抽样数据;2000 年第五次全国人
口普查 0.95‰抽样数据。

亚洲学术

● 2006

Scholarly Studies on Asia 2006

某种关联;二是与 1990 年的同龄人口相比,2000 年不同年龄人口的居住模式
有所不同,显示了家庭规模与结构随着时间推移而发生的变化。

  首先我们将户主按其年龄划分为 30 岁以下、30 岁至 60 岁和 60 岁及以上
三个组,家庭户规模将 5 人及以上并为一组。结果发现,2000 年 30 岁以下的
青年户主非常集中地处于 3 人家庭中(占同龄户主比例的 41.4%);30 岁至 60
岁的中年户主则主要处于 3 人及以上较大家庭中;而 60 岁及以上老年户主则
主要处在 2 人及 1 人家庭户中。1990 年的情况则是:30 岁以下的青年户主同
样非常集中地处于 3 人家庭中(占同龄户主比例的 42.5%);30 岁至 60 岁的中
年户主主要处于 5 人及以上的大家庭中;而 60 岁及以上老年户主则在 5 人及
以上大家庭以及 2 人家庭户中有较大比例。可以看出,较明显的差异发生在中年
与老年户主的居住模式上。由于分性别年龄人口在家庭户中的主要角色并没有
发生明显的变化(见表 6),因此,与 1990 年相比,2000 年有更大比例的中年和老
年户主居住在小家庭中,老年单身与空巢家庭成为一个更普遍的现象①。

表 6　分性别年龄人口在家庭户中的主要角色

年份	年龄	男性	女性
2000 年	<30 岁	子女(64.5%)、户主(23.9%)	子女(52.2%)、配偶(26.1%)
	30~60	户主(86.7%)	配偶(77.6%)、户主(13.3%)
	≥60 岁	户主(64.9%)、父母(26.0%)	父母(42.8%)、配偶(29.9%)、户主(20.9%)
1990 年	<30 岁	子女(76.6%)、户主(14.3%)	子女(72.2%)、配偶(17.4%)
	30~60	户主(85.9%)	配偶(78.1%)、户主(14.0%)
	≥60 岁	户主(71.7%)、父母(20.9%)	父母(42.6%)、配偶(34.2%)、户主(20.3%)

资料来源:根据 1990 年和 2000 年人口普查资料计算。括号中的数字表示该角色在同龄同性
别人口中的比例。

---

  ①　根据 1990 年中国人口普查数据,核心家庭在 30 岁至 45 岁中青年人群中相当普遍。核心
家庭在分年龄人群中占所有家庭类型的比例分别是 30 岁至 34 岁:74.4%;35 岁至 39 岁:
77.35%;40 岁至 44 岁:76.45%。夫妻户的比例则随着年龄的增长在增加,表现为中老年"空巢"
家庭现象。分年龄人群中夫妻户占所有家庭类型比例分别为 45 岁至 49 岁:2.66%;50 岁至 54
岁:6.26%;55 岁至 59 岁:11.31%;60 岁至 64 岁:16.99%;65 岁至 69 岁:20.36%。参见谭琳,
2002:36—39。

韩国的数据(见表7)显示出两个与中国情形相似的特点:(1)不同年龄普通户成员所在的家庭户规模与结构明显不同,反映了生命周期与家庭户规模与结构的关系。其中65岁及以上老年人口主要居住在三代及以上大家庭中,而其他年龄组人口主要生活在两代户家庭中。(2)随着时间的流逝,家庭规模与结构逐渐趋向于小型化和简单化。生活在三代及以上大家庭中的老年人口的比例急剧减少,老年单身户和老年夫妇户的比例相应大幅度上升,如老年一人户比例从1980年的4.8%上升到1990年的9.5%,到2000年则达到16.8%。其他年龄人口生活在三代及以上大家庭户中的比例随着时间的推移也在明显减少。

表7　韩国分年龄普通户成员在不同类型家庭中的分布

年份	户类型	合计	年龄						
			<15	15~24	25~34	35~44	45~54	55~64	65+
1980	一人户	1.1	0.0	1.5	1.4	0.8	1.6	3.6	4.8
	夫妇户	3.2	0.1	3.5	6.5	1.6	3.9	9.5	10.1
	两代户	69.1	75.9	67.2	68.7	76.1	72.1	50.1	21.3
	三代及以上户	24.3	23.4	20.0	21.2	21.0	21.9	36.0	63.1
	其他	2.3	0.5	7.9	2.2	0.5	0.5	0.7	0.7
	合计	100.0	100.0	100.0	100.0	100.0	100.0	100.0	100.0
1990	一人户	2.6	0.0	2.4	3.8	1.9	2.4	6.0	9.5
	夫妇户	5.2	0.1	2.8	8.0	2.3	6.6	18.2	17.5
	两代户	71.0	80.7	72.7	69.8	78.8	74.2	49.3	23.1
	三代及以上户	18.7	18.8	14.3	15.1	16.3	16.3	25.8	49.0
	其他	2.4	0.4	7.8	3.2	0.7	0.6	0.7	0.8
	合计	100.0	100.0	100.0	100.0	100.0	100.0	100.0	100.0
2000	一人户	5.1	0.0	3.7	7.0	4.1	4.8	8.2	16.8
	夫妇户	8.8	0.1	1.9	9.6	3.9	11.6	28.6	29.2
	两代户	70.4	85.2	76.7	68.5	79.4	71.8	47.4	23.3
	三代及以上户	13.6	14.4	11.1	10.6	11.6	11.1	15.2	29.9
	其他	2.1	0.2	6.5	4.3	0.9	0.7	0.6	0.7
	合计	100.0	100.0	100.0	100.0	100.0	100.0	100.0	100.0

资料来源:KNSO(相应年份普查2%抽样原始数据);摘自 C. S. Kim, 2003:214,表7.3。

（二）家庭人际关系：四种两极关系重要性顺位改变且趋于简化

父子、夫妻、婆媳以及兄弟之间的关系被看作是决定中国家庭关系性质的最重要的四种两极关系（M. Freedman，1966）。现存文献对1949年之前中国家庭这些两极关系的一般特点有着较为一致的认识，即父子关系是家庭中最重要的关系，父亲有养育儿子、为其提供妻子和留下遗产的义务，儿子则有尊敬和孝顺父亲、为其提供男性子嗣和晚年供养，以及供奉其死后亡灵的义务；夫妻关系掩盖在父子关系的绝对强势之下，服从于父子关系；婆媳关系往往表现为剥削与冲突，而在婆媳冲突中，丈夫要做的是站在父母一边，并命令妻子表示对其父母的遵从；兄弟之间应该互相支持，在家庭与外界发生冲突时维护家族的荣誉，已婚的兄弟应在父亲的领导下紧密合作，保持联合大家庭的威势。长兄有责任保护弟兄们，而弟弟们要服从兄长（Parish & Whyte，1978）。

与中国文化一脉相承的韩国的家庭中同样存在以上四种重要的人际关系，并且，韩国家庭中由性别决定的分工、角色以及地位差异比中国有过之而无不及。如丈夫对于家庭经济的主管权力、男性即使不再是家庭中的经济主要贡献者也会成为户主的不容置疑性，以及丈夫对于离婚权利的专有等。

毫无疑问，家庭本质关系的变化会导致家庭内部人际关系的变化。随着平均家庭户规模的减小，以及代际间居住结构的变化，父子、夫妻、婆媳以及兄弟之间这四种关系都发生了显著的改变。首先是夫妻关系逐渐成为家庭中的最主要关系，父子关系退而居其次，这也是家庭人际关系中最为深刻而具有颠覆性的变化，甚至成为现代家庭与传统家庭区分的一道分水岭。婆媳关系虽然依然存在紧张与冲突的可能，但居住方式的变化已使这种冲突的可能性降到最小。正如有学者指出的，如果成年子女与老年父母同住一个屋檐下，同算一笔经济账，那么父母在子女的婚配以及其他生活问题上具有发言权就不可避免；如果婆媳共用一个灶，那么传统的婆媳冲突就有可能继续（Parish & Whyte，1978）。家庭发展的趋势是使以上"如果"不复存在。兄弟之间的关系变化更大，当家庭中的子女数量还足以保证存在兄弟姊妹关系的时候，由于居住安排的变化，老年父母虽然仍和成年儿子及其孙子女住在一起，但兄弟们却分开另过了，家庭类型由联合家庭变成主干家庭（Parish & Whyte，1978）。因此随着家庭的小型化与核心化，家庭成员间的内部关系越来越趋于简化。

社会其他方面的变化也会深刻影响到家庭内部的人际关系。妇女接受更多教育与更大范围内参与社会工作就是一个重要的影响因素。无论在中国还是在韩国,"男主外,女主内"的传统性别分工形式随着妇女经济活动参与率的提高而不得不有所改变,家务劳动与子女照料或者由两性共同承担(虽然妇女仍担负其中的绝大部分),或者通过劳务市场或相关机构转化为社会化劳动,这不仅改变了夫妻之间的经济关系和相对地位,对家庭功能的改变也起到一定作用。

四、结　论

通过对同处于东亚文化圈、都具有"家本位"传统家庭模式的中国和韩国家庭变化轨迹与特征的分析,我们发现:在从"传统家庭"向"现代家庭"的转变过程中,中韩两国的家庭都发生了巨大的变化,且家庭变迁的轨迹与特征极为相似。

从婚姻、生育以及居住安排这些组成家庭的基本要素的变化来看,尽管婚姻的普遍性与过去相比都有所下降,但婚姻仍是大部分中国和韩国年轻人的最终选择;结婚时间普遍推迟,平均初婚年龄一直呈上升趋势,与同时期的中国人口相比较,韩国人口的平均初婚年龄更晚;两国人口婚姻的稳定性均遭到严重挑战,离婚、再婚数量大幅度增加,离婚率迅速上升,与中国人口相比,韩国人口的婚姻更不稳定,离婚结婚比更高。

生育变化的轨迹与特点是:生育的时间推迟、数量减少、性别选择的主观性上升。与中国相比,韩国妇女的平均生育年龄晚得多、总和生育率水平更低、性别选择倾向更为严重。

家庭居住安排变化的轨迹与特点是:家庭户规模呈减小趋势,数代同堂家庭减少,家庭内的代际关系趋于简化。韩国平均家庭户规模的减小趋势比中国家庭的同期变化更为剧烈、核心家庭比例更高、一代户数量增加迅速。

如果将家庭结构的变动理解为家庭本质关系以及家庭人际关系两个层面关系的性质或组合方式的变化,则从以家庭成员的婚姻关系和血源代际层次关系为依据的家庭本质关系来看,家庭规模小型化和家庭结构简单化正在成为中韩两国家庭共同的发展趋势。本文认为,研究家庭的变化不仅要考察家庭规模的变动,还需要同时凭借家庭结构的变化;而在描述家庭结构变化时,仅仅靠时点的数据是不充分的,还需要引入时期的观察以及生命周期的角度。中韩两国的数据都显示出:家庭规模与结构随着人口的生命周期以及随着时间会发生相应的变化,尽管与其他年龄组人口相比,老年人传统上更倾向于居住在大家庭中,但近年来老年单身户和老年夫妇户的比例有大幅度上升;随着时间的流逝,家庭规模与结构逐渐趋向于小型化和简单化。

在以父子、夫妻、婆媳以及兄弟之间的关系为主要内容的家庭人际关系中,随着平均家庭户规模的缩小,以及代际间居住结构的变化,夫妻关系逐渐取代父子关系成为家庭中的最主要关系,其他关系的地位与性质也都发生了显著的变化。这些变化不仅受到家庭本质关系变化的影响,也受到社会其他方面的变化如妇女接受更多教育与更大范围地参与社会工作的变化的影响。

参考文献:

1. 安秀玲:"改革开放以来中国家庭的变化及其影响",《濮阳教育学院学报》,2001(3):22—23.

2. 陈卫民:"家庭户规模变化的人口因素分析",《广东社会科学》,2001(4):127—132.

3. 丁文:"建国50年来的中国家庭巨变",《学习与探索》,1999(6):89—94.

4. 顾宝昌:"论生育和生育转变:数量、时间和性别",《人口研究》,1992(6).

5. 刘宝驹:"现代中国城市家庭结构变化研究",《社会学研究》,2000(6):31—37.

6. 刘爽:"中国妇女现存子女状况与生育选择及其转变",《中国人口科学》,1994(4):25—31.

7. 罗萍:"论21世纪中国家庭变迁大趋势",《长沙水电师院社会科学学报》,1995(4):9—13.

8. 孟芳,韩冬梅:"以人为本——家庭变化的实质",《中州大学学报》,2001(1):23—25.

9. 谭琳:"新'空巢'家庭——一个值得关注的社会人口现象",《人口研究》,2002(4):36—39.

10. 田雪原:"中国1987年60岁以上老年人口抽样调查报告",载于《中国1987年

60 岁以上老年人口抽样调查资料(电子计算机汇总)》;《中国人口科学》专刊
(1),1988(1).

11. 叶文振,林擎国:"我国家庭关系模式演变及其现代化的研究",《厦门大学学
报》(哲社版),1995(3):99—103.

12. 张枫:"孩子的价值",载张枫主编:《新时期人口问题探索》,北京:中国人口出
版社,2003:429.

13. Ahn, Byoung-Chul. 1997. *Social Change and the Family*. Seoul: Center for Future
Human Resources.

14. Cho, Namhoon & Lee, Samsik. 1999. *Population and Development in Korea: Focus
on the ICPD Programme of Action*. Korea Institute for Health and Social Affairs.

15. Coale. A. 1984. *Rapid Population Change in China, 1952–1982*. Washington D.
C: National Academy Press.

16. Freedman, Maurice. 1966. *Chinese Linage and Society: Fukien and Kwangtung*.
London: Athlone.

17. Goode, W. J. 1968. "Industrialization and family change". In S. N. Eisenstadt
(edited), *Comparative Perspectives on Social Change*. Boston: Little
Brown: 47–62.

18. Goode, W. J. 1996. "Comparing family system in Europe and Asia: Are there dif-
ferent sets of rules?" *Population and Development Review*. 22 (1).

19. Guo Zhigang. 2000. "Family patterns". In Peng Xizhe & Guo Zhigang (edited).
The Changing Population of China. UK: Blackwell Publishers: 101—114.

20. Hajnal, J. 1982. "Two kinds of pre-industrial household formation system." *Popu-
lation and Development Review*, 8.

21. Han, Nam-jae. 1999. *Understanding Modern family*. Seoul: II Sin Sa.

22. Jeon, Young-Ja. 2000. "A study of the changes of the family and the tasks of family
studies". *Korea Journal of Practical Science*, 9: 177—187.

23. Jun, Kwang-Hee. 2003. "Fertility". In Kim, Doo-Sub & Kim, Cheong-Seok (edi-
ted). *The Population of Korea*. Korea National Statistical Office: 81—113.

24. Kim, Cheong-Seok. 2003. "Household and family". In Kim, Doo-Sub & Kim,
Cheong-Seok (edited). *The Population of Korea*. Korea National Statistical Office:

亚
洲
学
术

● 2 0 0 6

Scholarly Studies on Asia 2006

205—245.

25. Kim, Tai-Hun. 2001. "Transition of the Korean rural society: On the basis of population and family changes". *Korea Journal of Population Studies*, 24: 5—40.

26. Kim, Yoo-Sun & Kim, Cheong-Seok. 2001. "Changes of family structure and family relations". In Lee, Young-Hwan (edited). *Changes and Problems of Korean Society*. Seoul: Na Num Press.

27. Kwon, Tai-Hwan. 1977. *Demography of Korea: Population Change and Its Components 1925—66*. Seoul National University Press.

28. Kwon, Tai-Hwan & Park, Young-Jin. 1995. "Patterns of household and family". In Kwon, Tai-Huwan, Kim, Tai-Hun & Choi, Jin-Ho. *Population and Families in Korea*. Seoul: II Shin Sa.

29. Lee, Gary R. 1982. *Family Structure and Interaction: A Comparative Analysis* (2nd ed. , Revised). Minneapolis: University of Minnesota Press.

30. Lee, Young-Boon & Yang, Sim-Young. 1999. "Family social service's coping to the changes in Korean families". *Korea Journal of Family Welfare*, 3: 117—148.

31. Laslett, Peter. & Wall, R. (edited). 1972. *Household and Family in Past Time*. Cambridge: University Press.

32. Leslie, Gerald R. 1973. *The Family in Social Context* (2nd ed.). New York: Oxford University Press.

33. Li Yongping & Peng Xizhe. 2000. "Age and sex structures". In Peng Xizhe & Guo Zhigang (edited). *The Changing Population of China*. UK: Blackwell Publishers: 64—76.

34. Mason, Edward S. , Kim, Mahn-Je, Perkins, Dwight H. , Kim, Kwang-Suk & Cole, David C. 1980. *The Economic and Social Modernization of the Republic of Korea: Studies in the Modernization of the Republic of Korea, 1945—1975*. Cambridge: Harvard University Press.

35. Parish, William L. & Whyte, Martin King. 1978. *Village and Family in Contemporary China*. Chicago and London: The University of Chicago Press.

36. Yim, Dawn-Hee & Janelli, R. L. 2002. "The meaning of Korean family transformations". *Comparative Studies of Folklore*, 22: 321—336.

韩
国
研
究
和
中
韩
交
流

37. Zeng Yi. 2000. "Marriage patterns". In Peng Xizhe & Guo Zhigang (edited). *The Changing Population of China*. UK: Blackwell Publishers: 91—100.

[作者单位:宋健,中国人民大学社会与人口学院
人口与发展研究中心副教授]

Changes in Chinese and Korean Families: Paths and Traits

SONG Jian

Abstract: This paper makes a comparative study with an approach of period and cohort analysis on changes in both Chinese and Korean families in recent decades by following the transitions in marriage, childbearing and living arrangements, which function as basic components of families, as well as changes in family structure. The main findings are that in the process of the transition from "traditional families" to "contemporary families", both Chinese and Korean families have seen many changes with great similarities in characteristics against the background that both countries share the same East Asian Culture and traditional "family-centered" pattern.

Key words: China; Korea; Family Change; Comparative Study

日本研究

重叠与融合

——日本当代美术的文化透视

潘 力

【内容提要】 20世纪90年代以来,伴随全球经济一体化进程而日渐活跃的多元文化融合,使日本这个历史上的单一民族国家从社会心理到个体心理都经历着多层面、多方位的深刻变化。西方当代文化的形态与内涵更多地为日本新生代艺术家所认同和接受,非意识形态化的艺术空间得以进一步开拓;国家历史、文化传统也逐步进入艺术家的视野,他们通过对日常生活的反省和对传统文化的当代命运的思考,以多种方式表述个人的生命经验。作为在以消费文化为主流的社会环境中成长起来的新一代,他们直接面对世界当代艺术的最新状态,日本文化在全球文化中的特殊地位也成为他们明确自身位置的一个现实坐标。他们的生命经验和文化视野显然比前辈艺术家更加丰富和开阔,他们更能反映当代美术在专业类别和地域界限日渐淡化之后所具有的多元性和兼容性。

【关键词】 日本;当代美术;新波普;互动;个性化;影像

日本在近代经历了两次外来文化的大规模入侵,如果说19世纪末明治维新的文明开化还在某种程度上受制于封建国粹势力的顽固抵抗的话,那么,伴随着第二次世界大战的战败以及美军占领而涌入的西方文化尤其是美国文化,则在很大程度上冲击了日本的民族自信和文化自觉。在随后数十年的冷战时期,日本从政治、经济到文化实际上一直处于美国的巨大阴影之下。这种被日本人自己称为"人工制造"的和平生活,虽然确保了在非正常状态下的奇迹般

日本研究

经济崛起,但由此造就的"现代日本"其实在许多方面都处于失衡状态,这种失衡正是战后日本社会乃至文化和美术界迷失、骚动的真正根源。在美术界,这种状态至少持续到20世纪70年代,美术作品的种类及美术家的心理变得异常沉闷,美术评论文章也变得像诗一样令人难以理解。直到柏林墙倒塌、意识形态的对峙随着冷战的解体而消失,日本才迎来真正属于自己的"现代美术"时期。

今天,伴随全球一体化进程而日渐活跃的多元文化融合,不仅使个人的身份体认不再具有某种单纯民族的意义,语言乃至文化的属性也被赋予了更多层次的属性。日本这个历史上的单一民族国家,随着国际化的进程,正在从社会心理到个体心理经历着多层面、多方位的深刻变化。从这个意义上观照日本艺术家的个体活动以及当代美术界的整体走向,可以看到许多新的生长点。

一、寻找新的出口

从整体上看,20世纪60年代末至90年代初是日本现代美术的旺盛期,尤其以1986年在法国蓬皮杜艺术中心举行的《前卫艺术的日本1910—1970》为标志,以及后来在欧洲各国连续举行的《再构成:日本的前卫1945—1965》、《重归自然》和《原始的灵魂》等展览,既是日本战后对美术发展的研究和总结,也确立了其与国际接轨的势头。日本美术评论界也自豪地声称,这一系列展览让全世界看到了至今为止向海外介绍过的、以重视无色彩材料的禅宗式、精神至上的美学为主的作品——即欧美想象中的日本式现代美术作品——与之不同的日本现代美术的一面。同时,日本的现代美术家也广泛地为国际所认知,1988年的威尼斯双年展上就出现了多位日本艺术家的身影。

另一方面,自20世纪90年代以来,随着泡沫经济的破灭,社会发展趋于停顿,政治改革迟迟无法奏效,经济重振难以找到出口,国民心态普遍产生幻灭的危机感。随着政府内部机制改革的冲击浪潮,美术基础设施首当其冲。一些为战后美术作出很大贡献的私立美术馆不得不关闭,个别名牌画廊也停止了活动。国立美术馆由原来的政府拨款运作变成了独立行政法人单位,即从以前的教育机构变成了服务部门,研究经费和行政开支成为各美术馆面对的两大严峻课题。被动等待政府或美术馆自身的改革已没有出路，而从客观出发，积极参与构筑新的美术发展平台，重新认识和评介这种在新的社会关系中美术的存在方式，成为日本新生代艺术家面临的重大课题。

近十年来，就艺术家的个人活动而言，虽表现得仍较传统和谨慎，但综观整个艺术家群体，在全球化及多元文化的冲击下，不仅开始对整个亚洲的美术表现出关心，而且完成了典型的追求异国情趣阶段。更多的艺术家积极地将自己置身于"国际事务"，将目光投向欧美，这无疑是比日本更肥沃、更广阔、更有生命力的美术土壤。对于许多艺术家来说，现在只要立足日本，就能频频接到海外美术界的各种邀请，再也不用像前辈艺术家那样为了实现自己的抱负而悲壮地远离本土，到海外去寻求知遇。虽然这种背景下的艺术已不可能像80年代那样注重材料的表现力而产生厚重的存在感，也不可能具有70年代美术深刻的观念性和50年代美术激烈的政治性，但新生代艺术家们已从背负单一的民族责任而变得更具有世界性。从活跃在国际舞台的奈良美智和村上隆这两位"新波普"艺术家身上就可以看到，他们已超越了偶像崇拜和狭隘的民族主义，这与其说是日本的原始价值观的回归，不如说是消费文化的潮流导致具有日本风格的新波普艺术在国际上得以流通。

奈良美智的作品有一股沁入人心的魅力，他艺术的基点始于在日本几乎老幼皆宜的即兴式线描卡通，那些相貌奇异的儿童和动物形象有着令人过目不忘的特征，儿童画般的造型和色彩，纯真而轻逸，使得凡是看到它的人们总不免重又拾起那些已经过去了的童趣以及似乎已经疏远了的情感。大学毕业后长年旅居海外的生活经历使他的作品更有一股日本式的温暖情怀。从他笔下的小女孩形象上还可以看到传统的日本能剧面具和浮世绘工笔仕女的渊源，更引发观者和他一道在日常生活中寻找回忆的痕迹，与作品中的小女孩、小动物一道，再次体验孤独、迷途甚至无家可归的共同经验。奈良美智说："我的作品所要表现的，就是要使人们能够往返于作为成年人的现在的自己和童年时代的自己之间。"这种"往返"的心路旅程，对于生活在当代社会的人们来说，无异于是对本真自我以及生命意义的追问。

村上隆的艺术展示的是一幅日本当今流行文化的热闹图景。他获得东京艺术大学日本画专业有史以来的第一个博士学位，十余年的传统艺术教育赋予他的是更准确和从容地把握自己的当代定位。面对东西方流行文化的冲撞与融合,他看到了本土传统与西方当代艺术之间的巨大差异,他将米老鼠的变体形象植入自己的作品并成为独特的视觉符号,试图以多种综合视觉元素反映战后日本与欧美之间的文化交流。他强烈意识到"西方的当代艺术与日本的艺术创作是截然不同的,重要的是我们这一代人如何不依靠任何固有的文化体系而创造出最本质的东西"。他还敏感地意识到日本"蛰居一族"(日语"OTAKU")的生活状态和价值观念对日本当代艺术走向的影响,漫画、电子游戏和卡通动画几乎是他们生活的全部内容,他将其视为日本流行文化的"发动机",并创立了被称之为"超平面(Superflat)"的风格和理论,作品形象趋于平面化以及可爱、性幻想与暴力的融合,艺术的当代性在他的作品中得到了轻松诙谐的诠释。他的作品形式涉及绘画、雕塑、装置乃至行为,卡通造型也已经完成了从平面到立体再到玩具的演变,他认为这是机会、精力与金钱在最合适的时机投入而产生的一种作为"场"的美术。他的艺术从形式到内容都瓦解了精英文化与通俗文化之间的隔阂,使自己摇身变成制造流行及商业文化的人,并寻找艺术与商业之间新的融合可能性。他的作品不仅在日本人见人爱,而且成功打开了欧美市场。在最近举行的新产品发布会上,他看上去更像是一位老道的玩具开发商。他认为已经定型的美术概念已毫无意义,确切地说他正致力于建立当代艺术的"商品观"。

在纯艺术和大众文化、现代主义和后现代主义的定义愈趋模糊的今天,通俗文化已经日渐取代传统的美术概念。在现代商业社会中,商业流行文化和时尚消费文化越来越从一种"亚文化"形态变成为主流文化形态。在日本,作为其经典文化象征的佛像、浮世绘和歌舞妓等传统符号已经被卡通形象所取代,以动画、漫画、电子游戏等为代表的卡通文化不仅成为影响全球消费市场的重要亚文化产品,更反映在以其为蓝本的大量当代艺术作品中,进而彰显出明确的日本身份。欧洲的评论家也从中看到了日本式卡通艺术在商业化的推动下向全世界进一步扩张的势头,并将其称之为"新日本主义的冲击"。

二、跨越边界的互动

进入 21 世纪以来,全球经济一体化导致文化艺术商业化的程度进一步扩大,当代艺术日趋个人化、行业化。过去那种有着明显理想主义色彩的艺术团体或艺术群体正逐步消失,这是日益国际化的当代艺术形式与日益成熟的艺术商业市场互动的结果。在日本,这种趋势表现为当代美术概念的日益泛化,即向周边领域的扩张与渗透,与设计、时装、建筑、音乐、漫画等领域发生日益密切的互动与整合。当代美术在其界限显得日渐模糊的同时,也随之产生新的内涵与外延。还有一个重要因素在于日本国民普遍具有较高的文化素质,他们也从正面积极回应了当代美术向日常生活的贴近。尽管 20 世纪 90 年代泡沫经济的破灭以及亚洲金融风暴的打击使日本经济一蹶不振,但作为世界经济大国之一,日本的物质生活依然极其富裕,加之没有意识形态及民族、宗教等方面的尖锐对立矛盾,尽管有不安的潜流,但整个社会表层依然平静,依然维持着消费型文化的表面现象。因此,都市环境、经济生产、生活消费以及生态、能源等课题也陆续进入了新生代艺术家的视野,当代美术中的前卫性、批判性被现实的技术性所部分地消解。最引人注目的特征就是在艺术家的推动下,掀起了对 20世纪的日本文化走向进行全面"再评价"的浪潮,即以新的角度、新的视点重新审视各领域在当代环境下的方位,重新界定当代美术之于日常生活的作用,由此重新认识日常生活,并对新的时代产生更深切的感悟。随着不同领域的重叠与融合,导致新的文化价值思考,在交叉中使艺术类型更加多元化,并产生新的动力。

　　城市空间的拥堵是日本在现代化过程中无法回避的重大课题。先天不足的自然环境加之日益向大城市集中的人口所产生的弊端,使艺术家和建筑师们不约而同地将关注的视线投向都市生活空间。他们以积极的态度探询环境、社会、生活的相互适应,从根本上说正是在探索真正意义上的现代主义。自 2001年开始的"东京住宅楼再生计划",也是从"再评价"的立场出发,针对自 20 世纪 60 年代以来日本经济高速增长时期建设的大量住宅楼群面临的老化问题。其主张并不是一味地对所有的古旧建筑物进行简单意义上的维修或拆除,更确切地说是从一个新的侧面去体验都市、体验建筑和体验日常生活。建筑是受环境影响最明显的产物,是人和都市发展、变化最鲜活的写照。通过对都市的分析和观察,将建筑不仅仅作为建筑本身,而是将其作为人和社会之间的关系去认识。建筑与人的生活方式、社会状况、场地与景观、阳光与空气、建筑材料之间的关系成为艺术家和建筑师们关注的课题。建筑设计师以艺术家的身份解读建筑观念和公共空间,这是当代建筑师的新使命。这种实践的意义在于它赋予构想、创造和发展建筑以新的可能性,显现出建筑家融入当代艺术潮流的意义,也从另一个角度揭示了当代艺术与建筑之间的关系。

建筑设计师琢本由晴与贝岛桃代联手组成工作室,他们将目光投向人口、建筑高度密集的都市中心区,作品意识是指向空间的实践。由于建筑与道路的交错分割,许多空间被切割得狭窄细长、支离破碎,这是日本尤其是东京地区的典型特征。他们关注这些都市的"间隙",从中引申出对人类生存环境与生存状态的关切。琢本由晴认为,"使用"的概念是意义深远的,他不仅从能量、技术等宏观的视角出发,还从都市使用的微观视点出发,将都市空间的再利用作为交流、沟通的课题。他们为这些在日本人眼里司空见惯的细碎空间度身制作出各式各样极富幽默感的"建筑物"并集中展示。由于尺度上的关系,当观者进入这些建筑物时,不禁会下意识地质询身体与建筑、生活及社会的关系,被称之为"知觉都市的装置"。

新世纪的特征是改进现状,组成新的设计结构。设计师坂茂的独特之处在于将纸质材料用于建筑,他将纸、竹、木等材料的性能发挥到极致,为此进行了十余年的研究。从 2000 年开始,他将纸质圆筒作为建筑的骨架。从卢旺达难民营到阪神地震的临时住所,从日光浴的休闲族到流落街头的露宿者,他尝试不同类型、不同需求的建筑。纸的使用在日本传统建筑中占有十分重要的地位,不仅和日本的环境、气候有关,也反映了日本民族亲近自然的审美心理。他在追求材料的形态与配置的同时,还致力于壁面的开放性,即内外的连续性,在感觉上消解内外的阻隔,演绎日本传统的空间概念,使他的作品既有建筑学上的合理性,又具有更加开放的韵律之美。

一般而言,对于生产和消费体系来说,循环周期最短的是服装行业,而中川正博却对此提出了质疑。他于 1990 年至 2002 年展开的"再利用计划"发出了在大量生产—大量消费的循环中被忽视了的"再利用"的呼声,并强调以服装为媒介的物质与人的精神之间的关系。他征集参加者的旧衣服,将其重新加工成新款服装,再送给参加者。这一行动不仅具有大量生产的特征,同时也使旧衣服再生成了流行服装,这种行为被视作 21 世纪进入"再评价"时代的一个仪式。同时,在"再利用"的思想基础上消费系统的服装循环这一论点虽然被大多数人所接受,但与中川正博的思想体系不同的是设计家皆川明指出服装不应该是流行一时的,他认为服装应该有更长的生命力和更宽泛意义上的内涵,特别是设计、生产现场不应是大批量生产的根据地,而是要探索给设计注入温暖和感情的方法。

服装设计师真田岳彦基于"解放的造型"的理念,将服装理解为人体的延伸而不是附属物,制作出一系列"被打开的服装"。以服装为原型的软材料犹如被切割下来的皮肤或肢体,形成一种开放、扩散的趋势,使人体悟到日本文化中关于内部与外部的关系的概念,传达出对人体自身的感性认知和理性思考。作为作品的材料,他还特意种植了苎麻,并将此理解为对生命的栽培。作为"活着"的过程,培育这个生命的气候、环境等诸因素也成为作品过程的一种体验。真田岳彦最近又开始一个新的系列《冲／动》,这是他一贯主题的延展。既是独立的造型物,又明显类似毛皮动物躯体的某一部分,是他对生命形态的另类表达。当观者抚摩这些形态各异的造型物时,仿佛能感受到生命的温度和冲动。

从 20 世纪 90 年代后期开始,生态、能源、环境等多学科跨越的影响使日本设计界面临着历史性的转换期。重新认识日常生活、赋予设计以更大的开放性成为设计界的新课题。深泽直人善于从日常生活中人们下意识的行为上发现设计的新的生长点,他的设计体现了人们的共通感觉,尽管在外观上没有什么新奇之处,但仔细品味,便可体会到视觉化、身体化的设计语言。他关注的是生活的实质,期盼着能够从事既普遍地存在于日常生活中、又能唤起某种未来感的设计,而且也将其作为现代美术走向生活的主要途径。

八谷和彦的设计是让观众往返于现实和非现实世界的装置。自 20 世纪 90 年代中期以来,他就以极其个性化的方式展开创作,主要作品有《视听交换机》、《空气板》等。他还从事计算机软件的设计开发,在不断推出新作的同时,软件的升级换代也在进行。类似企业产品开发的创作行为,体现出新生代艺术家的理想与创造性以及对"交流"的价值观的体认。他的艺术与高科技紧密相连,最新作品《自由的天空》,是一架由他设计的遥控滑翔飞机,并已完成了试飞,被他称为"天空向个人开放工程"的第一步。虚拟物的实体化将高科技与动画世界的模仿创造性地结合起来,并在喷气马达的轰鸣中体验身体的感受。他甚至设想将这个计划继续推进到设计出可供人乘坐并起飞的真正的滑翔机。"凡是被认为不可能的事情其实都是有可能的",他以智慧和勇气拓展着当代美术的理想与空间,同时也可以预见"新媒体"艺术最有可能转化成时尚消费对象的技术游戏。

中村哲也作品的切入点是强调物体感性的表面形态。通过具有视觉冲击力的造型和表面色彩渲染等效果,使一个没有任何机械装置、没有动力的造型产生速度感。他的作品《世界最高速度》,是飞机、摩托车、汽车的变体以及各种异化造型。中村在大学期间学习的是日本漆艺,漆艺是一种取决于表面加工而体现出最大限度价值的传统工艺,他致力于探索工艺和美术的界线。《世界最高速度》通过表面加工的手段改变漆艺的传统价值观以及观赏方式,让观者通过作品的外表去追求表层和感情的一致,通过形象的异化提示生活的异化。

三、个性化的"场"

从历史上看,日本人的自我意识由于长期受神权天皇制的制约而难以得到正常的生长。明治维新之后,由于尚未从根本上扭转传统的价值观念,尤其是文化意识依然沉浸在深重的封建性之中,因此,新的价值体系始终无法真正建立。整体而言,这也与日本的文化传统有着密切的关系,根深蒂固的等级观念导致了独立人格和独立思想的缺失,使得近代以来日本文化中所萌生的个性意识和主体精神难以形成气候。同时,建立在以家族共同体为中心的社会结构之上的"群体本位"的文化传统导致忽视人的个体权利和独立价值。现代以来,西方以"个人主义"为中心的人文思想对日本人的性格模式形成了强烈冲击,致使其内部产生了矛盾与对立,其结果是促使日本人产生了向自我内部寻求主体意识的封闭性格,即向内追求个人感觉、情绪的自由与释放,可以说这种性格模型一直延续到了今天。同时,现代化的进程已经极大地推进了日本文化的创造性转化,并提供了日本人重新确立自我意识的可能性。尽管依然可以从新生代艺术家的作品中看到自省式的生命体验和向往内部的感性追求,但是所表现出的风格与特征已渐趋个人化,逐步摆脱内向的、封闭式的"个人主义",对个人生命经验的感悟也更多地与外部现实联系起来,人类的生存状态、全球性的环境危机等"重大题材"也正在更多地为年轻艺术家们所关注。

矢野部贤治的作品主体是各种灾害情况下的救生装置,在沉重的忧患意识后面,蕴含的是"再生"的信念。20世纪60年代日本的经济起飞几乎使所有人都对光明的未来满怀信心,但科技进步和人类欲望的直接后果并不仅仅是光明。日益加剧的环境污染、泡沫经济的崩溃、核电站的泄露事故等等,矢野部贤治在现实面前有一种危机感。切尔诺贝利核电站的事故现场采访之行成为他艺术的新的基点,虽然已成废墟的游乐园再也听不到儿童的笑声,但重要的是他还遭遇了明知有生命危险却依然离不开熟悉家园的当地人。直面生死的跌宕历练,使他经历了独特的生命体验,也由此孕育出更积极的作品观。从死亡绝境中的幸存者到对"再生"的期盼,是他作品的清晰路径。"到未来的废墟去"、"作时间的旅行",他常用"妄想"来解释自己的作品,而超越"妄想"的现实使他的艺术有了新的切入点,表达出他往返于现实与虚拟世界之间的思考,那些硕大且笨拙的装置里寄寓的是对人类生命的不灭理想。

西尾康之的雕塑以自身感受为基点,表现他对存在于万物之间的"生命"体验。一般的雕塑制作程序都是先做出泥胚,然后再翻铸模型,西尾康之却是直接用黏土捏制模型,继而灌注石膏或水泥,被称之为"从内部向外的造型",这一过程被他形象地描述为"子宫中的胎儿不断地向外界表现自己的存在"。他不借助任何工具,完全靠手指造型,其难度可想而知。作品题材从人物到各种动物及其变体,造型缜密而细致。更重要的是他的指纹以及手指运动的轨迹直接浮现在作品表面而成为作品的一部分,凸显了"生命"的痕迹。他将黏土视为万物的母体,而自己则是孕育其间的胎儿,作品制作的过程就是体验生命的过程。同时,他的作品从色彩到表面肌理还具有日本远古的绳文时代土俑的典型特征,跨越12000年的时空距离,他在现代造型上追寻源远流长的生命存在。

平田五郎的作品具有明显的个人化特征,他追求的是通往自身内部的心灵之旅。他曾在郊野的空地上挖掘只能容下自己身体的坑穴,并在坑壁上敷以石蜡。当他蜷缩在坑底仰望天空,眼前蓝天如洗,石蜡的颜色在阳光下发生变化,他的心境也随之变化。他还在北海道结冰的湖面上用冰雪堆砌小屋,随着季节的推移,一切又消融于自然。他还独自前往冲绳的亚热带丛林,漫无目的地行走,然后在没有人烟的荒野用蒿草搭建小屋,并且在第二年故地重访,与小屋再度相会。这一系列的作品过程只属于他自己,没有第二个人参与或目睹,除了拍下的照片之外,作品完全积淀在他自己心中,正如他总以"家"作为标题一

样,平田五郎将这些行为与作品视为自己心灵的归宿。近年来,他更将这种追寻心灵之"家"的思路扩展为颇具规模的旧屋改造计划。日本在都市化进程的影响下,偏远地区的人口日益向大城市集中,平田五郎在爱知县佐久岛上找到了因此而空置、荒芜的大量民宅,他通过组织人力、利用当地材料进行修缮,将其装置化、作品化,以表现当地的风俗民情和文化元素,"家"的主题在这里得到了进一步的演绎与延伸。

四、影 像 的 意 义

20世纪六七十年代,日本激变的社会景观促使艺术家们开始在个体与世界的对峙中涉寻日本人的心理现实。如前所述,战败的打击使日本的民族自信心濒临崩溃,无法接受的事实使他们在相当长的时期内一直迷困于对现实的确认以及对自我身份确认的焦虑之中。由此,对真实与虚幻的辨别、对自我与现实的认知以及个体与环境的关系等便成为日本现代艺术潮流中极具个性的潜在主题。"视觉与实在的关系"、"视觉与现实的不一致性"等也成为延续至今的命题。20世纪90年代以来,随着因特网技术的普及,"虚拟"与"现实"的对话再一次引发艺术家们的激烈回应。而随着对图像本质认识的延展以及技术条件的成熟和手法的多样化,影像作品也日渐成为新生代艺术家们热衷的形式,装置、行为等因素的介入使作品更具当代特征。他们生活在一个物质相对丰裕的消费社会之中,这个消费社会也正处在以电脑、数字技术、生物技术为代表的科学技术突飞猛进的年代。他们几乎就是伴随着电视、卡通、图片和影像而成长的一代,因此在进入艺术创作时,选择他们最熟悉的方式与手段则顺理成章。媒介、影像热拓宽了他们参与艺术创造、拓展精神生活的空间,也使艺术创造和个性发展的多样性成为可能,同时更深刻的是一种民族式的精神体验。

小野寺由纪1993年移居法国,作品主要是黑白摄影。她曾经的《旧衣画像》系列,悬浮在阴霾天空下的女装寂然而惶惑,人物形象的缺席似乎在提示自我身份的游移和模糊;2003年开始的《服装倒错》系列则是人的大逆光全身像。她将这些剪影作为一种没有性别的符号,是一个封闭的自律性系统,当观者的想象在这些符号间徘徊时,看到的是万籁俱寂地包容着世界的身体。它指涉人们尽管生活在视觉富裕乃至过剩的当代环境中,却依然承受着视觉饥饿与匮乏之苦。由于我们正日益沦陷于人为符号之中,五花八门的形象所构成的视觉紧逼和包围几乎成为每一个人日常生活的景观。当这种视觉刺激无所不在并不断强化时,它也在钝化乃至麻痹人们对各种新鲜形象的视觉敏感。小野寺由纪有感于在日新月异的视觉轰炸之下,任何刻意塑造的形象都面临失去感染力的命运,人们对其视而不见、冷漠的心态导致对都市文化和消费文化中形象重压的逃避。随着形象和性别的缺失,她的作品告白了回归自然、渴望自由的心境远不是某种具体物象所能代替的。这些几乎没有细节的影子们,如同无语的哑剧演员一般在引领观者解读她寄寓在黑暗中的心灵密码。这是让身心回归自然的选择,是对人为的形象压迫的反抗。

安村崇拍摄的《描摹自然》系列将"自然"作为一个泛化的主题,通过辨析真实的自然与"自然的图像"的关系,提示其中理性化的"图式"概念。他将"自然"分为"自然的风景"、"被模仿的自然"、"自然与人物"、"被模仿的'自然与人物'"等多个层次,并以自己的理解来分别拍摄它们。他认为印象中的关于"自然"的概念,其实都是各种媒介"描摹"的模仿物而非真正的自然本身。"自然与人物"虽是极普通的题材,但安村崇的独到之处在于将其与"被模仿的'自然与人物'"作并置与对比。《"描摹自然"的卷轴与人俑》就是这个主题的代表作,风景画与人俑的关系将"自然与人物"的关系图式化,以此重新解释视觉体验与记忆习惯的关系。

花代的摄影漂浮着一股梦幻般的情绪。从幼时开始她就在父亲的影响下摆弄相机,无法言说的色彩与气氛并没有随着年龄的增长而消退。20世纪90年代初迁居德国之后,她才开始真正意义上的职业摄影,依然是凭感觉按下快门,完全没有"作品"意识。她似乎对"主题"也没有兴趣,"作为艺术家,没有必要用语言去整理自己的作品,我只是对自己有感觉的东西按下快门而已",她拍摄的大多是周围的生活,更多的是自己的女儿,剩下的工作则全部留给了画廊的经纪人。貌似琐碎、不经意的画面引导出没有具体象征性的精神思考,斑斓的色晕中流淌的是女性特有的心迹。画面的无序与混乱,打破了视觉的习惯秩序,令人仿佛徘徊在神圣与庸俗、现实与虚幻之间。

柳美和从20世纪90年代后期开始的《电梯女孩》系列,以摄影和计算机图像合成技术的手段,展现了现代商业化日本社会的典型景观。有感于日本式的礼仪规范在当代环境的延异,她选择了大商场的电梯导购小姐形象作为日本现代文化和艺术的隐喻,这些着装划一、言行呆板的女性们如同没有个性、失却自我的模特儿,映射出日本现代文化的危机。如果说《电梯女孩》系列是对集体无意识的呈示,那么她在最新开始的《孙女》摄像装置系列中,则将镜头转向了个体表现的领域。她录制不同国籍的老年妇女们对自己祖母的回忆,另外再征集当地的少女为画面配音。作品的展示效果是,画面上老人们在侃侃而谈自己的往事,流淌出来的声音却是少女们在娓娓道来。形象与声音的倒错导致了时空的倒错,使她们仿佛回到往昔的少女时代。柳美和在看到现实社会的同时,也将她自己的理想家园和希冀赋予了作品。

畠山直哉是新生代摄影家的中坚人物,他的作品放弃了传统的浪漫主义手法,通过对地形地貌的精致描绘,致力于表现"漠然的世界表象",以定格时间的流逝过程,表现出多样化的时间之"像"。他大多选择不受人关注的厂区和矿山等场景,记录特定地区的一些发展细节,严肃指出自然界已经全方位地遭遇人类的侵蚀,他为此拍摄了大量的矿山爆破场面。《爆炸》系列就是他2003年应邀拍摄的德国一处废弃矿区建筑的爆破拆除过程。较之直观的裸露和呈示而言,这更是一种内在的隐喻。他表明爆炸将形成有害物质,而开采矿石、提炼铀、再产出核能等一系列活动,无论是和平利用抑或战争,都是在产出有害物质。连续不断的爆炸无疑在将世界推向灾难,而且人类还在继续通过科学手段不断向自然界挑战。《爆炸》系列由此诉说人与自然的关系,呼唤当代社会对人类自我走向的思考。

20世纪90年代以来,随着全球经济一体化进程的日益加速,西方当代文化的形态与内涵都更多地为日本新生代艺术家们所认识和接受,非意识形态化的艺术空间得以进一步的开拓,国家历史、文化传统也逐步进入艺术家的视野,他们通过对日常生活的自觉反省和对传统文化的当代命运的思考,运用多种方式来表达个人的生命经验。同时,有更多的艺术家到国外交流和生活,当个人空间得以进一步扩展的时候,对现实的批判意识就逐渐转化为一种积极的生存态度。不难看出他们都有强烈的本民族文化意识,他们的作品大都具有鲜明的日本身份,但这远不是狭隘的"国家主义"所能解释的。他们大多出生于20世纪六七十年代之间,作为在以消费文化为主流的社会环境中成长起来的新一代来说,他们不像上一代艺术家那样背负沉重的人生履历和严肃的文化使命感。

他们直接面对世界当代艺术的最新状态,日本文化在全球文化中的特殊地位成为他们明确自身位置的一个现实坐标。因此,他们的生命经验和文化视野显然比前辈艺术家更丰富和开阔,于是可以说,全方位的重叠与融合,使他们更能反映当代艺术在专业类别和地域界限日渐淡化之后所具有的多元性和兼容性,作为一代跨越艺术边界的艺术家所体现的文化价值,无疑将使日本当代艺术具有更大的开放性。

(原载《美术观察》2005 年第 4 期)

参考文献:

1.《美術手帖》,1995—2004 年各期,日本東京美術出版社.

2. ROPPONGI CROSSING. 日本東京森美術館展示カタロク,2004.

3. 片岡真実. 個の共鳴:日本美術の新しい展望.

4. 紫牟田伸子. Reから次へ.

5. 畠中実. 交差点の想像力.

6. 潘力:《日本美术:从现代到当代》,石家庄:河北教育出版社 2000 年版.

[作者单位:潘力,中国人民大学徐悲鸿艺术学院副教授]

Overlap and Fusion - Cultural Perspective of the Japanese Contemporary Fine Arts

PAN Li

Abstract:Since the 1990s and along with the increasingly active multicultural fusion resulting from the worldwide economic integration advancement, Japan, a nation historically with one single ethnic group, has been experiencing profound multi-stratification planed and multi-positioned change from both the social psychology to the individual psychology. The form and connotation of western contemporary fine arts is more recognized and approved by Japanese new generation artists; the non-ideology art space has been further developed; the national history and the cultural tradition have also gradually entered artist's field of vision; through daily life introspection and serious thoughts on traditional culture's modern destiny, artists express individual life experience in many kinds of ways. The new generation, who grow up in a social environment dominated by consumer culture, directly faces the newest condition of the world's contemporary art. The special status of Japanese culture in the world serves as a realistic grid reference for them to position themselves. Their life experiences and cultural vision are obviously richer and broader than the senior artists. They better reflect the pluralism and compatibility of the contemporary fine arts after the gradual desalination of the specialized fields and regional boundary.

Key words: Japan; contemporary fine arts; new pop; interaction; individuality; image.

战后日本的农地问题和农地制度

金 洪 云

【内容提要】 战后日本农地改革的核心是《农地法》的颁布与实施,它使日本的农地制度发生了彻底的变化。但《农地法》自身存在着根本性的矛盾,即仅仅把目标固定在自耕农土地所有制的维持与固定上,因而逐渐不能适应经济的发展变化,并成为阻碍生产力发展的因素。通过对战后日本农地问题变迁的分析,本文指出了《农地法》所面临的挑战,进而阐述了日本农地政策的发展变化、当前农地政策所面临的课题及今后农地政策的发展方向。

【关键词】 农地改革;《农地法》;农地政策

一、农地问题的变迁及其《农地法》

(一)日本农地改革与《农地法》

日本的农地制度,其内容在战前和战后有着根本的区别。战前的农地制度是以不平等的所有、高额佃租、身份上的隶属关系为特征,而战后的农地制度则是以所有上的平等、低额的佃租、民主的关系为特征的。使农地制度发生这样翻天覆地变化的,则是战后实施的农地改革,特别是将农地改革的成果加以固定化了的《农地法》。农地改革从根本上否定了战前农地制度,同时它又是战后新农地制度的出发点。①

---

① 农地改革的历史过程,参见晖峻众三:《日本農業問題の展開》(下),第七章第五节和第六节,东京,東京大学出版会,1984;而对于农地改革内幕可参考当时农水省农地课课长东佃四郎:《昭和農政談》,家の光协会,第 2 版,1981。

亚洲学术

● 2006

Scholarly Studies on Asia 2006

《农地法》的中心或是最为根本的一点是对租赁的限制,而其他的所有规定与此相比较,实际上都是一些补充的、次要的规定。① 这一点意味着,《农地法》的所谓自耕农主义,实际上是形式上的自耕农主义,是一种缺少实际内容的自耕农主义。之所以这么说,是因为:《农地法》将农地政策仅是从佃耕地向自耕地的转化作为政策的定位,并把政策实施的中心置于其上;同时,《农地法》对于理想的农地主体,从根本上缺少积极的未来蓝图。将农地所有形态作为纯粹理念予以追求,这就是《农地法》的根本逻辑。②

不难看出,《农地法》本身存在着根本性的矛盾。对于任何农地制度来讲,到底什么样的农地制度对农业生产的发展是理想的,绝不是一成不变的。它要根据一定时期具体的农业生产力的水准及其农业经营的内容来制订。与此同时,如果生产力的水准和农业经营的内容发生了变化,与其相对应的农地制度也应该产生相应的变化。但日本的《农地法》从一开始就似乎从根本上缺少这方面的认识。《农地法》仅仅着眼于农地的所有形态,并仅仅把目标固定在自耕农土地所有制的维持与固定上。③ 其后,《农地法》不能对应于经济的实际变化,并成为阻碍生产力发展的因素,则完全是事之必然。事实上,高度经济成长期以后的日本农村经济的发展,逐渐使《农地法》的局限性显露出来。

(二)战后农地问题的产生

随着日本经济的高度成长,农业劳动力数量的剧减,农业机械化的发展,农产品的激增等现象开始表露出来。这种农业结构上的变化,在促使各类农地移动的活动频繁进行的同时,对《农地法》提出了现实性要求。《农地法》的"农地归耕作农民"的方针,实际上起到了固定零散农地所有,阻碍农业生产力发展的作用。④ 高度经济成长时期农地问题性质上的变化,可以说是现实本身对《农地法》的批判。变化表现在以下几方面:

---

① 关谷俊作:《日本の农地制度》,农业振兴地域调查会,1983。
② 同上。
③ 参见梶井功:《农地法的土地所要の崩坏》,第四章第一节和第二节,东京,筑波书房,1987。
④ 同上。

1. 自耕地的买卖

在现行《农地法》制度之下,作为耕作目的能够买卖耕地的,被限制在耕作农民。换言之,《农地法》禁止农外资本为获取佃租而对农地的购买。在 1950 年农地价格自由化以后,自耕地的买卖交易虽然有微量的增加,但其绝对水平却仍然处于低位。从表 1 我们可以看出,根据《农地法》有偿所有权转移规定,1953 年时自耕地的买卖交易量为 3 万公顷,1965 年达 7 万 4 千公顷,交易件数为 37 万起,到 1973 年为止,自耕地的买卖交易量一直维持在 7 万公顷的水平上。但在 1973 年石油危机以后,开始出现阶段性的减少,而进入 80 年代以后,交易量急剧减少,一直停留在 3 万 5 千公顷到 3 万 8 千公顷的水平上,而 1986 年仅有 14 万件,2 万 2 千公顷。

表 1 日本农地移动的变化 （单位:公顷）

| 年份 | 自耕地有偿所有权转移 | | | 租赁权设定 | |
	北海道	都府县	合计(其中,根据利用增进法)	《农地法》	利用增进法
1953	7 390	22 931	30 321	5 345	
1955	9 334	29 771	39 105	3 982	
1957	8 331	38 534	46 865	3 465	
1959	13 849	38 148	51 996	2 719	
1961	19 924	42 143	62 067	2 495	
1963	29 470	41 279	70 749	6 447	
1965	33 406	40 541	73 947	2 462	
1967	31 658	40 670	72 329	2 106	
1969	34 746	42 058	76 804	4 064	
1971	35 143	34 083	69 225	3 293	
1973	35 060	38 769	73 828	4 608	
1975	22 395	25 173	47 568	5 909	11
1977	20 328	25 964	46 293	9 352	2 796
1979	16 233	24 104	40 338	9 865	15 670
1981	12 346	24 538	36 884(1 390)	7 953	31 393
1983	13 375	24 565	37 940(10 160)	6 059	39 191
1985	14 060	24 038	38 098(13 303)	5 815	39 463
1987	13 117	21 077	34 193(13 198)	5 374	46 630
1989	15 192	20 894	36 087(14 992)	5 448	49 655

资料来源:農水省:《農地問題に関する統計資料》(1972 年),農水省:《農地の移動と転用》。

与以上农地移动的动态相对照,我们不难认识到以下几点:

第一,移动率较低。1986 年的农地移动率仅为 0.4%,即使在发生大量移动的 1965 年,移动率也不过是 1.2%,而另据推测,战前农地的移动率基本上在 3% 左右,两者相比较农地的移动率已降低到原来的1/10左右。

第二,每次交易的平均买卖面积为 14 公亩,可见交易具有极为浓厚的零打碎敲的色彩。例外的是北海道地区,平均为 260 公亩。

第三,农地移动的方向是由下向上。即小规模的农地向大规模农地集中。从自耕地买卖的阶层来看,以 1 公顷为界,其下是卖方超过买方,而超过 1 公顷则是买方超过卖方(农地移动的阶层性问题,在下面将会论及)。

从以上可以看出,农地的买卖是在逐渐向规模扩大的方向发展,但其速度却极为缓慢。

2. 农地的租赁

替代农地的买卖而成为农地流动中心的是农地的租赁这一形态。日本关于农地的租赁,有两种相关的法律规定。一种是基于《农地法》的"租赁权的设定",而另一种则是基于在 1975 年以后开始实施的农地利用增进事业法的"利用权的设定"。虽然在这里"租赁权"和"利用权"的称谓不同,但其实质性内容是一样的。根据这两种法律而产生的农地租赁的变化过程如表 2、表 3 所示。

表 2　日本农地租赁变化表　　　　　（单位:千公顷）

年　度	1955	1960	1965	1970	1975	1980	1985
租赁权设定	4.0	2.7	2.5	1.8	5.9	10.2	5.8
租赁权解约	15.4	14.1	8.7	5.1	2.6	1.7	1.4
利用权设定	—	—	—	—	—	27.4	41.4

资料来源:農水省:《農地の移動と転用》。

注:佃耕地所有权转移均视为租赁权的解约。

表 3　根据利用权设定的日本农地纯增面积　　（单位：公顷）

	1986	1987	1988	1989
利用权设定(1)	42 166	46 630	52 305	49 655
1)新设定	27 536	29 972	34 405	34 076
2)再设定	14 630	16 658	17 900	15 579
利用权结束(2)	21 775	25 108	27 406	24 020
利用权解约(3)	1 845	2 188	2 885	3 670
利用权纯增:(1)—(2)—(3)	18 546	19 334	22 014	21 965

资料来源:農水省:《農地の移動と転用》。

其中前者由于《农地法》对于租赁的限制规定比较严格,所以在 1955 年至 1970 年期间,解约一直超过"设定"(订立租赁合同),佃耕地的面积急剧下降,直到 1970 年以后这种情况才有所缓解,即"设定"开始超过解除和约,以 1985 年为例,佃耕地的面积由纯减变为纯增 4 000 公顷。这无疑是一个引人注目的现象。但更为引人注目的是利用权设定的增加。1989 年为 49 000 公顷,纯增面积为 21 000 公顷。重要的是,这两者之和的租赁面积已远远超过了农地买卖的水准。

3. 农地转用的增加

从以上的分析我们可以看出,农业结构的变化这一内部因素并不是造成农地问题变动的唯一原因。相反,来自农业外部的冲击、农地转用的影响作用可能更大。日本经济一进入高度经济成长期,农地的转用面积开始急剧增加。如表 4、表 5 所示,农地的转用面积在 20 世纪 60 年代前半期尚在 2 万公顷左右,而到了 60 年代后半期以后,转用面积上升到 5 万公顷,田中角荣提出"列岛改造论"以后的 1973 年转用面积达到顶点的 6 万 8 千公顷。该时期的自耕地买卖面积大致在 7 万公顷左右,可见向农外转用的农地面积量是惊人的。其后,随着经济成长的减速,土地转用的面积也趋于渐减,现在基本维持在 2 万公顷左右。

表4 日本农地转用的变化表 　　　　　　　　（单位:公顷）

年份	转用面积			
	许可	申请	许可、申请以外	合计
1953	5 768	—		
1955	5 584	—		
1957	9 469	—		
1959	11 354	—		
1961	21 614	—		
1963	26 014	—		
1965	26 969	—		
1967	29 544	—	8 318	37 862
1969	42 876	—	10 468	53 343
1971	35 519	12 090	12 858	60 468
1973	36 290	16 242	15 188	67 720
1975	17 970	7 537	9 096	34 603
1977	15 143	7 215	8 024	30 382
1979	15 467	7 975	9 423	32 865
1981	14 334	6 166	9 292	29 811
1983	12 619	5 843	7 736	26 238
1985	12 448	5 937	8 959	27 416
1987	13 233	6 852	7 472	27 846
1989	17 584	7 435	8 450	33 502

资料来源:農水省:《農地問題に関する統計資料》(1972 年),農水省:《農地の移動と転用》。

表5 日本农地转用率的变化 　　　　　　　　（单位:%）

年份	1958	1960	1963	1965	1968	1970	1973
全国	0.15	0.25	0.41	0.45	0.69	0.99	1.20
北海道	0.09	0.12	0.33	0.42	0.45	0.45	0.66
东北	0.09	0.10	0.22	0.21	0.38	0.52	0.83
北陆	0.12	0.18	0.36	0.38	0.68	0.91	1.19
关东	0.23	0.44	0.56	0.61	0.95	1.50	1.50
东海	0.25	0.47	0.71	0.71	1.20	1.80	1.80
近畿	0.30	0.58	0.78	0.80	1.10	1.85	1.71
中国	0.14	0.20	0.34	0.38	0.68	0.95	1.34
四国	0.16	0.21	0.42	0.38	0.73	0.99	1.31
九州	0.12	0.15	0.29	0.36	0.63	0.94	1.30

资料:全国農業会議所:《農地売買価格例年統計》,1975。

在这里有几点是需要我们注意的,那就是:

第一,农地转用的范围逐渐拓展。如表6所示,农地转用的用途,由20世纪50年代的工业用地发展到60年代的住宅用地,而70年代以后则向诸如高尔夫球场用地等娱乐场地方面逐步延伸拓展。而且,由于工厂向地方的分散,转用农地由开始时的大城市近郊向周边区域,由周边区域向地方,逐渐地扩大其地域范围。由此可见,农地转用的问题,已经不是一部分特定区域的问题了。

表6　转用用途面积比例　　　　　　　　（单位:%）

年份	住宅	工矿业	公共用地	其他建筑物	植林及其他
1953	41.8	17.4	21.0	14.5	5.3
1955	43.9	16.1	17.0	13.7	9.4
1957	46.0	21.9	13.3	14.0	4.8
1959	45.7	20.0	11.9	14.1	8.4
1961	36.3	31.3	7.8	17.8	6.9
1963	38.3	19.0	6.2	21.9	14.6
1965	43.3	12.9	7.0	18.5	18.3
1967	36.5	9.5	20.8	19.7	13.5
1969	38.8	14.2	15.9	18.3	12.8
1971	29.8	11.5	17.0	15.4	26.3
1973	30.7	13.7	17.5	19.4	18.7
1975	32.8	10.9	21.2	18.0	17.1
1977	33.4	10.5	22.3	19.5	14.4
1979	31.0	10.9	24.1	19.2	14.7
1981	27.3	13.2	25.0	19.3	15.2
1983	27.1	14.3	24.6	20.0	14.0
1985	26.8	14.7	20.9	20.7	17.0
1987	28.1	16.3	17.9	21.8	16.1
1989	24.9	16.8	16.9	23.3	18.1

资料来源:農水省:《農地問題に関する統計資料》(1972年),農水省:《農地の移動と転用》。

第二,伴随着农地转用面积的增大,城市对于周边地区的蚕食现象日趋严重。其结果不仅对农业的发展是不利的,即使对非农产业的发展也往往是有百害而无一利。

第三,转用往往并不一定因为有实际的需求,其中多少还含有投机的因素。根据1973年日本国土厅的调查,土地交易量的一半是由法人购买,而其中利用目的不明确的居然占了 1/5。①

第四,转用中显示消极利用农地的植林,每年均占去 20% 左右。这种农地向林地的转换,主要产生于远离城市的偏远地区,实际上则意味着由于放弃耕作的农地废弃。

4. 暴涨的农地价格

与上述农地转用密切相关的是农地价格的暴涨现象。农地价格在 1950 年废除价格控制以来缓慢但持续地上涨,到 1955 年恢复到了一般物价水平的地步。但问题是,其后价格仍不停止其上升的趋势,特别是在进入 1960 年以后的高度经济成长期,农地的价格以超过一般物价的速度在上涨。这一时期的地价变化,可从表 7 窥见其一斑。

表 7　日本地价对前年上升率　　　　（单位:%）

年份	农地价格		农地转用价格	全国城区土地价格
	①	②		
1957	10.1		1.4	28.1
1958	3.8		22.8	21.9
1959	6.8		6.0	11.2
1960	10.1		14.4	27.3
1961	19.9		19.8	42.5
1962	7.5		17.9	27.1
1963	6.2		9.9	17.2
1964	23.0		23.5	14.0
1965	3.0		—	13.4
1966	11.4	7.1	18.1	5.2
1967	28.5	19.6	23.8	8.3
1968	24.9	21.6	20.4	13.6
1969	27.1	21.1	26.3	17.2
1970	31.2	13.1	25.1	19.7
1971	22.0	6.5	17.1	15.7
1972	15.2	11.9	17.7	13.2
1973	31.3	24.7	30.7	25.1

资料来源:城区土地价格是根据不动产研究所的数据,其他则根据全国农业会议所的数据。

注: 1. 农地价格中的①是指全国的平均价格,②是指未进行"画线"的农用地地区的农地价格。

　　2. 农用地转用价格,1964 年以前为总平均数据,1966 年以后为宅基地转用价格。

---

① 国土厅:《国土利用白書》,46—47 页,1975。

表 7 所显示的反常的农地价格,其根本原因是来自于农业的外部,而不是来自于农业的内部。农地转用价格不仅推动其周边农地价格的上涨,而且通过已出卖土地的农户购入可替代用地的形态,间接地但却是在更为广泛的范围内推动了农地价格的上涨。而且,这种机制一旦定型,农地价格一旦不断地上升,农户将把农地作为通货膨胀的保险,作为资产保险,越来越不易脱手。农地流动性的低位,特别是农地买卖率之所以一直处于低位,其根本的原因就在于此。

(三)日本《农地法》存在的问题

以上我们看到的农地问题的变迁,事实上给《农地法》提出了一系列的问题。

首先,《农地法》对农地所有的上限与下限作出规定的问题。日本的《农地法》规定,农户的农地所有必须在 30 公亩至 3 公顷的范围内,不允许超出这一范围。30 公亩的下限面积,对于一户农民来讲无论如何都是过于狭小了。而更多的问题则出在《农地法》对农地所有上限的规定。墨守上限规定带来的后果,不仅阻碍农户特别是具有一定面积的农户扩大其经营规模,而且从根本上来说,抑制了农业生产力的发展。

其次,《农地法》所考虑的作为农地所有主体的传统家庭经营含义的问题。《农地法》将农地的所有严格地限制在个人——而且是那个代表家庭的个人,而对于其外的法人、公司均不予承认。1955 年以后,在全国范围内陆续出现了诸如农业法人、生产组织那样的超出了个人范畴的农民自发的组织。出现这种类型农民组织的一般性背景是,在农业机械化的发展、上层农购买农地困难、下层农兼业化倾向严重的状态下,许多农民希望通过联合的形式来扩大经营的规模。很明显,这种动态是与农业生产力发展的基本要求相吻合的。但《农地法》却无法应对这种现实的要求。

再次,更为重大的问题是,作为《农地法》主干部分的农地租赁限制,由于承包耕作的大量发生[1],实际上已经失去了它原有的意义和作用。

---

① 全国农业会议所:《請負の调查》,1965 年。根据该调查发表的数据,承包耕作在 1965 年已达到 54 000 公顷。

最后,农地向农外的大面积转用,从根本上已经威胁到了《农地法》的存在。在开始时,《农地法》根本没有预料到今后几年内会大量发生农地的转用,因此也缺少具体的对策。但高度经济成长期大量发生的农地转用,无疑是在逼迫《农地法》明确表态。农地政策到底允许什么类型的农地转用,禁止什么样的农地转用,如何应对高地价对一般农地的影响,等等。换言之,经济发展的形势在逼迫《农地法》拿出一个具体的、协调农业用途用地和非农业用途用地的土地利用办法和政策。

《农地法》是如何解决这些自身存在的问题,已解决了哪些,尚未解决哪些,在这一过程中农地政策的理念和性质发生了什么样的变化呢?

二、日本农地政策的发展变化及其问题

(一)农地政策的发展变化

日本政府就日本现行农地政策问题作出彻底反省,是在 1960 年的农林渔业基本问题调查会上。一系列后来称之为《农业基本法》政策的,也是始于此时。在这里,日本基本法农业政策的制定者们认为,日本农业的基本问题在于小农式的农耕制上面。① 因此他们认为,所谓的结构政策,就是要以能够打破现有的小农式的农耕制,使得两到三人的家庭劳动力实现完全就业,实现能够获得与其他产业相等的农业收入的,实现自立经营的农耕规模为政策的主要内容。同时,他们认为现行的《农地法》的主旨,是在于如何阻止向战前的地主制的逆行,它不仅不能对今后的经营发展起到积极的作用,而且严重地阻碍了农地的流动性,实际上已成为农业发展的阻碍因素。② 从这样一种思想出发,在1961 年制定的《农业基本法》中,开始明文规定"农地的权利设定及其转移,是有利于农业结构改造"(《农地法》第十八条)。这与在此之前的所有绝对的思想相比较,无疑是一种对农地政策 180 度的转变。但这种思想在实际的贯彻落实过程中,却遇到了许许多多的困难。这也说明,从根本上对以《农地法》为中

① 农林渔业基本问题调查会事务局:《農業の基本問題と基本対策,解説版》,186 页,1960。
② 同上书,187 页。

心的农地政策进行改造,会带来一系列社会的、政治的障碍。让我们先看一看《农地法》以后农地政策的变化。

　　1959 年日本的农林省发布"农地转用基准"①,试图对农地的转用给出一定的标准。该基准从根本上说,是一种消极的农地防卫措施,即在承认农地转用在某种意义上是"不得已"的同时,又通过设定转用优先顺序的方法,试图保护生产性高的农地。具体来说,首先是把农地分为第一种农地(农业生产性高的农地)、第二种农地(相当于第一种农地的农地)和第三种农地(适合于城区建设的农地),而转用则要求尽可能从第三种农地开始。与此同时,在具体进行转用批准时,要求从申请目的明确与否、计划转用面积是否具有妥当性、有无用水排水计划等方面严格审查,如不合格则不允许转用。该基准表面上看逻辑关系清楚明快,具有很强的说服力,但从后来的实施情况来看,却存在很多问题。譬如:属于什么种类的农地,完全由基层的农业委员会判断;即使是第一种农地,也并没有完全禁止转用,事实上,该基准公布以后,仍然发生了大规模的第一种农地转用现象,等等。特别是,基准只是把转用视为"点"的问题,而忽视了农地转用的"面"的方面。事实上,农地转用往往引发与周边相关的一系列问题。总而言之,基准缺少面上的考虑,不能不说是该基准致命的缺陷。

　　1962 年,在《农业基本法》的方针指引下,日本对《农地法》实施了第一次修改。问题是,《农地法》尽管存在无数的问题,而修改却仅仅局限在极小的范围内。具体来说,修改的部分只有三点:一是缓和对获取农地的上限的规定;二是农业生产法人的制度化;三是农协农地信托事业的制度化。这种小范围的修改虽然有一定的象征意义,但缺少应有的实际效果。特别是对农业法人资格、从业规模、构成人员、租赁面积、表决权、劳动力条件、利益分配等方面的严格限制,反而影响了农业生产法人的制度化。

　　1968 年被称之为"城市领土宣言"的新城市计划法公布实施,而在一年后的 1969 年又公布了被称之为"农村领土宣言"的《农振法》("关于农业振兴地域整备的法律")。这两种制度一改以往土地利用规制仅停留在点或是线的做

---

　　①　文中所有的法律规定与法条,均参照农林省构造改善局监修:《新版農地関係法》,学陽書房,1989。

法,试图从面上对土地利用规制进行制度化。从这一点来说,这两种制度在日本土地利用制度发展上,是一个划时代的措施。农地的转用从此发生了根本性的变化。

首先在新城市计划法中,把整个城市计划区域划分为市区化区域和市区化调整区域,即实施所谓的"画线"。其中的市区化区域是指在今后 10 年内实施市区化的区域,在这里重点实施建设诸如道路、公园、上下水道等公共设施的同时,规定对该区域内的农地转用时,原则上实行申请制;而对其他剩余的农地通过实施征收相当于住宅地税金的方式,促进该类农地向住宅地转换。而市区化调整区域的实质是抑制进行市区化的区域,原则上不允许对该区域的农地进行转用。但也有一些例外的规定,譬如,允许 20 公顷以上农地的开发(转用)。可见,新城市计划法是将城市周边地区的土地划分为积极推行市区化的区域和抑制市区化的区域,并试图在前者的区域内有计划地推行农地转用的一种法律。

与此相对应,在《农振法》中将农业今后利用的地区指定为农业用地区域以区别于其他区域,并规定在该区域内原则上禁止农地转用的同时,也规定该区域为实施诸如农业基本建设、建设各类农业现代化设施、制度融资等等的重点区域。

问题是针对同一现象,存在这样两种不同内容的法规,无疑增加了理解上的难度和困惑。事实上,二者之间存在着相当程度的重复。如图 1 所示,根据《农地法》划定的农用地区域为 567 万公顷,根据新城市计划法划定的市区化调整区域为 369 万公顷,其中有 99 万公顷为二者重叠区域。不仅如此,还有在形式上虽然属于城市计划区域,但却没有实施"画线"界定的市町村 103 万公顷,其实质与根据《农地法》界定的农用地区域没有根本上的区别。之所以产生这样错综复杂的关系,不能不说是日本的农水省和建设省为了各自的权益而进行竞争的结果。① 在实施过程中,这无疑给执行机构带来了混乱。

在上文我们已经知道,第一次《农地法》的修改是不彻底而且是小范围的。1970 年,在经济形势的逼迫下,《农地法》不得不进行大幅度的而且是根本上的

---

① 佐伯尚美:《農業経済学講義》,233 页,东京:東京大学出版会,1995。

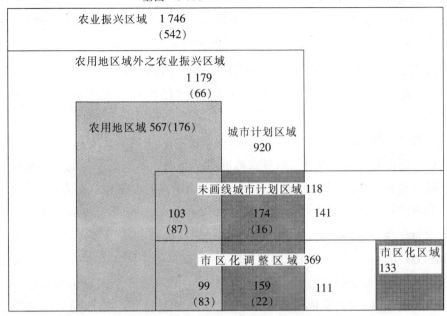

全国　3 778

农业振兴区域　1 746
（542）

农用地区域外之农业振兴区域
1 179
（66）

农用地区域 567（176）

城市计划区域
920

未画线城市计划区域 118

103　　　　174　　　141
（87）　　　（16）

市区化调整区域 369

市区化区域
133

99　　　　159　　　111
（83）　　　（22）

图1　农业振兴区域与城市计划区域的重叠状态（单位：公顷）

资料来源：佐伯尚美：《農業経済学講義》，234 页，东京，東京大学出版会，1995。

注：1. 农业振兴区域与城市计划区域的重复面积为 536 万公顷。

2. 括号内的数字代表农用地面积。

第二次修改。这次修改的主旨在于强调农地利用的作用。

修改的具体内容是，（1）废除关于农地上限面积及其雇佣劳动力方面的限制；（2）同时提高下限面积的规定；（3）解除关于对创设自耕地禁止租赁的规定；（4）缓和对农业法人的条件限制；（5）承认农协的委托经营和获取（购买）农地；（6）允许农地保有合理化法人的购买农地；（7）扩大农业委员会的权限；（8）承认在一定范围内的离乡地主的存在以及缓和对佃耕地所有的限制；（9）缓和对解除农地租赁契约方面的限制；（10）废弃对佃租的统一管理控制，等等。

由上我们不难发现，修改几乎囊括了制度的所有方面。从根本上说，这次对《农地法》的修改包含了两方面的内容：

一方面，通过（3）（8）（9）（10）等措施削弱了原《农地法》中作为主干

部分的对于农地租赁限制的规定,推动了农地租赁关系的进一步发展。而另一方面,则通过(1)(4)(5)(6)(7)等措施,农业经营的所有、经营、劳动的一体化前提得到缓解,使得农地的利用不仅是局限于农地的所有者,而且能够在三者分离的状态下,对农地进行利用。而这些都是修改后的《农地法》的进步的一面。但也不可否认,它存在着保守的自耕农主义的一面。

修改后的《农地法》仍然维持着农地的所有必须以耕作为目的的原则,因此仍然禁止为了租赁或投机而对农地的所有。而且所有的下限也只是提高了下限的基准而已,依然没有采取排除零散农地所有的可能性。更为重要的是,在农地的租赁问题上依然未能采取完全自由化的措施,不仅在解除和约问题上依然存在一定的限制,而且二者在没有达成合意的情况下,尚有维持十年以上契约的可能性。佃租虽然被废除,但仍然保留了诸如农业委员会的标准佃租、减额劝告等间接的管理或是监督指导。获取农业法人资格的条件虽然得到了缓和,但法人主体依然是以农民为主,而排除了一些股份公司成为法人的可能性。从以上的分析我们可以知道,这次的《农地法》修改仍然是一个不彻底的产物,并没有从根本上对自耕农主义采取断然的否定。正因为如此,修改后的《农地法》体制下的农地政策,就变成一种相互矛盾的,既在所有权上维持农民的农地自我所有,又在利用上推动农地利用的效率的这样一种带有妥协色彩的东西。而这一切,无疑又增加了《农地法》在实际运用中的难度。

得到修改的农地关系方面的法律,并不仅仅是《农地法》。1975年,实施了7年的《农振法》也得到了修改。与此同时,又新公布了农用地利用增进事业,作为修改后的《农振法》的一部分。通过旧法的修改和新规定的公布,开始了事实上的农地租赁的部分"自由化"。特别是利用增进事业,通过"利用权设定"这样一种变通了的形式,绕开对《农地法》进行修改这一环节,试图达到实施租赁自由化的目的。其具体做法如下:

首先,各市町村在所在的区域内制定农地利用增进办法,并在此基础上就区域内的农地进行租赁的斡旋。在获得租赁方和租借方同意的基础上,将其作为"利用权设定"予以公布。其内容和一般租赁契约没有什么不同,所不同的是后者完全是个人行为,而前者是通过公布的形式才能生效,并在农用地增进计划内予以实施的行为。很显然，前者具有一种集团契约的性质。农地的租赁方（利用权的设定者）和租借方（利用权的获得者）之间是一种通过利用增进计划而结成的关系。从实质上说，它虽然是一种3年至6年的短期农地租赁关系，但由于该种行为不受《农地法》的制约，所以既不存在佃耕地的所有权限制、佃耕地解约的限制等问题，在返还佃耕地时也没有被要求支付离佃金的负担。采取这样的方法来推动农地租赁的目的，不仅在于可以解除租赁方对于返还租赁地的顾虑，而且可以让租借方从面对面的个别交易中解放出来。

之所以采取以上复杂的方式，一方面是出于法律制度上的考虑，通过让其带有某种公共色彩，使其容易通过《农地法》限制这一关；另一方面，也有将当时日本农村中兴起的集体利用方式囊括在内，并予以承认的政策含义在内。因为当时在日本的农村，为了应对大米生产调整，农户通过协商的方式将农地的利用集中起来，并将之承包给特定的农户组织。很显然，这是一种通过集体协商的农地利用关系进行的自主调整，是一种农地的"自主管理"。农用地利用增进事业就通过在制度上对这种动态予以承认的方法，"含蓄"地对《农地法》的自耕农主义予以了否定。但过于强调这一意义，也是不妥的。①

作为《农振法》的一部分而发起的农用地利用增进事业，到了1980年通过农用地利用增进法的制订，由《农振法》分离出来而成为单独的法律。制订后的农用地利用增进法的基本结构和前者基本上是一样的，只不过通过单独的立法而使之得到扩充和强化罢了。具体来说，其内容包括：（1）地域的范围扩展到农用地以外的区域；（2）权利的内容不是仅仅局限在租赁方面，而且也囊括了经营委托和所有权等方面；（3）租借方的范围由过去的农户、农业法人扩展到农协、农地保有合理化法人以及农业年金基金等方面。通过这样一种制度，使得农用地利用增进事业成了一种更为综合性的、更为一般化的农地流动的促进手段。

从以上对日本战后各时期农地政策历史的回顾，我们不难看出，战后日本

① 对此有两种相反的意见，一种见今村奈良臣：《现代農地政策論》，47页；还有一种意见见佐伯尚美：《農業経済学講義》，236页。

农地政策的历史，是《农地法》实质上或是形式上的解体过程的历史。这里所说的实质上的解体是指作为《农地法》基本理念的自耕农主义逐渐褪色，取而代之的是借地主义（租赁主义）这一事实；而形式上的解体是指原来的《农地法》一法，最后分解为《农地法》、《农振法》、《农地利用增进法》三种法律这样一种事实。而三法之间的分工关系大致是：《农地法》将曾是其中心内容的农地租赁规制机能逐渐转移给《农地利用增进法》，其剩下的机能是对于农地转用方面；《农振法》也由于农地利用增进事业的分离与独立，其在农地政策方面的主要的作用，已经被局限在作为农地转用前提的土地利用区分设定这一点上。而与以上两种法律相比较，《农地利用增进法》通过将促进农地租赁作为自己的机能，已经开始逐步成为农地政策的中心。简而言之，在这里就形成了《农地法》＝转用规制、《农振法》＝土地利用区分、《农地利用增进法》＝促进农地租赁这样一种机能分工的政策形态。

（二）农地政策的课题与发展方向

当前日本的农地政策，基本上存在两方面的课题。一是作为农业内部的问题，亦即如何促进农地的流动化，培养和扶植大规模农户的问题。二是与农业外部的农地利用协调的问题。而且二者是密切相关的问题。

正如在上文我们所看到的，战后日本的农民农地保有明显的具有一定的安定性。这一方面反映了农民的经济地位在上升，而另一方面，我们也不能忽视农民将农地作为防止通货膨胀的手段。但与此同时，在农民内部，一部分专业上层农户和大多数安定零散兼业农户之间开始出现分化现象，而最近日本农业的高龄化现象，又使这种倾向越来越趋于明显。事实上，如表8所示，农地通过租赁已经越来越开始由下层向上层移动。在这里关键的问题是移动的速度。农地是在向着扩大规模的方向发展，但是与目前的国际形势相对照，规模扩大的程度和速度都不能令人满意。而阻碍农地流动的基本因素，除了农民将农地作为防止通货膨胀的手段这一点以外，是否还存在着农地制度上的因素呢？根据全国农业会议所在1984年进行的调查情况，在阻碍农地流动的基本因素中，农地所有者对耕作权的不安、年金和纳税问题、土地基本建设问题仍然占有相当的比例。而这些都是可以通过农地政策的完善和充实得到改善或解决的问题。这些问题的解决，无疑会更大量地、更快速地通过租赁的形式，促进农地的流动进程。

表8　日本经营耕地规模间农地移动面积比例　　　　（单位:%）

	所有权转移(1988 年)		利用权		
	《农地法》	《农地利用增进法》	1981 年	1985 年	1988 年
向上层移动	34.7	50.0	46.5	55.0	65.2
同一阶层内移动	45.2	33.5	40.5	36.2	29.2
向下层移动	20.0	16.7	13.0	8.8	5.4

资料来源:農水省:《農業構造——農地関係統計資料》,第148—149 页,1990。

关于农地的农外利用问题的过程,我们已经在上文有所提及。相对于《农地法》来讲,后来的诸法规对于农地的农外利用方面的规定,不能不说是前进了一步。但这并不是说已经没有问题了。首先,是"画线"的基准有不适当之处,特别是市区化区域内有相当数量的农地被圈在内。当初根据建设省的估算,市区化区域内的农地面积应是在 16 万公顷左右,但实际情况是 26 万公顷。① 如表 9 所示,这些市区化区域内的农地是在逐渐减少,但在 1985 年仍然有相当于市区化区域总面积的 14%、19 万公顷的农地存在。今天的所谓城市农业的问题,就是由此而产生的。② 可见,强行的"画线"是会留下许多后遗症的。其次,市区化调整区域内的农地转用在增加。按规定,这些区域内的农地转用是要受到严格限制的。但实际情况是,以"公共利用"为借口的转用一直在持续着。不过,更为基本的问题在于,在制定限制农地转用办法时,要有宏观和微观两方面的考虑。所谓宏观的考虑,是指要有一个长远的、明确的土地利用计划;而所谓微观的考虑,则是指要充分考虑农户本身的利益。

① 佐伯尚美:《農業経済学講義》,242 页。又,田代洋一所提示的数据与上文有出入。见田代洋一:《農業問題入門》,138 页,大月書店,1992。

② 关于城市农业问题,请参见石田賴房:《土地利用計画と都市農業》,日本経済評論社 1990;田代洋一编:《計画的都市農業への挑戦》,日本経済評論社,1991。

表 9　日本市区化区域农地的变化 （单位:公顷）

	1975	1980	1982	1983	1984	1985
市区化区域面积(a)	1 234	1 304	1 318	1 321	1 330	1 343
其中农地面积(b)	253	215	203	196	190	187
b/a	20.5	16.6	15.4	14.8	14.4	13.9

资料来源:建设省:《都市計画年報》。

　　从上文的分析我们知道,日本的农地政策存在着一系列的问题。但如果没有这些制度存在的话,农地的减少将更加严重,土地的利用也将出现更加混乱的局面。综观日本的农地政策,作为日本结构政策的一环,客观地说,它是在没有充分的前提条件铺垫下的一种强行突破式的农地流动化政策。不消除诸多障碍因素,农地的流动化就不可能顺利进行,也不可能达到预期的目的。此外,还有一点需要强调的是,放任土地所有者对土地的私有经济利益的追求,是要付出相当大代价的。要树立起土地不单是个人的私有财产,同时也是全社会的公共财物这样一种理念,在进行土地的利用时,要在社会的、公共的团体监督和管理下有效地利用。① 而日本今后的农地政策,应该是也必须是一种超越了单纯的农地流动化的、由全社会监督的农地管理政策。

［作者单位:金洪云:中国人民大学农业与农村发展学院］

The Problem and Policy of Rural land in
Japan after the Second World War

JIN Hongyun

Abstract:The key problem of rural land reformation in Japan after World War Ⅱ was the proclamation and implementation of "Law of Rural Land". Complete changes of Japanese

---

　　① 　关于农地的集团利用问题有许多著作和主张。其中,以田代洋一著《農地政策と地域》(日本経済評論社,1993)和磯部俊彦著《日本農業の土地問題》(東京大学出版会,1985)比较具有代表性。

rural land institutions have taken place because of the execution of the law. But the law itself had some fundamental contradiction. That is to say, its aim only located in the maintenance and fixation of the possetion institution of Land-holding peasant. So the law couldn't keep track of the development of economy and gradually became one of factors of holding back the development of productivity. Through the analysis of the changes of rural land problems after the Second World War, the thesis points out the challenges that "Law of Rural Land" faces and analyzes the changes of rural land policy, the tasks of rural land policy and the development direction of rural land policy in the future.

Key words: rural land reformation; "Law of Rural Land"; rural land policy

日
本
研
究

亚洲学术

●2006

Scholarly Studies on Asia 2006

日本、韩国金融发展的比较及其对
我国金融发展的借鉴

龚明华　朱一萄

【内容提要】　金融发展与经济发展之间有着密不可分的联系。第二次世界大战后,日本和韩国都取得了经济高速、持续增长的奇迹。研究日本和韩国支持其经济腾飞的金融中介和资本市场的发展,比较其异同,具有重要的理论和现实意义。本文在分别探讨日本和韩国金融中介和资本市场发展轨迹的基础上,对两国情况进行比较研究,最后研究日本和韩国金融发展对我国金融体系构建的借鉴作用。

【关键词】　日本;韩国;金融发展;借鉴

大量的理论研究和实证分析表明,金融与经济增长之间存在着密不可分的联系。金融对经济的作用主要是通过金融中介和资本市场来进行的。市场经济中储蓄投资的转化过程主要通过金融中介来展开。金融中介将资金从储蓄者手中借出,并将它们贷给有资金需求的企业,从而使金融中介成为经济增长的中心。而资本市场也是现代经济发展不可缺少的资本源泉。资本市场主要是通过证券发行和交易来最大限度地以最低成本将社会剩余资金转化为投资,证券发行使资本最大限度地融集在产业部门,并实现有效分配;而证券交易则在于实现资本的流动性,使不同风险和收益的资本资产价格得到有效确定。

第二次世界大战后,以日本、韩国为代表的东亚国家实现了经济高速、持续增长的奇迹。支撑日本、韩国经济腾飞的金融制度和金融体系是怎样的? 其金融中介与资本市场的发展历程如何？两国金融中介与资本市场的发展有何异同点？这些问题都值得我们深入研究和探讨。Fohlin（2000）指出现代金融体系都是源于过去，并具有路径依赖(path dependence)的特点。把握日韩两国金融体系的发展脉络，比较研究日本和韩国金融中介和资本市场发展的异同点，对具有相同经济追赶目标和发展阶段特点并有相同文化背景的我国金融体系构建，无疑具有重要的参考价值。

一、日本金融制度演变历程的分析

（一）日本金融制度的发展及其特点

金融制度是指在金融体系中，使资金从最终提供者向资金的最终需求者转移得以实现的机制中有关法律、交易规则、约定俗成的约定和国际惯例的总和。现存的金融制度主要可以划分为以英美为代表的市场主导型模式及以日德为代表的银行主导型模式。

日本的现代金融制度产生于 19 世纪末，当时日本政府借鉴西欧的金融模式，选择了以证券市场为中心的金融制度，所以，以银行为代表的金融中介的发展并不完善。现代银行体制进入日本最早可上溯至明治时期。明治维新以后，日本政府积极推行以发展资本主义工业为目的的"殖产兴国"、"富国强兵"政策，鼓励建立股份制银行以提供产业发展所需要的资金。1882 年，日本建立中央银行——日本银行，随后又建立了一系列金融机构，如储蓄银行、特殊银行、政策金融机构、保险公司、信托公司等。第二次世界大战后，为复兴处于崩溃边缘的日本经济，日本政府推行以煤炭、钢铁为重点的倾斜生产方式，并成立复兴金融金库等政府金融机构，对重点产业进行融资。在这段时期，日本还建立了长期信用机构，如日本兴业银行、日本开发银行等，形成长期资金供应体系。日本经济在物价稳定的条件下实现了连续 20 年的高速增长，成功地实现了赶超英美的战略目标。

从第二次世界大战后到经济实现高速增长，日本金融中介一直被置于高度的严格管制之下。当时日本的金融管制形式多种多样，其核心是在人为低利率条件下的资金分配。在高速成长时期，政府为了降低作为经济发展原动力的企

业设备投资的成本,主导了低利率下的资金分配和租金转移。银行和企业由于从家庭部门获得大量的租金,迅速发展起来。同时,在银行业务、信托业务、证券业务、保险业务甚至短期银行业务和长期银行业务之间设立防火墙,限制跨行业经办金融业务。这种分业经营的限制使得各类金融机构都能获得一定的租金,成为既得利益者。Meerschwam(1991)指出日本金融机构在政府当局管制之下,采取资金分配形式将资金提供给优先发展部门,以刺激增长。Cargill(2000)强调日本金融机构只是政府产业政策支持的一个工具,这种限制严重损害了国内金融部门之间的竞争。

日本资本市场的发展最早可追溯到明治时期,当时,引进了西方资本主义的现代银行制和股份公司制。1878年,日本政府颁布了《股票交易所条例》,并先后在东京、大阪建立证券交易所,标志着日本资本市场正式建立。但是战前由于财阀垄断抑制了资本市场的发展,日本资本市场十分脆弱,对经济发展所起的作用并不明显,而且日本资本市场中弥漫着投机气息。第二次世界大战后,由于证券市场的崩溃以及兴业银行等长期信用银行的建立,压制了以直接金融为主的资本市场的发展。高速成长时期之后,日本资本市场逐步发展起来。企业融资开始更多地倚重于发行股票和债券,资本市场成为经济发展不可缺少的融资渠道。石油危机后,日本开始了以国债市场自由化为突破口的整个金融市场的自由化,加快了国际化的步伐,日本资本市场逐步走向成熟。

(二)高速成长时期的人为低利率政策效果分析

关于日本高速成长时期的人为低利率政策的效果,有不少理论和实证分析。铃木淑夫(1993)认为,人为低利率政策的功过各半:将利率限制在人为的低水平上有利于降低出口和设备投资的资金成本,促进高速增长;但人为低利率政策在促进经济高速增长的同时,也抑制了作为直接金融的资本市场的发展。童适平(1998)认为,以低利率优先向重点产业部门分配资金有时并不是有效的,它扭曲了金融业与非金融业之间的资源配置。而且在可获得日本银行贷款的金融机构和无法获得日本银行贷款的金融机构之间也产生了分配不公。

于毅波(1998)对高速成长时期由于实施存款利率上限限制给存款方造成的利息减少的规模(租金的大小)以及租金在银行和企业之间如何再分配等问题进行了实证分析。如果不实行存款利率管制,存款利率将由存款的供求双方自主决定。均衡存款利率的表达式为：

$$R^* = F(Y,\ W,\ FA,\ L,\ \beta,\ R_1,\ R_2)$$

式中，R^* 为均衡存款利率，Y 为国民收入，W 为资产储蓄状况，FA 为在海外的资产运用状况，L 为银行的贷款总额，β 为存款准备率，R_1 为存款利率，R_2 为同业拆借利率。

假定利率自由化后的存款利率为均衡存款利率，利用 1990 年 8 月以后的定期存款利率，推出均衡存款利率的决定方程式，根据这一方程式计算高速成长期的均衡存款利率。再将这一均衡存款利率代入贷款利率决定方程式，计算出均衡贷款利率。最后，将均衡存款利率、均衡贷款利率与人为低利率下的存贷款利率进行比较，分别计算存款方损失、银行和企业得到的租金的大小。利用 OLS 推定以下的定期存款均衡利率公式：

$$R^* = 1.341 - 0.042Y + 0.016W + 0.017FA + 0.027L + 3.828\beta$$
$$(3.5)\quad(-0.7)\quad(0.6)\quad\quad(2.1)\quad\quad(1.5)\quad\quad(1.0)$$

$$+0.066R1 + 0.662R2 + 0.774r\text{[1]}$$
$$(2.3)\quad\quad(5.9)\quad\quad(6.7)$$

$$R^2 = 0.9959 \qquad\qquad DW = 1.7458$$

实证分析的结果表明，从 1958 年到 1971 年的 14 年间，平均实际存款利率只相当于均衡存款利率的 2/3（平均要低 3.26%）。其中，贷款利率的下降幅度，也就是企业资金筹措成本的下降幅度要占到存款利率下降幅度的 7 成（3.26% 中的 2.27%）。而银行方面得到了 3.26% 中的 0.99%。总之，由于实施人为低利率政策而产生的存款利率下降，直接使企业受益，使企业的融资成本降低，增加了企业内部资金，有利于企业再投资。同时，人为低利率政策下的从家庭部门向银行的租金转移有利于银行的不良资产处理、自有资本比率的提高和经营规模的扩张，因而产生稳健经营的动因，避免道德风险。[2]

---

[1]　这里，r 为与去年同期相比的消费者物价指数，括号内为 t 值。

[2]　铃木淑夫(1993)指出，一些银行利用自身优势，要求把贷出去的资金的一部分作为补偿性存款留在银行，使得企业得到的实际可用资金较少，所以实际利率并不低。但 Ueda(1994)认为，尽管补偿性存款使得贷款的实际利率水平高于官定利率，但还是低于信贷市场的均衡利率。

(三)主银行制度及其功能分析

在经济高速发展阶段,日本的商业银行与企业结成了紧密的主银行关系。主银行通常在反托拉斯法所规定的上限附近持有关联企业的股份,是企业筹集外部资金的主要渠道,为企业提供结算、债券发行以及相关业务方面的服务,并派人参与企业的经营决策、监督企业的运营,在企业陷入危机时实行救助。

主银行制度于20世纪30年代后期出现雏形,在战后的复兴期得到发展,并在高速成长时期达到巅峰状态。最初为解决有关企业的产业资料和信息不足问题,各家银行自发组成了银团贷款以分散贷款回收风险。到了1944年,日本军国主义为了保证各个军需企业的资金需要,实行了《军需企业指定金融机构制度》,政府直接介入生产过程,将各军需企业和各大银行进行配对。企业的指定银行,不但要向企业提供资金,而且必须负责监督企业的经营状况。这些被指定的银行很多在战后成为企业的主银行,因此可以说,指定金融机构制度是主银行制度的前身。后来随着财阀的解体,原来财阀旗下的企业转向与财阀有渊源关系的银行和商社寻求资金供给,而那些非财阀系列的企业更加依赖主银行。在经济高速增长时期,主银行制度完全成型并达到普及。

Mayer(1988)认为,主银行机制实际上就是银行与企业的长期、相互依赖机制。主银行能够容忍困难企业的短期财务问题,并帮助企业加以解决,同时被救助企业则以支付未来收益及承诺巩固与主银行的关系作为回报。一些学者通过研究认为,日本主银行通过与客户建立长期关系降低了企业的融资成本。主银行作为关联企业的所有者及监管者,了解公司的资本结构及发展计划。作为股东,银行会保护自己的投资利益,更重要的是银行作为企业的"救助者"能避免企业的破产倒闭(Nakatani,1984;Sheard,1989)。主银行作为企业股东、监管者和救助者的多种角色的统一使得主银行积极行动以减少信息不对称,降低股东和债权者之间的冲突,使道德风险最小化(Prowse,1990;Flath,1993;Hoshi et al,1991)。青木昌彦(1998)指出,主银行对企业的统一监管有助于防止企业向银行隐瞒或虚报有关信息。Hakatani发现,有主银行的企业集团与无主银行的企业集团相比,总能保持一个较低但稳定的利润率。

20世纪70年代石油危机以后,日本经济高速增长时代结束。由于日本金融机构的专业化程度较高且管制较严,使得金融机构在金融自由化、国际化的进程中越来越不适应经济发展的需要。原先为支持产业发展而发放的贷款给银行造成大量的不良债权,最终导致了银行危机。Lincoln, Gerbach and Ahmadjian(1998)指出,日本企业对银行融资的依赖在带来经济发展的同时,也给银行带来了巨大压力。Miller(1998)认为,银行的呆坏账是导致危机的一个重要因素。而Kanava and Woo(2000)发现日本银行危机根源于管制的放松和资本市场的深化,而监管却未作出相应的调整。日本在80年代初启动了金融自由化改革,政府放松了对金融机构业务范围的限制,银行、证券、信托业可以通过设立子公司的形式进入其他行业进行业务经营。同时还放松了对利率的限制,逐步实现利率自由化。银行为了在与非银行机构的竞争中获胜,竞相实行全能化战略,不断推进并购重组,形成超大规模的巨无霸式金融集团。

二、韩国金融制度发展进程的回顾

(一)韩国金融中介的发展及其特征

韩国的金融体系是从日本移植来的,属"嵌入型"金融制度。这可以从后来韩国商业银行与专业银行并存,城市银行与地方银行并存和长短期金融、大中小金融机构相结合的金融组织体系中看出。

韩国引入现代银行体系的历史最早可以追溯到1878年,当时日本第一国民银行在釜山设立了一家分行。此后韩国人自己也设立了一些银行,但由于资本不足和缺乏经验,这些银行只存活了很短时间。到1945年韩国摆脱日本殖民统治、获得独立时,只有四家自己的银行。解放之后,韩国建立中央银行——韩国银行,并设立了韩国开发银行和农业银行等为恢复经济需要建设的工业和农业项目筹集资金。为实施经济恢复的第一个五年计划,达到通过银行资金更有效的分配来实现经济快速发展的目标,韩国政府对金融机构实行直接控制,接管中央银行大部分权力,将大部分商业银行收归国有。同时,为了更有效地支持战略部门,韩国实行银行分业化和专业化,将长、短期资金融通分开。商业银行从事短期资金融通业务,专业银行如韩国长期信贷银行从事长期资金融通业务。到了 70 年代,由于现存的银行体系不能动员满足经济持续增长所需的资金,政府试图引入各种非金融机构。在此背景下,陆续引入了投资财务公司、互助储蓄融资公司以及商人银行公司等非银行金融机构。这些非银行金融机构在成立之初就显示了强劲的增长势头。至此,由商业银行、专业银行、开发机构、储蓄机构、寿险机构和证券机构等组成的韩国金融中介体系就形成了。

为最大限度地动员剩余资金,并对发展不很重要的产业提供资金支持,韩国在 60 年代设立了 5 家专业银行——韩国产业银行、韩国住房银行、全国渔业合作社联社、全国农业合作社联社、全国畜牧业合作联社。这些专业银行原则上由政府根据它们赖以成立的特殊法律进行指导和监督。韩国政府为实施"经济赶超型"发展战略而通过金融机构刻意培植财阀,实施信用控制政策,要求每个企业与某家银行保持特定的银企关系,形成了主体交易银行制度。各主体交易银行与企业有较稳定的信用关系,为企业融资,并帮助政府实施对企业的信贷控制。①

(二)韩国资本市场的发展阶段划分

韩国的资本市场发展历史并不长,是在经济起飞阶段出于对资金的迫切需要而产生的。韩国政府于 1956 年设立了大韩证券交易所。1962 年,韩国颁布了《证券交易法》,建立了证券市场的基本制度和资产再评价制度,并相继批准成立了高丽证券会社、东洋证券会社、大信证券会社等众多证券机构。同年还颁布了《商法》,引进了授权资本制,为证券市场的进一步发展奠定了基础。

经过 20 多年的培育,韩国证券市场在 20 世纪 80 年代逐渐走向成熟,并迈开国际化的步伐,实现国内市场和国际市场的接轨。韩国证券市场的国际化主要分四个阶段:第一阶段(1981—1984 年)为间接参与阶段,即允许外国投资者

---

① 对韩国的这种主体交易银行关系的实际效果的争论一直非常激烈。一些学者认为,关系银行有利于克服信息不对称,减少信贷配给和降低融资成本,使企业受益(Diamond, 1984; Boot and Thakon,1994)。但一些学者则强调了关系银行的危害,一方面,关系银行使得企业能轻易地从银行获得所需资金,导致了企业的预算软约束问题,企业缺乏有效的经营激励(Botton and Schanfstein,1996);另一方面,由于关系银行掌握了企业大量的信息,导致银行从企业获得额外租金,减少企业的既得利益(Sharpe,1990; Rajian,1992; Weinstein and Tafeh,1999)。

通过韩国证券公司管理国际信托基金和外国证券公司管理的封闭式共同基金对韩国进行间接投资,允许外国证券公司在韩国设立代表处以及韩国证券公司在外国开设代表处。第二阶段(1985—1987)为有限度的直接参与阶段,即有限度地允许外国投资者直接买卖韩国股票,并允许韩国公司在国外证券市场上发行可转换证券。第三阶段(1988—1989)为进一步开放阶段,即允许外国投资者在互惠基础上自由地进行证券投资,并允许国内公司在经财政部同意后在国外证券市场上发行股票进行融资。第四阶段(1990年以后)为完全开放阶段,资本市场无限制地走向国际化,允许外国证券市场在韩国证券市场上市。到1992年,韩国证券市场已经完全对外资开放。

三、日本和韩国金融制度的比较:金融中介和资本市场

(一)日本和韩国金融发展的相似之处

日本和韩国在地域上同处于亚洲,文化传统都受中国儒家思想的影响。两国经济发展在很多方面具有相似之处,其金融体系的发展也不例外。

首先,尽管日本和韩国的证券市场在20世纪80年代至90年代都得到了飞速的发展,但证券市场在经济发展中的作用始终没有超过银行体系,两国都是实行银行主导型的金融体系。在经济发展过程中,实行投资引导、出口导向的发展战略,间接融资都居于主导地位。这种状况主要是由两国金融发展的历史所决定的。

日本的金融中介的发展历史悠久,并且同产业发展紧密相关。可以说,没有商业银行的资金支持,日本的工业不可能发展得如此迅速。而且,战后日本经济的复兴也离不开金融中介的支持。在长期的业务联系中,日本的商业银行和企业形成了关系紧密的主银行制度,主银行的贷款成为企业的主要融资形式。而日本的证券业是由战前处于经济核心的财阀公司,在封闭的自我融资的基础上发展起来的,发展步伐一直比较缓慢,在经济发展中居于次要地位。尽管随着资本市场的发展,企业融资越来越倚重于资本市场,但日本的资本市场并未能代替银行融资而占主导地位。

表 1　日本金融市场的资金供给　　　　（单位：亿日元）

项 目 ＼ 年 份	1965—1969 年度平均	1970—1974 年度平均	1975—1979 年度平均	1980—1984 年度平均
金融中介机构	97 748	255 751	415 852	533 863
银行等	66 591	169 347	244 956	271 421
信托保险等	12 635	34 372	52 382	99 081
政府金融	18 521	52 032	118 514	163 361
证券市场	5 315	14 989	37 430	45 051
合计	200 810	526 491	869 134	1 112 777
构成比（%）　金融中介机构	48.68%	48.58%	47.85%	47.98%
银行等	33.16%	32.17%	28.18%	24.39%
信托保险等	6.29%	6.53%	6.03%	8.90%
政府金融	9.22%	9.88%	13.64%	14.68%
证券市场	2.65%	2.85%	4.31%	4.05%

资料来源：铃木淑夫：《日本的金融制度》，第 37 页，北京：中国金融出版社，1987。

从表 1 可以看出，日本资本市场在 60 年代发展并不完善，当时资本市场的资金供给非常少，在 1965 年至 1969 年间日本资本市场的资金供给年度平均额只有 5 315 亿日元，仅占整个金融市场资金供给的 2.65%。而以银行为代表的金融中介提供的资金有 164 339 亿日元（金融中介与银行的资金供给之和），占整个金融市场资金供给的 81.84%。后来随着资本市场越来越被重视，其发展也不断加快，资金供给从 5 315 亿日元逐步上升到 14 989 亿日元、37 430 亿日元，到 1980 年至 1984 年，资本市场的资金供给达到了 45 051 亿日元，与 1965 年至 1969 年度平均相比增长了 747.6%，而资本市场的资金供给占整个金融市场资金供给的比例也从 2.65% 上升到了 4.05%，资本市场在金融市场中的作用不断得到加强。金融中介机构提供的资金规模远大于证券市场，资本市场并未取代银行在经济中占据主导地位。

韩国实行的也是银行主导型的金融体系。它主要是仿照日本的模式，实行长期金融和短期金融分离，通过商业银行向企业进行短期融资，而专业银行则主要提供长期资金，这种长短期融资结合的模式在很大程度上促进了韩国经济的发展。更重要的是,商业银行和企业结成了紧密的银企关系,使得银行成为企业融资的主要渠道。而韩国的资本市场起步较晚。从大韩证券交易所建立到现在也不过49年的历史,而且由于政府的限制,韩国的证券市场一直到20世纪60年代中期才得到发展,到80年代至90年代逐步走向成熟。尽管证券市场市值对GDP的比率越来越高,企业也越来越频繁地到资本市场融资,但银行在经济中的主导地位还是毋庸置疑的。

其次,日本和韩国都实行过政府主导型的金融体制,金融中介都曾处于政府的严格管制之下。一般情况下,政府对金融业的干预主要表现在金融监管、规范金融机构行为、培育金融市场等方面,目的是建立高效的金融体系。但是在日本和韩国,政府对金融业的干预却发展到对金融机构具体业务的指导、对关系机构的"特别关照",以及对经营不善的银行的"特别保护",金融中介成为政府实现产业政策目标的工具。

在日本,为维持战后金融秩序的稳定,并满足产业发展的资金需求,政府对金融业实行了严格的管制。日本的《银行法》对银行的准入进行了严格的管制:银行业需经大藏大臣同意后方可营业。该法对银行业的开业、合并和改组进行了严格的控制,使日本的银行总数在战后一直保持在较低水平。同时,日本还以营业所行政对准入进行了限制。日本《银行法》第6条中规定,设置分行、营业所或代理处,或将分行以外的营业所升级为分行时,须经大藏大臣批准。这一规定使得20世纪60年代至70年代日本普通银行的营业所总数基本保持了较低的增长速度。日本政府的这些严格的市场准入管制以及对合并的限制使日本银行总数基本稳定,达到了限制银行间竞争、维持金融秩序稳定的目的。

除了对市场准入进行限制之外,日本政府还对金融业务领域进行了严格的管制。战后在经济发展之初,日本的普通银行需要提供产业发展所需要的短期资金和长期资金,这种双重负担使商业银行产生了严重的"超贷"行为,不利于银行的稳定经营。为减轻普通银行资金供给的负担,日本政府决定实行长短期金融分离的政策,由普通商业银行专门从事短期资金的筹集和运用,而将长期金融业务交给专门的长期金融机构经营。1936年,日本制定《信托法》和《信托业法》,将信托业务从普通银行业务中分离出来,组成以信托贷款的形式向产业发放长期贷款的信托银行。银行业与信托业的分离,可以说是长短期金融业务分离的辅助性制度设计。1948年,日本仿照美国的《格拉斯—斯蒂格尔法》实行了银行业与证券业的分离。日本《证券交易法》第六十五条禁止银行从事除投资目的和信托契约之外的证券业务。但是,该条的禁止范围不包括金融机构从事国债、地方债和政府担保证券等政府债券,另外,金融机构出于长期投资目的持有企业股票也不在禁止范围之内。

日本政府为促进企业发展而实行的对金融机构的管制措施中最典型的就是资金分配行为。为带动战后经济的恢复与发展,日本政府根据《金融紧急措施令》制定了《金融机构资金融通准则》,向民间金融机构公布产业资金贷款的优先顺序,优先对煤矿业、钢铁业等重点产业提供资金,以从金融方面协助"倾斜生产方式"。同时,为更好地分配产业资金,日本还设立了一系列的政府金融机构。1947年设立的复兴金融金库主要通过发行复兴金融债券融资,并将筹集来的资金分配到各基础产业中去。而国民金融金库、住宅金融公库、日本出口银行、日本开发银行、农林渔业金融公库和中小企业金融金库等政府金融机构主要对煤炭、海运等衰退行业进行合理化保护,对住宅、中小企业、农业等民间金融机构不愿涉足的领域进行投资,促进这些产业的发展。除了金融机构的融资活动被限制外,以城市银行为中心的贷款也受到日本中央银行的控制,政府引导城市银行贷款优先流向重点产业部门,贯彻执行产业政策。

为向资金需求者,尤其是向倾斜产业提供低利率贷款,实现经济高速增长,日本长期实行了人为低利率政策。该政策就是对各种利率进行人为的规定,将其限制在市场供求关系所决定的市场利率之下。1948年公布的《临时利率调整法》对存款利率、短期贷款利率的最高限度进行了规定。存款利率的最高限度按照存款的种类和期限分别予以公布实行。此后,虽然对该限度进行了多次修改,但都限制在市场利率之下。如1957年普通存款利率上限为2.56%,通知存款利率为2.92%,三个月的定期存款利率为4.3%,六个月的定期存款利率为5.5%,一年期定期存款利率为6.0%。1959年,日本又新设短期优惠贷款利率作为各银行短期贷款利率。这样一来,短期贷款利率的上下限均被确定。后来,大藏省发布通知,由日本银行在《临时利率调整法》范围内决定和变更各种存贷款利率,各银行必须严格遵守。如1971年存款利率为2.25%,六个月定期存款利率为5.0%,一年期定期存款为6.75%。将存款利率限制在极低水平上,是为了保证金融机构以较低的贷款利率向某些特定的产业部门提供优惠贷款,从而在确保企业资金需要得到满足的同时,减轻企业的资金成本负担,鼓励企业生产和投资的积极性,使经济保持高速发展。总的来说,除个别年份外,日本的利率在西方主要发达国家中一直是较低的,如表2所示。

表2 1960 年至 1994 年六国中央银行再贴现率 （单位:%）

年 份	日 本	美 国	英 国	联邦德国	法 国	意大利
1960 年末	6.94	3.00	5.00	4.00	3.50	3.50
1965 年末	5.48	4.50	6.00	4.00	3.50	3.50
1970 年末	6.00	5.00	7.00	6.00	7.00	5.50
1975 年末	6.50	6.00	11.25	3.50	8.00	6.00
1976 年末	6.50	5.25	14.25	3.50	10.50	15.00
1977 年末	4.25	6.00	7.00	3.00	9.50	11.50
1978 年末	3.50	9.50	12.50	3.00	9.50	10.50
1979 年末	6.25	12.00	17.00	6.00	9.50	15.00
1980 年末	7.25	13.00	14.00	7.50	9.50	16.50
1981 年末	5.50	12.00	14.38	7.50	9.50	19.00
1982 年末	5.50	8.50	10.00	5.00	9.50	18.00
1983 年末	5.00	8.50	9.00	4.00	9.50	17.00
1984 年末	5.00	8.00	9.38	4.50	9.50	16.50
1985 年末	5.00	7.50	11.31	4.00	8.75	15.00
1986 年末	3.00	5.50	10.81	3.50	7.35	12.00
1987 年末	2.50	6.00	8.37	2.50	7.75	12.00
1988 年末	2.50	6.50	13.00	3.50	7.75	12.50
1989 年末	4.25	7.00	15.00	6.00	10.00	13.50
1990 年末	6.00	6.50	14.00	6.00	9.25	12.50
1991 年末	4.50	3.50	10.00	8.00	9.60	12.00
1992 年末	3.25	3.00	7.00	8.25	9.10	12.00
1993 年末	1.75	3.00	5.50	5.75	6.20	8.00
1994 年末	1.75	4.75	6.25	4.50	5.00	7.00

资料来源:阎坤:《日本金融研究》,第 156—157 页,北京:经济管理出版社,1996。

从 60 年代开始到 90 年代,日本的再贴现率一直低于 8%,同时期只有联邦德国的再贴现率是这么低。而美国、英国、法国和意大利的再贴现利率都高于日本。日本之所以将再贴现率控制在如此低的水平,主要是为了降低银行贷款利率,以便银行能以较低的利率向重点企业和部门提供低利率贷款,降低企业的资金成本,促进企业的发展,提高其国际竞争力,并带动整个国民经济的发展。除了再贴现率比较低之外,日本的再贴现率还有一个特征就是变动幅度小。从 60 年代开始,日本的再贴现率就一直比较稳定,最大变动幅度是从 1978 年的 3.5% 上升到 1979 年的 6.25%,再贴现率上升了 78%。而其他发达国家的再贴现率都处于不断变化过程中,且变化幅度较大。

在韩国,自第二次世界大战后便开始实行"官制金融"体制。60 年代初期,韩国新的经济发展目标就是由稳定政策转向增长政策,由进口替代转向出口导向。为实现这一目标,韩国政府实行了经济发展的第一个五年计划及两项旨在加强政府控制金融的措施。首先是修改《银行法》,通过没收"非法财富"将商业银行的绝大部分股权转到政府手中,而商业银行个人股东的股权被限制在总数的 10% 内,政府控制着银行主要经理人员的任免和决定银行的预算,实现了商业银行国有化。其次是修改了《韩国银行法》,规定韩国银行附属于财政部,政府接管了中央银行的大部分权力,使中央银行制度有名无实。韩国银行既缺乏独立性,也没有制定和实施货币政策的决策自主权,也不能对商业银行和专业银行进行监督,使政府直接干预和控制金融合法化。这样政府加强了对金融体系的控制,采取信贷配给制度直接控制银行贷款流向,使之符合韩国的经济计划和发展战略。直到 80 年代初期,韩国商业银行还在政府的控制之下,为重化工业的发展和扩大出口提供资金。1983 年以后,虽然部分金融机构实行了私有化,但韩国政府又规定私人和私人机构不能单独拥有一家银行4% 以上的股份,政府仍然掌握着对金融机构的控制权,不断通过对银行进行指导和暗示,压低货币市场上的金融工具的利率,控制银行贷款规模和方向。而各金融机构的高级管理人员仍由政府任命,导致幕后协议层出不穷,行政干预色彩十分浓厚。同日本一样,韩国政府除了对金融机构的业务范围进行限制之外,还对利率进行了严格管制,实行存款利率高于贷款利率的政策,旨在将场外贷款市场上的流动资金和私人资金吸引到银行系统,并安排到政府指定的用途上。

由于韩国的金融体系是从日本移植的,所以两国的金融中介设置具有很大的相似性。除了一般的商业银行之外,都设有长期金融机构和地方性金融机构。长期金融机构,如日本的兴业银行、开发银行,韩国的产业银行,为重点产业的发展提供了长期的资金融通,并且还为政府制定政策提供必要的信息。地方性金融机构主要是支持地方产业和地区经济的发展。同时,两国还在金融体系内部实行严格的分工制度,即银行长期业务与短期业务分离、银行业与信托业分离、银行业与证券业分离。

(二)日本和韩国金融发展的不同之处

首先,在日本和韩国的经济发展过程中,两国的银行和企业都形成了紧密的银企关系。日本的主银行体制是指企业以一家银行作为自己的主要贷款银行,并接受该银行的金融服务以及财务监督管理的一种银企结合的制度。韩国的企业和银行之间则形成了稳定的主体交易银行关系,每家大企业集团归口于某家特定的银行,而作为主体交易银行的银行监控着分配给企业的信用,这些银行除了执行政府对企业部门实施的信用控制外,还包括向政府(银行监督检查局)汇报、协助政府监控金融形势和企业投资活动。日本的主银行体制和韩国的主体交易银行制度在促进两国企业的发展中都发挥了不可估量的作用,但通过比较发现,韩国的主体交易银行制度和日本的主银行体制相比具有很大的差异性。第一,韩国的主体交易银行是由货币委员会监管条例正式确立的,而日本主银行体系则是由银行与客户公司根据传统客户关系成立的,是一种"约定俗成"的"制度"。第二,日本主银行关系是一种相当广泛的银企关系,大约有 30% 的企业与银行有这种关系(Horiuchi,1990)。韩国的主体交易银行关系只针对最大的 50 家企业集团。第三,日本主银行体制中的企业与银行的关系是在相互持股的基础上形成的,而韩国并不存在这种银企关系。第四,日本主银行对企业信用能力和计划项目前景进行双重检查,而韩国产业政策是对相关企业进行直接融资支持,主体交易银行几乎没有权力对政府指定的企业的信用进行审查,即使其信用等级很差,也不能拒绝发放贷款。

其次,尽管日本和韩国都实行人为低利率政策,但在利率管制是否一贯方面,两国有所不同。日本一直保持较低的利率水平,从1960年到1994年,日本的再贴现率一直低于8%。而韩国的利率水平则有过变化。在60年代初期,为了扩大投资规模、促进经济增长,韩国利率水平维持在较低水平。1965年,为了使资金从不受管制的非正规金融部门转移到政府控制的正规金融部门,加强政府对流动资金的控制,增加了可分配资金的总量,韩国政府突然提高利率,一夜之间,一年期定期存款的名义利率从15%上升到30%,普通贷款利率从16%上升到26%,使银行利率水平部分地接近市场利率水平。到了70年代,韩国政府再次决定降低利率水平以支持重化工业的发展。

尽管60年代韩国银行的利率已达到相当高的水平,实现了实际利率为正,但银行利率仍大大低于市场利率,如表3所示,一直到80年代韩国才逐步实现利率自由化。

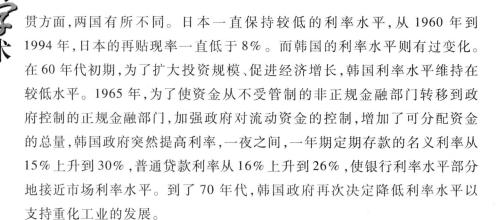

表3　韩国各种利率对比　　　　　　　　（单位:%）

年份	银行贷款利率		场外证券市场利率	公司债券利率
	一般贷款	出口贷款		
1968	25.8	6.0	55.9	
1969	24.5	6.0	51.2	
1970	24.0	6.0	50.8	
1971	23.0	6.0	46.3	
1972	17.7	6.0	38.9	22.9
1973	15.5	7.0	39.2	21.8
1974	15.5	9.0	37.6	21.0
1975	15.5	7.0	41.3	20.1
1976	17.5	8.0	40.5	20.4
1977	19.0	9.0	38.1	20.1
1978	19.0	9.0	41.7	21.1
1979	19.0	9.0	42.4	26.7
1980	20.0	15.0	45.0	30.1

年份	银行贷款利率		场外证券市场利率	公司债券利率
	一般贷款	出口贷款		
1981	16. 4	15. 0	35. 4	24. 4
1982	10. 0	10. 0	33. 1	17. 3
1983	10. 0	10. 0	25. 8	14. 2

资料来源:青木昌彦:《政府在东亚经济中的作用》,第243页,北京:中国经济出版社,1998。

再次,比较日韩两国资本市场发展历史,可以发现,二者之间存在较大的差异。第一,两国证券市场发展的时间长短差异很大。日本最早在1878年就创立了证券交易所,到现在已有127年的历史,而韩国仅有40年的历史。第二,在两国证券市场的总量方面,日本证券市场比韩国的证券市场规模更大且发展更快。1992年在韩国证券交易所上市的公司有688家,而到2000年上市公司也只有702家,8年时间里仅增加了14家,年平均增长率为0.16%;而在日本东京证券交易所上市公司的数量从1992年的1 651家增加到了2000年的2 096家,年平均增长率为3.37%。2000年日本证券市场的总价值与GDP的比率是65%,而韩国仅为39.5%。第三,两国的证券市场结构也是不同的(见表4)。在日本的证券市场上,公债占有相当大的比重,在市场上起着举足轻重的作用。日本证券市场上的公债包括由中央政府发行的国债、地方政府发行的地方债和政府有关机构及一些有联系的社团根据"特别法"发行的债券,其中国债是日本债券发行量中最大的债券。日本政府为了振兴经济、发展产业和筹集战争经费,多次发行内债和外债。70年代以来,由于石油危机的影响,政府为缓和财政赤字多次发行国债。在日本证券市场上,金融债券的发行量次之。金融债券是由政府指定的从事长期贷款业务和进出口业务的金融机构发行的债券,即由日本兴业银行、日本长期信用银行、东京银行、日本债券信用银行、农林中央金库、商工组合中央金库为筹措长期产业资金而发行的,这是由于这些机构根据有关条款的限制,存款规模远远小于其他商业银行,为补充其资金来源渠道,日本政府允许这六大机构发行金融债券。同债券发行规模相比较,日本的股票发行量在总证券总额中的比重却较小。而韩国的证券市场上,金融债券的发行量居首位,企业债券成为韩国证券市场上仅次于金融债券的第二大组成部分,且无担保债券在公司债券发行中所占的比例越来越大。

表4 日本和韩国证券市场结构 （单位:亿日元/亿韩元）

种类 年份	国债		地方债		金融债		企业债		特殊债券	
	日本	韩国	日本	韩国	日本	韩国	日本	韩国	日本	韩国
1994	1 833 761	9 345	91 572	495	786 980	48 042	426 409	20 033	204 294	1 567
	0.548 5	0.117 6	0.027 4	0.006 2	0.235 4	0.604 4	0.127 6	0.252	0.061 1	0.019 8
1995	1 964 699	8 761	102 965	457	760 807	54 183	468 313	23 581	218 375	4 591
	0.558 9	0.095 7	0.029 3	0.005	0.216 4	0.591 7	0.133 2	0.257 5	0.062 2	0.050 1
1996	2 123 740	8 873	113 982	449	744 111	7 168	503 101	29 903	231 330	5 268
	0.571 5	0.171 8	0.030 7	0.008 7	0.200 2	0.138 8	0.135 4	0.578 8	0.062 2	0.101
1997	2 267 371	6 828	124 271	1 802	645 971	43 789	542 131	34 322	231 330	24 409
	0.594 9	0.061 4	0.032 6	0.016 2	0.169 5	0.394	0.142 3	0.308 8	0.060 7	0.219 6
1998	2 586 104	16 989	135 074	2 190	572 431	411 830	583 775	56 000	211 570	52 880
	0.632 5	0.031 5	0.033	0.004 1	0.14	0.762 8	0.142 8	0.103 7	0.051 7	0.097 9
1999	2 683 873	29 191	148 328	2 504	552 165	105 425	620 713	30 671	228 207	38 461
	0.634	0.141 5	0.035	0.012 1	0.130 4	0.511 1	0.146 7	0.148 7	0.053 9	0.186 6
2000	2 784 450	24 692	164 596	1 644	481 685	142 313	648 698	68 848	263 545	26 275
	0.641 1	0.093 6	0.037 9	0.006 3	0.110 8	0.539 5	0.149 5	0.261	0.060 7	0.099 6

注:表中小数为各项债券占债券发行量总额的比重。

资料来源:李硕远:《中日韩证券市场研究》,第158、161页,上海:上海交通出版社,2003。作者引用时进行了加工和处理。

四、日韩两国金融发展对我国金融
中介和资本市场发展的启示

以日韩为代表的"东亚经济发展模式"对我国实施"赶超型发展战略",迅速缩短与发达国家的差距,实现经济腾飞具有重要的参考价值。研究日韩两国与经济增长和产业发展互动的金融体系的演变过程,把握其金融中介和资本市场发展的先后顺序,紧密结合我国金融体制改革的特点和我国金融体系运行所面临的国内外特定环境,设计我国金融中介和资本市场的发展方案,无疑十分必要。

首先,通过银行这一金融中介向企业提供资金,进一步完善间接金融体系十分重要。尽管在发达国家,自 20 世纪五六十年代以来,资本市场发展十分迅速,出现了"脱媒现象",但是,在像我国这样的处于经济发展初级阶段的发展中国家,经济发展具有追赶型特点,需要培育具有国际竞争能力的重点产业和企业,而市场机制不健全和信息不对称的问题又比较突出,因此,在现阶段以及今后相当长的一段时间里,银行主导型的金融体制仍将是我国金融体系的战略选择。在银行主导型的金融体制下,我国必须对商业银行和政策性银行等各类银行实行明确的功能定位。由商业银行向企业提供大部分的短期资金和一部分的中长期资金,由政策性银行向重点行业的企业提供一部分中长期资金,以弥补资本市场不发达的缺陷。

其次,发展中国家在赶超发达国家的过程中,必须实施温和的金融控制政策。在温和的金融控制下,虽然也实行比自由竞争的市场机制确定的均衡利率要低的人为低利率体制,但与金融抑制不同,温和的金融控制下的物价上涨幅度得到了有效控制,而且基于低利率控制所产生的租金不再从民间部门流向政府,而是从家庭部门流向银行和企业。银行获得的租金创造出特许权价值,从而产生稳健经营的动因,有效遏制道德风险。同时为能获得更多的租金,银行会努力吸收更多的存款,提升银行吸收新增存款的动力。对企业来说,租金的获得使企业的内部资金增加,有利于企业通过再投资扩大股本,而且有利于企业在金融市场上融资。而且由于企业的边际储蓄倾向比家庭部门高,这样,从家庭部门向企业的租金转移有利于压缩消费,增加储蓄和投资总量。

日本和韩国在经济发展的初期阶段,也曾实施过金融控制。为限制银行之间的竞争,维持金融秩序的稳定,日韩两国政府对银行的市场准入进行严格的控制。第二次世界大战后,为了促进经济的恢复发展,保证国家产业政策的顺利执行,确保重点行业和部门能够得到足够数额的低息贷款,日本和韩国两国政府先后公布资金优先分配顺序,控制商业银行的资金优先流向这些国家产业政策确定的重点行业和部门。在实行资金分配的同时,两国政府还实行人为低利率的政策,将利率控制在均衡市场利率之下,保证产业政策确定的重点产业和部门得到的资金是低成本的,以增强其国际竞争力,并通过发展这些重点产业带动整个国民经济的发展。

我国作为一个发展中国家,实行温和的金融控制政策是有必要的。在温和的金融控制下,实行比自由竞争的市场机制确定的均衡利率要低的人为低利率,使得法定存贷款利率比由市场机制决定的均衡利率要适当低一些,存贷款利率差要比由市场机制决定的利率差略为高一些,可以促使租金从家庭部门向银行和企业顺利转移,增强银行和企业的竞争力,保证重点产业和基础产业等战略性产业的资金需求得到满足,提高作为经济发展原动力的企业和银行的国际竞争力。

第三,在间接金融占主导地位的金融体制下,应注重发展银行与企业之间作为平等、独立经济主体的长期协作、互惠关系。银行在向企业提供资金融通服务的同时,还应利用其信息生产优势从事信息生产和传递活动。银行可以利用其在资金流、信息流中所处的中枢地位,通过日常结算、贷款发放、财务顾问等金融业务,有效、及时地监控企业的生产经营活动,把握企业的财务状况,从而降低信贷风险。而当企业因一时的原因陷入经营困境时,企业的往来银行充分利用其在资金、人才和信息等方面的优势,及时协助企业采取有效的对策,帮助企业脱离困境,发挥危机救助的功能。显然,基于这种长期协作关系,银企双方都能得到稳定、健康的发展。银行和企业是发展中经济最重要的微观主体,其良性发展和核心竞争力的增强无疑有利于整个国民经济的稳定持续增长和产业结构的升级换代。

随着我国金融体制改革的推进,我国商业银行已逐渐走上规范经营、有序竞争的轨道。为了在日趋激烈的竞争中占有较多的市场份额,更好地与国际惯例接轨,我国商业银行应该尽可能地完善金融服务功能,为企业提供全方位、多功能的结算、融资和咨询服务,逐步完善我国商业银行的信息生产和金融咨询服务功能。虽然经批准各商业银行可以经营咨询服务业务,但各家银行却因种种原因未能很好地发挥其应有的功能和作用。因此,我国有必要借鉴日韩的经验,建立商业银行与企业的长期合作关系,并依托这种关系向企业提供信息和咨询服务,完善商业银行的信息生产和金融咨询服务功能。

我国商业银行开展信息生产活动主要包括以下内容:第一,对有经常业务往来的企业进行经营动态分析及资信状况评估,评估结果可以作为该行对企业发放贷款和开展其他金融服务时计算风险度的依据,而企业也可以利用银行信用开展经营活动。第二,商业银行可以利用其遍布各地的分支机构及与外国银行的代理关系,为企业提供资信调查,对企业拟投资的项目进行可行性分析,做好融资策划和财务顾问工作。第三,接受当地政府或其他单位委托,对当地有影响的项目进行可行性分析和项目评估工作,提出比较权威的评估结论,为政府决策提供依据。第四,接受地方政府或企业委托,对已实施的重点项目进行后评价工作,为今后做类似项目打下良好的基础。

第四,要适度培育和扶植我国直接金融市场的发展,完善直接金融市场基础设施的建设,促进我国企业信用水平和企业债券信用等级的不断提高,发展具有良好信誉和较高从业水平的金融中介机构和专业性服务机构,改善资本市场监管,培育信用文化,培训各类专业人员,为我国金融体系最终由银行主导型转向市场主导型创造条件。

长期以来,我国的资本市场发展并不完善,筹资功能过度发挥,成为各利益主体"圈钱"的场所;证券投资功能缺乏,投机气氛浓厚,市价波幅较大,资源配置效率不高,股票市场价格功能扭曲等。这些问题的存在要求加速发展和完善我国资本市场。一个开放的市场经济体系需要一个高效运行的投融资系统——资本市场的支持。而成熟的资本市场必然是国际化程度很高的资本市场。随着我国经济国际化程度的提高,推动我国资本市场的国际化进程已成为共识。因此,我国应吸取韩国和日本的经验和教训,进行循序渐进的改革,并采取顺序性原则分阶段、全方位地实现资本市场的开放。

第五,适时进行"大爆炸式"(Big Bang)的金融变革。在金融全球化的开放经济背景下,我国还应适时对金融制度进行调整和改革,并随着生产发展阶段和产业结构等内在因素的变化进行"大爆炸式"的金融变革。日本高速成长期的金融制度对经济的快速成长起到了非常重要的促进作用。但是,在实现了追赶发达国家的目标之后,政府没有根据内外部情况的变化及时调整金融政策,引发了金融体系的一系列严重问题(堀内昭义,1999)。日本的深刻教训说明了适时进行"大爆炸式"金融变革的必要性,需要引以为鉴。因此,随着我国经济发展进入新的阶段,金融法制建设取得长足进展,金融市场发育趋于完善,政府应适时实施金融体制的根本性变革,推进金融体系由银行主导型向市场主导型转变。

参考文献:

1. Arav s. Ouandlous, The Effect of Japanese Financial Liberalization on Keiretsu: The Main Bank System and Japanese Corporate Financing: Evidengce From 1972 – 1992, Social Science Research Network Paper Collection, No. 250374, 1999.

2. Barry Eichengreen and Pipat Luengnaruemitchai, Why Doesn't Asia Have Big Bong Market? Nber Working Paper Series, No. 10576, 2004.

3. Luigi Guiso, Paola Sapienza and Luigi Zingales, Does Local Financial Development Matter? Nber Working Paper Series, No. 8923, 2002.

4. Paola Bongini, Stijn Claessens and Giovanni Ferri, The Political Economy of Distress in East Asian Financial Institutions, The World Bank, 1999.

5. Peter L. Rousseau, Histotical Perspectives on Financial Development and Economic Growth, Nber Working Paper Series, No. w9333, 2002.

6. Yoshiro Miwa and J. Mark Ramaseyer, Directed Credit? Capital Market Competition in High-Growth Japan, The Harvard John M. Olin Discussion Paper Series, 2001.

7. 房汉廷:《日本资本市场的国际化》,中国社会科学院研究生院学报,1995(5)。

8. 龚明华:《发展中经济金融制度与银行体系研究》,北京:中国人民大学出版社,2004。

9. 霍学文:《英、美、日资本市场效率比较研究》,昆明:云南大学出版社,1997。

10. 铃木淑夫:《日本的金融政策》,北京:中国发展出版社,1993。

11. 李硕远:《中日韩证券市场发展历史比较》,上海:上海交通大学出版社,2003。

12. 彭兴韵:《金融发展的路径依赖于金融自由化》,上海:上海人民出版社,2002。

13. 青木昌彦、休·帕特里克:《日本主银行体制及其与发展中国家经济转轨中的相关研究》,北京:中国金融出版社,1998。

14. 童适平:《战后日本金融体制及其变革》,上海:上海财经大学出版社,1998。

15. 闻岳春:《韩国证券市场的制度研究—兼论对中国的启示》,北京:中国经济出版社,2000。

16. 吴遵杰:"日本金融体系改革:寻找金融机构与资本市场的新结合",《经济理论与经济管理》,2002(9)。

17. 阎坤:《日本金融研究》,北京:经济管理出版社,1996。

18. 张晓轩、于洋、王丽娟:《韩国金融制度》,北京:中国金融出版社,1996。

19. 辛耀、周睿:《韩国资本市场国际化历程浅析》,南开经济研究,1999(4)。

[作者单位:中国人民大学财政金融学院副教授,经济学博士]

Comparison of Japanese and South Korean Financial Development and the Inspiration to China

GONG Minghua, ZHU Yitao

Abstract: There is a close relationship between the financial development economic development. After the Second World War, Japan and South Korea have all performed the miracle of rapid, continuous economic development. So it has theoretical and practical significance to compare the development of finance intermediary and the capital market in Japan and South Korea. Then, based on the study of the financial development process in these two countries, we make comparison of their similarities and differences, and finally do some research about the inspiration to the reconstruction of Chinese financial system.

Key words: Japan; South Korea; financial development; inspiration

日本研究

亚洲学术

●2006

Scholarly Studies on Asia 2006

日美人力资源开发政策及对中国的借鉴意义

林新奇　张　倩

【内容提要】　本文对日本和美国的人力资源开发政策进行了简要的回顾,比较分析了他们采取的有力措施,并总结出一些对中国发展的有益之处。

【关键词】　人力资源开发;国家政策;经验借鉴;中日美比较

美国和日本是世界上经济发展水平最高的两个国家,之所以能够取得这样的成就,与它们很好地把握人力资源管理与开发利用政策是分不开的。可以说,它们代表了世界上先进的人力资源开发水平,其在发展过程中采取的一些有力措施,对于正处在人力资源管理与开发摸索阶段的中国政府和管理学界来说,具有十分重要的借鉴意义。

一、日本的人力资源开发政策措施

(一)人力资源开发的历史与相关立法

在日本,因为私人企业人力资源开发方面成绩非常突出,所以政府涉足人力资源开发的程度比较低,但仍然有许多值得借鉴的地方。

在19世纪后半叶,即日本工业化的初期,虽然日本的劳动力都受过良好的教育和培训,但掌握现代工业技术的熟练工人非常缺乏。作为工业化的促进者,明治政府不得不和雇主们一起培训工人,使他们掌握新的技术和现代西方工业生产体系的知识。为了建立现代工业,明治政府在各个工业领域(例如纺丝、造船和炼钢)建立了许多示范工厂。为了使日本工人掌握新的技能和技术,政府从西方国家聘请了很多工程师和技术工人,请他们建造和管理工厂,培训日本的合作者。

第二次世界大战之后,在日本出现了许多有关劳工事务及人力资源开发的组织,他们推动了有关人力资源开发的立法。《劳工标准法》于1947年开始实施,该法规定了最低就业条件,以保护工人免受雇主剥削;对学徒培训加以规定,以保护年轻工人的权利;还规定了一些措施,以便促进企业的职业培训,培养经济恢复所需要的合格技术工人。1958年,《职业培训法》由政府颁布实施,并在1969年进行了全面的修改。该法律规定了政府和雇主对于培训的责任,并指出,按照该法规定的标准进行的培训能够被国家正式认可,能够享受该法所规定的某些特殊待遇和政府提供的一些经费资助,从而促进雇主进行培训。1985年,《职业培训法》被再次修改,引入了新的人力资源开发概念:(1)在工人从就业直到退休的整个职业生涯的各个阶段,都要提供必要和适当的人力资源开发的机会;(2)为各行业的工人,而不仅仅是制造行业的工人提供机会;(3)除职业培训设施外,还要利用各种类别的教育和培训设施与机会来进行人力资源开发。基于此,《职业培训法》被改名为《人力资源开发促进法》,以表明其概念的变化。

(二)政府在人力资源开发活动中的具体作为

日本中央政府和地方政府建立了国内的各种职业培训机构。1992年,全日本共有105所全国性的职业培训机构,277家由地方政府开办的培训机构。除此之外,当雇主开办的培训机构同意按照《就业促进法》规定的标准、设备和设施来进行培训时,地方最高行政长官便对其进行认可,成为国家认可的雇主开办的培训。中央和地方政府、国家认可的雇主培训机构作为公共职业培训机构,共实施三种不同类型的培训,分别是初级培训、提高培训和职业能力再开发培训。每种培训的标准由劳动厚生省的通知来公布,其中对每一课程的标准、受训者的资格、课程、培训时间、必要的设施、设备和工具都进行了详细的规定。另外,劳动厚生省还要对公共职业培训的指导教师资格进行认定,为通过资格考试或从职业训练大学毕业的指导教师办理许可证,而只有获得许可证的教师才可以在公共职业培训机构(如人力资源开发中心、理工学院、私营企业中国家认可的培训实体)从事培训工作。

在现代日本企业中存在着两大阵营,即大公司和中小企业。大公司拥有雄厚的经济实力,薪酬水平高、福利好,因此在培训中也拥有更多的自主权,可以借助自身拥有的培训中心进行具有企业特色的人力资源开发,能够为雇员提供终身雇佣和大量的培训。而相比之下,中小企业的实力就要逊色许多,不能保障终生雇佣,并多采用在职培训的方法。对此,日本政府也采取了许多向中小企业倾斜的政策措施,给到中小企业工作的人才以各种形式的补贴。

二、美国的人力资源开发政策措施

与日本相比,美国企业在人力资源开发方面所承担的责任是比较少的。这主要是由美国企业体制和社会文化以及人力资源管理制度所造成的。在美国,因为实行以企业战略为导向、工作分析为基础的完全竞争型人力资源管理体系,企业注重的是雇佣到的劳动力是否能够在短期内给自己带来收益,也就是要"召之即来,来之能战"。因此,劳动者需要在进入劳动力市场之前就已经拥有了企业所需要的技能,而这方面的职能就由美国政府和社会办学力量承担起来。也正是因此,美国的普通教育和职业技术教育都十分发达,并且不断向更大规模、更高层次发展。

20世纪60年代以来,随着美国劳动力状况的不断变化,美国政府颁布了一系列有关人力资源开发方面的法案,其中比较有代表性的如1962年《人力发展和训练法案》,1964年《经济机会法》中规定的人力培训政策,1973年《就业和人力培训综合法》,1978年《扩大工作培训和公共服务就业计划》等。

美国政府充分发挥其在国民教育中的指导与管理作用,并且注意发挥团体、个人的办学积极性,这使美国教育的覆盖面很广,国民受教育的水平较高,因此人力资源的素质普遍较高,为进一步提高劳动力市场水平奠定了良好基础。

在职业技能教育和职业培训方面,美国学校从初中开始就有所涉及,但主要还是在高中阶段进行。这里有三种情况,一是一部分学生初中毕业后,进入专门的职业技术中学,修业四年,主要学习专业基础理论和进行职业训练,为社会培养相应的中级职业人才。二是在普通中学设置职业科,这类学生一般占学校里学生总数的25%,他们的一半时间用于学习科学文化知识,一半时间用于学习职业技术。三是比职业中学和综合中学更高层次的社区学院和专科学校。其中,社区学院是颇具美国特色的,它兼具普通教育和职业教育两大功能,为两年制公立学校,颁发被认可的短期大学证书,可授予的最高学位为副学士,其主要目标是帮助无大学毕业证书的毕业生为进入中等劳动力市场做准备。毕业生既可以加入劳动力大军,也可以转入四年制的大学或学院,继续完成学士学位的学习。

除此以外,美国在人力资源开发管理中最为著名的便是吸纳和争夺到别国的人才,这样既可以减少或节省本国在人力资源开发中的投资,又可坐享其成,真可谓"一本万利"。由于美国是一个移民国家,特别是一个科技移民国家,在传统上拥有多元、开放、包容并蓄的社会和文化氛围,优越的工作环境和生活条件,而且与人力资源开发相关的政策、法规比较健全,这为其引进别国的人才奠定了有利的基础。再加上确立了一系列富有成效的人才引进战略,从而使美国成为世界上公认的最会吸纳人才的国家。

1952年、1965年、1991年,美国先后三次修改了为引进国外科技人才服务的移民法。在1965年颁布的通称"普惠制"的移民法中,规定每年专门留出29 000个移民名额给来自任何国家的高级专门人才。该法还特别规定,凡著名学者、高级人才和有某种专长的科技人员,不考虑国籍、资历和年龄,一律允许优先入境。在此基础上,目前的美国政府更加注重对多民族文化风格的了解,容纳外来文化,承认文化交叉,让美国了解世界,让世界熟悉美国,从而为世界各国人才的到来创造良好环境。这些策略也使美国成为世界人才的聚集地。据美国《商业周报》透露,仅20世纪80年代,就有150万名受过高等教育的移民加入美国劳动大军。由此看来,美国的人才引进战略运用得十分成功,取得了举世瞩目的成就,并引起了英法等欧美发达国家的竞相效仿,也为世界人才流动增添了无穷的动力。

三、比较分析以及对中国人力
资源开发实践的借鉴意义

通过对上述两个国家人力资源开发状况的了解,我们可以得出以下几点值得借鉴的经验:

第一,可以看到,在大规模实施人力资源开发活动之前,政府所做的最重要的措施就是制定相关法律法规,并随着国民经济的发展不断对其进行补充、修订、完善,甚至是废止。这些法律的制定颁布,适应了国家现代化发展、经济结构调整与劳动力状况变化的需求,使其人力资源培训开发体系纳入法制轨道,令中央和地方政府相关职能部门各司其职,社区和企业有法可依。

第二,利用市场机制形成教育培训体系。美日两国的人力资源开发培训之所以富有生气,一个重要的原因是教育培训市场的形成。学校、企业、私人等方方面面参与了劳动力教育培训。这样做,可能会出现资源浪费的问题,但从总体上看,教育培训的需求和供应两个方面被激活了。中国的教育培训受到较多的政府部门控制。从反面来看,这恰恰表明中国的教育培训产业发展空间庞大。中国政府所要做的就是联合各方力量,利用市场机制确定供需,进行宏观调控。

同时,美国人力资源培训与开发,从发生、运转到发展,完全由劳动力市场需求来决定。人力资源培训内容的确定以及培训方式的选择,均取决于企业需要何种类型、何种教育程度的劳动力,并随着市场需求的变化而相应调整。因此,美国企业人力资源培训教育与生产力发展紧密联系,直接为其服务,并以能否增强市场竞争能力和适应市场需求为检验企业人力资源培训教育工作是否成功的唯一标准。这些做法和经验也十分值得中国借鉴。

第三,政府从财政以及税收上支持人力资源开发活动。政府可以用两种方法支持和促进人力资源开发,一是拨款、奖学金等直接手段,二是税收充抵、减免等间接手段。从支持效率看,直接手段更为有效;从支持效果看,间接手段更为实在。对教育培训支出实施税收充抵、减免的基本理由是,教育培训是人力资本(再)投资,因而应该施以鼓励的政策。20世纪90年代以来,美国政府已数次提出并实施鼓励个人、家庭和企业向人力资本投资的税收基数充抵、减免政策。例如美国联邦政府规定，大学生在就业后的头两年中每年可以扣除1500美元的纳税基数；两年后每年可以扣除不超过1000美元的纳税基数。企业为雇员提供大学教育资助，则可以免除多至每人每年5250美元的纳税基数。日本政府对企业员工的培训开发的鼓励政策与美国具有某些相似之处。

第四，人才开发着眼于各个方面、各个层次。在我国，伴随着高等教育的大规模发展，大学毕业生却出现了就业难的现象，毕业即失业的情况日益突出。与此同时的是企业高级技师、熟练的技术工人严重短缺，以至于出现了"技工荒"，企业开出高价四处寻觅，却是重金也难聘请。其中缘由，笔者认为，我国的职业教育体系不完善，对职业技能培训的重视不够，以及高等教育办学与劳动力市场进而与企业的需求脱节是很重要的原因。反观日本与美国等发达国家，他们针对不同层次的毕业生都有相应的职业技能培训，水平与之相适应，以便使其能够根据自身水平选择合适的就业通道，进入合适的职业层次。

参考文献：

1. Marc Bendick Jr, Mary Lou Egan, Suzanne M Lofhjelm. *Workforce diversity training：From anti-discrimination compliance to organizational development*, HR. Human Resource Planning, New York：2001. Vol. 24, Iss. 2；pg. 10, 16 pgs.

2. Michael C Farmer, *Gordon Kingsley. Locating critical components of regional human capital*, Policy Studies Journal. Urbana：2001. Vol. 29, Iss. 1；pg. 165, 16 pgs.

3. 赵曙明：《企业人力资源管理与开发国际比较研究》，北京：人民出版社，1999。

4. 赵秋成：《人力资源开发研究》，大连：东北财经大学出版社，2001。

5. 林新奇："日本就业对策的特点和中小企业的作用"，载《中小企业评论》2003，（11）。

6. 林新奇：《国际人力资源管理》，上海：复旦大学出版社，2004。

［作者单位：林新奇，中国人民大学劳动人事学院副教授；

张　倩：中国人民大学劳动人事学院］

日
本
研
究

● 2006

Scholarly Studies on Asia 2006

The State Policies about the Human Resource Development: A Comparative Study between the USA and Japan and its Reference Meaning to China

LIN Xinqi, ZHANG Qian

Abstract: Based on the review of the state policies about the human resources development in the USA and Japan, this paper analyzed and compared their characters with each other. Then it summarizes four important experiences which is very useful to modern Chinese human resources development.

Key words: human resources development; state policies; experiences; compare

东南亚研究

马来西亚华文教育发展回顾

龙 明 明

【内容提要】 马来西亚的华文教育滥觞于 19 世纪初,发展至今已有近 180 年的历史。在这期间,华文教育的形态,初为中国侨民教育,后来为了生存和发展,渐渐改变侨民教育的性质而融入马来西亚国家教育的主流。由于政治原因,马来西亚的教育体系内始终存在单元与多元之争,这使华文教育被排除在国民教育体系之外,得不到国家政策、资金的支持。在这一形势下,马来西亚华文教育历经风雨,仅凭华人社会私人筹款之力,建成了一套从学前教育到高等教育的完整的母语教育体系,尤其是 12 年初等和中等教育,是中国大陆和台湾以外最庞大、最完整的,为马来西亚华人的传统文化沿袭打下了厚实的基础。马来西亚的华文教育历史可分为五个阶段:1819 年到 1920 年为开创时期,1921 年到 1943 年为巩固时期,1944 年到 1957 年为攻坚时期,1958 年到 1990 年为暗淡与复兴时期,1991年至今为迎接挑战时期。在这五个阶段中,华文教育克服了各种危机,顽强发展,并体现出不同阶段的特色。

【关键词】 华文教育;多元教育;文化传承

马来西亚地处东南亚,位于东经 100°～119°,北纬 1°～7°。这是一个由多个种族组成的热带国家,整个国家被南中国海分为半岛和沙巴州、砂劳越州两部分,面积 329 589 平方千米,总人口 2 271.2 万人(截至 1999 年),其中马来人及其他土著占 60%,华人占 25%,印巴人约占 7%。

第二次世界大战之后,民族革命运动兴起。马来西亚三大民族携手合作,

313

摆脱英国殖民地统治,争得国家的独立与自主。独立后的马来西亚,政体形式以马来民族为中心,其中以复国主义为核心内容的马来民族中心主义支配着国家政治、经济、文化、教育政策的方向和执行,他们在文化教育上提出"一个国家、一个民族、一种文化、一种语文"的单元化政策。而华族、印度族为维护本民族的语文、维系文化传承,在教育上抗拒同化,强烈要求独立自主,因而形成了"单元"与"多元"的不易协调的矛盾冲突。这种矛盾冲突主要体现在学校教学媒介语的应用上。单元主义主张以单一共同语文(即作为国语的马来语)为主要甚至唯一的教学媒介;多元主义则强调"共同课程、多种源流",主张不同源流用各自不同的语文(即各民族的母语)为主要教学媒介。因此,当前马来西亚教育系统内,统合国民教育体系与多元民族教育体系并存。

马来西亚的华文教育滥觞于19世纪初,发展至今已有近180年历史。在这期间,华文教育的形态,初为中国侨民教育,后来为了生存和发展,渐渐改变侨民教育的性质而融入马来西亚国家教育的主流。直至今天,马来西亚华文教育已发展为华族以本民族的语言文字进行的母语教育和民族传统文化教育,学校形式也从私塾、学堂发展到现代新式学校。下面对马来西亚华文教育180年的风雨历程做一梗概的描述。

一、开创时期:从私塾到新式学堂

在马来西亚,华文教育一开始便以民办教育的姿态出现。19世纪大批华人自大陆移民到马来西亚做劳工,华人历来是重视教育的,因此,为了解决子女的教育问题,私塾在会馆、宗祠、神庙等地方三三两两、零零星星地开办起来。最早、最具规模的私塾要算槟城的五福书院(1819年),五福书院本名五福堂,光绪年间改名为五福书院,为附近12县的华人子女提供教育。早期的华文教育都是方言教育,经费来自于华人自己的慷慨捐助,一般以族群为单位设私塾、聘塾师(多为旧式文人),塾师用族群的方言教导族群内的子弟。这些私塾或设在宗祠中,或在塾师家中,或在族群内较富裕者家中。私塾没有正规的制度,没有正式的课本,大多沿袭中国的私塾传统教授《三字经》、《百家姓》、《千字文》、《四书》、《孝经》等童蒙课本,以及书法和珠算之类。据海峡殖民政府

1884 年的海峡教育年报的统计,当时槟城有私塾 52 所,新加坡有 51 所,马六甲有 12 所。

华英义学是第一家双语教学的私塾,可以说是迈出了私塾调整的第一步。真正有所发展的是槟城的南华义学,《南华义学条议 15 条》中对塾师、学生、学制、课程、督导等方面作了详细的规定,使之成为一所既融入现代管理方法又保留了鲜明中国传统文化的私塾。

1898 年中国满清政府采纳维新派主张,进行教育改革,建立了新式学堂。马来西亚的华文教育深受影响,于 1904 年创立了第一所槟城中华义学,教授的课程包括修身、读经、国文(华文)、外语(英语)、历史、地理、算术、物理、体操等。此后各地的华校纷纷效仿,仅史料上留有记载的就有 12 所新式学堂。华教还开始借鉴西方,开设专门的中学、女子学校、夜校、职业学校、师范班等。五四运动以后,华校的教学媒介语由方言改为普通话。

随着 1911 年中国辛亥革命的成功,马来西亚华人受革命思潮的影响,兴学之风日盛,华文教育出现欣欣向荣的景象。截至 1920 年,马来联邦共有华校181 所,海峡殖民地共有华校 313 所。

这一时期,英殖民政府推行"英文至上"的政策,对英文教育非常重视,而对华文教育与华校的发展则采取不闻不问的态度。由于历史和文化的因素,此时的华文教育是侨民的教育,它的学制、教学方式及思路、课程及课本、教学目标都深受中国教育制度的影响。

二、巩固时期:殖民政府对华文教育的管理

随着华文教育与中国教育全面接轨,华人社会也时时应合着中国社会的节奏,包括意识形态和政治态度。马来西亚华人社会多次响应中国的革命浪潮,发起反对殖民者的运动,声势较大的有 1905 年的反美运动、1908 年的抵制日货运动、1915 年反对中日二十一条的游行示威活动、1919 年反对巴黎和约的示威活动等。在这些活动中,华校师生都扮演了极其重要的角色,而这些活动与中国的各派革命党人都有密不可分的关系。可见,华校染上了越来越浓重的政治色彩,并日益中国化。这对殖民政府当局来说是非常危险的。

为避免这类情形的继续发生,1920 年 5 月 31 日,英殖民政府宣布了《1920
年教育条例》,并经海峡殖民地立法议会首读通过。当局强调了必须通过这项
法令的三大理由:第一,学校只得作为教学的用途;第二,校内教师须受充分的
师资训练;第三,教学不得违反殖民地政府的利益。在当时的环境下,这一法令
很明显是为限制华校而颁布的。现在看来,前两个理由,从教育立场和专业角
度看是合理的;第三个理由,作为一国政府的立场而言更是无可厚非。7 月 6
日,在二读审议这项法令时,将之更名为《学校注册条例》,并就学校监管权、学
校注册期限、对学校的巡视监察、班级人数、宣布学校非法及之后如何处理校产
等内容作了修改。这项法令共分为 6 个部分,主要规定的是凡满 10 名(二读时
改为 15 名)学生的学校必须注册,而且必须在课程、行政管理、卫生等方面符合
殖民政府的要求。1924 年 9 月 23 日,砂劳越政府也宣布了《英属砂劳越学校
注册条例》,对当地华校进行管制。同时砂劳越政府还颁布了《禁止华校教授
国语(即华语)条例》,一年半后才取消。从 1925 年到 1928 年,至少 315 所华文
学校被取消了注册。同时,英殖民政府还在 1924 年和 1931 年分别在海峡殖民
地及马来联邦增设了专司华校事务的副教育提学司和华文学校视学官,并于
1924 年开始给予华文学校津贴,以加强对华校的管制。1925 年政府修正了《学
校注册条例》,授权教育提学司不准涉及"颠覆"活动的教师进行注册,进一步
消除中国政府及政党对华校的影响。

从实际情况看,自《学校注册条例》颁布以来,除了从事政党政治宣传活动
以及被政治活动殃及的学校外,大部分华校还是努力适应了新环境,在艰难中
继续不停地向前发展。主要表现在:

第一,华校数量增加。无论是海峡殖民地三州府(即新加坡、马六甲、槟
城),还是马来联邦四州府(即雪兰莪、吡叻、森美兰、彭亨)和马来属邦五州府
(即柔佛、吉兰丹、丁加奴、吉打、玻璃市),华校都呈增长趋势。见表 1 的统计。

第二,师生人数增长。表 2 为 20 世纪二三十年代马来西亚华校师生人数
统计。

第三,学校级别越来越高。华人社会兴办学校,绝大部分是从小学开始的,
其中以初等小学占大多数。其后为提高子弟的教育水平才不断向上发展。在
整个二三十年代,华人社会办学的主要精力几乎都集中于初中教育的创办并在
部分中学设立了高中部。

表 1 1921 年至 1938 年马来西亚华校间数统计表

	海峡殖民地三州府（间）	马来联邦四州府（间）	马来属邦五州府（间）
1921 年	70		
1924 年	292	272	
1927 年	312	353	
1928 年	335	361	
1929 年	332	376	
1930 年	339	377	
1931 年	302	355	
1932 年	325	344	
1933 年	373	358	140
1934 年	403	363	166
1935 年	430	394	199
1936 年	440	420	224
1937 年	447	456	247
1938 年	518	497	

资料来源：［马］郑良树：《马来西亚华文教育发展史》（第二分册），第 286 页，马来西亚教总，2001。

表 2 1924 年至 1938 年马来西亚华校师生人数统计表

	海峡殖民地三州府		马来联邦四州府		马来属邦五州府	
	学生（人）	教师（人）	学生（人）	教师（人）	学生（人）	教师（人）
1924 年	1530	732	11664	492		
1927 年	21386	873	19014	734		
1928 年	22590	966	21280	839		
1929 年	23518	998	23393	902		
1930 年	24059	1077	20959	903		
1931 年	20780	997	18882	870		
1932 年	22028	1069	19830	860		
1933 年	24853	1134	22270	887	6010	276
1934 年	25952	1323	25744	1048	7650	321
1935 年	32486	1518	29528	1212	9016	400
1936 年	36657	1696	33826	1362	10660	495
1937 年	40293	1809	39700	1606	14528	614
1938 年	46767	2098	44366	1887		

资料来源：［马］郑良树：《马来西亚华文教育发展史》（第二分册），第 287 页，马来西亚教总，2001。

第四,学校种类越来越齐全。夜校、师范学校、义务教育、职业教育学校全面发展,配合着正规中等教育的开拓。

第五,教育管理组织化,交流增多。早在1913年和1914年,槟榔屿华侨教育会和新加坡英属华侨学务总会分别成立,其他各州也纷纷成立了教育会以指导华校的办学。到二三十年代,各校打破封闭的局面,开始了一些校际间的交流活动,各州府还举行各年级联考和毕业联考。这是前所未有的,也是其他在马民族没有的。

三、攻坚时期:一连串的报告书与华教政治化

正当华校蓬勃发展之时,第二次世界大战的战火蔓延到了马来西亚,华文教育的发展被迫中断。1945年日本投降后,马来西亚的华文教育再度兴起,华人社会发扬永不言休的精神奋力复办各地的华文学校。经过一年的努力,马来亚联合邦和华校已有1 105间,学生172 101人,教师4 513人。

抗战前后,马来西亚民智已开,战后人民自治的要求越来越强烈,经过多次抗争与协商,马来人民初步取得胜利。1946年12月马来亚联合邦新宪制建议书公布,规定公民权只授予视马来亚为唯一家乡的人。这一变化意味着政府对中国化的华文教育的态度必然有所改变。马来西亚的华文教育作为中国教育的海外延伸,在当地民族和国家意识尚未开启的时候当然可以循着中国传统教育的途径,自由传播中华文化和传统道德。但对自治后的马来西亚政府来说,树立马来民族意识、压制华族文化是必须的。1951年6月10日正式公布的《巴恩巫文教育调查报告书》(简称《巴恩报告书》)即体现了这一态度。这份报告书是由英人巴恩任主席、5名欧籍殖民地官员和9名马来人组成的委员会提出的,报告书建议,以官方语文(英文、巫文)为媒介的国民学校取代华、印文学校。1951年7月7日,政府又公布了由方卫廉、吴耀德两位博士提交的报告书(简称《方吴报告书》)。该报告书考察的是华文教育在英文、巫文为必修课、华文为选修课中扮演的角色,呼吁政府改变对华文教育忽视甚至敌视的态度。

1951年9月上旬,中央教育咨询委员会根据这两份报告书完成了《中央教育咨询委员会研究巴恩及方吴报告书之报告书》(简称《中央报告书》),分别对

两份报告书做出指引性评论。《中央报告书》一开始就认同《巴恩报告书》有关马来亚教育的信念:"培养个人尽量发展他们所能得到的知识、技术及人格;鼓励及助使马来民族与其他民族共处于马来亚的复杂社会里,并占有其适当地位;协助组织一个包容各民族的统一公民集团或国家。"①这是站在马来民族的立场上讨论马来西亚教育。也就是说,《中央报告书》基本上是肯定和重申了《巴恩报告书》的立场和建议,虽然接纳了《方吴报告书》的部分意见,但只是小部分,且这小部分内容恰好与《巴恩报告书》的内容一致。《中央报告书》中与华文教育相关的主要内容如下:英文教育是国民教育的主调,华校自小一开始就必须学习英文,巫语教育次之,华小自小三开始必须学习巫语;在国民学校不足,或"家长相信国民学校能供给一种合适的教育"②的条件下,政府允许其存在,并应该资助;但资助是有目的的,即使华校"自然、自动"地"改变为国民学校"。在这样的政策下,华校不但被边缘化了,而且由于其日后必然会被国民化,因而在主流教育中将起不了太大作用。

9月19日—21日,联邦立法会召开会议讨论三个报告书,随后议会通过成立一个教育政策遴选委员会,根据三份报告书草拟一份教育法令(即1952年教育法令),供政府执行。10月8日,负责草拟教育法令的委员会向政府提出了1952年教育法令草案。草案全文共11章94节,首尾连贯,自成体系,其中与华文教育有关的主要有五方面内容:

第一,国民学校与华印文。即设立无民族界限的"国民学校",供给以六年的免费强迫性初等教育,向适龄儿童灌输马来西亚乡土观念。国民学校以官方语言(英、巫文)教学,同时也提供华文和印文的教育,但华、印学习必须基于学生家长的愿望,且每班必须至少有15名学生。

第二,国民学校教学媒介。由英文改制的国民学校以英文为教学媒介,巫校则以巫文为教学媒介。华校、印校必须遵守国民学校的所有条件,且教授其中一种官方语言。

第三,强迫儿童入国民学校。法令规定,在已设立充足数量的国民学校的

---

① 转引自[马]郑良树:《马来西亚华文教育发展史》(第三分册),第158页,马来西亚教总,2001。

② 同上书,第162页。

地区,凡6岁至12岁儿童必须进入国民学校。如有特殊原因(如宗教原因),经教育部批准,可进入其他学校。

第四,允许方言学校存在。报告书强调华文教育是全国教育中不可缺少的部分,允许其存在。

第五,规定了民办学校必须遵守的条件,包括校舍、学校设备、招收学生的制度、课程安排、教学媒介语、教师服务等。

对这部法令,华人社会表示坚决反对,要求将华文教育列为国家教育的一环,并开始了长达数年的与政府的抗争。虽然法令通过后由于缺乏经费和教员等原因没有在预定的次年施行,但由此开了"教育课题,政治解决"的恶例。

在草拟教育法令的同时,马来政府还采取了一些温和措施诱导华文教育马来亚化,如修订教科书和实施新薪津制。通过这两个措施,华校的教材中关于中国文化的内容被大大压缩,华校行政管理也被渐渐纳入国家管理体系中。

这一时期,虽然华文教育的发展不断受到法令和报告书的干扰,但凭着自身顽强的生命力,仍取得了丰硕的成果。1956年3月15日,南洋大学(位于新加坡)正式开学,这是全马第一所华人创办的高等学府。华校数量和华校学生、教员的数量也在不断上升,见表3。

表3　1950年至1957年华校统计表

年度	学校		学生		教员	
	小学	中学	小学	中学	小学	中学
1950年	1317	32	210336	6159	5865	38
1951年	1168	38	198840	7503	5942	426
1952年	1199	40	227803	11378	5565	462
1953年	1211	46	236041	14840	6282	455
1954年	1231	53	232818	18306	6458	503
1955年	1265	55	255158	23397	6642	964
1956年	1311	70	279549	40330	7380	1037
1957年	1333	60	342194	49536	8521	1060

资料来源:[马]郑良树:《马来西亚华文教育发展史》(第三分册),第213页,马来西亚教总,2001。

四、暗淡与复兴时期：单元化教育政策的推行

1957 年马来西亚取得独立，马来人领导的联盟政府执掌政府，教育被当局视为进行社会整合、铸造统一民族国家的重要手段。因此，在立法上，华文教育被一步一步逼到难以生存的境地。马来西亚在制定 1957 年宪法过程中，无视华人占人口总数 40% 的现实，也无视华人社会的强烈呼吁，把华文排除在官方语文之外，甚至在"国语"的条款中根本就不提华文二字。不仅如此，宪法还在第 153 条对马来人的特殊地位作了规定："不管本宪法中有何规定……最高元首应以他认为必要的方式，行使本宪法和联邦法律下的各项职能，以保障马来人的特殊地位，保证公务部门中为马来人保留他认为合理的一部分职位，保留一定比例的奖学金、助学金和其他类似的教育上和训练上的特权。"①上述规定，表现了马来西亚执政者心中的种族主要思想的恶性膨胀，它为后来制定相应的教育法令开启了文化清洗的大门，成为消灭华文教育的法律总根源。

为贯彻上述宪法精神，马来西亚当局制定了两个教育法令——1957 年教育法令和 1961 年教育法令。1957 年教育法令明确了马来语为国家语文，把小学区分为以马来语为教学媒介语的标准学校和以华语、英语、印度语等母语为教学媒介的标准型学校，要求非标准学校迅速转为标准学校；关于中学教育，它规定国家设立国民中学，这种学校接受国家津贴，学生参加共同的毕业考试。同时，这部教育法令规定了马来文和英文将成为中小学的必修课，是初级普通教育文凭及联邦教育文凭考试的必考科目，是师资培训的必修课。马来语水平将作为任公务员、获奖学金和学校津贴的考核标准。可见，1957 年教育法令的核心是确立了由标准型学校转化为标准学校、以马来语为国家语文的"最终目标"。这个目标显示了当局排除、消灭华校的长期规划。1961 年教育法令则将"最终目标"更加明朗化。它规定教育部长有权在他认为适当的时候可将国民型小学改为国民小学。并规定在中学体系中实施三类学校制：一是政府给予津贴的国民中学，采用马来文教学；二是接受津贴的国民型中学，华文和泰米尔文

东南亚研究

---

① 转引自董教总教育中心主页 http://www.djz.edu.my。

仅作为其中一个科目学习;三是不改制为国民型的华文中学将不能得到政府的津贴而成为华文独立中学。为配合国民中学和国民型中学的设立,还特别规定,只有上述中学的结业生才有资格进入大学,华文独立高中的成绩将不被承认。如此看来,1961年教育法令的通过是联盟政府开始推行单元化教育政策的标志,意味着华文教育已被排除在国家教育体系之外,这使华文教育的生存和发展面临空前严峻的考验。

在1961年教育法令通过前,马来西亚半岛原有华文中学69所。法令通过后,华文中学立即面临改制浪潮的冲击,最终有54所华文中学在威逼利诱下接受改制,只有15所宁可放弃津贴仍坚持华校立场,成为"华文独立中学"。华文中学接受改制是19世纪60年代华文教育式微的最主要的原因,它使华文教育的发展至少落后了10年,而且差点就一蹶不振。1965年,小学升中学会考取消,华文小学的学生可以自动升入国民型中学的中学预备班,国民型中学的学生因此人数大增,而华文独中则面临学生短缺的困境。

政府在实行单元化政策方面,20世纪60年代的焦点为迫使华文中学改制,60年代末至70年代则侧重于阻挠华文大学的创办。1967年,教育部长佐哈里宣布:从1968年开始,只有持政府承认文凭的中学生才准出国深造。这项规定企图断绝华文独中学生出国深造的道路。董教总因此决定申办独立大学。筹办独立大学获得了广大群众的支持,展开了广泛的筹款运动。联盟政府为缓和华裔选民的强烈不满情绪,在1969年马来西亚全国大选的前两天批准了独立大学有限公司的注册。但之后不久(即5月13日)发生了"5·13"种族骚乱事件,国家进入紧急状态,独大筹款活动也被禁止,争取创办独大的行动被迫搁置。《1970年大专教育法令》通过后,独大有限公司根据该法令的规定屡次向最高元首提请批准《独立大学计划》,结果一再被拒绝。独大有限公司只好向高等法庭申诉。1982年,独大有限公司败诉。从"独大案件"的判词来看,在该法令下,非马来文媒介大学包括私立大学的设立,都是不可以的。然而,以英文和阿拉伯文为教学媒介的回教大学却在马来西亚建立起来,为此,政府还特地修改了法令以达到符合法律的目的。独立大学的被拒与回教大学的建立,从侧面反映了马来西亚华裔公民的语文地位还不如英文、阿拉伯语等外国语文,也说明了政府政策的不公。

到20世纪80年代,政府实施单元化政策的中心转向迫使华小改制以及改变教学媒介语。1982年,教育部试图通过"3M制"(新课程纲要)的推行来使华小改制,激起了华人社会的广泛反对。根据这个制度,许多课程必须使用马来文课本并改用马来语教学,甚至对音乐课教材也规定马来歌曲必须占50%。当局企图以此在小学全面推行马来化。在董教总、各华人社团和政党的联手争取下,这一制度终告失败。政府实施的企图使华小变质的行政政策还有:1983年提出实施综合学校计划;1985年,当局进一步规定华小华文教育的教学时间为:一年级上半年每周660分钟,一年级下半年到三年级每周420分钟;1985年规定,华小集会必须使用马来语;1987年,教育部派出大批不谙华文的人员到多所国民型华文小学担任校长、副校长、校长助理等行政高职,意在迫使华文小学变质。

面对越来越严峻的形势,董教总带领华人社会民众不断抗争。在20世纪80年代,董教总与各州华人大会组成了"15华团领导机构",有效地领导了争取华族教育与文化的基本人权的活动。除了全力抗争之外,董教总更从建设的角度出发,积极从事华文教育的复兴与发展的工作。华文独中复兴运动是始于20世纪70年代初延续至今的重大事件。复兴运动由霹雳州开始,获得董教总、校友会及热心华教的华人社会的广泛支持,迅速扩大到全国各地。经过20多年的奋力复兴,华文独中终于再度发展起来。60间独中学生人数由1973年的28 318人增至1999年的近6万人,而且在学生来源、素质、师资、设备、校舍、课本、考试、学生出路等方面都有显著的进展。此外,在技职教育的开拓方面,也得到良好的反应,设有工科的学校已达20间,而商科几乎已经普及到各校。

五、华文教育的现状:挑战与契机并存

到了20世纪90年代,马来西亚的经济发展,国家的中心议题集中在经济领域,族群关系问题渐渐淡化。政府对教育采取了一些较为开放的措施,包括允许南方学院开设中文系、允许华社创建新纪元学院、马中签署教育谅解备忘录、将在多媒体超级走廊中应用中文等,为华文教育的发展创造了相对宽松的环境,甚至承诺,"不会关闭华小"、"华小性质不变"、"华小地位不变"等等。

这一时期促进华文教育发展的另一个因素是中国经济的稳步发展。随着中国改革开放事业的顺利推进,中国国际地位的迅速上升,活跃的亚太华人经

济逐渐成型,使华语、华文在经济活动中的重要性日益凸显,华文的国际地位不断提高。不仅华人认识到这一点,不少非华族家长也意识到这一趋势,近年来,非华族家长把孩子送入华文小学呈逐年速增之势。据统计,2002 年非华裔就读华文小学的学生人数已超过 6.5 万名,约占华文小学学生总数的 12%—15%,是一个相当高的比例。当然,非华族家长的这种选择也是考虑到华小拥有较好的校风、纪律和教学质量。此外,60 所独立中学的招生数量也逐年有所提高,目前独立中学学生总数达到 6 万名左右。而在 1 400 多所国民中学中,也有 560 所开办了华文班,约占 38% 左右;78 所国民型中学则 100% 开办了华文班。华文教育已逐渐升温。

在生存的危机获得缓和之际,华文教育加大了在课程、教学、管理等方面的改革力度,力图通过内在质量的提升,实现华文教育的现代化。从根本上说,华文教育必须靠优良的教育质量来证明自己存在的价值。所幸在这一点上,华文教育一直维持着良好的形象。华文小学的成绩表现远比其他源流学校优异,尤其在数理科和英文方面表现突出。独立中学统考文凭已获得美国、英国、澳洲、新加坡、中国等国家 500 多所大学的承认。华文中学培养的优秀毕业生,已成为新加坡大学大力吸纳的对象。马来西亚每年的独立中学统考毕业生介于六七千人之间,他们都是新加坡急需的双语人才,被录取的学生甚至可以获得70%—90% 的贷款,毕业后可以获得永久居留证,并有机会进入该国公司工作。马来西亚华人社会认为这是马来西亚教育投资和人才的严重流失,因此呼吁政府尽快承认独立中学统考文凭。

虽然华文教育的生存环境有所改善,但并不意味着它的发展道路将从此成为坦途。因为《1996 年教育法令》比《1961 年教育法令》更为严峻,《1961 年教育法令》绪论中的"最终目标"(即"要逐步发展一个以国语为主要教学媒介的国家教育制度"①),不但仍然存在于《1996 年教育法令》的绪论中,而且把"逐步"舍弃,表述为"上述政策将通过一个提供国语为主要教学媒介的国家教育制度来加以实施"②。换句话说,"最终目标"已经变成"现行目标"了。这一时期华文教育面临的考验主要有宏愿学校计划、白小迁校事件和以英文教数理科。

---

① 转引自庄兆声:《马来西亚基础教育》,第 231 页,广州,广东教育出版社 2004 年版。
② 转引自董教总教育中心主页 http://www.djz.edu.my。

所谓宏愿学校计划,就是将两所或三所不同语文源流的小学,不分种族或宗教信仰,安置于同一个校园及同一座建筑物里,其目的是逐步实现以国语为各源流学校的统一教学媒介。马来西亚政府认为,宏愿学校将为不同源流的小学生提供一个在"同一屋檐下"互相交流的环境,能更好地培养各种族学生之间的团结精神,可以借此塑造一个"团结一致的马来西亚民族"。但宏愿学校最让人诟病的是,它的最终目标是以国语为教学媒介语,这使华人社会忧心忡忡,担心华小变质,因而极力反对。鉴于华人社会的反对情绪,2005年初马来政府又推行了学生交融计划,以促进各族学生交流。学生交融计划在20多年前已提出过,但后来不了了之,现在重新拿出来与宏愿学校计划并行,二者带来的客观效果及其今后的演变发展很是值得关注。

白沙罗华文小学迁校事件是华文教育进入21世纪以来面临的又一考验。雪兰莪州白沙罗华小(简称白小)创办于1930年,有学生1 400人。2001年1月,白小董事部决定关闭白小原校,改至离原址6公里的新校舍另开新校。董事部关闭原校的决定受到百余户村民的强烈反对,他们坚持把70多名新村的孩子留在原校上课,并要求教育部"保留原校及争取分校"。白小事件反映出两大问题:一是政府不能公平对待各源流学校。市区华小过度拥挤,而政府对增建华小态度消极,使华小面临种种困难。据统计,华小学生人数从1968年的43万人增加到2000年的62万人,30多年内增加了19万人;可是,华小的学校数目却从1968年的1 332所,减少至2000年的1 284所,即减少了48所。与此形成鲜明对比的是,国民(马来文)小学的学生人数在同一时期虽然从68万人增加至221万人,增加了153万人,但国民小学数目也相应增加了2 637所。在这种背景下,教育部关闭白小的决定受到质疑,村民要求办分校(即增加学校)的要求显得合乎情理。二是华人社团对政府政策态度不一,渐起争执。在对待白小事件上,马华公会与政府站在同一立场上,而与董教总产生分歧,二者过去团结一心的局面被打破。而二者的争执又将其他华人社团卷入,使得支持华文教育的力量开始分散。白小迁校风波牵涉之广、之深(牵涉到华人村民的故土情节,马华公会与董教总及其他华人社团的分歧,政府对华教的政策),足以说明多元种族社会教育问题的复杂性。

华文教育面临的危机还有"数理科以英文教学"课题。自马来西亚独立前夕开始,教学媒介语问题一直就是马来西亚多元种族社会学校教育争议的一个

亚洲学术

● 2006

Scholarly Studies on Asia 2006

焦点。20世纪70年代确立马来语作为国语的地位后,英语在学校教育中的传统地位受到挑战,到1983年课程改革,英语源流的国民中学全部改为国语教学,英语仅被作为一门必修课来教学,失去了作为教学媒介语的地位。进入21世纪,也就是在英文学校在马来西亚消失近20年后,马哈蒂尔政府于2002年5月突然宣布了一项要求各源流学校以英文教学数理科的改革政策,引发了各界的激烈争论。华人社会对于中学以英文教数理科基本上没有什么异议,争论的焦点在于华小是否在数理科放弃母语教学。虽然政府一再保证这项政策与政治无关,且不会破坏任何族群的文化和民族特性,但是华人社会担心有关举措可能导致华小的变质也并非无中生有。首先,一旦推行英语教学数理两科,英语科的课时也必须增加,将造成使用英语的时间大大超过使用母语的时间的情形。这样一来,华小各科以华文作为教学和考试媒介语的大原则将不复存在,母语教育势必受到严重的冲击。其次,目前华小师资严重紧缺,数理科改为英语教学以后,华文不再是华小师资的必备资格,大量不懂华文的马来教师将进入华小,这显然是华人社会所不乐意看到的现象。而且随着非华裔师资的增加,华小的行政语言必然也跟着改变,华小势必名存实亡。如果华小的母语教育形同虚设,那么华文独立中学的生源也将随之受到影响,整个华文教育的基础将因此而动摇。当然,董教总反对以英文教数理,还有专业角度上的依据,即母语、母文才是最有效的教学媒介语,担心若以英语教授数理会造成大部分资质中下的学生"双重学习障碍",结果什么都学不好。

综上所述,这一时期华教的发展已趋于稳定,随着经济的发展、政策的放宽,华教已建成小学、中学、大专的完整教育体系,办学方针也从扩大数量转向提高质量,即更关心教学质量问题。而此时华教所面临的问题和环境也更为复杂,国家政策已趋定型,华社各个社团间的关系日渐复杂,在这一环境下发展,需要更开阔的视野和更坚定的信念。

六、结　语

马来西亚华文教育的成就是令人瞩目的。目前,马来西亚华文教育有完整的初等、中等和高等教育体系,其中华文小学(简称华小)1 283所,在校学生约

60万人,由政府管理,是国家教育主流的一环;华文中学60所,在校学生约6万人,以私立学校形态存在;华文高等学院有3所,是马来西亚华族自行筹资管理的私立学校。马来西亚华文教育的最大成就是构建了一套从学前教育到高等教育的完整的母语教育体系,以母语为主要教学媒介语提供母语母文教学,既开发了族群的智力,也有利于民族文化的传承。马来西亚华人社会建立的母语基础教育体系,为马来西亚华族的传统文化沿袭打下了厚实的基础,尤其是12年初等和中等教育,是中国内地和台湾地区以外最庞大、最完整的。虽然独中的文凭不被马来西亚政府认可,但在董教总和整个华人社会的努力下,独中的办学正在走向世界,为世界各大学所接受。

马来西亚华文教育的另一个主要成就是为构建马来西亚新文化作出了贡献。华文教育是华族文化的一个重要组成部分,也是华族文化赖以生存的重要手段。华文教育置身于马来西亚多元文化的社会环境中,在与各民族交流时,一方面呈现出自己的文化优势,另一方面又吸收友族文化的精华,既丰富本民族文化的内涵和外延,又为建设马来西亚新文化而努力。

参考文献:

1. [马]董教总编:《马来西亚的华文教育运动》,1999。

2. 庄兆声:《马来西亚基础教育》,广州:广东教育出版社,2004。

3. [马]郑良树:《马来西亚华文教育发展史》(一至三册),马来西亚教总,2001。

4. [马]董教总编:《董教总简介》,2001。

5. [马]董教总编:《教总33年》,1987。

6. [马]董教总编:《风云激荡180年》,2001。

7. [马]董教总编:《马来西亚华校教总2002年工作报告书》,2002。

8. [马]董教总编:《马来西亚华校董总2002年工作报告书》,2002。

9. [马]董教总编:《挑战与回应——21世纪华小展望研讨会资料汇编》,2001。

10. [马]董教总编:华教导报。

11. 董教总教育中心主页 http://www.djz.edu.my。

12. 骆静山:《大马华裔文化的基本问题》(论文)。

[作者单位:中国人民大学出版社编辑]

东
南
亚
研
究

亚洲学术

· 2006

Scholarly Studies on Asia 2006

The Review of History of Chinese Education in Malaysia

LONG Mingming

Abstract: The Chinese education of Malaysia began early in 19's century; it has been 180 years till now. During this period, The Chinese education changed from Chinese alien education to the national education current of Malaysia for the sake of existence and development. Because of political reason, there exist single policy and diverse policy the education system of Malaysia. This caused the Chinese education expelled out of the country education system of Malaysia. Because of that, the Chinese education cannot get the support from national policy and funds. Under this situation, the Chinese education of Malaysia faced many difficulties. However, only with the contribution of Malaysian Chinese community, they set up a set of Complete mother language education system from Primary school to high education, especially 12 years Primary and Secondary education system, which is the hugest and the most complete one next to China mainland and Tai-wan. The success of the Chinese education of Malaysia is contributed to spread the Chi-nese traditional culture in Malaysia. There are five stages in the Chinese education of Malaysia: founding period(1819 – 1920), making stronger period(1921 – 1943), over-coming difficulties period (1944 – 1957), low tide and renew period (1958 – 1990), Greeting challenges(1991 –). In these five stages, The Chinese education of Malaysia went through much crisis, obtained great achievements and showed the special features in different periods.

Key words: Chinese education; diverse education policy; the spread of culture

亚太经济

东亚地区^①雁行形态发展的验证

王 保 林

【内容提要】 "雁行形态发展理论"是日本一桥大学教授赤松要通过观察和研究日本的工业化过程提出的发展中国家产业发展的历史性规律。20世纪80年代以后,这一理论被国际经济学界广泛引用,成为解释亚洲NIES、东盟各国以及中国经济发展的一个基本理论。对于东亚地区的雁行形态发展这一提法可以有两种解释(两个视角),但无论从哪个视角来看,东亚地区的产业发展均可以用雁行形态发展理论进行解释。这一结论说明,赤松要的雁行形态发展理论不仅可以解释采取进口替代型工业化策略的日本的产业发展过程,同时也可以解释采取出口导向型发展战略的东亚其他国家的产业发展。但与战前的日本不同,在东亚各国的产业发展过程中外国资本起到了重要的作用。外资的进入缩短了东亚各国产业结构转换的时间,促进了东亚地区雁行形态的发展速度。但是,外资的促进作用更多地表现在电子机械产业的发展上,对于重化学工业的其他领域发展的促进作用并不明显。

【关键词】 东亚经济;雁行形态发展;产业发展

"雁行形态发展理论"是日本一桥大学教授赤松要通过观察和研究日本的工业化过程提出的发展中国家产业发展的历史性规律^②。20世纪80年代以

---

① 本文中的东亚特指韩国、台湾、香港、新加坡(以下简称亚洲NIES)和泰国、马来西亚、印度尼西亚、菲律宾(以下简称东盟)以及中国。

② 赤松要:《わが国产业発展の雁行形态——機械器具工业について——(我国产业发展的雁行形态——以机械工业为例——)》,载《一桥论丛》,1956(11)。

后,这一理论被国际经济学界广泛引用,成为解释亚洲 NIES、东盟各国以及中国经济发展的一个基本理论。

赤松要的雁行形态发展理论可以解释日本一国的产业发展过程。但东亚是包括了若干个国家和地区的一个区域,东亚的雁行形态发展到底指的是什么,至今没有人作出清晰的解释。此外,所谓产业的雁行形态发展,其核心内容就是我们今天所说的"进口替代型"工业化战略。从东亚各国和地区来看,20世纪 60 年代末到 70 年代初,亚洲 NIES 和东盟各国纷纷放弃了进口替代型战略,转变为出口导向型战略,我国也从 80 年代中后期开始实行外向型经济发展战略,其实质也是出口导向型战略。尽管东亚地区是出口导向型战略最为成功的地区,但用于解释进口替代型工业化战略的雁行形态发展理论仍然被广泛地应用于对东亚地区经济发展的解释。东亚地区的雁行形态发展到底指的是什么? 东亚地区的经济发展是否真的可以用雁行形态发展理论来解释? 本文写作的目的就是回答上述两个问题。

本文由四个部分构成。第一节首先介绍赤松要的雁行形态发展理论的基本框架,推导出东亚地区经济雁行形态发展的两种基本解释。第二节利用韩国、新加坡、泰国、马来西亚、中国的对外贸易的基本数据,分别分析各国产业的发展过程和阶段,对上述五国的产业发展是否能用产业的雁行形态发展理论进行解释的问题进行探讨。第三节将东亚各国作为一个整体,研究在各主要产业上不同国家的发展情况和次序。论文的最后部分对本研究的主要结论进行了说明。

一、赤松要的"产业的雁行形态发展"与 "东亚地区的雁行形态发展"

(一)赤松要的"产业的雁行发展"理论

一桥大学教授赤松要研究了明治维新以后日本的产业发展过程,分别考察了日本的棉线、自行车、计算器、工作机械等产业的发展过程,描绘出了各个产业的进口、国内生产和出口的曲线,于 1933 年提出了所谓的"产业的雁行形态发展"理论。

赤松要认为,后发国家成功的工业化过程应当包括四个基本阶段。

第一阶段:出口本国的农产品或矿产品等资源,同时进口消费性工业产品。

第二阶段:在国内开始生产第一阶段进口的消费性工业产品(第一次进口替代),同时开始进口生产消费性工业产品所需的机器设备等资本品。

第三阶段:国内生产的消费性工业产品成长为出口产业,同时在国内开始资本品的生产(第二次进口替代),并开始进口在第一阶段作为主要出口产品的原材料和农产品。

第四阶段:进入出口资本品和耐用消费品的阶段。此时,国内一般消费品的生产成本迅速上升,出口开始减少,并逐步转为进口。

以上就是对后发国家学习国外的产业,通过进口替代发展本国产业的过程的描述。由于各个产业的进口、国内生产和出口的三条曲线在时间上有先有后,相互错开,此伏彼起,这一过程宛如晚秋南飞的大雁群,故赤松要将其形象地称为"产业的雁行形态发展"(见图1)。

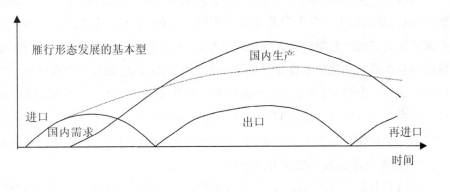

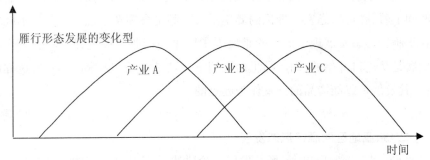

图1 赤松要的产业雁行形态发展示意图

以上产业发展的四个阶段包括了两个方面的内容:第一,本国没有的新产品经过进口和国内生产最后可以发展为出口产业。第二,上述的产业发展在时间上有先有后,相互错开,一般消费品的进口、国内生产和出口在先,资本品的发展在后。前者被称为"雁行形态发展的基本型",后者则被称为"副雁行形态"。赤松要的弟子小岛清进一步将"副雁行形态"细分为两种形态,并将雁行形态发展概括为以下三种具体形式。

(1)雁行形态发展的基本型:各个产业的发展首先以进口为起点,此后开始国内生产,随着国内生产成本的下降逐渐成长为出口产业。

(2)雁行形态发展的变化形Ⅰ:"进口→国内生产→出口"这一基本型从消费品工业发展为资本品工业,或是由农业和轻工业产品发展到重工业产品。

(3)雁行形态发展的变化形Ⅱ:雁行形态发展的基本型从工业消费品的低级产品发展到高级品,从生产消费品的资本品发展为生产资本品的资本品的发展过程。

从以上三个具体形式可以看出,"进口→国内生产→出口"是雁行形态发展的核心,变化形Ⅰ和变化形Ⅱ是通过不同产业的"进口→国内生产→出口"的发展模式实现产业结构的高度化的过程,又被称为生产的多样化。雁行形态发展的基本型与变化型Ⅰ和Ⅱ不是三个相互独立的过程,而是一个有机体。三种形态合为一个整体,构成了"产业的雁行形态发展"。从一般消费品的"进口→国内生产→出口"发展到资本品的"进口→国内生产→出口",最后发展到重化学工业和高级品的出口阶段,则一国的产业结构就可以达到发达国家的水平,产业的雁行形态发展也就可以结束了。

从内容上看,赤松要的雁行形态发展理论与产品生命周期学说十分相似,从时间上看,雁行形态发展理论的诞生早于产品生命周期学说。二者的不同之处在于雁行形态发展理论描述的是发展中国家的产业发展过程,因此,其产业的发展是从进口开始的;而产品生命周期学说则是对发达国家产业发展过程的描述,其发展是以新产品的开发作为起点的。

(二)东亚地区的雁行形态发展

如前所述,赤松要的雁行形态发展理论描述了一国(日本)的进口替代型工业化的过程。在20世纪70年代以前,这一理论始终是用来解释发展中国家的产业发展的。70 年代以后,日本的外务大臣大来佐武郎率先提出了东亚的雁行形态发展这一概念。以此为契机,雁行形态发展理论被引入国际经济学领域,成为解释东亚地区发展的理论之一。大来佐武郎所谓的东亚的雁行形态发展,指的是东亚各国的经济发展是以日本为先导,亚洲 NIES 紧随其后,东盟和中国又跟随在 NIES 后面的发展格局。显然,大来佐武郎提出的东亚的雁行形态发展完全背离了赤松要的基本理论,除去借用了"雁行形态发展"这一概念以外,从经济学角度来说,已与赤松要的基本理论没有任何关系。作为一个不懂经济学的政治家,借用别人的概念说明问题本无可厚非,但此后许多经济学家对这一概念没有进行具体解释和论证,就直接用来说明亚洲地区的经济发展,这一做法不免使人遗憾。

首先需要说明的是,东亚地区的经济发展次序和水平是以日本为先导,亚洲 NIES、东盟和中国紧随其后,这是一个基本的历史事实。但是,如果东亚的雁行形态发展仅仅是描述了这一基本现象,则这一理论对经济学是毫无意义的,因为经济理论是用于解释经济发展规律的,而不是简单地对现象的描述。因此,我们有必要从经济学角度探讨东亚地区的雁行形态发展的真正含义,研究东亚的经济发展是否可以用雁行形态发展来解释的问题。

赤松要的理论是雁行形态发展理论的基础,考虑东亚地区的雁行形态发展时,首先必须以赤松要的理论为依据。结合国际经济学界对于这一理论的延伸和应用,在考虑东亚地区雁行形态发展问题时,可以有两个分析视角。

一是赤松要的分析视角,即分别观察东亚每一个国家和地区的产业发展,如果东亚各国、各地区的产业发展与赤松要的雁行形态发展的基本型和变化型 Ⅰ 和 Ⅱ 基本相同(与第二次世界大战前的日本基本相同),则说明东亚地区的产业也是按照雁行形态发展的。如果这一假设得到验证,则说明雁行形态发展理论的应用领域被大大拓宽了,它不仅可以解释进口替代型工业化的发展过程,而且适用于解释出口导向型工业化的发展道路。

二是将东亚各国和地区作为一个整体来看待。谈到"东亚地区的雁行形态发展"时,几乎所有的人都是从这一角度进行说明的。但与其他人不同的是,这里的雁行形态发展不仅仅是指以日本为雁头、亚洲 NIES、东盟和中国紧随其后的发展次序,而首先是指东亚各国的产业是按照赤松要的雁行形态发展的基本型和变化型 Ⅰ 和 Ⅱ 发展的。不仅如此,走在前面的国家(日本、亚洲 NIES)的生产或出口的每一个变化曲线之后都会出现后发国家紧紧跟随的另一条曲线①。具体到某一具体产业来说,各国的发展顺序总是按照日本→亚洲NIES→东盟→中国这一次序进行。如果是这样定义"东亚地区的雁行形态发展"的话,则仅仅使用赤松要的雁行形态发展的基本型和变化型Ⅰ和Ⅱ就不够了,需要加入一个新的变化型,我们可以称其为变化型Ⅲ。其基本特征是雁行形态发展的基本型和变化型跨出国界,通过在几个国家之间的相互继起实现产业结构的高度化。变化型Ⅲ的基本概念图如图2所示。如果用第二个视角来分析,则"东亚地区的雁行发展"必须具备两个条件,即雁行形态发展的基本型和三个变化型同时存在。

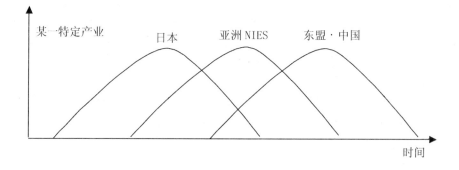

图2　雁行形态发展的变化型Ⅲ

　　与"东亚地区的雁行形态发展"理论相似,还有一个用于说明东亚地区经济发展的理论,那就是渡边利夫从亚洲地区的电子工业的发展过程中总结出的"结构转换连锁论"②。

　　按照渡边利夫的解释,东亚地区的经济活力主要来源于这一地区的较高的"转换能力"。广场协议以后,日元迅速升值,日本从出口导向型战略转换为以国内需求为主的内需主导型战略。随着这一战略调整,日本从东亚各国进口的产品数量迅速增加,成为东亚地区重要的"需求吸收者"。但与欧美其他发达国家不同的是,日本不是简单地把国内产业放弃掉,改为从其他国家进口产品,

---

　　①　筱原三代平:《2つの雁行形態でダイナミックに発展(通过两个雁行形态的发展)》,载《日本研究中心会报》,1996—10—15。

　　②　渡边利夫:《開発経済学第2版——経済学と現代アジア——(开发经济学第2版——经济学与现代亚洲——)》,(日本)日本评论社1996。

而是由日本企业到海外(主要是东亚)投资进行生产,将日本企业子公司生产的产品返销到日本。日本企业的这一做法推动了东亚各国的产业发展和结构升级,提高了各国的供给能力。换言之,日元升值使日本成为了东亚地区最为重要的需求吸收者(市场)和资金供给者,从供求两个方面推动了东亚地区的发展。

与此同时,亚洲 NIES 巧妙地利用了日本的结构调整,填补了日本企业对世界出口减少的空白,亚洲 NIES 开始全面崛起。但是从 1989 年 1 月开始,美国将亚洲 NIES 从一般最惠国的适用对象国中删除掉,同时对亚洲 NIES 施加压力,迫使其提高本国货币的对美元汇率。此时恰逢亚洲 NIES 的国内劳动力价格迅速上涨,亚洲 NIES 也同当年的日本一样,从出口导向战略转换为以国内需求为主的内需主导型战略,并提高了国内企业到海外投资的速度。

东盟各国和中国利用 20 世纪 80 年代的日本和 90 年代的亚洲 NIES 的结构调整,积极引进了日本和亚洲 NIES 的对外投资,实现了对欧美、日本和亚洲NIES 出口的迅速增加。这种在率先实现工业化的国家(日本和亚洲 NIES)进行结构转换时,后续国家(东盟各国和中国)采取鼓励外资的政策,积极吸收结构转换国的对外投资,促进本国产业发展,实现产业结构的转换和升级。以上结构转换的连锁过程被称为"产业结构转换连锁论"。

渡边利夫的"产业结构转换连锁论"和"东亚地区的雁行发展"理论都对东亚各国的产业发展、结构的转换和升级进行了描述和分析。从二者的关系来看,产业结构转换连锁论可以理解为东亚地区的雁行形态发展的促进条件。由于产业结构转换连锁的存在,使得亚洲 NIES、东盟和中国缩短了进口和国内生产的时间,使国内产业迅速成长为出口产业。但是这两个理论的基本内涵是不同的。东亚地区的雁行形态发展阐明的是以国内资本为主的"进口→国内生产→出口"这一进口替代型的产业发展模式;而产业结构转换连锁论则是以外资为主导的出口导向型的工业化模式。

二、东亚地区雁行形态发展的验证
——从第一个视角的考察

如前所述,雁行形态发展理论通常使用进口、国内生产和出口三个指标来研究产业发展问题。一般而言,出口是国内生产的一部分,剔除国内生产这一指标,仅仅考察进口和出口来研究产业的雁行形态发展也是可行的,这种做法被称为贸易商品的雁行形态发展。本节将利用进口和出口这两个基本数据来观察东亚地区的经济发展,对东亚地区的产业发展是否可以用雁行形态来解释的问题进行验证。

如前所述,本文所定义的东亚地区包括了亚洲 NIES、东盟的泰国、印度尼西亚、马来西亚、菲律宾和中国在内的九个国家和地区。本节以韩国、新加坡、泰国、马来西亚和中国这五个东亚地区的代表性国家作为研究对象,通过研究这五个国家 1981—1995 年的贸易结构的变化来验证东亚的雁行形态发展理论。

图 3 至图 7 是根据联合国的《贸易统计年鉴》和日本银行的《外国经济统计年报》的基础数据制作的五国的进出口结构变化图。《贸易统计年鉴》和《外国经济统计年报》是根据联合国的《标准国际贸易商品分类》(SITC)对商品进行分类的。其中,第 0 类(SITC0)为食品及活动物;第 1 类(SITC1)为饮料和烟草;第 2 类(SITC2)是非食用原料;第 3 类(SITC3)是矿物燃料、润滑油及有关原料;第 4 类(SITC4)为动植物油脂及蜡;第 5 类(SITC5)是化学成品及有关产品;第 6 类(SITC6)为按原材料分类的制成品;第 7 类(SITC7)为机械及运输设备;第 8 类(SITC8)是杂项制品;第 9 类(SITC9)为未分类商品。由于雁行形态发展最为典型的是工业,为了研究需要,我们对产业进行了重新分类,将初级产品为主的第 0 类和第 1 类,以及第 2、3、4 类分别进行合并。同时,由于第 8 类和第 9 类的贸易额较小,也将其合并为一项。此外,我们还将代表工业化水平的重要产业——钢铁制造业从第 6 类(原材料)中分离出来,将东亚最有代表性的制造业——电子机械制造业从第 7 类(机械及运输机械类)中单独拿出来。

经过以上重新分类,我们将所有贸易产品分为八大类别。第一类为食品和活动物、饮料和烟草(SITC0・SITC1,以下简称为食品);第二类为非食用原料、矿物性燃料、润滑油及相关制品(SITC2・SITC3・SITC4,以下简称为非食用原材料和燃料);第三类为化学成品及有关产品(SITC5,以下简称化学制品);第四类为按原材料分类的制成品(从 SITC6 中剔除 SITC67 钢铁制品,以下简称原材料制成品);第五类为钢铁制品(以下简称钢铁);第六类为机械及运输设备

（从 SITC7 中剔除 SITC75·76·77）（以下简称一般机械）；第七类是电子机械（包括 SITC75·SITC76·SITC77，以下简称电子机械）；第八类为杂项制品和未分类商品（SITC8·SITC9，以下简称杂项制品）。

表1反映了各国以上八类商品的贸易收支情况。将表1和各国的贸易结构变化图进行相互比较，就可以对各国的产业发展过程加以判断。

表1　东亚各国（地区）的贸易收支（出口总额—进口总额）

（单位：百万美元）

国家	年度	(0,1)	(2,3,4)	(5)	(6a)	(6b)	(7a)	(7b)	(8,9)
韩国	1981	−1347	−11073	−1421	3616	829	−1610	412	5715
	1985	−205	−10113	−1853	2859	650	−562	1298	7074
	1990	−1273	−18167	−4923	3347	429	−5107	6712	14153
	1995	−3658	−26836	−4212	7265	−1073	−6804	23048	2139
新加坡	1980	−480	−724	−593	−1118	−655	−2184	213	914
	1985	−727	−1158	−77	−1142	−440	−1594	809	887
	1990	−894	241	−1282	−2758	−1406	−5353	4627	−1228
	1995	−953	−1755	−5511	−6977	−1921	−8986	14562	−2093
泰国	1980	2553	−2516	−1045	567	−502	−1319	−370	−225
	1985	2318	−1877	−1203	323	−553	−1549	−408	278
	1990	5061	−3676	−3018	−529	−2547	−7988	−552	3411
	1994	7671	−4205	−4424	445	−3469	−12274	2010	7446
马来西亚	1981	−883	5403	−828	194	−627	−2453	−441	−187
	1985	−647	7784	−891	−21	−513	−2152	−349	−154
	1990	−490	9212	−2004	−1037	−1240	−5703	1530	−80
	1994	−916	9516	−2481	−914	−2026	−9895	5888	441
中国	1980	200	2000	−1800	−100	—	−4300	—	2200
	1985	2100	6400	−3100	−400	−7000	−9000	−4700	2500
	1990	3500	2500	−3000	2800	−1600	−9400	−2200	13100
	1994	7800	−4500	−5900	2700	−7600	−28800	−800	42400

注：(0,1)为食品，(2,3,4)为非食用原料和燃料，(5)为化学制品，(6a)为原材料制成品，
　　(6b)为钢铁，(7a)为一般机械，(7b)为是电子机械，(8,9)为杂项制品。

资料来源：联合国编《贸易统计年鉴》各年版、日本银行国际局《外国经济统计年报》各年版。

亚太经济

（一）亚洲 NIES 的贸易结构变化——以韩国和新加坡为例

1. 韩国的贸易结构演变过程

图 3 显示了 20 世纪 80 年代初到 90 年代中期韩国的进口结构变化。从图中可以看出，20 世纪 80 年代以后，除个别年份外，韩国所有产品的进口都呈现出增加的趋势，其中尤以非食用原材料和燃料以及一般机械产品的进口增长最为迅速。与此相对应，图 4 反映了韩国出口结构的变化。在出口产品中，电子机械产品的出口增长最为迅速，1995 年的出口总额高达 442.25 亿美元，占全部出口总额的 35.36%。此外，原材料制成品、一般机械和化学制品的出口也呈缓慢增长的趋势。与此相反，到 1988 年为止，以服装和鞋帽等为主的杂制品行业的出口规模巨大，是韩国最大的出口产业。但伴随着 1987 年 2 月开始的韩元升值和 1986 年—1988 年连续三年的大幅度工资上涨（分别为 12.9%、13.0%、12.4%），韩国的劳动密集型产业失去了竞争优势，1995 年杂项制品的出口规模已经降到第 4 位。

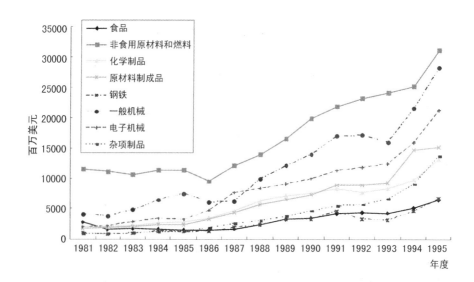

图 3　韩国的进口结构变化图

资料来源：联合国《贸易统计年鉴》各年版、日本银行国际局《外国经济统计年鉴》各年版。

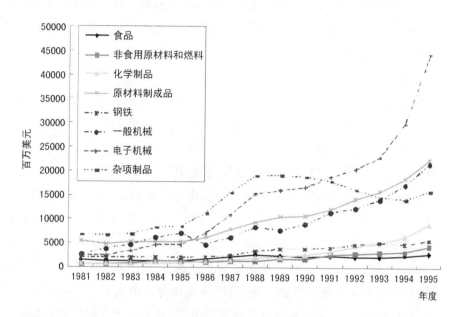

图4　韩国的出口结构变化图

资料来源:联合国《贸易统计年鉴》各年版、日本银行国际局《外国经济统计年鉴》各年版。

从表1的贸易收支情况来看,在1981年至1995年的15年中,贸易赤字的产业为食品、非食用原料、一般机械和化学制品,且其贸易赤字呈增加趋势。与之相反,原材料制成品、钢铁、电子机械和杂项制品等产品为贸易黑字。其中,原材料制成品和电子机械的黑字逐年增加,钢铁制品的黑字较为稳定,杂项制品则从1990年开始由增加转变为减少。

从韩国的贸易结构变化来看,韩国的食品工业已经经过了国内生产和出口阶段,进入了再进口阶段。杂项制品正在步其后尘,逐步由出口转为进口。钢铁产业已经经过了进口和国内生产等阶段,但直到90年代中期,仍然没有进入出口阶段。虽然造船和汽车制造业已经发展为出口产业,但主要零部件仍然依靠从国外(特别是日本)进口,出口的增长速度十分缓慢。综合判断,一般机械和化工制品还处于国内生产阶段。电子机械的进口和出口均增长较为迅速,其出口远远超过进口,在20世纪80年代初期已经成长为出口产业。

从以上分析可以看出,韩国的食品和非食用原料和燃料产业已经进入了再进口阶段,杂项制品也将进入这一阶段。化学和一般机械工业还处于国内生产阶段,而钢铁、原材料制成品、电子机械已经进入了出口阶段。

　　归纳以上分析内容,可以得出以下三点结论:

　　第一,韩国的产业发展与赤松要的雁行形态发展的基本型及变化型Ⅰ和Ⅱ基本相同。韩国实施的是重视出口型的进口替代型工业化战略,因此,其产业发展的过程与雁行形态发展理论是基本一致的。用雁行形态发展理论的阶段划分标志来看,韩国已经到达了第三阶段到第四阶段的转换期。

　　第二,韩国的电子机械产业比化学等重化学工业领先一步成长为出口产业。按照许多人的解释,电子机械产业的主体属于知识密集型产业,应该在产业发展的最后阶段成长为出口产业①。但是,电子机械产业中包含有许多劳动密集型部分,韩国正是从这些劳动密集型部分入手,利用本国的劳动力价格便宜的优势发展本国的电子机械产业,很快使其成为韩国重要的出口产业。因此,电子机械产业率先成长为出口产业这一事实,并不能否定雁行形态发展的基本原理。

　　第三,从产业结构整体来看,90年代中期的韩国与发达国家尚有一定的距离,特别是化学和一般机械还没有成长为出口产业。

　　2. 新加坡的贸易结构演变过程

　　图5和图6分别显示了新加坡的贸易结构的变化。新加坡产业发展最迅速的也是电子机械产业。从1986年开始,新加坡的电子机械的进出口均呈现出大幅度增长的趋势,其中出口的增长幅度高于进口,使电子机械成为新加坡最大的出口产业。在电子机械以外的诸产品中,除非食用原材料和燃料以外,其他产品的进口都呈现出缓慢增长的趋势。从出口来看,杂项制品和一般机械的出口增加缓慢,而其他产品的出口变化不大。

　　对照表1的数据可以看出,20世纪80年代,新加坡贸易黑字的产品是杂项制品和电子机械,其净出口额分别为914美元和213万美元。其后,杂项制品的贸易黑字开始减少,1989年进口超过了出口,成为净进口国。在80年代

---

　　① 野村总合研究所、东京国际研究俱乐部编:《直接投资でアジアは伸びる(直接投资带来亚洲的增长)》,第24页,(日本)野村总合研究所1994年版。

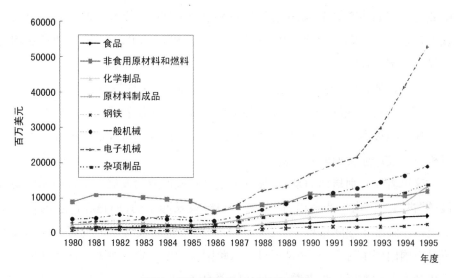

图 5　新加坡的进口结构变化图

资料来源:联合国《贸易统计年鉴》各年版、日本银行国际局《外国经济统计年鉴》各年版。

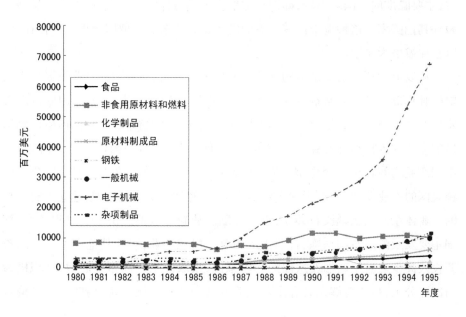

图 6　新加坡的出口结构变化图

资料来源:联合国《贸易统计年鉴》各年版、日本银行国际局《外国经济统计年鉴》各年版。

的贸易赤字的诸产品中,除非食用原材料和燃料外,其他产业的贸易赤字始终在不停地扩大。到 1995 年,电子机械产业成为唯一的出口产业,其他产业均为贸易赤字型产业。

综观新加坡的产业发展过程,在劳动密集型的杂项制品的竞争力衰退以后,化学、钢铁、一般机械等产业并没有大的发展,只有电子机械产业的发展最为迅速。积极参加电子机械产业的国际分工,以此为基础发展国内经济的做法堪称新加坡产业发展的主要特色。

这里需要特别指出的是,新加坡的电子机械产业的发展不是按照赤松要所说的“进口→国内生产→出口”的发展路径成长起来的,而是在产业的发展初期就已经瞄准了国际市场,实现了出口。同时,新加坡的电子机械产业的发展不是以国内资本为主导,而是通过引入跨国公司的投资实现的。从新加坡的电子机械产业的发展过程来看,它是伴随着 60 年代欧美电子零部件企业的投资、70 年代开始的日本电子企业的投资以及 80 年代的美国的计算机及其零部件企业的大规模投资而发展起来的①。由于国内市场狭小,跨国公司投资新加坡时,主要瞄准的是国际市场,即把新加坡作为其海外的生产据点,主要产品销往海外其他国家。这种电子机械产业的发展特点在东盟其他国家也同样存在,但以新加坡最为典型。

从以上对新加坡贸易结构变化的分析可以看出,新加坡的产业发展与赤松要的雁行形态发展的基本型和变化型Ⅰ、变化型Ⅱ相差甚远,无法用雁行形态发展的基本原理进行解释。即新加坡的产业发展既没有从进口、国内生产到出口的完整的雁行形态发展的基本型,也没有出现“进口→国内生产→出口”在不同产业之间转移的变化型。因此,赤松要的“雁行形态发展”理论适合于解释大国的产业发展,而对于国内市场狭小、资源贫乏的小国来说,建立一套完整的产业体系的做法既没有必要,也不可能。从新加坡的经济发展过程来看,该国主要发展的是石油精炼、石油化工和电子机械产业,对于其他产业发展的资源投入甚少。对于新加坡这样的小国来说,采取出口导向型发展战略,积极参与国际分工,只要能够在具有比较优势的某一产业领域有所突破,国内经济就

---

① 具体内容请参照中小企业金融公库调查部编:《躍進するアセアンの産業と金融(跃进的东盟产业和金融)》,第36—49 页,(日本)东洋经济新报社,1989。

可以取得长足的发展。新加坡和香港的情况完全相同,其经济发展不可以用雁行形态发展理论来解释。

(二)东盟贸易结构的变化——以泰国和马来西亚为例

1. 泰国的贸易结构变化

从图7可以看出,1987年以后泰国所有产品的进口都在增加。其中,尤以钢铁和电子机械的进口增长最为显著。此外,在1991年以前,非食用原材料和燃料以及原材料制品的进口几乎是和钢铁及电子机械同步增长的,1991年以后其增长的速度有所下降。

与此相对照,从图8的出口结构来看,泰国的所有产品可以分为两大类型。一类是食品、电子机械、原材料制成品和杂项制品,1987年以后出口增长率急速增长,已经成长为泰国的主要出口产业。第二类为非食用原材料和燃料、一般机械、化学和钢铁产品,其出口一直比较平稳,没有出现迅速增加的趋势。

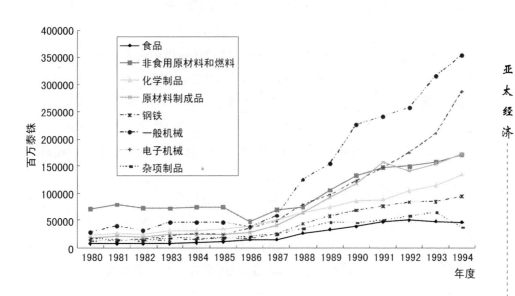

图7 泰国的进口结构变化图

资料来源:联合国《贸易统计年鉴》各年版、日本银行国际局《外国经济统计年鉴》各年版。

亚洲学术 ●2006 Scholarly Studies on Asia 2006

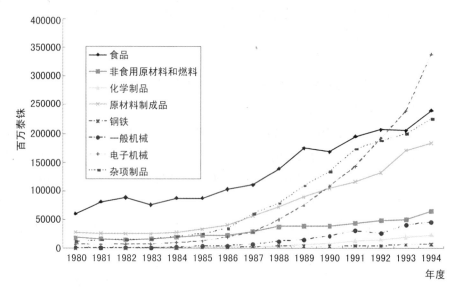

图8　泰国的出口结构变化图

资料来源:联合国《贸易统计年鉴》各年版、日本银行国际局《外国经济统计年鉴》各年版。

　　与表1的数据一同观察可以发现,20世纪80年代初期的泰国还处在出口初级产品、进口工业制品的雁行形态发展的最初阶段。贸易黑字的产品只有食品和原材料制成品,其余的产品几乎都为赤字。到了1983年杂项制品率先实现了贸易黑字,1992年电子机械也成了黑字产业,出口产业增加到4个。其余产品仍然是进口大于出口,其中尤以一般机械、化工和钢铁的赤字增加最为显著。

　　综观泰国的贸易结构变化,可以得出三个基本结论:

　　第一,泰国的产业发展过程与赤松要的雁行形态发展理论基本吻合。20世纪80年代为雁行形态发展的初期,其后劳动密集型产业迅速成长,80年代中期以后杂项制品产业成长为出口产业,以组装为主的电子机械产业也经过了进口和国内生产阶段,在90年代初期转变为出口产业。但与赤松要的雁行形态发展理论不同的是,泰国的电子机械产业是以外资企业为中心发展起来的,这一点与新加坡十分相似。用赤松要的雁行形态发展理论来看,今天的泰国正处于出口劳动密集型产品、进口和国内生产重化学工业产品的雁行形态发展的第三阶段。

第二，泰国的出口产品较为多样化。在八大类产品中，贸易黑字的产品有四类，这一数字与韩国相同，比新加坡和马来西亚都要多。但与韩国的重化学工业为中心的出口结构不同，泰国的出口是以劳动密集型产业为主的，这一差别是由于泰国和韩国的工业化水平的不同所决定的。

第三，到90年代中期，泰国的食品出口仍在增加，还没有进入再进口的阶段，这与泰国得天独厚的发展农业的良好环境的影响是分不开的。随着劳动密集型产业出口的增加，初级产品的出口减少并逐步转变为进口产业的现象不是产业发展的普遍规律。

2. 马来西亚的贸易结构变化

从图9来看，20世纪80年代以后，马来西亚几乎所有产品的进口都呈增加趋势，其中，电子机械和一般机械制品的进口增加尤为明显。从图10来看，80年代初期，非食用原材料和燃料是最主要的出口产品。从80年代中期开始，电子机械的出口增加迅速，成为主要的出口产业。此外，杂项制品、原材料制成品和一般机械的出口也在缓慢增加。

对照表1可以发现，20世纪80年代初期马来西亚的主要出口产品是非食用原材料和燃料及原材料制成品。但到了1985年，原材料制成品的贸易也变为赤字。90年代中期，马来西亚的主要出口产业是非食用原材料和燃料、电子机械和杂项制品，其他产业均为赤字。食品和原材料制成品的贸易赤字相对稳定，变化不大，但化学制品、钢铁、一般机械等产业的赤字额还在不断加大。

综合上述分析，可以得出以下两点结论：

第一，马来西亚的产业发展基本可以用雁行形态发展理论来解释。20世纪80年代初期是马来西亚进口工业产品、出口初级产品的阶段。其后电子机械和杂项制品的国内生产迅速增加，到了90年代初期成长为出口产业。90年代中期的马来西亚正处在出口劳动密集型产品、进口和国内生产重化学工业产品的阶段——雁行形态发展的第三阶段，从产业发展阶段来看，马来西亚与泰国的情形十分相似。

第二，与韩国、新加坡、泰国相同，80年代以后马来西亚的电子机械产业迅速发展，成长为最大的出口产业。但是，与新加坡和泰国相同，马来西亚的电子机械产业发展的主体不是国内资本，而是外资企业。

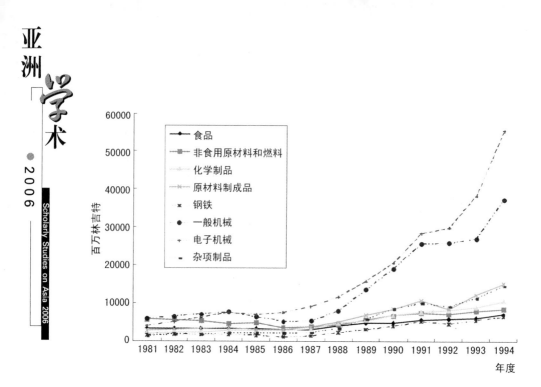

图9　马来西亚的进口结构变化图

资料来源:联合国《贸易统计年鉴》各年版、日本银行国际局《外国经济统计年鉴》各年版。

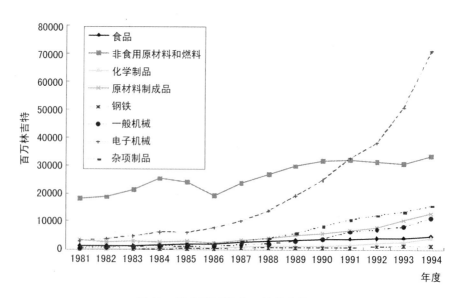

图10　马来西亚的出口结构变化图

资料来源:联合国《贸易统计年鉴》各年版、日本银行国际局《外国经济统计年鉴》各年版。

（三）中国的贸易结构的变化

图11和图12显示了中国进出口的结构变化。首先，从进口结构来看，与东亚其他国家不同，由于受国家宏观政策的影响，进口的波动较大，这是中国特有的现象。在全部进口中，一般机械类产品的进口占有最大比重。此外，原材料制成品、电子机械的进口增长也很快。从出口结构来看，到1985年为止，初级产品一直是我国最重要的出口产品。此后，原材料制成品、电子机械、食品和化学制品的出口开始增长。

将表1的数据一同观察可以发现，20世纪80年代中国的主要出口产品是杂项制品、非食用原材料和燃料以及食品。1985年以后，杂项制品的出口迅速增加，成长为中国最大的出口产业。同时，食品的贸易黑字也在扩大，成为第二大出口产业。但此后由于加工工业的发展，能源出现供给不足，1992年以后非食用原材料和燃料的进口超过出口，成为进口产业。80年代始终是贸易赤字的原材料制成品产业进入90年代以后也变为黑字。化学、钢铁、一般机械、电子机械的贸易赤字从80年代一直持续到90年代中期，但其中电子机械的赤字额在迅速下降，1994年仅为8亿美元。受国内景气和政策变动的影响，钢铁产品的贸易变化波动较大。从表1的数据来看，贸易赤字持续扩大的产品主要是一般机械和化学产品。

从中国的贸易结构变化来看，1980年至1985年的5年间，中国处于出口初级产品，进口和国内生产工业产品的阶段，即雁行形态发展的第一、二阶段。1985年以后，纺织品等杂项制品的竞争能力迅速提高，取代了非食用原材料和燃料成为主要的出口产品。杂项制品的出口增加和非食用原材料和燃料的出口减少可以理解为从雁行形态发展的第二阶段向第三阶段转换的标志。原材料制成品成长为出口产业、电子机械的贸易赤字的减少的主要原因是国内生产的长足发展。化学和一般机械的贸易赤字扩大说明这些产业仍处于进口和国内生产阶段。从总体上判断，90年代中期中国的产业发展处于雁行形态发展的第二阶段向第三阶段转换的过渡阶段，比泰国和马来西亚滞后一段时间。中国的产业发展完全符合赤松要的雁行形态发展理论，这一事实也说明雁行形态发展理论对于解释发展中国家的产业发展规律是最有效的这一结论。

以上用雁行形态发展的第一个视角分别分析了东亚五个国家的产业发展

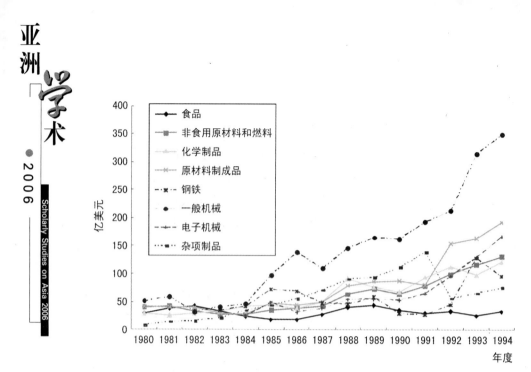

图 11　中国的进口结构变化图

资料来源:联合国《贸易统计年鉴》各年版、日本银行国际局《外国经济统计年鉴》各年版。

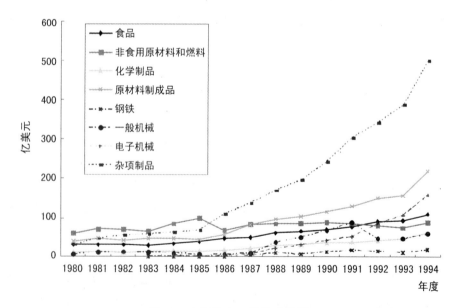

图 12　中国的出口结构变化图

资料来源:联合国《贸易统计年鉴》各年版、日本银行国际局《外国经济统计年鉴》各年版。

过程。以上五国中,除去新加坡以外,其他各国都同时实行进口替代和出口导向并举的发展战略,因此,雁行形态发展理论不仅可以解释进口替代型工业化战略,而且可以说明进口替代和出口导向并举的产业发展模式。

总体而言,韩国、泰国和马来西亚、中国处于雁行形态发展的不同阶段,韩国最为领先、东盟、中国排在后面,这一结论又与雁行形态发展的第二个视角极为接近。以下将以表 1 为中心,从第二个视角的角度对东亚的雁行形态发展进行剖析。

三、特定产业在东亚的地区间变动分析
——从第二个视角的考察

首先,食品工业是泰国和中国的重要出口产业,对于韩国、新加坡和马来西亚来说则已经进入了再进口的阶段。在非食用原材料和燃料方面,马来西亚是出口国,中国在 1990 年以后从出口转变为净进口。而韩国、新加坡、泰国是进口国,且进口规模呈扩大趋势。从以上两类初级产品来看,代表亚洲 NIES 的韩国、新加坡,东盟的泰国、马来西亚和中国处于产业发展的不同阶段。韩国、新加坡在 20 世纪 80 年代以前就已经经过了进口、国内生产、出口几个阶段,进入了再进口阶段。而泰国、马来西亚和中国还处在出口阶段。

从劳动密集型的杂项制品产业来看,新加坡从 80 年代初期贸易黑字就呈现出下降趋势,到了 80 年代末期成为进口国。韩国到 1987 年为止,出口规模不断扩大,1987 年以后出口减少而进口增加,逐渐向进口国方向转变。80 年代以后,泰国和马来西亚的杂项制品生产迅速发展,泰国在 80 年代中期,马来西亚在 90 年代初期成为出口国,逐渐接替了亚洲 NIES 的位置。而中国的杂项制品工业在 70 年代末期就已经成长为出口产业,比泰国和马来西亚领先一步。但这一事实不能说明中国的杂项制品产业的发展领先于泰、马两国。由于中国政府对对外贸易进行了强有力的管制,在鼓励杂项制品增加出口的同时,人为地限制了该产品的进口,这是导致杂项制品先于泰、马两国成长为出口产业的重要原因之一。

电子机械产业是东亚最具代表性的产业。从 1990 年电子机械产业在制造

业的附加价值中所占的份额来看,新加坡和马来西亚分别占到 39.8% 和 21.5%①。韩国和新加坡早在 80 年代初期就已经成长为出口产业,其后出口迅速增加,成为两国最大的出口产业。到 80 年代初期为止,泰国和马来西亚的电子机械工业还仍然处于进口和国内生产阶段,但到了 80 年代末期与杂项制品工业一同成长为出口产业。就中国而言,直到 1994 年电子机械产品尚处于进口和国内生产阶段,但是可以清楚地看到电子机械产业的贸易赤字呈现出下降趋势。从以上分析来看,东亚各国的电子机械工业的发展呈现出亚洲四小→东盟→中国这一发展次序,这一现象与东亚地区雁形发展形态说的内容是相吻合的。

再来看重化学工业的代表性产业——化学、钢铁和一般机械,除韩国的钢铁产业以外,其他各国的这三类产业的进口均大于出口,且赤字额呈现出不断扩大的趋势。这说明包括亚洲 NIES 在内的东亚各国的重化学工业仍处在进口和国内生产的阶段。

原材料制成品产业中包含有许多具体产业,其中既有皮革及其制品、木制品、纺织制品等对初级产品进行加工的轻工业产品,还包括橡胶、非金属矿物制品等重化学工业的产品。以上诸产业各国差异极大,仅仅从对外贸易状况无法判断其产业发展水平。

需要特别说明的是,电子机械产业对于东亚的经济发展具有举足轻重的地位,东亚的经济发展得益于电子机械产业的发展和世界各国对该产品需求的增加。电子机械产业通常被称为"知识密集型产业",但实际上其中包含了许多劳动密集型部门。一般来说,电子机械产业的上游产业(零部件)多属知识密集型产业,而下游的组装部分则具有劳动密集型产业的一般特征。在 80 年代以前被称为知识密集型产业的大规模集成电路的生产就是典型的劳动密集型产业。

东亚地区的电子机械产业的发展正是从劳动密集型的组装部分和集成电路生产的后半部分开始发展的。从发达国家进口零部件,发挥本国劳动力价格低廉的优势,组装后出口到国际市场,东亚各国电子机械产品的进口和出口同

---

① 系贺滋编著:《動き出すASEAN 经济圈(开始形成的东盟经济圈)》,第 175 页,(日本)亚洲经济研究所 1994 年版。

步增长的事实证明了电子机械产业的这一发展道路①。从以劳动密集型的组装产业为主体的电子机械产业来看,从80年代末期开始,韩、新两国的电子机械产业已经发生了明显的变化,劳动集约的组装部分通过对外投资向东盟其他国家和中国转移,本国开始致力于发展上游的零部件生产。因此,东亚地区的电子机械产业的发展是建立在本国劳动力价格低廉这一比较优势基础之上的。

在东亚各国特别东盟的电子机械产业的发展过程中,外资起到了决定性的作用。观察一下日本企业在东盟各国的投资变化,这一关系就一目了然了。首先,在20世纪60年代至70年代,日本企业利用东盟各国的进口替代型工业化的政策,开始在这些国家投资建厂。由于投资的主要目的是占领该国的国内市场,因此其生产据点多为多品种少批量生产,难以发挥规模经济的效果。由于生产效率极低,生产出的产品在国际市场上毫无竞争能力,无法出口。但由于受到东盟各国高关税的保护,这些投资仍然可以获得足够的利润。

1985年广场协议以后,日元大幅度升值,日本企业的国内生产失去了竞争力,开始了第二次大规模海外投资的热潮,许多企业将生产据点转移到了东盟各国。与60年代至70年代的海外投资不同,80年代中期以后的投资是生产据点向东盟各国的转移,即在东盟建立单一产品的大量生产据点,面对海外市场生产和出口产品。今天东盟各国的电子机械产业出口的产品主要是由80年代以后开始投资的工厂生产的。因此,东盟各国的电子机械产业的发展不是依靠国内资本从进口、国内生产发展到出口的过程,而是由于80年代以后日本企业的大规模投资在短时间内迅速实现的。从其生产结构来看,今天的东盟各国的电子机械产业呈现出"二元结构"的特征,即60年代至70年代投资的工厂面向国内市场进行多品种小批量生产,而80年代以后投资的工厂是面对国际市场的单一品种大批量生产②。从贸易结构的变化来看,东盟各国的电子机械产业基本是按照进口→国内生产→出口的过程发展起来的,但是从生产据点来考察,国内生产和出口的主体并不相同,彼此独立。这与赤松要提出的以国内资

① 关于20世纪80年代韩国的电子机械产业的劳动密集型特点,请参见涌井秀行:《アジアの工場化と韓国資本主義(亚洲的工厂化和韩国的资本主义)》,第67—72页,(日本)文真堂,1989。

② 系贺滋编著:《動き出すASEAN経済圏(开始形成的东盟经济圈)》,第192页。

本为中心的进口→国内生产→出口的发展过程有很大的差别,而是以国外资本为主的产业发展道路,这用"产业就够转换连锁"理论来解释也许更为恰当。

以上从雁行形态发展的第二个视角分析了东亚地区的产业发展,可以得出以下几点结论:

第一,东亚地区的产业发展基本可以用雁行形态发展的理论来解释,即在东亚地区的产业发展过程中,不仅存在雁行形态发展的基本型及变化型Ⅰ和Ⅱ,而且从某一特定产业来看,呈现出日本、亚洲 NIES、东盟和中国的发展次序(变化型Ⅲ)。

第二,在东亚地区最具代表性的电子机械产业的发展过程中,外国资本起到了重要作用。外国资本的进入加速了东亚各国产业结构升级的速度,但它没有改变发展中国家产业发展的基本次序。虽然渡边利夫的"结构转换连锁论"可以很好地解释东亚地区外资主导的电子机械工业的发展,但是"结构转换连锁论"实际上是雁行形态发展理论的补充和发展,不是对雁行形态发展理论的否定。

四、结 论

从以上的分析来看,东亚地区的雁行形态发展不应仅仅指东亚经济以日本为头雁,其后是亚洲 NIES,然后是东盟、中国的发展次序,而应回到赤松要的产业的雁行形态发展理论的原点定义东亚地区的雁行形态发展。

对于东亚地区的雁行形态发展这一提法可以有两种解释(两个视角),但无论从第一个视角还是从第二个视角来看,东亚地区的产业发展均可以用雁行形态发展理论进行解释。这一结论说明,赤松要的雁行形态发展理论不仅可以解释采取进口替代型工业化策略的日本的产业发展过程,而且可以解释采取出口导向型发展战略的东亚其他国家的产业发展。

但与战前的日本不同,在东亚各国的产业发展过程中外国资本起到了重要的作用。外资的进入缩短了东亚各国产业结构转换的时间,用赤松要的理论来解释,就是缩短了变形Ⅰ和变形Ⅱ的时间,促进了东亚地区雁形形态的发展速度。但是,外资的促进作用更多地表现在电子机械产业的发展上,对于重化学工业其他领域发展的促进作用并不明显。为什么外资的进入在不同的产业领域会产生不同的效果,这一问题有必要在今后的研究中进行深入的分析和探讨。

参考文献:

1. 汪斌:《东亚工业化浪潮中的产业结构研究——兼论中国参与东亚国际分工和产业结构调整》,杭州:杭州大学出版社,1997 版。

2. 赤松要:《わが国産業発展の雁行形態——機械器具工業について——(我国产业发展的雁行形态——以机械工业为例——)》,载(日本)《一桥论丛》,1956(11)。

3. 赤松要:《世界経済論》,(日本)国元書房,1965。

4. 小岛清:《日本貿易と経済発展(日本的贸易和经济发展)》,国元書房,1958。

5. 小岛清:《世界貿易と多国籍企業(世界贸易和多国籍企业)》,創文社,1971。

6. 渡辺利夫:《開発経済学第 2 版——経済学と現代アジア——(开发经济学第 2 版——经济学与现代亚洲——)》,(日本)日本评论社,1996。

7. 筱原三代平:《2つの雁行形態でダイナミックに発展(通过两个雁行形态的发展)》,《日本研究中心会报》,1996—10—15。

8. 清水一史:《ASEAN 域内経済協力の政治経済学(东盟地区经济合作的政治经济学)》,(日本)ミネルヴァ書房,1998。

9. 系贺滋编著:《動き出すASEAN 経済圏(开始形成的东盟经济圈)》,(日本)亚洲经济研究所,1994。

10. 涌井秀行:《アジアの工場化と韓国資本主義(亚洲的工厂化和韩国的资本主义)》,(日本)文真堂,1989。

11. 10 中小企业金融公库调查部编:《躍進するアセアンの産業と金融(跃进的东盟产业和金融)》,(日本)东洋经济新报社,1989。

12. 野村总合研究所、东京国际研究俱乐部编:《直接投資でアジアは伸びる(直接投资带来亚洲的增长)》,(日本)野村总合研究所,1994。

[作者单位:中国人民大学商学院副教授]

亚
太
经
济

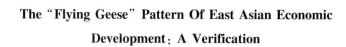

The "Flying Geese" Pattern Of East Asian Economic Development: A Verification

WANG Bao-lin

Abstract: "Flying geese pattern of development" is proposed by Kaname Akamatsu, professor of Hitotsubashi University of Japan. The FG pattern explains the catching-up process of industrialization in latecomer economies, through observing the industrialization of Japan. It was widely quoted by world economists from 1980s, and has become a basic theory of explaining the economic development of Newly Industrializing Economies (NIEs), ASEAN, China, etc.

This paper considers that there are two viewpoints concerning explaining the FG pattern of East Asian economic development. No matter from which viewpoint, the industrial development of East Asia can be explained by the FG pattern. The FG pattern can not only explain the process of industrialization in Japan which adopted "strategy of import substitution", but also explain the industrial development of East Asian countries which adopted "export-oriented strategy". But different from the prewar Japanese economy, foreign capitals play an important role in the process of industrialization in East Asian countries. The entering of foreign capitals saves the changing time of industrial structure, and accelerates the development speed of the FG pattern in East Asian countries. But the accelerating effects of foreign capitals reveal more in electronic industry and mechanical industry, not in heavy chemical industry and other fields.

Key words: East Asian economic development; flying geese pattern of development; development of industries

356

东亚食品产业海外直接投资与农产品贸易的关系研究

曾 寅 初

【内容提要】 本文利用东亚农产品贸易数据和日本食品产业的对外 FDI 数据,分析了以日本为中心的东亚地区食品产业的 FDI 的发展及其对农产品贸易的影响,并通过东亚型涉农跨国企业购销行为的分析,为这种影响提供了企业层次的微观解释。结果表明,在 FDI 和贸易的联系上,以日本为中心的东亚型跨国涉农企业发展,在初期具有不同于以美国为中心的拉丁美洲型的特征,它将从两国间的开发进口阶段开始,经过两国间的市场扩展阶段,而转向第三国促进出口的高级阶段。在考虑农业与食品产业的 FDI 时,我们发现东亚各国都可以在食物系统的垂直产业链中找到自己的位置。东亚各国应该可以在涉农产业价值链的分工合作中,实现共赢。

【关键词】 东亚经济;农产品贸易;海外直接投资(FDI);食品产业

一、引　言

在经济区域一体化迅速发展的今天,东亚一体化已经成为人们关注的一个热点①。由于农业问题在日本、韩国等东亚经济大国中所处的特殊重要地位和

亚太经济

---

① 例如世界银行继 20 世纪 90 年代发表了具有重要影响的研究报告《东亚的奇迹》之后,2003 年 1 月又发布了《东亚一体化:共享增长的贸易政策》的研究报告。每年一度的"博鳌亚洲论坛"和 2005 年在北京召开的"全球财富论坛",都把东亚一体化作为论坛的重要议题。

政治影响,农业自由化将是东亚一体化进程中不可回避的难题。然而,根据传统的国际贸易理论进行的比较优势分析表明,由于经济发展阶段的不同,中日韩等东亚国家之间很难在贸易自由化的框架下形成共存共荣的分工合作格局。贸易自由化虽然从总体上看可以增进贸易参与国的社会福利,但是由贸易带来的利益的分配结果,必然使得部分利益集团在贸易中受损。发生在21世纪初的中韩大蒜、中日大葱和鲜香菇等农产品的贸易摩擦,已经给了我们这样的警示。

这种情况促使我们从国际经济联系的另一个侧面来考虑东亚一体化进程中的农业问题,这就是海外直接投资(FDI)。在东亚地区,与农产品贸易主要是发展中国家向发达国家的格局不同,与农产品密切相关的食品产业的FDI,则主要是由发达国家流向发展中国家。无论是农产品贸易还是FDI,都可以看作是企业在市场经济机制下的经济合理行为。这表明,也许只有把农产品贸易与食品等涉农产业FDI结合起来,才能找到东亚农业共存和共荣的发展之路。

因此,本文选择食品产业作为主要的涉农产业,分析东亚地区食品产业的FDI及其对农产品贸易的影响。就食品产业的FDI与FDI流出国的食品或者农产品出口贸易之间的相互关系而言,现有的实证研究得出了完全不同的结论。以美国、加拿大为研究对象的实证研究表明,食品产业的FDI与农产品或者食品国际贸易之间存在互补关系,二者能够相互促进(Handy and Henderson,1994;Overend,Connor,and Salin,1997;Marchant,M. A. at el. 等)。而关于日本食品产业的实证研究却得到了相反的结论,也就是FDI与国际贸易之间是相互替代的关系,FDI的增长有可能通过替代减少国际贸易流量(Kiminami,L. at el.,1999;Suganuma and Toyoda,2000;Kozo and Urata,2003)。这表明,就涉农产业FDI和农产品贸易之间的关系而言,可能存在不同的地区类型。本文研究的另一个目的,正是要通过东亚型涉农跨国企业购销行为的分析,为东亚地区的农业食品产业FDI对农产品贸易的影响提供企业层次的微观解释。

考虑到在东亚食品产业FDI中日本所具有的特殊重要的地位,我们把分析的重点确定为日本食品产业的对外FDI及其与日本相关的农产品贸易上。农产品或者食品的相关的贸易数据、日本食品产业的对外FDI数据,主要来源于日本财务省网站,而日本食品跨国企业的购销行为资料,则主要来源于日本通商产业省的调查。

　　本文共由六节构成。引言后的第二节首先介绍跨国企业的 OLI 假说,并通过与拉丁美洲的比较,分析东亚跨国涉农企业发展过程中的海外直接投资与贸易之间的理论联系。第三节利用日本财务省的数据,分析日本食品产业的海外直接投资的发展过程和地区分布特征。第四节利用统计数据重点关注了日本食品产业对中国的 FDI,及其对日中农产品贸易的影响。第五节利用调查数据,分析日本跨国食品企业的购销行为特征,以求为 FDI 与国际贸易的联系提供企业层次的依据。最后,在第六节中给出主要结论。

二、跨国企业的发展和 FDI 与国际贸易的联系

(一)FDI 与国际贸易之间关系的不同理论解释

　　海外直接投资(FDI)和国际贸易是国际经济联系的两个重要方面,但是就二者之间的关系而言,理论解释并不相同。现有研究文献大多认为 FDI 对流入国出口贸易起到促进作用(Caves, 1996;Zhang and Song,2000)①,同时,流入国出口水平的提高会吸引更多的出口导向型的 FDI 流入(Hein,1992;Zhang and Felmingham,2001),所以,FDI 和流入国出口之间往往存在互补关系。而 FDI 和流出国进出口贸易之间的关系则并不是那样简单。根据传统国际贸易理论中的赫克歇尔—俄林规则,Mundell(1957)认为在考虑资源禀赋因素的情况下,国际贸易和海外直接投资之间存在相互替代的关系。但是,在经济全球化的今天,通过 FDI 而出现的跨国公司的企业内贸易,已经成为国际贸易十分重要的组成部分。Helpman(1984)、Helpman & Krugman(1985)认为在规模报酬递增的情况下,跨国公司专有资产(如管理经验、专利和商标等)的有效利用,可以通过扩大公司内贸易和对中间产品的需求而带动 FDI 流出国的出口贸易。由此可知,只有在传统的国际贸易理论中,结合跨国企业的理论,才能更好地理解经济全球化时代 FDI 与国际贸易之间的关系。

---

　　① 一个是直接效应,即通过外商投资企业自身的出口来带动流入国的出口;另外一个是间接效应,即 FDI 通过对当地企业的影响促进其出口的作用。

(二)跨国企业理论的三个流派

跨国企业理论扩展了原来的国际贸易理论,开始将海外直接投资企业的特殊的所有权优势,以及组织内交易过程有关的问题等作为研究对象。为了搞清楚地理位置、所有权以及组织优势的形成原因,学者们应用产业组织理论、国际贸易理论和交易成本理论,形成了不同的跨国企业理论。主要有以下三大流派:(1)海默(Hymer)以产业组织理论为基础,强调企业所有权优势和垄断力量的理论;(2)佛农(Vernon)以国际贸易理论为基础,强调国有资源禀赋和生产立地的国际发展论;(3)伯克利(Buckley)的以交易成本理论为基础的外国市场内部化理论。它们构成了跨国企业 OLI 理论的源流。

第一,海默以产业组织理论为基础,认为企业具有特殊的所有权优势(ownership specific advantages),它限制了竞争,在市场上形成了垄断力量。FDI 通过有关经营资源体系的国际转移,将这种垄断的优势跨国境扩大。这样,跨国企业通过代替市场的企业组织,可以纠正市场失灵,发挥改善国际资源配置的功能。这样的产业组织理论,将所有权优势的内容主要界定为企业的特殊资产,特别是无形资产。跨国企业是为了更好地利用所有权优势而实现国际化。

第二,以国际贸易理论为基础的佛农(Vernon),继承了俄林的理论,认为国际效率虽然从根源上讲来源于各国的固有资源禀赋优势,但同时也依存于通过贸易改善资源利用的程度。佛农的产品循环理论认为,一个产品的生产立地,应该从产品开发期的本国市场转移到产品普及期的他国市场。这一转移过程,使得产品在实现标准化的同时,也可以使产品的创意转向成本的节约。所以,当在劳动资源丰富的发展中国家建立海外子公司具有优势时,就通过在这些国家的现地生产来替代进口。进一步发展就可以实现向第三国市场的出口。也就是说,跨国企业是为了追求资源禀赋的比较优势,为了获得市场而实现国际化。

第三,以交易成本理论为基础的伯克利(Buckley),则从市场的组织化成本的角度,认为跨国企业可以不依赖国际市场交易,通过垂直一体化的进展,发展成国际化的多层次组织结构。也就是说,世界市场不完全性带来的市场失灵,成为跨国企业追求外国市场内部化的原因。在这里,所谓的市场不完全性,是指国际市场进入壁垒的存在,以及市场缺乏组织商品交易的能力。例如:(1)

买卖双方不具备技术集约商品的充分的知识;(2)市场不能对现实中非常复杂的交易成本给出评价;(3)特定商品的需求过小而不能实现规模经济等等。也就是说,跨国企业是要通过国际范围的管理来克服市场的困难,追求市场内部化的优势。

(三)邓宁的跨国企业 OLI 假说

邓宁的 OLI 假说,是综合了上述三个流派理论的综合性理论。邓宁认为,跨国企业国际生产的基本类型,是由反映本国企业固有的所有权优势的 O 资产、以投资对象国的资源禀赋为基础的优势的 L 资产的多种结合方式所决定的。跨国企业开发利用上述 O 和 L 资产,通过企业内交易的组织化,追求市场内部化的利益 I(Dunning,1979,1993)。

根据上述分析框架,邓宁认为:(1)跨国企业具有企业内部的特殊的所有权优越性,以无形资产的形态存在的优势为基础,跨国生产经营充分提升其附加价值。(2)跨国企业以这种所有权优势为基础,利用国际生产的组织能力和垄断能力,追求市场的内部化。(3)跨国企业的国际化利益,是由于地理位置而有差别的资源禀赋的优势,和企业自身的优势结合起来开发利用才产生的。因此,跨国企业国际化的长期战略,是与上述企业资产的所有权优势、国家的资源禀赋优势和市场内部化优势三者如何结合的 OLI 形态的创造密切相关的。上述各个要素的各自变化,通过企业内部的组织化路径,而创造出了极其多样的跨国企业活动。

邓宁进一步从 OLI 形态多样性的观点出发,将世界各产业的跨国企业归纳为以下四种类型:

第一种:自然资源导向型。这种类型企业的所有权优势(O)为资本、技术和市场销路;具有互补性的资产;巨大的规模和谈判能力。地理位置优势(L)是占有自然资源和交通、通讯等基础设施,以及税收优惠等。内部化优势(I)是以适当的价格保证稳定的供应商,以及市场管理。这类企业的战略目标是针对竞争对手谋求获取对资源利用的特权。生产劳动密集型产品的出口加工型企业属于这种类型。在农业领域一般是指经营香蕉、菠萝、可可等产品的跨国企业。

第二种:市场导向型。这类企业的所有权优势(O)是资本、技术、信息、经营能力;组织能力;研发能力;规模经济性;品牌优势等。地理位置优势(L)是原料和劳动力的低成本,巨大的市场规模,以及政府在进口管理、投资补贴等方面的政策。内部化优势(I)是交易信息成本的降低,减少因为对买者了解不够带来的风险,以及确保所有权。这类企业的战略目标是在与对手的竞争中确保市场,减少新市场开拓的风险。这类企业一般属于加工食品、烟草、计算机等产业。

第三种:效率导向型。这类企业除了具有市场导向型企业的所有权优势(O)外,还在市场销路、范围经济性、多种经营、在国际范围内采购原料等方面具有所有权优势。这类企业的地理位置优势(L)是产品专业化和集聚经济,以及低劳动成本和投资流入地政府的补贴政策等。在内部化优势(I)中,除了市场导向型企业的优势外,还有垂直一体化和在空间上的多种经营的优势。这类企业的战略目标是寻求全球或者地区范围内的生产布局合理化和专业化带来的利益。这类企业大多属于汽车、电器、化工、制药、纤维、服装等产业。

第四种:战略资源导向型。这类企业具有与上述三类所有权优势(O)中某类优势能够很好结合的特有资产。在地理位置优势(L)方面,能够提供上述某类L优势所缺乏的技术、市场或者资源。在内部化(I)优势方面,则主要寻求经济统合,强化竞争力和战略地位,减轻风险。这类企业的战略目标是通过技术创新强化全球竞争力,确保新的生产能力和开拓新的市场。多元化经营的巨大企业、日本的综合商社属于这种类型。

(四)涉农产业中 FDI 和国际贸易的联系类型

涉农企业(agribusiness)是指农业和与农业相关联的食品等产业的经营组织。而食品系统(food system),是指食品从生产到消费的垂直流动过程,大致包括农业生产、食品制造和加工业、食品流通业、食品消费等四个阶段的子系统(高桥,1997)。跨国涉农企业通过国际贸易和海外直接投资,推动着食品系统的国际化,形成了跨越国境的全球性食品垂直统合系统。

在食品系统的国际化过程中,形成了拉丁美洲和东亚两个基本类型(丰田,2001)。拉丁美洲型的食品系统国际化,是以美国涉农企业为中心展开的。美国涉农企业利用与 M&A(收购合并)相结合的海外直接投资,直接支配拉丁美洲地区的海外子公司,通过科学技术和经营管理的转移,目的是为了实现其全球化的食品出口战略。所以,这些跨国涉农企业的发展,具有明显的市场导向。与此不同,东亚型的食品系统国际化,是以日本企业为中心展开的。日本企业一般通过出资与亚洲的当地企业建立合资企业的方式,实现对企业的间接支配,目的是为了实现与"开发进口"相结合的食品进口战略。所以,这些跨国涉农企业的发展相对更具有资源导向的性质。

不同类型的跨国涉农企业的发展,形成了 FDI 与贸易的不同联系。图 1 是从投资和贸易的联系的角度,对以美国为中心的拉丁美洲型和以日本中心的东亚型 FDI 和跨国涉农企业的发展进行了比较。

第一,以美国为中心的 FDI,以美国在世界市场上的强大的粮食出口国地位为前提,发挥着代替原有食品出口的功能。通过 FDI 转移到发展中国家的经营资产组合,一般是利用当地的生物资源和原材料进行加工,产品主要在当地市场销售。跨国企业是以在当地市场销售为导向的。也就是说,拉丁美洲型 FDI,首先表现为两国之间的出口替代(阶段 I),表现为利用企业特殊优势的市场导向性质。

经过一段时间的发展,当在发展中国家的外国子公司的生产能力超过了所在国的国内需求之后,就会开始出现向资本输出国的逆向出口,进入两国间的逆向出口阶段(阶段 II)。而当跨国涉农企业发展到 FDI 的高级阶段时,海外子公司就会实现向第三国的出口,进入向第三国的出口促进阶段(阶段 III)。此时,跨国涉农企业将可以承担更加全球化的国际战略。

第二,以日本为中心的 FDI,以日本作为粮食进口大国的地位为前提,目的是要确保开发进口适合日本消费者的消费习惯的食品。这种 FDI 是由具有国际网络的综合商社为主导的,主要目的是为了利用海外的生物资源,建立海外的食品生产加工基地,属于两国间的开发进口类型(阶段 I)。日本在亚洲地区进行的水果、肉类和水产品等的开发进口,就是这种 FDI 的典型代表。

但是,日本跨国涉农企业中生产调味品、方便食品等产品的海外子公司,却是主要针对投资接受国的国内需求进行现地生产,属于两国间的市场扩展类型(阶段 II)。随着 FDI 的进一步发展,也已经形成了一些寡头垄断的跨国涉农企业,它们已经进入了向第三国促进出口的阶段(阶段 III)。食品制造业中在NIES 各国的日资企业①,就是从周边的亚洲国家进口原料农产品,加工后的产

---

① NIES,是 Newly Industrialized Economies 的简称,是指韩国、中国台湾等新兴的工业国家和地区。

品,不仅在当地销售,还有相当部分出口到东盟等地的第三国。

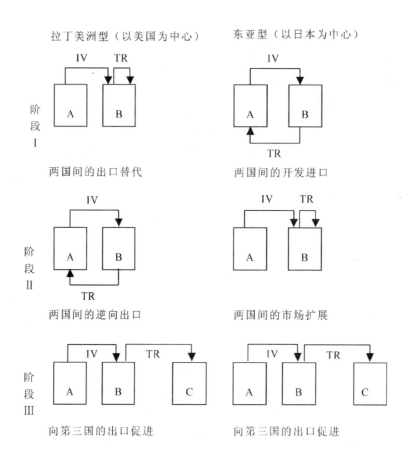

图1 涉农跨国企业的 FDI 与国际贸易的联系类

注:IV 表示海外直接投资,TR 表示贸易流量。A、B、C 分别表示国家或者地区。

资料来源:转引自丰田(2001)图1—2。

如上所述,跨国涉农企业的 FDI,在开始时可以分为以美国为中心的两国间的出口替代和以日本为中心的两国间的开发进口两种不同的类型。然而,尽管开始时两种类型具有各自不同的发展道路,但到贸易和投资关联的成熟阶段,则都会朝着向第三国的促进出口类型转变。于是,无论是拉丁美洲型还是东亚型,最终都会有相同的国际化战略。

三、日本食品产业的海外直接投资

（一）日本食品产业的 FDI 及其地区分布

根据日本财务省的统计数据,日本食品产业 FDI 累计额 1951 年至 2000 年间为 3152868 亿日元;1992 年至 2000 年间为 210 亿美元。如表 1 所示,投资的地区涉及世界各地。按照 1992 年至 2000 年的投资地区分布情况看,接受日本食品产业 FDI 最多的地区是欧盟十五国,占全部 FDI 的 56%;其次是北美洲,占 23%。东亚地区所占的比重为 8%,比重在欧美之后。东亚地区中接受日本食品产业 FDI 最多的是中国大陆,约占日本食品产业全部 FDI 的 4%。

表 1　日本食品产业 FDI 累积额及其地区分布

时期	1951—2000		1992—2000	
项目	累计投资额	构成	累计投资额	构成
（单位）	亿日元	%	1000 美元	%
总计	3152868	100.0	21011126	100.0
澳大利亚	195433	6.2	1364248	6.5
东亚	390604	12.4	1650404	7.9
中国大陆	97135	3.1	793874	3.8
中国香港	27749	0.9	133120	0.6
印度尼西亚	30614	1.0	117748	0.6
朝鲜	23903	0.8	97741	0.5
马来西亚	32417	1.0	192672	0.9
菲律宾	14471	0.5	13340	0.1
新加坡	76872	2.4	34763	0.2
中国台湾	16830	0.5	42623	0.2
泰国	70432	2.2	224523	1.1
北美洲	882071	28.0	4727602	22.5
美国	598971	19.0	2349112	11.2
欧盟十五国	1425828	45.2	11811997	56.2
其他	454329	14.4	1456875	6.9

资料来源:日本财务省网站(http://www.mof.go.jp/1c008.htm)。

日本食品产业 FDI 的年度投资额并不稳定,年度之间的差异很大(见表2)。在20世纪90年代,年度投资额最大的1999年,达到146亿美元,而年度投资额最小的1997年只有不到6000万美元。同时,日本食品产业 FDI 的地区分布也是不断变动的。东亚接受日本食品产业 FDI 的份额在1996年曾经达到34.2%,但是在1999年却只有1.8%,而到2000年重又上升到34%以上。北美的份额曾经从1992年的74.7%降到1993年的12.9%。西欧的份额由1993年的2.6%增加到1999年的77.0%。澳大利亚在20世纪90年代中期吸引了大量的日本 FDI,1993年其份额曾经一度高达67.8%。在2000年年底,东亚、北美和欧盟吸收日本食品产业 FDI 的份额分别为:12.4%、28.0%、45.2%,澳大利亚的份额为6.2%。

表2　1992年—2000年日本食品产业的 FDI 变动

年份	1992	1993	1994	1995	1996	1997	1998	1999	2000
投资额(1000 美元)									
总计	529487	874773	1305358	862241	755302	57944	1242489	14597997	263536
澳大利亚	35168	592744	602419	24527	53264	14108	28731	8165	5122
东亚	66079	141262	249980	284235	258193	175385	121027	262785	91458
中国内地	29585	69012	133923	145567	190147	97792	80409	25705	21732
北美洲	395338	113123	299370	451097	155508	314941	252427	2607136	138663
美国	394786	110164	299370	441943	151785	311263	252427	248712	138663
欧盟十五国	25574	22716	134236	45344	202888	40887	80669	11245753	13928
其他	7327	4928	19353	57038	85448	34622	759635	474159	14365
构成百分比(%)									
总计	100	100	100	100	100	100	100	100	100
澳大利亚	6.6	67.8	46.1	2.8	7.1	2.4	2.3	0.1	1.9
东亚	12.5	16.1	19.2	33.0	34.2	30.2	9.7	1.8	34.7
中国内地	5.6	7.9	10.3	16.9	25.2	16.9	6.5	0.2	8.2

年份	1992	1993	1994	1995	1996	1997	1998	1999	2000
北美洲	74.7	12.9	22.9	52.3	20.6	54.3	20.3	17.9	52.6
美国	74.6	12.6	22.9	51.3	20.1	53.7	20.3	1.7	52.6
欧盟十五国	4.8	2.6	10.3	5.3	26.9	7.1	6.5	77.0	5.3
其他	1.4	0.6	1.5	6.6	11.3	6.0	61.1	3.2	5.3

资料来源:日本财务省网站(http://www.mof.go.jp/1c008.htm)。

(二)日本食品企业海外子公司的数量及其地区分布

根据《海外进出企业总览》(日文)的统计(见表3),日本食品加工企业在海外的子公司有420家,其中20世纪90年代建立的子公司最多,有229家;80年代建立的子公司次之,有130家,而80年代以前建立的子公司总共只有61个。从海外子公司的地区分布来看,东亚地区占了约一半,北美洲和欧盟各占1/4。在东亚地区中,日本食品加工企业海外子公司数最多的是中国内地的84家,其次为中国香港31家、泰国23家、新加坡22家、中国台湾19家。日本食品批发企业在海外建立的子公司总数为44家,其中的2/3成立于20世纪90年代,主要分布在东亚的中国大陆和北美洲的美国,分别有13家,各占总数的30%。结合前述FDI投资额的地区分布状况,我们可以判定东亚地区单个项目的FDI投资额规模要明显小于在美国和欧盟的项目。

从持股结构上看,独资子公司所占的比例不到一半。日本食品加工企业海外子公司中,100%持股的独资企业191家,占45%;持股超过50%的合资企业117家,占28%;持股小于50%的合资企业112家,占27%。日本食品批发企业的海外子公司中,独资企业15家,占34%;持股超过50%的合资企业14家,占32%;持股不足50%的合资企业15家,占34%。不同地区的海外子公司具有不同的持股结构特点。东亚地区中在中国大陆的子公司大多是合资企业,而在美国和欧盟的子公司主要是独资企业。一方面,东亚国家对外国所有权有严格的约束,这些国家更多地关注有竞争力的外国企业的国内市场支配能力。另一方面,东亚国家较高的投资风险,也导致日本食品企业更愿意设立合资企业,而不是独资企业。

亚

洲 学

术

● 2 0 0 6

Scholarly Studies on Asia 2006

表3　日本食品加工和批发产业的外国子公司数量及其分布

	外国子公司的数量					持股结构构成		
	1970年前	1970年至1979年	1980年至1989年	1990年至1999年	合计	100%	>50%	<50%
1. 食品加工业								
总计	18	43	130	229	420	191	117	112
澳大利亚	0	2	9	8	19	17	1	1
东亚	7	15	52	138	212	50	76	86
中国内地	0	0	8	76	84	14	39	31
中国香港	1	3	11	16	31	12	10	9
印度尼西亚	1	2	1	9	13	0	2	11
朝鲜	1	4	1	5	11	4	3	4
马来西亚	0	0	0	1	1	0	1	0
菲律宾	1	1	1	5	8	1	0	7
新加坡	0	3	11	8	22	12	6	4
中国台湾	1	0	9	9	19	6	7	6
泰国	2	2	10	9	23	1	8	14
北美洲	5	14	31	36	86	60	19	7
美国	5	14	31	35	85	59	19	7
欧盟十五国	2	4	26	33	65	53	7	5
其他	4	8	12	14	38	11	14	13
2. 食品批发业								
总计	1	6	9	28	44	15	14	15
澳大利亚	0	1	1	0	2	1	1	0
东亚	0	0	1	15	16	2	3	11
中国内地	0	0	0	13	13	2	1	10
中国香港	0	0	1	0	1	0	1	0
中国台湾	0	0	0	1	1	0	0	1
泰国	0	0	0	1	1	0	1	0
北美洲	0	3	5	6	14	10	2	2
美国	0	3	5	5	13	10	2	1
欧盟十五国	0	0	0	2	2	1	0	1
其他	1	2	2	5	0	1	8	1

资料来源:东洋经济:《海外进出企业总览》(日文),2000。

四、日本食品产业 FDI 的贸易效果

(一)日本食品产业对中国的 FDI

日本食品产业对中国的 FDI 经历了以下四个阶段(见表4):(1)1989—1991年。在这个阶段,日本食品产业对中国的投资项目较少,投资规模也比较小,处于起步阶段。(2)1992—1996年。从1992年开始,日本食品行业对中国的投资掀起了第一轮高潮,投资项目逐年增加,一直到1996年为止,每年的新增项目数大多保持在30个以上。最多的1993年,新增项目达到了39个。投资额也随着投资项目的增加而稳步增加,1996年年度投资额突破200亿日元,创造了年度投资额最高的纪录。(3)1997—2001年。自1997年开始投资趋势减缓,直到2001年,是日本对华投资的低潮时期。原因包括东南亚金融危机的影响,日本国内经济的衰退,以及中国引进外资政策的变动等。(4)2002年至今。随着全球经济的复苏,日本对于中国食品行业的直接投资也在逐渐恢复,投资项目及投资额都有了明显的回升①。

表4 日本食品产业的 FDI 项目数与投资额变动

年份	对中国 FDI 项目数(个)	FDI 项目总数(个)	对中国项目的比重(%)	对中国 FDI 投资额(亿日元)	FDI 投资总额(亿日元)	对中国投资额的比重(%)	对中国 FDI 累计数(亿日元)
1989	6	143	4.2	18	1778	1.0	18
1990	8	139	5.8	13	1211	1.1	31
1991	11	113	9.7	26	872	3.0	57
1992	35	99	35.4	37	671	5.5	94

---

① 中国对于日本食品产业几乎没有什么投资,这主要是由中日两国的资源禀赋决定的,中国是一个资本短缺的国度,投向国外的资金有限,而投向相对来说本国具有比较优势的食品产业就更少了。根据日本财务省有关中国对日本食品产业的 FDI 数据来看,中国在1992年至2000年间从未对日本食品产业进行过直接投资。

年份	对中国 FDI 项目 数(个)	FDI 项目 总数 (个)	对中国项 目的比重 (%)	对中国 FDI 投资额 (亿日元)	FDI 投资 总额 (亿日元)	对中国 投资额的 比重(%)	对中国 FDI 累计数 (亿日元)
1993	39	106	36.8	77	973	7.9	171
1994	30	76	39.5	137	1334	10.3	308
1995	33	82	40.2	137	811	16.9	445
1996	22	62	35.5	207	822	25.2	652
1997	12	52	23.1	118	702	16.8	770
1998	5	45	11.1	105	1630	6.4	875
1999	4	59	6.8	29	1628	0.2	904
2000	29	35	82.9	25	286	8.7	929
2001	5	29	17.2	14	1032	1.4	943
2002	5	36	13.9	91	271	33.6	1034
2003	15	32	46.9	138	484	28.5	1172
合计	259	1108	23.4	1172	14505	8.1	

数据来源:根据日本财务省数据整理。

(二)中日两国之间的食品贸易

随着中国经济的持续增长,中日两国的经贸关系变得越来越紧密,两国间的贸易获得了巨大的发展,贸易额也在不断增加。根据商务部的数据显示,自1993 年起,日本一直是我国的第一大贸易伙伴,而中国则成了日本的第二大贸易伙伴。同时,日本也是中国的第一大进口来源地,并且是主要的出口市场之一。2003 年中日的贸易总额达到了 1335.7 亿美元,同比增长 31.1%,占中国贸易总额的 15.7%,比美国高出了近一个百分点。但其所占比重相对来说比上年下降了 0.7%,这是由于中国贸易总额的增长高于对日贸易额的增长造成的。

根据日本财务省的统计数据,中国与日本的食品贸易,不论是进口额还是出口额都在逐年增加(见表 5)。日本向中国的食品出口额由 1989 年的 2800

亚洲学术
● 2006
Scholarly Studies on Asia 2006

万美元上升至 2000 年的 1.57 亿美元,日本从中国的食品进口额也从 23.78 亿美元增至 64.28 亿美元,分别上涨了 5.6 倍和 2.7 倍。而中国的贸易顺差也在不断地增加,由 1989 年的 23.5 亿美元扩大为 62.71 亿美元。这主要是由于中日两国食品产业资源禀赋差异的比较优势的不同导致的结果。中国在劳动力及资源方面具有优势,日本在资本技术方面具有优势,而食品产业则是劳动密集型产业,因此中国具有天然的比较优势,从而造成了中国在中日食品贸易中的巨大顺差。

表 5　日中两国之间的食品进出口贸易　　　　(单位:百万美元)

年份	日本向中国出口额	日本从中国进口额	进出口贸易总额	中国的贸易顺差
1989	28	2378	2406	2350
1990	32	2329	2361	2297
1991	33	2871	2904	2838
1992	40	3244	3284	3204
1993	36	3646	3682	3610
1994	61	5193	5254	5132
1995	103	5561	5664	5458
1996	130	5167	5297	5037
1997	120	5566	5686	5446
1998	104	5033	5137	4929
1999	112	5717	5829	5605
2000	157	6428	6585	6271
2001	179	6424	6603	6245
2002	178	6343	6521	6165
2003	211	6628	6839	6417

数据来源:根据日本财务省统计数据整理。

(三)日中食品产业 FDI 的贸易效果:实证分析

从日本食品行业对中国的累计直接投资与日中食品贸易总额之间的相互变动关系(图2)来看,日中之间的食品贸易总额总体上呈现出不断增加的趋势,只有在 1996 年和 1998 年出现了波动。这次波动的可能原因是日本国内经济增长减缓,以及 1998 年东南亚金融危机带来的打击。而日本食品产业对中国的 FDI 在 1992 年至 1998 年间,则一直保持了快速增长。此后,经历了 1999 年至 2001 年的三年缓慢增长后,2001 年开始又恢复了快速增长的趋势。由此可知,日本食品产业的 FDI 累计值与日中食品贸易总额之间,总体看来存在正相关关系,也就是说随着累计 FDI 的增加,贸易总额也在不断地增加。这种趋势在 1996 年之前更为明显。1996 年以后,由于贸易出现波动,相关关系不是那么直观。

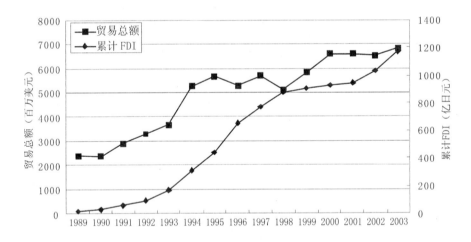

图 2　日中食品产业累计 FDI 与贸易总额的关系

在实证分析 FDI 与国际贸易之间的相互关系时,一般常用重力模型(Kiyota & Urata,2004)。在这种情况下一般认为贸易可以由以下的关系式来表示:

$$TRA = f(FDIS, JGDP, CGDP, DIS, ERI)$$

其中,TRA 为贸易额,FDIS 为 FDI 的累计数,JGDP 为日本的国内生产总值,CGDP 为中国的国内生产总值,DIS 是贸易双方国家之间的距离,ERI 是贸易双方国家货币的汇率。

根据研究目的,被解释变量 TRA 可以只选取进口额、出口额或者是进出口总额,也可以同时选取以上三种变量。在本研究中,为了考察日本食品产业对中国 FDI 对日中食品贸易的综合影响,我们将同时选取以上三个变量。

考虑到 FDI 对贸易的影响具有长期延续性,我们不能直接使用 FDI 的年度投资额,而必须采用 FDI 的累计投资额。

从理论上讲,一个国家 GDP 数值反映了一个国家的经济总量,也可以在相当程度上反映其国内市场的大小。在其他条件相同的情况下,GDP 越大,市场容量也就越大,也就越能够促进贸易的发展。同时,由于 GDP 的变动往往与经济景气状况相联系,GDP 快速增长的景气时期,有利于进出口贸易,而 GDP 增长缓慢的不景气时期,对贸易也会产生负面影响。从上述日本食品产业对中国 FDI 变动的分析中,也已经看到了东南亚金融危机对日本 FDI 产生的影响。因此,在贸易重力模型中,GDP 往往被作为重要的解释变量。

在考虑多对双边贸易伙伴的模型中,距离变量 DSI 被用来代替两个贸易伙伴之间贸易阻力的大小。虽然距离的远近并不一定能够精确反映贸易伙伴之间的贸易阻力,但是至少可以反映贸易伙伴之间运费等成本的高低,以及双方在文化上的差异程度。在本研究中,由于仅仅考虑日本和中国之间的贸易问题,所以无法采用这一解释变量。

汇率 ERI 一直都是影响贸易的非常重要的变量。虽然在经典的重力模型中没有汇率变量,但是在实证时一般都要引入这个变量。

因此,本研究中的被解释变量和解释变量的数值,可以整理成表 6。

根据表 6 的数据,我们进一步分析解释变量之间的相关关系,发现变量 CGDP 与变量 FDIS 之间、JGDP 与 ERI 之间都存在高度相关关系,相关系数分别为 0.9834 和 0.9926。为了避免多重共线性问题,在进行实际估计时,我们只能将 CGDP 和 JGDP 两个变量剔除。于是得到最终的估计式为:

$$lnTRA = a_0 + a_1 \ell n\ FDIS + a_2\ \ell n\ ERI + e \qquad (1)$$

根据表 6 的数据和(1)式,利用一般最小二乘估计,得到如表 7 所示的实证结果。无论是选择日中食品贸易总额,还是选用出口额和进口额,我们都发现各个估计式的决定系数都在 0.9 以上,同时,各解释变量的系数也都在 1%的置信水平上显著不为零,说明估计结果良好。

表6 日中食品产业 FDI 和贸易分析的变量数值

年度	被解释变量			解释变量			
	贸易总额	日本向中国出口额	日本从中国进口额	FDI 累计投资额	中国GDP	日本GDP	汇率
	百万元	百万元	百万元	亿元	十亿元	十亿元	元/百日元
1990	19542	265	19277	1.201	1855	16995	3.873
1991	24036	273	23763	2.460	2162	19990	4.316
1992	27182	331	26851	4.336	2664	21766	4.613
1993	30476	298	30178	13.205	3463	36814	7.722
1994	43487	505	42982	25.958	4676	40356	8.428
1995	46881	853	46028	39.742	5848	43739	8.931
1996	43843	1076	42767	49.814	6789	38537	7.640
1997	47063	993	46070	52.828	7446	34828	6.861
1998	42519	861	41658	55.552	7835	31570	6.349
1999	48247	927	47320	65.931	8207	37049	7.293
2000	54504	1299	53205	71.407	8947	39447	7.686
2001	54653	1482	53171	64.195	9732	34100	6.808
2002	53974	1473	52501	68.489	10517	32963	6.624
2003	56606	1746	54860	83.758	11725	35591	7.147

注:变量已经按照汇率折算成人民币。

资料来源:日本财务省数据和世界银行发展报告数据。

表7　食品产业 FDI 的贸易效果的实证估计结果

被解释变量	TRA(T)	TRA(E)	TRA(I)
常数项	− 40. 1775	− 121. 8865	− 38. 7618
	（ − 8. 898）*	（ − 8. 594）*	（ − 8. 686）*
FDIS	22. 8258	58. 7142	22. 1628
	（10. 810）*	（8. 852）*	（10. 620）*
ERI	− 1. 5865	− 5. 2219	− 1. 5193
	（ − 6. 207）*	（ − 6. 504）*	（ − 6. 014）*
R^2	0. 9677	0. 9202	0. 9675
AdjustedR^2	0. 9619	0. 9057	0. 9615
n	14	14	14

注:（1）被解释变量 TRA(T) 为食品贸易总额,TRA(E) 为日本向中国的食品出口额,TRA(I)
　　为日本从中国的食品进口额。

（2）* 表示在 1% 的置信水平上系数显著不为零。

（3）R^2 为决定系数,Adjusted R^2 为经过自由度调整的决定系数,n 为样本数。

　　首先,从 FDIS 的系数我们看到,日本食品产业的 FDI 对日中之间的食品贸
易具有正向的显著影响,本章第二节设定的假设全部得到了证实。（1）FDI 对
日本从中国进口食品的弹性为 22. 1628,说明日本食品产业对中国的 FDI 确实
与其开发进口的特征相吻合。（2）FDI 对日本向中国出口食品的弹性为
58. 7142,说明日本食品产业对中国的 FDI 也极大地带动了日本食品向中国的
出口,其原因值得进一步探讨。（3）FDI 对日中食品贸易总额的弹性基本上与
FDI 对日本从中国进口食品的弹性相等,说明虽然 FDI 也带动了日本向中国的
食品出口,但是由于日本向中国出口食品的总量实在太小,日中食品贸易的增
长主要还是由日本进口中国的食品贸易所决定的。

　　其次,从 ERI 的系数我们发现,日元相对于人民币的升值对日中两国之间
的食品贸易具有显著的负面影响。而且,相对于日本从中国的进口食品而言,
日本向中国出口食品的影响弹性更大。

五、日本食品跨国企业的购销行为

(一)日本食品跨国企业母公司的购销行为

根据日本通商产业省的资料,虽然日本食品跨国企业母公司的外贸依存度总体不高,但是与制造业跨国企业相比,总销售中的出口份额不到1%,远低于制造业24.5%的水平(1998年),而总购买中的进口部分占15.3%,却略高于制造业11.8%的水平(1998年)。这说明,相对于制造业而言,食品跨国企业的母公司更重视对国外资源的利用,更不具有出口导向性(表8)。

而从母公司的进出口对海外子公司的依赖程度上,日本食品跨国企业要低于制造业跨国企业。1998年,日本食品跨国企业母公司的出口中,有42.2%出口到海外子公司,而进口中有29.5%来自海外子公司,这两个比率全部低于同年制造业跨国公司的水平(表8)。

表8　日本食品产业与制造业跨国企业母公司的购销行为　　（单位:%）

年　份	1986	1989	1992	1995	1998
1. 食品产业					
出口/销售	0	0.7	0.9	0.8	0.9
出口到子公司/出口	7.8	18.6	12.8	43.0	42.2
进口/购入	9.3	11.5	10.3	13.2	15.3
从子公司进口/进口	11.4	14.8	14.8	42.3	29.5
2. 制造业					
出口/销售	26.9	19.3	23.3	19.2	24.5
出口到子公司/出口	39.2	41.1	49.5	48.5	68.7
进口/购入	8.9	12.6	10.3	12.7	11.8
从子公司进口/进口	23.4	30.9	37.4	32.2	59.4

资料来源:日本通产省:《海外投资统计总览》各年版。

（二）日本食品跨国企业海外子公司的购销行为

首先,从销售行为来看,日本食品跨国企业的海外子公司总体上属于市场导向型。在当地市场销售的比重高达 76.7%,出口的比重只有 23.3%。全部出口中一半进入日本市场,另一半进入其他国家(见表9)。

表 9　日本食品跨国企业子公司的销售行为

所在地	销售渠道	1980	1983	1986	1989	1992	1995	1998
亚洲	当地市场	40.5	59.9	16.0	66.9	46.0	63.7	69.1
	出口到日本	30.2	13.4	31.6	16.1	26.5	12.5	16.1
	出口到其他国家	29.3	26.7	52.3	17.0	27.4	23.8	14.7
北美洲	当地市场	65.0	55.0	80.3	74.5	78.7	81.8	90.1
	出口到日本	23.6	23.4	18.3	23.9	18.5	15.1	8.0
	出口到其他国家	11.5	21.6	1.4	1.6	2.8	3.1	1.8
欧盟	当地市场	100	99.2	84.1	87.9	83.1	50.1	54.5
	出口到日本	0	0.2	10.3	1.6	15.8	20.1	8.1
	出口到其他国家	0	0.6	5.6	10.5	1.1	29.8	37.4
大洋洲	当地市场	23.1	9.4	0	53.9	66.8	26.4	na
	出口到日本	57.6	34.9	0	40.1	16.4	72.9	na
	出口到其他国家	23.4	55.8	0	6.0	16.8	0.7	na
全部子公司	当地市场	46.6	58.6	56.3	70.8	63.7	69.2	76.7
	出口到日本	26.9	21.9	21.2	22.2	20.8	15.6	11.6
	出口到其他国家	26.5	19.5	22.5	7	15.5	15.2	11.7

注:表中数据为各销售渠道销售量占全部销售额的份额(%)。na 表示缺乏数据。
资料来源:日本通产省:《海外投资统计总览》各年版。

进一步分析处于不同地区的海外子公司,发现其销售行为具有一定的差异性。如表 9 所示,亚洲地区的子公司在 20 世纪 80 年代出口到日本的比重达 30%,到 90 年代中后期下降到 15% 左右,同时,在当地市场销售的比重从 80 年代初的 40% 上升到 90 年代末的 70%。说明已经从较为明显的两国间开发进口导向型逐步向重视当地市场的市场导向型转化。这种转化,在北美洲的子公司更为迅速,到 90 年代末,已经有 90% 以上的产品在当地销售,几乎完全属于市场导向型。欧盟子公司销售行为的重要特征是,当地市场销售的比重由 80 年代初的 100% 下降到 90 年代末的 54.5%,同时出口到其他国家的比重则逐步提高到 90 年代末的 37.4%,说明欧盟的子公司已经开始进入向第三国促进出口的阶段。而从出口到日本的份额仍然占到总销售额的 70% 以上(1995年)来看,大洋洲的子公司基本还处于两国间的开发进口阶段。

其次,从购买行为来看,如表 10 所示,日本食品跨国企业的子公司基本上属于资源导向型。子公司 80% 以上的原材料来自于当地市场。这种情况,亚洲、北美洲、大洋洲的子公司都基本相同,只是欧盟的子公司情况略有不同。欧盟的子公司只有 52% 的原材料来源于当地市场,有 40% 的原材料依靠从其他国家进口,而且在 20 世纪 90 年代这种趋势正在加强。

表 10　日本食品跨国企业子公司的购买行为

所在地	购买渠道	1980	1983	1986	1989	1992	1995	1998
亚洲	当地市场	75.4	72.2	96.9	87.7	72.0	86.6	78.8
	从日本进口	1.6	2.0	3.1	3.3	4.5	3.6	6.6
	从其他国家进口	23.0	25.8	0	9.0	23.5	9.8	14.6
北美洲	当地市场	99.1	97.5	99.8	94.8	86.1	91.1	90.6
	从日本进口	0.7	2.5	0.2	1.6	9.2	6.1	1.6
	从其他国家进口	0.2	0	0	3.6	4.7	2.7	7.8
欧盟	当地市场	94.0	53.7	100	38.5	99.7	62	51.9
	从日本进口	6.0	39.0	0	0.3	0.1	5.4	7.6
	从其他国家进口	0	7.3	0	61.2	0.2	32.6	40.4
大洋洲	当地市场	100	99.3	0	100.0	100.0	88.8	na
	从日本进口	0	0.7	0	0	0	11.2	na
	从其他国家进口	0	0	0	0	0	5	na
全部子公司	当地市场	87.1	85.1	98.2	89.7	84.8	87.6	81.7
	从日本进口	1.3	3.9	1.8	2.1	6.1	4.9	4.1
	从其他国家进口	11.6	10.9	0	8.2	9.1	7.5	14.2

注:表中数据为各购买渠道购买量占全部购买额的份额(%)。na 表示缺乏数据。

资料来源:日本通产省《海外投资统计总览》(日文)各年版。

最后,我们发现,日本食品跨国企业海外子公司对进出口的依赖程度远低于日本制造业跨国企业的海外子公司。如表9、表10和表11所示,制造业海外子公司从日本进口原材料的份额是36.6%,远高于食品产业4.1%的水平(1998年)。这说明,日本制造业FDI对日本出口的推动作用要远大于食品产业。

表11　日本制造业跨国企业海外子公司的购销行为

	销售或购买渠道	1980	1983	1986	1989	1992	1995	1998
销售	当地市场	72.9	73.2	77.1	79.6	76.7	70.5	70.0
	出口到日本	10.9	11.6	7.8	7.9	6.3	9.3	9.6
	出口到其他国家	16.2	15.2	15.1	12.4	17	20.2	20.3
购买	当地市场	42.5	39.7	36.9	45.6	46.5	47.2	46.9
	从日本进口	42.8	50.4	53.0	45.7	40.9	37.4	36.6
	从其他国家进口	36.5	9.9	10.2	8.7	12.6	15.4	16.5

注:表中数据为各销售或者购买渠道销售量占全部销售或者购买额的份额(%)。
资料来源:日本通产省《海外投资统计总览》各年版。

(三)日本食品跨国企业的企业内贸易

首先,日本食品跨国企业的海外子公司在当地市场的产品销售和原材料购买很少采用企业内贸易的方式。总体来看,在当地市场购买和销售中企业内贸易的份额分别为10.7%和13.6%(1998年)。即使是在份额最高的1998年,亚洲子公司的当地市场销售也才到26.1%。

其次,日本食品跨国企业的海外子公司在日本市场的产品销售和原材料购买几乎全部采用企业内贸易的方式。总体来看,在日本市场购销中的企业内贸易份额在78.6%和93.3%(1998年)。1998年最高的北美洲的子公司达到了100%,最低的欧盟的子公司也达到了86.6%。可见,日本食品产业的FDI具有很强的市场内部化导向。

再次,日本食品跨国企业的海外子公司在其他国家市场的产品销售和原材料购买也在相当程度上采用企业内贸易的方式。总体来看,在其他国家市场购销中企业内贸易的份额为26.2%和45.7%(1998年)。其中,亚洲的子公司在第三国的进出口业务中采用企业内贸易的份额最高,分别达到了 39.0% 和 66.7%。而在北美的子公司,其从第三国进口原材料的业务中,也有 57.7% 采用企业内贸易的方式。

表12　日本食品跨国企业海外子公司的企业内贸易

地区	销售或购买渠道	产品销售					原材料购买				
		1986	1989	1992	1995	1998	1986	1989	1992	1995	1998
亚洲	当地市场	0	0.6	7.6	2.7	26.1	0	1.6	0.2	18.8	3.9
	日本市场	87.0	70.8	85.4	64.8	85.7	100	87.6	75.8	73.1	94.4
	其他国家市场	0	17.5	14.2	12.1	39.0	0	44.5	47.7	46.7	66.7
北美洲	当地市场	0	24.5	5.7	7.0	7.8	0.8	0.3	8.3	1.8	13.2
	日本市场	77	85.0	91.6	62.7	65.2	95.9	78.5	98.6	20.7	100
	其他国家市场	0	3.3	22.4	2.5	4.9	0	24.6	95.0	40.9	57.7
欧盟	当地市场	0	20.2	0	0.5	19.8	0	0	6.2	na	na
	日本市场	0	58.6	39.3	100	100	0	0	100	87.0	86.6
	其他国家市场	0	62.7	0	na	na	0	0	100	10.0	20.3
大洋洲	当地市场	0	0	0	na	na	0	15.4	0	5.2	na
	日本市场	0	54.0	51.3	92.6		0	0	0	na	na
	其他国家市场	0	61.6	0	na	na	0	0	0	na	na
全部	当地市场	0	16.2	5.2	4.5	10.7	0.4	1.9	5.4	9.0	13.6
	日本市场	71.9	77.5	84.6	68.1	78.6	99.8	71.9	93.1	38.8	93.3
	其他国家市场	7.8	22.7	11.7	8.9	26.2	0	18.1	60.2	34.5	45.7

注:表中数据为各销售或者购买渠道销售量占全部销售或者购买额的份额(%)。na 表示缺乏数据。

资料来源:日本通产省《海外投资统计总览》各年版。

六、结　　论

本文分析得到的主要结论,可以总结如下:

第一,在 FDI 和跨国企业迅速发展的新的世界经济格局中,以资源禀赋为基础的资源优势为中心的传统贸易理论已经显示出其局限性。强调企业的所有权优势(O)、国家的资源禀赋和地理位置优势(L)和市场内部化优势(I)相结合的邓宁的 OLI 假说,为分析跨国企业的发展,提供了一个新的理论框架。在 FDI 和贸易的联系上,以日本为中心的东亚型跨国涉农企业发展,在初期具有不同于以美国为中心的拉丁美洲型的特征。它将从两国间的开发进口阶段,经过两国间的市场扩展阶段,而走向第三国促进出口的高级阶段。

第二,日本食品产业的 FDI 遍布世界各地。从 FDI 投资额地区分布情况看,美国和欧盟仍然是其食品产业 FDI 的主要接收地,东亚所占的份额在 10%左右。但是,从日本食品跨国企业在海外设立的子公司情况看,东亚地区占了一半。而且,日本食品跨国企业在美国和欧盟设立的子公司大部分是独资企业,而在东亚设立的子公司有相当部分为合资企业。

第三,中国已经成为日本食品产业对外直接投资的重要接受国。日本食品产业 FDI 中约有近 1/4 的项目和近一成的投资额是面向中国的,而且从未来发展来看,日本食品产业对中国的 FDI 呈现增长的趋势。日本食品贸易呈迅速发展的趋势,虽然日本向中国的食品出口也在快速增长,但是由于其绝对数量过小,中国在日本食品贸易中的贸易顺差还在进一步扩大之中。有关日中食品产业 FDI 和贸易关系的实证研究表明,日本食品产业对中国的 FDI、对日本食品出口和进口都具有正面影响。

第四,日本食品跨国企业的购销行为分析表明,在日本的母公司在原材料购买上约有 1/4 依赖海外子公司,而产品销售上几乎完全不依赖出口;海外子公司的产品销售七成以上在当地市场,但在亚洲和欧盟的子公司,也有相当部分返销日本或者向第三国出口;海外子公司的原材料购买八成以上来自当地市场,但是欧盟的子公司也有近一半的原材料来自于从第三国的进口;海外子公司在日本市场的购销主要采用企业内贸易的方式。

可见,当我们将农业和食品产业的 FDI 考虑在内时,就会发现东亚农业通过跨国涉农企业展现了另一幅在竞争中合作的图画。正如邓宁的 OLI 假说所说明的那样,通过 FDI 和跨国涉农企业的产业合作包含了比产品贸易更多的优势利用,所以应该有更强的适应性。涉农跨国企业的发展,是有关国家之间"双赢"以至"多赢"的过程。无论是 FDI 的输出国还是接受国,都会在跨国涉农企业的发展过程中获益。但需要指出的是,由此获得的利益在各国内部利益集团之间的分配格局会与农产品贸易有所不同。例如,在日本食品产业进入中国的过程中,日本的综合商社、加工企业成为主要受益者,而农民的得益不多,甚至受损。在经济全球化的时代,也许相对保守的日本农协应该开始改变其发展战略,逐步确立开放式的经营理念。①

在考虑农业与食品产业的 FDI 时,我们发现东亚各国都可以在食物系统的垂直产业链中找到自己的位置。例如,我们可以利用中国生产的小麦,在韩国加工成面包坯子,然后再运到日本烘烤,向日本的消费者供应刚出炉的面包。这就是典型的两国间的开发进口的模式,这样的产业分工合作已经存在。如果跨国涉农企业进一步发展到向第三国促进出口的第三阶段,我们利用中国的原材料、中国的劳动力和厂房、日本或者韩国企业的加工技术和营销渠道,加工成产品向美国、欧洲出口,何乐而不为呢? 这样的局面,应该是东亚农业合作的一个发展方向。东亚各国应该可以在涉农产业价值链的分工合作中实现共赢。

参考文献:

1. 保罗·克鲁德曼、茅瑞斯·奥伯斯法尔德:《国际经济学》,北京:中国人民大学出版社,1998。

2. 方鸣:《三边合作、拨云见日——再论中日韩自由贸易区》,《中国对外贸易》,2003(12)。

3. 关志雄:《中国作为经济大国的崛起及其对亚洲的影响》,《国际经济评论》,2001(3)。

---

① 根据我们的调查,韩国的农协已经有在国外从事农产品流通的想法。我们也曾经问过日本学者这样的问题:"在日本综合商社纷纷开始从事在中国的开发进口业务时,为什么在技术等方面具有强大优势的日本农协不能参与其中呢?"他们给我们的回答是,如果哪个农协的领导者参与这样的活动,那么他就只好从领导者的位置上被替换下来了。

4. 李俊江、邓敏:"中、日、韩农产品贸易争端分析及中国的对策",《东北亚论坛》,2004(1)。

5. 世界银行:《东亚奇迹:经济增长与公共政策》,北京:中国财政经济出版社,1995。

6. 世界银行:《东亚一体化:共享增长的贸易政策》,见世界银行中国办事处中文网页,2003—01—06。

7. 邢予青:"日本FDI在中国:趋势、结构和汇率中的角色",《世界经济文汇》,2004(6)。

8. 曾寅初:"海峡两岸农产品贸易与直接投资的关系分析",《管理世界》,2004(1)。

9. Buckley, p. j. , *The multinational Enterprise: Theory and Application*, The Macmillan Press, 1989.

10. Caves, R. *Multinational Enterprises and Economic Analyses*, Cambridge: MA Cambridge University Press, 1996.

11. Dunning, J. H. , Explainiing Changing Patterns of International Production: In Defence of the Eclectic Theory, *Oxford Bulletin of Economics and Statistics*, Vol. 41, 1979, p. 269—295.

12. Dunning, J. H. , *Multinational Enterprises and the Global Economy*, England: Addison-Wesley, 1993.

13. Dunning, John H. , Explaining Foreign Direct Investment in Japan: Some Theoretical Insights, *Foreign Direct Investment in Japan*, ed. Masaru Yoshitomi and Edward M. Draham, Edward Elgar: Chltenham, UK, 1996, p. 8 – 63.

14. Ethier, W. , The Multinational Firm, *Quarterly Journal of Economics*, 101, 1986.

15. Grubel, H. , and P. Lloyd, *Intra-Industry Trade: The Theory and Measurement of International Trade in Differentiated Products*, London: Macmillan, 1975.

16. Handy, C. R. , and D. R. Henderson, Assessing the Role of Foreign Direct Investment in the Food Manufacturing Industry, *Competitiveness in International Food Markets*. M. E. Bredahl, P. C. Abbott, and M. R. Reed, eds. Boulder, CO: Westview Press, 1994.

17. Helpman, E. , A Simple Theory of International Trade with Multinational Corpora-

tions, *Journal of Political Economy*, 92 (3), 1984.

18. Helpman, E. and P. R. Krugman, *Market Structure and Foreign Trade*, Cambridge: MIT Press, 1985.

19. Hein, S. , Trade Strategy and the Dependency Hypo thesis: A Comparison of Policy, Foreign Investment and Economic Growth in Latin America and East Asia, *Economic Development and Cultural Change*, 40 (3), 1992.

20. Kiminami, Lily Y. and Akira Kiminami, Intra-Asia Trade and Foreign Direct Investment, *Regional Science*, Vol. 42, 1999, p. 229 – 42.

21. Kozo Kiyota, and hujiro Urata, Trade and FDI Linkages in the Japanese Food Sector, *A report for the Rural Industries Research and Development Corporation* by the Australia – Japan Research Centre(AJRC), Asia Pacific School of Economics and Management (APSEM), 2003.

22. Marchant, Mary A. , Sayed H. Saghaian, and Steven S. Vicker, Trade and Foreign Direct Investment Management Strategies for U. S. Processed Food Firms in China, *International Food and Agribusiness Management Review*, Vol. 2, No. 2, 2000, p. 131 – 143.

23. Markusen, J. R. and A. J. Venables, Multinational Firms and the New Trade Theory, *Journal of International Economics*, 46, 1998.

24. Mundell, R. , International Trade and Factor Mobility, *American Economic Review*, vol. 47, 1957, p. 321 – 335.

25. Overend, Christopher, John M. Connor, and Victoria Salin, Foreign Direct Investment and U. S. Exports of Processed Foods: Complements or Substitutes?, *Foreign Direct Investment and Processed Food Trade.* Department of Agricultural Economics, Oklahoma State University, Stillwater, 1997.

26. Suganuma. Keisuke, and T. Toyoda, Foreign Investment Strategies of Japanese Food-Processing Firms: A Case Study of Raw Materials Procurement in China, *Japanese Journal of Rural Economics*, Vol. 2, 2000, p. 25 – 33.

27. Zhang, Kevin Honglin and Shunfeng Song, Promoting Exports the Role of Inward FDI in China, *China Economic Review* , Vol. 11, 2000, p. 385 – 396.

28. Zhang Qing, and Bruce Felmingham, The Relationship between Inward Direct For-

eign Investment and China's Provincial Export Trade, *China Economic Review*, Vo l. 12, Issue 1, 2001.

29. 速水裕次郎. 開発経済学——緒国民の貧困と富. 創文社, 1995.

30. 豊田隆. アグリビジネスの国際開発——農産物貿易と多国籍企業. 農山漁村 文化協会, 2001.

31. 小島清. 貿易志向型海外直接投資. 载《世界経済評論》, 1987(6).

32. 斉藤高宏. わが国食品産業の海外直接投資——グローバル・エコノミへの 対応. 農業総合研究所, 1991.

[作者单位:中国人民大学农业与农村发展学院副院长、副教授]

The Relationship between Food Industry's FDI and Agricultural Trade in East Asia

ZENG Yin-chu

Abstract: The relationship between outward foreign direct investment (FDI) of Japanese food industry and agricultural trade in Eastern Asia is analyzed by using a modified gravity model, and a set of investigation data on the behaviors of Japanese multinational food enterprises in Eastern Asia is used to illustrate the effects of FDI on agricultural trade. As the result, it is found that the relationship between FDI of food industry and agricultural trade in Eastern Asia has different characteristics caused by import development compared with this in Latin America. In view of FDI, the every country can find its appropriate place in the value chain of food system in Eastern Asia.

Key words: Eastern Asian economy; agricultural trade; foreign direct investment (FDI); food industry

亚
太
经
济

亚太模式在发展高新技术产业中的新诠释

——政府主导的模式是否存在范式危机

郑 春 芳

【内容提要】 "亚太模式"曾经造就了亚洲"四小龙"及日本的经济奇迹,继20世纪90年代初日本泡沫经济崩溃、1997年东亚金融危机爆发遭到质疑后,"亚太模式"在发展高新技术产业中再次遭遇范式危机。本文从高新技术本身发展的新特征、高新技术产业引起的企业组织的扁平化趋势、技术赶超阶段与超越阶段需要不同的政府行为模式等方面入手,论证了这种以政府作用、出口导向为特征和主要内容的"亚太模式"在发展高新技术产业中需作重大调整。在此基础上,分析制度创新而不是技术创新是发展高新技术产业的关键所在,指出:政府在发展高新技术产业中仍应发挥重要的不可替代的作用,与以往政府主导模式不同的是,政府在发展高新技术产业中的重要作用应体现在以服务为宗旨,立足于有利于中观产业层面和微观企业层面技术创新,从国家宏观层面创造和营造适合技术创新的制度环境、制度安排和制度创新上。

【关键词】 亚太模式;高新技术产业;制度创新;技术创新

"亚太模式"曾经造就了东亚的经济起飞及东亚的"奇迹"。但在20世纪90年代初日本泡沫经济的崩溃、经济的长期持续衰退使"亚太模式"首次遭到质疑;1997年亚洲金融危机的爆发,东亚各国货币大幅度贬值、经济出现大幅度倒退,一些学者认为东亚政府主导的发展范式是金融危机的最根本原因,使"亚太模式"遇到了第二次也是程度最深的一次范式危机;20世纪最后10年到

21世纪初,技术发展日新月异,高新技术革命风起云涌,各国政府及产业界都认识到发展和增强本国核心竞争力是在激烈的国际竞争中制胜的关键,于是纷纷发展本国的高新技术产业。在这场高新技术角逐中,东亚各国政府表现出了极大的关注,继续采用政府主导的模式促进高新技术产业的发展。正如约瑟夫·E·斯蒂格利茨在《东亚奇迹的反思》一书中认为的那样:"在大多数表现不俗的东亚经济因素中,政府都以这样或那样的方式系统地通过多种渠道扶助经济发展,在某些情形下,是扶助特定的产业发展。"然而该书断言:在东亚地区广泛实施的除出口推动战略以外的政府干预中,"促进特定产业的战略效果通常并不理想"。① 尤其是在跨越了追赶阶段,正步入技术创新阶段的高新技术产业的发展中,东亚各国的政府主导模式似乎不再如赶超阶段那么有效。"亚太模式"在发展高科技产业中遭遇其第三次范式危机。那么,以政府主导和金融支持、出口导向为特征的"亚太模式"是否完全不适于高新技术产业的发展,是否需要代之以另外一种模式,犹如市场亲善论认为的那样由市场机制完成大多数经济协调,由其他私人部门和组织完成市场自身不足以进行的协调,本文就此问题给出了新的诠释。

一、发展高新技术产业中"亚太模式" 失灵的理论与历史的实证分析

关于"亚太模式"至今还没有权威的定义,韩国称之为"政府主导型的市场经济模式",即通行的"市场经济＋强有力的政府干预的"模式。贾根良在《东亚模式的新格局》中从创新体系的角度揭示了东亚模式丰富的内涵,即以出口导向、政府作用与儒家文化三要素为一般性特征。第二次世界大战后的亚洲,后进国家在赶超先进国家,实现工业化的过程中,一些国家运用政府的力量,加快资本的原始积累,促进市场体制的形成,同时保护自己的幼稚工业,保证潜在比较优势的发挥,显示了很大的能量。"国家推动发展论"

---

① ［日］青木昌彦主编:《政府在东亚经济发展中的作用——比较制度分析》,北京,中国经济出版社1998年版。

（state-development view）认为：政府自20世纪60年代以来在东亚经济发展过程中起了积极的作用,通过政府的积极干预推动落后的发展中经济逐步走向繁荣。但是,迄今为止,"亚太模式"已经历了三次质疑。第一次是在90年代初日本泡沫经济的崩溃。1997年下半年东亚金融危机爆发以后,政府在"亚太模式"中的作用越发受到怀疑与攻击,第二次被主导舆论所否定。第三次是在"第三次浪潮"中,采用"东亚模式"发展高新技术产业的日本在与美国研发高清晰度电视（HDTV）的竞争中惨败后,对于这种模式在发展高新科技产业中的指导作用以及政府在发展高新科技产业中的作用再次引起了人们的深刻反思。

在高新技术产业领域中,"亚太模式"曾有过辉煌的历史。日本政府在战后科技发展中采取的政府主导的模式取得了极大的成功,其中最具代表性的要数大规模集成电路攻关（VLSI）。为了在超大规模集成电路方面赶超美国,日本政府在1976年至1979年间出面协调5家最大的半导体制造商,组成VLSI技术研究组,并由政府组织,由政府和8家厂家投资组成一家公司进行技术攻关。1980年,日本比美国早半年研制出64K存储器,取得技术上的突破,并比美国早两年研制成功256K存储器。在技术上取得突破后,将相关的专有技术乃至工艺文件出售给制造厂家进行大规模生产,再由政府支持的大财团销售这些开发出来的半导体产品。正是在这种强有力的政府主导的"亚太模式"的指导下,日本在高新技术领域大获全胜。日本生产的动态随机存储器DRAM在1981年占领了70%的世界市场；1986年,日本生产的DRAM在世界市场的占有份额高达90%,其半导体产品已经占世界市场份额的45.5%,高于美国的44%。①

在接下来新的一轮高清晰度电视HDTV技术的研发中,日本政府仍保持强有力的"行政指导",先由政府在深入研究的基础上预先对技术路线乃至技术标准作出规定。在统一的指导下,各研究单位和有关企业分工合作进行攻关,然而却得到了截然相反的结果。在1991年日本首次成功播放模拟高清晰度电视的同时,美国的一个企业递交了发展数字式高清晰度电视的计划。随后,美国某企业攻克数据传送中压缩和解压缩技术难关,美联邦通讯委员会于1996

①　吴敬琏：《发展中国高新科技产业制度重于技术》,北京,发展出版社2002年版。

年批准了数字式 HDTV 的标准,成功抢占了竞争的制高点,而日本则由于模式选择的错误直接导致了这场竞争的失败。难怪在提到"亚太模式"发展高新科技产业时有人感慨:"成也萧何,败也萧何"。

我国发展高新科技产业历来也都是采用政府主导、直接操作的"亚太模式",即由政府制定规划、提出项目,然后动员人力、物力和财力对指定项目进行攻关,在取得研究成果后再分配给指定的国有企业进行技术发明到产品的转化。1956 年,中国政府提出"要赶超世界科学技术的先进水平"的口号,并制定了《十二年科学规划》,组织力量"向科学进军";20 世纪 60 年代初期,中国政府作出《关于工业发展的决定》,要求加快发展电子工业等"新兴工业";随后提出的"四个现代化"的口号把"科学技术现代化"看作四个现代化的中心环节。可以说,每一个口号的提出都是围绕着要在科学和技术领域迎头赶上,要发展中国自己的高新技术产业这一主题。① 在政府主导的高科技研发中,中国确实在某些领域取得了不错的成绩,比如两弹一星的成功研制,但是在 20 世纪中期出现的信息技术(IT)、90 年代初以信息通讯技术(TCT)与网络技术为代表的高新技术产业发展中,我国与先进国家在科学技术水平方面的差距有拉大的趋势。

"亚太模式"在发展高新科技产业中的再次失灵,使人们开始重新反思政府主导模式的理论合理性。古典经济学家强调自由市场原则、反对政府对经济生活的无端干预是有重商主义这一时代背景的。20 世纪上半叶,以经济大萧条为起因,政府职能得到强化和加强。当今,科技的飞速发展和全球化浪潮使推行经济自由主义和削弱政府的经济作用成为时尚。但是,必须清醒地看到,当今国际竞争是建立在一国科技发展水平之上的。竞争的焦点已从最终产品变为知识转化为现实生产力的能力,变为知识、技术与生产整体匹配、协调的发展能力。技术创新不再仅仅是一种竞争工具,而是变为企业、国家发展要奉行的一种根本战略。② 那么,在发展高科技产业时,是采取市场推动型的发展模式,还是采取政府主导的发展模式呢?

---

① 吴敬琏:《发展中国高新科技产业制度重于技术》。
② 樊纲、张晓晶:《全球事业下的中国信息经济:发展与挑战》,北京,中国人民大学出版社 2003 年版。

（一）激进型技术创新阶段需要完全不同于渐进型技术追赶阶段的政府行为模式

创新经济学家们区分了两种类型的创新活动：渐进创新（incremental innovation）和激进创新（radical innovation）。渐进创新即"干中学"和"用中学"，表现为在现有产业的产出范围及其效率的改进上；而激进创新则是导致产业结构演进的主导力量。

对于落后国家以追赶为目标的渐进技术创新来说，一方面，由于技术范式一定，技术前景、目标和市场机会都是确定的，所以，风险程度较低；另一方面，某个项目的各个技术之间是互补性的，信息和期望协同将带来投资规划相互一致的共同选择。此时，政府拥有相对充分的信息，发达国家走过的道路是清楚的，有大量的成功的经验可以学习，需要做的就是组织人力、物力、财力等资源投入既定目标的技术研发中。政府在这方面具有民间力量所不及的能力，由政府出面组织各个独立机构进行技术研发成功的把握大，而且能缩短技术研发时间，将增进决策、投资和研发的业绩。因为协调的成本得以最小化，即使发现研发的初始目标不再适合，由政府主导整个科研项目向一个新的确定的目标转变也将是协调成本最小化的一个最佳选择。因而政府在技术追赶阶段实施干预，成功的可能性较大。亚洲各国都清醒地意识到在技术和产业发展方面尚落后于发达国家，而战后世界已经开始进入一个新的、更高层次的产业革命时期，为追赶产业发展的世界潮流，"亚太模式"无疑是政府最佳的选择。

然而，技术创新阶段研发的目标是属于激进创新型技术而不是通用技术，是集群性技术而不是单一技术。大量经验研究说明，激进型技术创新在其前景、市场机会和结果上的不确定性上远远大于渐进型技术创新，而有关信息仅能随着时间的推移而逐渐明晰，准确地追踪技术创新的结果是不可能的，从而就出现了不同项目间互相替代、竞争资源的情况。面对创新的课题，需要探索在未知的情况下，如果采用政府出面组织、投资于新技术的研发模式，由于政府只能根据现存有限的信息进行决策，并且其处理信息的能力有限，项目的成败和盈利与否都随时间的推移而逐步明朗化，且受到共同随机事件的影响。一旦某一随机事件使技术研发走上一条全新的与初期所确定的研发目标完全不一致的道路时，此时政府并不具有信息优势，其反应能力、运用信息的效率都不如分散的决策主体,其信息交流和协调成本将是极其高昂的。在此阶段,大量的、分散的行为者的交互作用,不仅可以降低整个系统在创新活动中由于路径锁定所导致的高风险,而且,行为者之间由于技术范式不同而相互启发和竞争,从而使技术创新的步伐不断加快。所以,最佳模式应该是充分发挥市场竞争的作用,建立鼓励创造性发挥的机制。基于不同主体的各不相同的期望的分散化投资、研发、决策能够带来更好的社会效果,因为分散化的决策主体对信息有更强、更快的接收、反映和处理能力,其对随机事件进行协调的成本可以大大降低。如果再继续沿用日本在开发高清晰度电视技术和我国发展高新技术时采取的政府行政指导模式,落后和失败是难免的和必然的结果。在过去的十年间,中国政府制定了许多发展高技术、新产业的规则,发动过多次科学和技术"攻关",政府的注意力集中于确定"攻关"重点和为"攻关"分钱、分物和分人上,微观经济主体——企业和个人的积极性受到了极大的抑制,技术创新的成果寥寥也就不足为奇了。美国的应用研究由不同的企业和个人以千军万马各显神通的方式进行,谁先取得成功,有关当局就将他的技术标准确定为行业标准。这样就极大地调动了个人和企业的创造积极性,有效地利用了微观主体对市场的快速反应和信息的收集优势。对比两种创新技术研发模式不难看出,美国技术创新走在前面不是偶然的,而是一种必然的结果。

(二)以人力资本为最主要要素的高新技术产业需要不同于以物质资本为首要要素的传统产业的政府行为模式

"亚太模式"是有其深刻的国际产业发展背景的。17世纪末18世纪初第一次产业革命中产生的以蒸汽机为动力源的机器的运用,决定了规模经济成为提高效率的主要途径。20世纪初产生了"福特生产方式",以规模大取胜的经营战略被演绎到了极致。正像未来学家托夫勒在《第三次浪潮》中所说的"集中化"、"大型化",乃是"第三次浪潮"(工业化浪潮)的基本理念。马克思、恩格斯的"社会大工场"、计划经济的设想也都是以此为依据的。①通用性技术决定了机器设备在生产中的主要作用,从而以规模庞大取胜,进而决定了政府主导,组织人、财、物等资源发展经济是这一时期政府行为模式

---

① 吴敬琏:《发展中国高新科技产业制度重于技术》。

的理性选择,这样可以以较低成本,在短时间内调配一切资源,实现经济产出最大化。

但20世纪初的以电能的广泛应用为标志的第二次产业革命使动能不需要集中供应,尤其是近十几年高新技术产业的迅猛发展,高新技术呈现出的集群性和创造性两大特征,人力资本的作用越来越大,每个人的聪明才智的充分发挥而不是企业成为决定效率和竞争力的主要因素。此时,利于调动员工创造性和积极性的灵活的小型企业则成为高新技术产业发展的生力军。小型企业在发展高新科技产业中具有的无可比拟的优势,大型企业与小型企业相比具有先天的不足。首先,大型企业无法同时求得秩序和创造性的宽松环境。企业的规模越大,越加明显并不可避免地需要秩序。而秩序一旦达到高度严谨与周全,则人们就毫无打破常规、施展其创造性的余地了。可以说,大企业的秩序与创造性是一对不可调和的矛盾。也正是基于此,舒马赫提出"小的是美好的"的结论。其次,大型企业无法解决动力问题,也就是激励问题。大企业具有规模大、层级多的特点,每个人都对其上一层负责,容易造成人浮于事,效率低下。比如在高新技术产业中的大型企业将一个大的研发项目拆分成若干个小项目,具体分配到每个研发人员的只是很明确的设计任务,由个人发挥创造性的空间极小,这样就压抑了个体的创造性和积极性。人力资本的供给是由人力资本所有者的能力和努力构成的,能力取决于人接受教育的程度,而努力则主要取决于个体的兴趣、态度、动机、需求、人事等心理因素。① 能力是一种客观状态,是创造的基础;而努力则是将能力发挥出来的途径,是创造的关键。能否激发人力资本的努力及高级的智力型的创造活动,也就是能否解决动力问题是高新科技产业发展的关键。动力问题解决不好,没有适当的激励,创造性人才的高水平的智力活动就会受到抑制。而小企业规模小,层级少,企业员工的切身利益一般都同企业的发展密切相关,员工创造的积极性很高。②

政府主导型发展模式即政府直接组织、管理高新技术开发和生产,必然压制个人创造力的发挥。这也就是包括中国、日本、韩国在内的在"亚太模式"指

---

① 方竹兰:《知识经济与人力资本产权——中关村企业产权制度创新的理性思考》,载《经济学动态》,1998(12)。

② [英]舒马赫:《小的是美好的》,北京,商务印书馆1984年版。

导下的国家在高新技术产业发展中落后的原因所在。

（三）高新技术产业发展中呈现的公司集群现象及其成功典范决定了政府行为模式必须转换

高新技术尤其是在 IT 行业，日本的筑波、中国台湾的新竹、美国的硅谷等都形成了信息技术产业集群现象。一个公司的许多竞争优势不是由公司内部决定的，而是来源于公司之外，即来源于公司所在地的地域和产业集群。集群不仅降低交易成本、提高效率，而且有利于改进激励方式，创造出信息、专业化制度、名声等集体财富。更重要的是，集群能够改善创新的条件，加速生产率的成长，也更有利于新企业的形成。在这种情况下，"亚太模式"的政府干预已经过时了。政府的首要任务是要尽力去创造一个有利于企业创新和经营的良好环境，鼓励竞争。"政府必须努力经营像诱因、努力与竞争等可以提高生产力的关键要素，而非一般常听到的补贴、集体研发或'短期'保护政策等看似有效、实则降低生产率的做法。"①波特在《国家竞争优势》一书中详尽地介绍了钻石模型——揭示在某一区域的某一特定领域内影响生产率和生产率增长的各种因素，诸如信息、激励、竞争压力、到达支持性公司的途径、制度与协会、基础设施和人力与技能库等。波特还指出，政府不应该是钻石理论要素的一个组成部分，但政府对钻石理论的每一个要素都会产生或多或少的影响，这种影响是理解政府与竞争之间关系的最佳方式。

（四）"亚太模式"及其指导下的产业政策的理论假设在发展高新技术产业中不适用

从政府政策层面讲，"亚太模式"中，政府主导、产业政策倾斜，重点扶持高新技术产业的发展、资金支持等产业政策存在很大争议，主流思想界所提出的用国家干预来取得竞争效果的做法是很不妥当的。产业政策是建立在一个高度简化而又有问题的竞争力假设之上的，这些假设认为规模和开支对竞争力起决定性作用。实际上，竞争力两大因素是技术进步和高素质的人，最终是可以提高劳动生产率。对于竞争力理解的错误及其假设的偏差，使得以其为基础的

---

① ［美］迈克尔·波特：《国家竞争优势》，北京，华夏出版社 2002 年版。

产业政策也是经不起考验的。事实也正如此。在政府主导和扶植的产业政策盛行的国家,比如日本、中国和韩国,许多问题使人们开始怀疑政府主导模式及产业政策的有效性。在这一点上,波特在《国家竞争优势》一书中明确指出:政府不应该参与到竞争的过程中去。政府的主要角度应该是改善诸如企业投入要素和基础设施的质量和效率,制定规则和政策来促使企业升级和创新。在产业政策的制定上,政府应放弃从前的重点扶持某些特别产业的做法,取而代之的应该是对国家现存的和刚出现的集群都一视同仁。不仅如此,鉴于高新技术产业更加需要基础科学研究作为强有力的支撑,国家、大学等科研院所以及企业就应携手共同构建基础科学研究体系,为科技创新以及高科技产业的发展作好基础性工作。

二、在高新技术产业的发展中制度创新重于技术创新的理论与实证分析

目前,采用"亚太模式"发展高科技产业的做法与一种较流行的观点有关,那就是把科学技术本身的演进看作是高技术发展的力量,以为只要投入足够多的资金和人力去开发和引进预定需要的各项高新技术,就能保证高新技术产业的快速发展。这种观点是建立在一种虚假的"唯物主义历史观"基础上的。生产力决定生产关系,在生产力和生产关系这对矛盾中,生产力是本源性的,起主动作用的,而生产关系则是适应生产力的变化的因变量。按照这一逻辑理解技术和社会经济制度、产业革命和资本主义制度之间的关系时,就容易解释为技术是本源性的,经济制度是适应技术的发展而发展变化的,技术自身的演进导致了产业革命,产业革命导致了资本主义制度的确立。建立在这种理论认识基础上的政策走向和政府的工作思路自然而然的就是一提到发展高新技术产业,就动用政府的力量去组织和指挥高新技术开发,就技术谈技术了。

(一)从技术和制度变迁的历史上看,制度是比技术更重要的因素

现代关于技术和制度变迁历史的研究、关于技术进步与制度安排之间

关系的理论,早就否定了对生产力与生产关系之间关系的机械理解。道格拉斯·诺斯和托马斯在《西方世界的兴起》一书中明确指出了制度对于技术进步、经济发展的重要作用,"有效率的经济组织是经济增长的关键;一个有效率的经济组织在西欧的发展正是西方兴起的原因所在"。正是由于这些国家建立了更有效率的经济组织和保障个人财产安全的法律体系,从而开创了经济史研究的新纪元。关于二战后近代技术发展史的研究表明,产业革命得到广泛应用的核心技术——蒸汽机等早就存在,只是由于不具备必要的经济制度条件而不能得到工业应用的推广。正是由于专利保护制度、对人身财产的保护、鼓励平等竞争等的制度安排的形成,产业革命才得以在18世纪轰轰烈烈地发生。"产业革命不是现代经济增长的原因之所在,而恰恰是其结果。"无独有偶,以研究技术发展史而闻名的美国经济学家罗森堡在其著作《西方致富之路:工业化国家的经济演变》中指出,有确切的历史事实表明:就科学技术水平而言,直到15世纪,中国和阿拉伯国家显然高于西欧,但西欧国家很快后来居上,并在经济上大大超过东方国家,原因就是西欧在中世纪后期建立的一种利于不断创新的增长机制促进了近代技术革命的发生。

由此,制度重于技术这一观点随着新制度经济学的兴起而逐渐被人们认可。这样就为产业发展模式的选择提供了一个很好的思路和指导:要想促进技术进步,最有效的办法并不是由政府配置资源,确定重点课题,指导研究工作和安排生产运行,而是应建立良好的制度安排,采取正确的政策,改善政府的社会服务,营造利于技术创新的经济制度环境,即建立起有利于高技术以及相关产业发展的经济和社会制度。

(二)从制度和技术演进的可预测角度讲,加强制度创新力度是比单纯加强技术创新更可取的、更有效的选择

英国学者舒马赫曾用三组词汇:过去与未来、行动与实践、肯定与不肯定来谈论估计、计划、预测和预算,谈论调查、规划、目标等等。存在这三种类型的情况下可能的组合数是 2^3(即8)。这八种可能情况可按下面的顺序排列:

1	2	3	4	5	6	7	8
行动	行动	行动	行动	事件	事件	事件	事件
过去	未来	过去	未来	过去	未来	过去	未来
肯定	肯定	不肯定	不肯定	肯定	肯定	不肯定	不肯定

第八种情况事实上是一种预测。①

从严格的词义来说,知识是关于过去的,未来总是处在创造之中的,而且基本上是用现有素材在创造它,而对现有素材却可以大量的了解。如果我们对过去掌握大量而可靠的知识,那么未来基本上,但绝不是全部是可以预测的。因为在创造之中,加进了人的创造力的自由这个无法控制的因素。② 对比技术与制度这两个因素,前者更多意义上属于自然科学范畴,人的创造力的自由这一因素对技术的可预测性影响及作用相对要小,毕竟自然条件有其固有的规律可循,并且这些特定的规律都是公理式的,创造力的自由的发挥也必须遵循这些自然固有的规律,创新的关键在于遵循特定的规律去发现;而制度则不然,它属于社会科学范畴,在制度的建立和改变过程中,尽管社会科学也有其规律,尽管逃避不了历史传统和文化传承,具有一定的路径依赖性,但由于人的行为方式、思维方式没有整齐划一的规律可循,人的创造力的自由发挥的作用和影响相对要大,制度的发展、变化的不确定性要远远大于技术,决定了制度的可预测性要比技术的可预测性差。在制度创新过程中,创造性的自由这一因素的多样性决定了制度创新的可预测性差。现实生活中,总是有大量从事"正规"(常规)活动的人,其行为方式比较具有可预测性;也有极少数人真正运用创造性的自由,成就了真正重大的创新和变革。从中我们可以得到以下启示:制度创新不仅是技术创新的保障,而且难于技术创新。政府的作用应体现在两个方面:一是在制度变迁的进程中,确定适应经济发展需要的制度变迁目标,以便使制度创新在总体上朝着适合经济发展的方向演进;二是在制度变迁的进程中,进行激励制度安排,激励技术创新主体,同时尽量减少制度变迁过程中将遇到的阻力,增加向既定制度变迁的成功率和可预测性。

---

① [英]舒马赫:《小的是美好的》。
② 同上书,第157页。

三、"诺斯悖论"与"政府主导"

依据"诺斯悖论"分析,在新一轮的制度创新以适应高新技术的发展中,政府能否主动放弃自己的利益,成为自己的"掘墓人"? 如何在发展高新技术产业中继续发挥主导作用? 如何实现成功创造和营造适合技术创新的制度环境、制度安排和制度创新的目标? 众所周知,自1978年实行改革开放以来,虽然我国也存在一些群众自发的改革(如农村家庭联产承包责任制改革),然后由政府认可并在全国推广的制度创新,但是就高新科技产业领域的制度创新而言,政府在改革过程中的确发挥着倡导者、组织者、管理者的重要作用,从而保证了高新技术产业取得了举世瞩目的伟大成就,神州5号载人航天飞船成功返回就是最好的例证。但是,不可否认的是,政府推动的高新科技产业及其微观经济主体的制度创新的突进与政府自身改革的相对滞后的矛盾也逐渐积累,并且后者的滞后已严重制约了前者的深化。政府推动政府自身的改革,将需要巨大的勇气和敢于作出巨大的权利和利益牺牲。根据"诺斯悖论",国家的职能存在内在矛盾性。国家的存在,一方面可以界定社会的产权结构,使社会产出最大;另一方面使统治者的利益最大化。我国的高科技研发采取的是"亚太模式",即由政府主导、组织和管理高科技产业及高新技术的创新。相应地,创造出了政府的某些部门的权力和利益。在新一轮的促进高科技产业和高新技术创新的制度创新进程中,必然会遇到来自政府有关利益部门的阻挠,正如公共选择理论的领袖人物英国著名经济学家詹姆斯·布坎南所指出的那样:在政治领域,政治家也同样扮演着经纪人的角色,也存在利己主义。由于是权利创造出来的,所以叫做租金。级差收入是由政府干预形成的。每个政治家都会利用公共权力寻求个人利益。这样,两个严峻的问题就现实地摆在我们的面前,一是政府是否愿意突破重重阻力推行促进高科技产业创新的制度创新? 是否愿意做自己某些利益的"掘墓人"? 二是政府如何进行该项制度创新。第一个问题是显而易见的,我国政府数次表明进行高科技创新和制度创新的决心,以抓住新一轮国际产业发展的契机。有"中关村基本法"之称的《中关村科技园区条例》的出台即是见证,该条例的三点创新:(1)可创利优先合伙公司;(2)保险公司及个人财产权;(3)可做法律未禁止的事。这样就极大地除去了科技人员身上的束缚,调动了科技人员创新的积极性,并在法律上扫清了障碍。2004 年 9 月,以"创新推动发展,科技缔造财富"为主题的第七届中关村电脑节在北京市海淀区举行。政府一改以往将中关村电脑节定位为宣传政府发展成就的展览,而主要通过电子政务的展览来展示政府的高效服务、推动民族电子芯片和软件的发展的态度,致力于为企业构建一个发展生态链,如中介大道、金融走廊等政策导向上的服务以及引导银企沟通、引进国际上的风险投资。总之,对于这届电脑节,政府部门的定位就是探索如何引入和如何服务。政府角色的这一转变预示着中国高科技产业发展模式的转换。第二个问题分为两个方面,一方面是进行制度创新的时机。当今经济全球化已势不可当,政府可以借助加入世贸组织和全球化的历史时机,外力强制推动制度创新的深化,将不失为一个良策。实际上,中国已积极主动地加入了世贸组织。而且,中国的入世首先是政府的入世,世贸组织的协议本身,极少涉及企业的行为,而主要是针对政府行为的。所以,入世将会借助经济全球化这个外在的力量来规范政府行为,转变政府职能,推进政府机构改革,提高政府部门的绩效,甚至强制政府的某些利益部门必须放弃既得利益格局和权力格局。另一方面是政府进行制度创新的具体措施和方案,要求新的制度具有可执行性,并能切实推动我国的科技创新。世贸组织的规则,如透明度原则和国民待遇原则等都是非常明确的,具有可操作性,并且中国政府承诺的施行时间表也是确保这一制度创新的一个有力保障。

可见,在促进高科技产业发展的制度创新过程中,政府仍然占据重要的地位。但是,与以往的"亚太模式"政府主导的方式不同,政府在发展高新技术产业中的重要作用应体现在以服务为宗旨,立足于有利于中观产业层面和微观企业层面技术创新,从国家宏观层面创造和营造适合技术创新的制度环境、制度安排和制度创新上。如国家应从宏观层面致力于改造传统文化,在强调集体主义的同时适度强调个人主义;加强教育工作的创新,其中要特别强调教育工作中学生的创新思维能力的培养;出台鼓励大学与私人部门之间的合作的政策和措施;建立拥有积极的风险投资基金的金融市场等等。

[作者单位:中国人民大学经济学院博士研究生]

A New Explanation of "Asian-Pacific Model" in the Development of New High Technology Industry

ZHENG Chunfang

Abstract: The East Asia Mode, which is the state-development mode, has created the Asian Four Dragon miracle and Japan economic miracle. However, the mode has been condemned and wondered twice: first when Japan bloom economy broke down at the beginning of 1990's and then when East Asia Financial risk broke out in 1997. Nowadays, the mode is experiencing oppugned in developing high-tech industry for the third time. This article argues the state-development mode should be adjusted in developing high-tech industry from aspects of new characteristics of high-tech, flat trend of high-tech enterprise organization, different government behavior modes for different technology development phrases etc. On the basis of that, this article figures that institutional innovation not technological innovation is the key to developing high-tech industry. And the government still plays an important role that cannot be replaced in developing high-tech industry. The difference with the former state-development mode is that its important role is to serve. Being established in benefiting technological innovation from middle-cosmic and microcosmic view, the country should supply and build institutional environment, institutional arrangement and institutional innovation from macrocosmic view.

Key words: the East Asia Mode; high-tech industry; institutional innovation; technological innovation

亚

太

经

济

亚太政治和外交关系

中俄关系顺利发展与影响以及问题

陈 新 明

【内容提要】 中国与俄罗斯是拥有 4300 公里共同边界的邻国,两国关系如何,不仅对双方,而且对地区安全稳定乃至世界格局都有重大影响。在冷战结束后的大国关系调整当中,特别是进入新世纪,中俄关系顺利发展,显得特别突出。两国具有共同的利益基础,建立起新型关系,而且发挥了积极的影响作用,这不仅有利于双方边界问题的解决,而且有利于周边环境的和平稳定,有利于世界多极化趋势的发展。

【关键词】 中俄关系;发展;影响;特点;问题

20 世纪 90 年代以来,大国关系进行了重大调整。中国、美国、日本、俄罗斯、欧盟各大国首脑和政府要员频繁互访,力求协调彼此关系,进一步加强合作,并努力探索与构建新型伙伴关系。在冷战结束后的大国关系调整当中,特别是进入新世纪以来,中俄关系顺利发展,显得特别突出,两国具有共同的利益基础,并建立起新型关系,而且发挥了积极的影响作用,这不仅有利于双方边界问题的解决,而且有利于周边环境的和平稳定,有利于世界多极化趋势的发展。新世纪中俄关系具有新的特点,当然,在两国关系发展中也存在问题。

一、中俄关系顺利发展

中俄两国是拥有 4300 公里边界的相邻大国。冷战时期的中苏关系经历了复杂的发展历程,20 世纪 80 年代后期两国关系逐步缓和,1989 年两国关系正常化,1991 年中苏关系转换为中俄关系。90 年代以来中俄关系顺利发展,连续上了四个大台阶:从 1992 年互相视为"友好国家",到 1994 年确立"建设性伙伴关系",再到 1996 年建立"战略协作伙伴关系",双方在各个领域的合作都取非常重要的进展;2001 年双方签署《中俄睦邻友好合作条约》,这标志着两国关系进入新阶段。

1. 双方互相视为"友好国家"

中俄关系继承了中苏关系的宝贵遗产,1989 年 5 月,苏联总统、苏共总书记戈尔巴乔夫访问中国,双方发表《中苏联合公报》,实现了关系正常化。1991 年 5 月,中国领导人江泽民访问苏联,双方签署第二个《中苏联合公报》和其他一些文件。中苏两个公报在重大问题上达成协议:双方主张在和平共处五项原则基础上发展关系;和平解决一切争端;就裁减边境地区军事力量举行谈判;签署《中苏边界东段协定》,并同意就边界问题继续进行谈判;发展两国经济文化人员交流;苏联支持中国在台湾问题上的立场;主张建立国际政治经济新秩序。这是中苏关系留下的宝贵遗产。

此后,虽然苏联国内外形势发生重大变化,但在两国领导人的正确引导下,中苏关系顺利过渡到中俄关系。1992 年 12 月,俄罗斯领导人叶利钦首次访问北京,中俄领导人举行最高级会晤,双方发表《联合声明》,它明确规定"中国和俄罗斯互相视为友好国家"。这是两个《中苏联合公报》的继续和发展,有更多的实质内容,类似一个友好和互不侵犯条约。这个文件为中俄关系的健康发展开辟了道路。两国还签署了有关经贸、科技和文化等领域展开合作的 24 个文件。

2. 双方确立"建设性伙伴关系"

叶利钦访华后,中俄关系进入全面发展时期。1994 年 1 月,叶利钦总统致信江泽民主席,提出两国建立"面向 21 世纪的建设性伙伴关系"的建议。叶利钦的建议得到中国方面的积极回应。同年 5 月,江泽民主席会见来访的俄罗斯总理切尔诺梅尔金时说,叶利钦总统的建议"同中国方面关于建立两国长期稳定的睦邻友好、互利合作关系的思想是完全一致的"。①

---

① 《人民日报》,1994—05—28,(1)。

1994 年 9 月,中国领导人江泽民访问俄罗斯,中俄领导人签署了关于两国未来关系的《中俄联合声明》,双方就发展面向 21 世纪的新型伙伴关系达成共识。双方强调,这种新型关系既不是对抗,也不是结盟,而是建立在和平共处五项原则基础上的长期、稳定的睦邻友好和互利合作关系。如果说 1992 年 12 月中俄第一次最高级会晤为中俄关系的全面发展开辟了道路的话,那么,这次最高级会晤则是为两国关系确定了未来发展方向。

3. 两国建立"战略协作伙伴关系"

1995 年 5 月,中国领导人江泽民前往莫斯科参加反法西斯战争胜利 50 周年庆祝活动,中俄领导人会晤时表示,愿意为进一步发展两国关系继续努力。

1996 年 4 月,叶利钦第二次访问北京,把中俄关系又推向一个新的水平。据说,叶利钦来华途中,对事先准备好的《中俄联合声明》提出修改意见:将原来确定的"发展长期稳定的睦邻友好、互利合作和面向 21 世纪的建设性伙伴关系"修改为"发展平等与信任的、面向 21 世纪的战略协作伙伴关系"。叶利钦的建议得到中国方面的赞同。中俄领导人会晤后发表的《中俄联合声明》中宣布:双方"决心发展平等信任的、面向 21 世纪的战略协作伙伴关系"。

4. 两国签署《中俄睦邻友好合作条约》

1997 年至 1999 年,尽管俄罗斯国内连续遭遇经济政治危机,诸如 1998 年 8 月爆发金融危机;1998 年 4 月至 1999 年 8 月总统撤换四个总理;叶利钦本人也遭到议会弹劾,但是中俄关系仍持续发展。

2000 年 1 月,普京出任俄罗斯代总统,3 月,当选为俄罗斯总统,他继承了叶利钦的对华政策。7 月,普京总统首次访华,双方领导人充分肯定了中俄关系发展的成果。

2001 年 7 月,江泽民主席访问俄罗斯,与普京总统签署了《中俄睦邻友好合作条约》,并发表《中俄元首联合声明》。声明指出:"《中俄睦邻友好合作条约》是两国关系史上的一个重要里程碑,标志着双方关系进入一个新阶段。"该条约是指导新世纪中俄关系发展的纲领性文件,将两国人民"世代友好、永不为敌"的和平思想用法律形式确定下来。条约确认,两国友好关系是建立在不结盟、不对抗、不针对第三国基础上的新型国家关系。

二、中俄关系的利益基础

在冷战后的大国关系调整当中,中俄关系之所以发展得这样顺利,是因为两国关系具有共同的利益基础。主要表现在以下方面:政治互信不断加深;经济合作继续扩大;国际事务中加强协调。

1. 政治互信不断加深

政治上互信,包括两层含义:一是双方相互尊重和平等,互不干涉内政,尊重对方国家人民的政治选择、价值观和生活方式;二是双方相互支持各自在维护国家主权独立和领土完整方面所作的努力。这是两国发展关系的基本前提条件。

首先,相互尊重和平等,具体表现为互不干涉内政,尊重对方国家人民的政治选择、价值观和生活方式。中俄两国一致认为,相互尊重和平等是保持和发展两国关系的重要原则。过去中苏两国就意识形态的是非进行争论,不论本意如何,实际效果是干涉了对方国家的内政。冷战后中俄两国社会发生重大变化,双方吸取了过去的这一教训。中俄领导人反复声明,每个国家的人民都有权利从本国的国情出发,在没有外来干涉的情况下,独立自主地选择社会制度、发展道路和模式。① 虽然中俄两国的改革道路和方式有很大差别,但这并没有妨碍两国关系的发展。中国没有像西方国家那样,利用苏联解体和俄罗斯经济转型遇到的危机和困难,对它指手画脚,施加影响和压力;同时,俄罗斯也没有利用所谓的"人权"、"民主"问题,伙同西方国家向中国发难。在相互交往之中,双方都没有委屈的感觉。

其次,双方相互支持各自在维护国家主权独立和领土完整方面所作的努力。由于历史和现实的复杂原因,中俄都面临着捍卫国家主权独立和领土完整的现实任务。中国支持俄罗斯为维护国家统一所采取的行动,认为车臣问题是俄罗斯的内政,并支持俄罗斯在推进独联体一体化方面所作的努力。俄罗斯一直支持中国在台湾问题上的立场。1998年11月24日,在江泽民主席访问俄

---

① 《中俄联合公报》,载《人民日报》,1996—04—26,(1)。

罗斯期间,俄方重申了对台湾问题的"四不"立场,即不支持任何有关"台湾独立"的构想;不接受有关"两个中国"和"一中一台"的立场;反对台湾参加联合国和其他只有主权国家参加的国际组织;不向台湾出售武器。①

2. 经济合作的范围不断扩大

经贸关系是中俄关系的一个重要组成部分,双方对发展经贸合作都非常重视,并采取各种措施推进其发展,因而两国发展经贸关系具有多方面的有利条件。当然,同两国政治关系发展相比,经贸合作还是比较滞后的。可是如果考虑到中俄经贸关系发展的具体背景,即两国都处在经济改革和向市场经济过渡的过程中,特别是俄罗斯遇到持续的经济危机,那么客观地说,两国经贸合作还是取得了重要成绩。

苏联解体后,中俄对发展经贸合作非常积极,一度出现国家、地方和企业一起上的多渠道和多层次的局面。从那时候起,两国经贸发展大致经历了三个阶段:1992年至1993年迅速发展阶段;1994年至1995年下降阶段;1996年以来调整与发展阶段。经贸发展滞后引起两国领导人的极大关注,双方采取切实可行的措施以改变这种局面。1994年9月,江泽民主席首次访问俄罗斯,两国签订《中俄经贸合作协定》,承诺在经贸和科技领域最大限度地利用地缘优势和经济互补的优势。1996年叶利钦总统访华期间,两国领导人提出到2000年使得两国贸易达到200亿美元的目标。1997年俄罗斯总理切尔诺梅尔金访华期间,两国政府签订了1997年至2000年政府间贸易协定。两国政府除了对现有经贸秩序进行整顿,加强基础设施建设外,还特别注重采取新的合作方式,开辟新的合作领域,尤其是开展大型项目的合作。两国间经济与技术合作有了重大发展,合作形式也在增多,如投资合作、科学技术合作、技术协作、能源领域合作、军事技术合作、边境和地区合作。

由于双方的共同努力,两国经贸关系从传统的低水平合作逐渐向符合国际规范的经贸关系过渡。两国贸易和经济合作的档次与质量都在不断提高。1996年两国贸易额为68亿美元,进入2000年后增长较快,当年达到80亿美

---

① 《关于中华人民共和国主席江泽民访问俄罗斯联邦并与叶利钦总统举行非正式会晤的联合新闻公报》。

元,2001 年达到 106.7 亿美元,2002 年为 120 亿美元,2003 年为 158 亿美元,2004 年达到 200 亿美元。

2004 年 9 月,温家宝总理访俄期间对俄罗斯各界人士发表题为"加强睦邻友好与互利合作,共创中俄关系的美好未来"的演讲,谈到扩大两国经济合作时指出,力争到 2010 年使中俄贸易达到 600 亿~800 亿美元。①

2004 年 10 月普京总统访华,双方领导人会晤后,普京总统指出,俄罗斯和中国今年的贸易额有望达到 200 亿美元,创下新的记录。但是他强调,这一数字是不够的。他提出了一个目标——在近五六年内使双边贸易额达到 600 亿美元。他甚至表示,考虑到两国贸易的发展速度,不排除双边贸易额在近年内达到 1 000 亿美元的可能性。两国之间的经济贸易发展空间还是非常大的。这次访问,两国元首还出席了其他一系列协议的签字仪式,这些协议涉及两国在石油天然气、金融和打击毒品贸易等贸易领域的合作。双方代表还签署了关于结束俄罗斯加入世界贸易组织谈判的一揽子文件。

3. 国际事务中加强协调

中国和俄罗斯是重要邻国,在国际事务中有许多共同的利益,双方增强协调有利于维护世界和平与稳定以及各自的正当利益。特别是"9·11 事件"以后,国际形势发生了复杂而深刻的变化:一方面,恐怖主义的危险上升;另一方面,美国加紧推行单边主义政策,对世界和平与稳定增添了许多新的不确定因素。中俄两国对国际和地区形势以及一些重大热点问题的看法和所持的立场是一致或相近的,如对反恐问题、上海合作组织问题、伊拉克和朝鲜核问题、保持全球战略稳定、解决地区热点和维护联合国及其安理会在国际事务中的主导地位等问题的认识。2003 年 5 月胡锦涛主席访俄,其间双方领导人强调,中俄两国在国际和地区事务中有着广泛的共同利益,两国的战略协作伙伴关系作为国际关系的重要因素,对未来国际政治、维护和平、保障全球安全与稳定具有原则性意义。双方表示,两国将就战略稳定问题继续保持经常性对话,继续为维护全球战略稳定、防止在外太空部署武器等问题开展合作。双方重申了在伊拉克和朝鲜核问题上的一贯立场,强调联合国应在伊拉克战后重建中发挥中心作

---

① 《北京日报》,2004—09—25,(4)。

用,强调朝鲜半岛危机应通过政治和外交手段解决。

三、中俄关系顺利发展的影响

自 20 世纪 90 年代以来,为了推进中俄关系持续向前发展,两国领导人经常举行会晤,实现了两国最高领导人交往的制度化和机制化。这既是两国关系顺利发展的突出表现,同时又不断推进两国关系的进一步发展。实践证明,中俄关系顺利发展既有利于边界问题的解决,也有利于周边环境的和平稳定,有利于世界多极化趋势的发展。

1. 有利于双方边界问题的最终解决

国家之间的边界问题是国家关系最敏感的问题,能否妥善解决边界问题是两国发展关系的基础和起点。中国与 14 个国家陆地领土接壤,与周边国家妥善解决边界问题,是保持稳定关系和经济持续发展不可缺少的必要条件。

事实上,20 世纪 90 年代以来,中俄双方下最大决心解决边界问题,加强边界安全机制。中俄两国遵循平等协商、互谅互让原则,最终妥善彻底地解决了所有的边界问题。这是中俄关系史上的一项具有里程碑意义的重大事件,从而为两国关系进一步发展奠定了坚实的基础。

中俄两国拥有 4300 多公里的共同国界,由于历史的原因,边界问题一直没有得到最终解决。中俄之间第一个条约是 1689 年签署的《尼布楚条约》,此后陆续签署 70 多个文件。20 世纪 50 年代两国关系友好,没有勘定边界问题。从 60 年代起边界问题尖锐起来。此后进行过四轮谈判。

1964 年开始第一轮谈判,谈判确立一个重要原则,即在河流上划分边界时,能够航行的河流以主航道中心线为界,不能航行的河流以中线为界。因为 1860 年《中俄北京条约》只是规定岸基为界,河流中的岛屿没有作出规定。1929 年"中东路事件"发生,苏联军队占领了这些河道和岛屿。中国政府也从未承认过这种事实。这就是说 1964 年谈判是成功和有成效的,它划定了整个边界,除了银龙岛和黑瞎子岛这两块地方。

1969 年 10 月至 1978 年期间进行第二轮谈判,由于双方关系的原因,没有解决任何问题,甚至中苏关系曾经因为边界问题而发生冲突。

1987年至1991年举行第三轮谈判,在这轮谈判中,中苏双方首先统一了解决边界问题的原则,同意以有关目前中苏边界的条约为基础,根据公认的国际法准则,本着平等协商、互谅互让的精神,公正合理地解决历史遗留问题。1991年5月,中国领导人江泽民访问俄罗斯,两国领导人签署了《中俄国界东段协定》,确定成立两国联合勘界委员会,完成最后的勘界工作。联合勘界委员会于1993年开始工作,到1998年为止,完成了包括西部54公里和东部全部国界勘界任务的98%,并在实地树立界碑。1997年11月,叶利钦访华时,中俄双方宣布,中俄国界东段勘界的所有问题已得到解决。1998年11月,中俄发表了《关于中俄边界问题的联合声明》,指出"中俄国界西段勘界工作野外作业已经结束。至此,中俄东、西两段勘界在两国历史上首次在实地得到准确标示"。① 1999年12月,中俄双方签署了《关于对界河中个别岛屿及其附近水域进行共同经济利用的协定》。

2001年开始第四轮谈判。2001年7月,普京总统和江泽民主席签署了边界条约,其中第六条明确规定:两国之间没有领土要求,对存在的问题,要继续会谈。从2002年秋天开始,双方加快边界谈判。直至2004年10月普京总统访问中国。

2004年10月14日,普京总统访问中国,中国与俄罗斯签署了划定部分未解决的东部边界的"追加协议文件"。两国长达4 300公里的中俄边界全部划定。俄罗斯与中国签署一揽子关于边界问题的文件,从而完成了以法律文件方式确定两国边界的工作。

这些文件包括:《中国和俄罗斯关于中俄国界东段的补充协定》②、《关于中

---

① 《人民日报》,1998—11—24,(1)。

② 根据《中俄国界东段补充协定》:满洲里东部额尔古纳河上的阿巴该图洲渚归俄罗斯所有;塔拉巴罗夫岛(中国称作银龙岛)归中国所有;大乌苏里斯基岛(中国称作黑瞎子岛)由于属于哈巴罗夫斯克市区,两国政府商定将该岛一分为二,靠近哈市的一部分归俄罗斯所有,靠近中国一侧的一半岛屿归中国所有。具体勘界经度不详。据了解,中国可能从俄罗斯实际控制的塔拉巴罗夫岛(银龙岛)和大乌苏里斯基岛(黑瞎子岛)有争议地区(两地共计约380平方公里)收回土地约190平方公里。这一部分的边界划定工作将依照勘界的时间。勘界从2005年夏天开始,估计需要两年。目前这里仍然由俄罗斯控制。银龙岛和黑瞎子岛现有居民约1万人。资料来源:立欣:《黑瞎子岛的回归》,载《南方周末》,2005—05—26。

俄船只在银龙岛(俄罗斯称作塔拉巴罗夫岛)和黑瞎子岛(俄罗斯称作大乌苏里斯基岛)周围水域航行的议定书》、《关于对界河中个别岛屿及其附近水域进行共同经济利用的协定》、《关于两国间现行有效协定适合于新划定国界地段的备忘录》。

普京总统在边界协定签字仪式后指出,双方"迈出了至关重要的一步,两国的边界问题终于划上了句号"。普京总统强调,"我们解决这一问题用了40年时间,两国展现了国家智慧,终于作出了符合双方利益的决定"。

俄罗斯外长拉夫罗夫在两国元首会谈后向记者表示,俄中两国在边界问题上达成的协议具有"突破性意义",长达40年的谈判画上了句号。他强调,这一事实表明,"当国家关系上升到真正的伙伴关系水平时,任何问题,甚至是最复杂、最敏感的问题都可以得到解决"。

观察家普遍认为,普京总统这次访问的最主要成果应该是在双边文件中确认所剩的最后两处有争议地段的最终划分方案,这标志着两国边界问题得到了彻底而圆满的解决。困扰双方40多年的问题最终划上句号。

与此同时,两国在边境地区还加强军事领域信任和相互裁减军事力量,增加军事活动的透明度,消除敌对和紧张气氛。两国边界已成为和平、安宁、合作、共同发展和繁荣的纽带。

2. 有利于周边环境的和平稳定

在中俄解决边界问题的同时,两国还致力于建立安全的周边环境。1996年4月,中、俄、哈、吉、塔五国在上海签署《关于在边境地区加强军事领域信任的协定》;1997年4月,五国又在莫斯科签署了《关于边境地区相互裁减军事力量的协定》。这两个政治军事文件解决了五国边境划界及边境地区安全问题,表明五国决心成为好伙伴、好邻居。2001年6月15日,中俄两国和中亚四国(哈、吉、塔、乌兹别克斯坦)共同创建了欧亚大陆最大的一个地区多边合作组织——"上海合作组织"。

2003年5月,胡锦涛主席访俄,与普京总统就上海合作组织的建设问题进行了广泛讨论,最后发表《上海合作组织成员国元首宣言》,根据《宣言》,"六国元首批准了规范包括常设机构——北京秘书处和比什凯克地区反恐怖机构在内的本组织各机构活动的法律文件,以及本组织徽标方案。""通过了关于批准张德广先生(中华人民共和国)出任上海合作组织首任秘书长的决议"等事宜。这些决定对于确保上海合作组织作用的充分发挥是非常重要的。

上海合作组织的成立是维护地区和平与安全,促进建立新型安全观、新型国家关系和新型区域合作模式的成功典范。中俄建立的这种安全模式摒弃了冷战思维,适应了冷战后的时代潮流,与加强军事集团和军事力量、对抗的做法形成鲜明对照,在亚太地区和世界范围内都是一个创举,对双边关系、对世界都产生了良好影响。

3. 有利于推进世界多极化趋势发展

中俄两国在周边环境的安全问题上进行合作,例如在中亚地区,但国际关系演变告诉人们,一个国家的周边环境与国际秩序存在紧密的相关性。对于中俄两国而言,维持世界战略平衡,推进世界多极化趋势发展,这是争取周边环境和平稳定的基本条件。

冷战结束后,以美国为首的西方世界,冷战思维进一步回潮,为了建立由它主导的一统天下,继续利用并强化冷战时期的政治军事工具。在欧洲地区,它把俄罗斯视为潜在威胁和对手,以加强北约组织而对其实行遏制;在亚洲地区,它把中国当作潜在威胁和对手,以加强美日联盟而对我实行遏制。"9·11事件"后,"一超"美国恣意推行单边主义,使世界单极化倾向突出。对于中俄等大多数国家而言,单极世界既不公正合理,也极其危险。中俄两国为了维护自身利益,需要战略协作,需要维持世界战略平衡,需要推进世界格局沿着多极化的趋势发展。

中俄两国认为,冷战结束以后,世界向多极化方向发展;双方决心致力于促进世界多极化发展趋势,反对建立"单极世界"的企图;双方主张以和平共处五项原则和其他公认的国际法准则处理国家关系和建立国际新秩序的基础,尊重各国人民的选择,大小国家一律平等,反对霸权主义和强权政治;双方都主张确立新的具有普遍意义的安全观,摒弃冷战思维,反对强化军事集团、使用武力或以武力相威胁;双方都主张加强联合国的作用,反对以其他任何形式组织取代联合国的企图等等。1997年11月,中俄发表的《关于世界多极化和建立国际新秩序的联合声明》指出,中俄"双方将本着伙伴关系的精神努力推动世界多极化的发展和国际新秩序的建立"。2003年5月,胡锦涛主席访问俄罗斯期间在莫斯科国际关系学院发表演讲时也指出：中俄"双方在维护联合国的权威、建立国际新秩序、推进世界多极化等重大国际问题上有共同利益，立场相同或相近"。

事实证明，中俄两国在"不结盟、不对抗、不针对第三国"原则基础上确立的战略伙伴协作关系，在国际事务中增强协调，这对维持世界战略平衡、促进世界多极化趋势发展将发挥积极的、深远的影响作用。

四、中俄关系的特点

中俄关系与中苏关系相比较，无论在形式上还是在内容上都有本质的区别。这很自然，因为两国关系所处的国际环境已发生根本改变，两国的利益追求发生变化，两国面临的最紧迫、最重要的任务是发展经济，因而两国关系的实质也就彻底发生了改变。

1. 中俄关系所处的国际环境已经发生根本改变

早在20世纪50年代，当冷战对峙最为紧张的时期，中苏两国之间就已经建立起了合作关系。当时是一种阵营对抗、苏美对抗的世界格局，中苏之间的关系必然要受制于这种世界格局。从整个世界体系看，那时中苏之间建立的合作关系是孤立的、封闭的，只是在以苏联为首的社会主义国家之间寻求合作，是脱离了整个世界发展的国际合作。因为整个社会主义阵营同许多国际组织都没有建立起正常的联系，当然中国的处境更加孤独，还不是联合国组织的正式成员。那个时期，衡量中俄双边关系发展水平的标准是在两国的贸易和文化交流中各自的比重上升了多少。

但是，随着20世纪80年代末90年代初冷战的结束，苏联解体，两极格局瓦解，虽然俄罗斯继承了苏联的国际法地位，但是整体实力已远不及苏联，国际影响力下降。世界大国关系在不断进行调整，寻求合作已经成为各国的主要目标。与过去的中苏关系相比，中俄之间的各种交往成倍地增加，尽管如此，双方仍然感到不满意，因为与其他国家的关系相比，中俄交往仍然显得不够。

这种国际环境的重大变化起着非常积极的作用，它可以促进中俄两国学习其他国家的经验，防止双方原地踏步，不断地提出新的目标，不断地推进两国合作。目前中俄都打算加入那些在冷战时期将它们排除在外的国际组织,中国加入世界贸易组织,俄罗斯已经是八国集团成员。在不久的将来,俄罗斯也将加入世界贸易组织,中国对八国集团奉行的是逐步介入的方针,将参与感兴趣的一些活动。中俄共同创建了上海合作组织,对维护中亚地区的稳定发挥了积极作用。同时,中国与俄罗斯还在没有对方参与的情况下,独自参加了一些邻近地区的组织,俄罗斯参加了欧亚经济共同体和集体安全条约组织,中国参加了中日韩三国合作和"东盟 10 + 3"进程。在这些组织内,两国有相当重要的利益。显然,现在应当考虑,在这些国际组织和地区组织内部,两国如何保持更多的协调与合作。

2. 中俄关系的实质发生改变

20 世纪 50 年代至 70 年代,在中苏关系中有一种非常突出的鲜明的决定性因素在发挥着主导作用:即两国关系受制于同他国斗争或相互斗争的需要。在 50 年代两国关系的主线,是社会主义阵营加强团结与合作,与帝国主义阵营展开斗争;在 60 年代两国关系的主要因素,是对共产主义运动意识形态的控制权展开争夺;到 70 年代两国关系的主要内容,则是全球地缘政治竞争。但是,现在几乎无法用某种绝对主导因素来描述两国关系。在中俄关系 55 年的历史中,只有在进入 20 世纪 90 年代以来的这些年当中,两国关系第一次不再受制于同他国斗争或相互斗争的制约。与此相反,两国关系的重点是放在寻求双方之间的合作上。

因为这个缘故,反映两国全面关系的主要文件内容也发生了变化。1950 年 2 月 14 日,中苏签订了条约,其主要内容是联合反对共同敌人;20 世纪 60 年代至 70 年代双方各自独立发表的文件,或者是阐述意识形态对立,或者是彼此揭发对方的全球战略计划。只有到 2001 年 7 月 16 日两国签订的条约是综合性文件,系统地阐述了双方对各方面的协作态度,这种新的相互关系性质使得两国关系更加稳定。因此一段时间内,两国贸易上出现的暂时困难并没有对整体合作态势产生负面影响。

3. 中俄关系的条约基础不断扩大

在 20 世纪 90 年代初期,当中苏关系顺利过渡到中俄关系之后,中俄关系

的条约基础不断扩大,这反映出两国关系的发展具有法律保障。中俄关系的条约基础不断扩大,可以分为三个阶段:

第一个阶段(1992年基本结束)将中苏之间签订的大量协定改签为中俄之间的条约法律文件。

第二个阶段始于1992年12月叶利钦访华,并持续到2001年7月16日签订睦邻友好合作条约之前。这一时期,中俄之间签订了一百多个政府间协定,这是中苏两国关系时期所没有过的。中俄根据各自对现实条件和有效合作的理解,努力使双边合作尽可能更加全面和更加现实。目前,中俄两国之间只有三个中苏时期签订的协定依然有效,即航空协定、渔业协定和鼓励相互投资协定,其中至少有两个协定近期将在中俄之间重新签订。

第三个阶段开始于20世纪末,特别是在中俄睦邻友好合作条约签订之后。这一时期,中俄两国根据各自承担的国际义务,重新签订了过去双方签订的许多文件,制约双方关系的正是双方承担的国际义务,如出口监督和军控、世界贸易组织。

毫无疑问,随着中俄两国参加国际组织和地区组织的不断增多,两国就这些组织而签署的条约基础的标准化和国际化趋势还将继续,以后还会继续扩大到诸如教育、旅游和人员往来等领域。

4. 中俄关系的社会基础在扩大

20世纪50年代至80年代,中苏关系的发展是"自上而下"的,只是在国家规定的那些方面有人员交往,而且交往人员也都是由国家挑选的,两国关系的群众性基础比较狭窄。

在中俄关系当中,现在情况则完全不同,自发的群众性交往发挥着越来越大的作用(特别是在商贸方面),两国关系的群众性基础大大扩展。双方国家机关本应该为两国人员的交往提供服务,将其纳入有序文明的轨道,为人员往来创造良好条件,但是他们不习惯发挥这样的作用,或者是做得很不够。

中俄关系发展、人员往来的这种状况会使两国关系更加具有活力。但是目前出现了一些新问题。第一,两国关系出现了脱节现象,一方面是高层领导通过了相当友好而积极的文件,但另一方面,两国普通群众彼此印象不佳。如果这种现象维持下去,最高领导人批准的政治文件将会在两国人民的心目中变得毫无意义,两国关系的发展将会受到影响。此外,由于交往不断扩大,一些过去被认为是不太重要的问题,现在变得越来越有影响,如保护在俄罗斯的中国商人的权利。

五、中俄关系发展中存在的问题

像俄罗斯这样一个幅员辽阔的国家,如果没有足够规模与水平的经济体作为支撑,要维护国家安全非常吃力。普京连任总统后面临的发展问题依然紧迫,这已经影响到俄罗斯的国家安全与完整。俄罗斯远东地区与中心地带逐渐疏远,开始重视同中国发展关系,这是一种微妙的变化。对于中俄关系而言,这可能将会是一个新的敏感问题,这就是说,俄联邦中央对于远东地区出现的这种变化并不能完全放心。那么这个问题是如何产生的呢?

这里所指的"中心地带"是与"边缘地带"相对应的概念,特指一个大国内部经济文化发展领先的中心地带与相对落后并对中心地带产生依赖的边缘地带的空间距离。历史的经验为我们提供了一种观察大国在某一时间段国力变化的方法,即历史上的大国衰落解体首先始于边缘地带,一是大国中心地带经济文化吸引力减弱,对边缘地带失去凝聚力;二是中央政府对边缘地带的治理成效递减。

1. 俄联邦中央照顾不了远东地区

近十几年来,俄罗斯中心地带发生剧烈的政治经济社会变革,这对边缘地带造成的影响比之其他地区更大,过去形成的经济格局是边缘地带紧密依附于中心地带,一旦这种联系被破坏或削弱,边缘地带的承受能力十分有限,如果具有地缘优势,它们为了自己的生存与发展,必然会同比邻国家发展联系。目前俄联邦远东地区就处在这种境地:中央照顾不了远东地区,只能靠它自己想办法找出路。正如远东的滨海边疆区副主席戈尔恰科夫所说,"我们的人力和财力根本无法维持我们的滨海边疆区。只有向亚洲开放,我们才能够生存下去。"

苏联时期全国按经济分工特点分为 19 个经济区,远东地区是其中之一。普京上台后,为了加强中央对地方的调控,全国分为 7 大联邦区,远东亦是其中之一。远东是俄联邦最大的经济区,面积为 621 万平方公里,占全国面积的 36.4%。远东有 10 个联邦主体,其中 7 个同中国比邻。改革前人口只有 720 万人,占全国人口的 5.4%,城市人口占该区的 76%。远东人口和民族结构十分复杂,但俄罗斯族占多数。苏联时期为开发远东,兴建了大量工业企业和设施,从欧俄地区吸引来大量青年人和专业人才。特别是修建贝阿铁路时,最为兴旺。①

然而,当 90 年代激进改革推开之后,灾难降临到远东地区。这里距离中心地带路途遥远,如滨海边疆区最大城市符拉迪沃斯托克到莫斯科的铁路运距是 9 297 公里,大量产品是初级或中间产品,终端产品少,价格完全放开后,运价暴涨②,贝阿铁路勉强运行,大量军工企业停工或转产,导致大量工人失业,远东成为全国生活水平下降最严重的地区之一,比西伯利亚更加严重。远东现在面临投资严重不足、技术设备陈旧、人手严重短缺等困难。自 20 世纪 80 年代中期以来,共有 130 万人离开远东,迁往欧俄地区。现在每年还有将近 15 万人迁出滨海边疆区,其中青壮年和专业人才居多。远东地区人口质量在下降,缺乏干活人手,经济形成恶性循环。如果没有移民,发展问题不可能解决。

俄罗斯面临的问题实在太多,中央无力照顾远东地区,不是远东地区要同中心地带疏远,恰恰相反,远东为了生存不得不将发展目光转向亚洲、转向中国。远东滨海边疆区的变化具有代表性。在 20 世纪 90 年代前半期,当时滨海边疆区行政当局为了掩盖自己执政无能,竟然拿亚洲人作为攻击目标。当地执政者将中国人描述成敌人,肆无忌惮地对其进行诋毁。③ 可是有些俄罗斯人却不这样认为,根据滨海边疆区一位俄罗斯女商人回忆说:1992 年,当她第一次到绥芬河时,火车站周围都是一些简陋的小木屋。今天,那里建起了一座现代化的边界车站,而我们俄罗斯这边却无任何变化。实际上,是中国商品在养活

① 薛君度、陆南泉主编:《俄罗斯西伯利亚与远东——国际政治经济关系发展》,第 40 页,北京,世界知识出版社 2002 年版。

② 薛君度、陆南泉主编:《俄罗斯西伯利亚与远东——国际政治经济关系发展》,第 70 页。1993 年至 1996 年实际价格总体上涨到原来的 25 倍,而铁路货运价格上涨到原来的 50 倍。

③ 1996 年符拉迪沃斯托克出版一本名为《黄祸》的文献汇编,并在滨海边疆区广为流传。该书由该边疆区的地方志专家编写,书中的插页上附有符拉迪沃斯托克市政府首脑的签名。该书公开宣称中国对俄罗斯远东地区构成威胁。

着中央照顾不了的远东地区,保证着它的吃穿用。当然,与俄罗斯开展贸易也给绥芬河市带来财富,摩天大楼林立,购物中心遍地可见。滨海边疆区也在分享绥芬河的发展与繁荣。现在当地政界总算明白:俄罗斯远东地区已不能再指望莫斯科。在苦撑了等待了同时也是荒废了 10 年之后,远东开始重视与中国发展关系。

远东地区在经济生活上出现的这种微妙变化,现在还远远谈不上是一种政治分离,但远东地区在心理上已经与莫斯科越来越疏远。俄罗斯联邦历史考古与远东民族学研究所所长维克多·拉林一针见血地指出:"以前飞一次莫斯科要花费一个月工资,现在更贵了,飞一次莫斯科要花费 5 个月的工资。"基本上可以说,这里整个一代人已经不认克里姆林宫,而认中国的购物市场。97% 的滨海边疆区人出国旅游的目的地都是中国。这位学者指出,"从经济层面上讲,远东早就不属于欧洲"。

在 2004 年 10 月普京访问中国前夕,俄罗斯滨海边疆区行政长官谢尔盖·达尔金(普京访华代表团成员之一)发表了一系列讲话。① 这些讲话表明,俄罗斯远东地区的领导人对所谓的"中国威胁论"的态度发生了重大变化。滨海边疆区现在敞开怀抱欢迎中国人,因为当地劳动力严重缺少。

当地的所谓"中国威胁论"始自 20 世纪 90 年代中期。这些年来,滨海边疆区不止一次地采取大规模搜捕和驱逐中国人的行动。当地居民对中国经济和军事实力的迅猛发展,以及多达 1.05 亿中国人与之相邻这一事实感到不安。1995 年有 3.5 万中国人进入滨海边疆区,到 1998 年这一数字增长到 7.3 万人。政界人士借此来吓唬当地居民,并且说:大约 1/3 的中国人没有按时回国,成为"黑户口"。

大多数居民相信政客的话。然而专家却认为,这些政客的论据是站不住脚的。俄罗斯科学院远东所历史和民族学研究所所长维克多·拉林指出:"整个 90 年代,来远东定居的大约只有 700 名中国人。与此同时,据我们统计,滨海边疆区有 7% 的俄罗斯人认为,该地区人口中,中国人的比例高达 20%—30%;超过 21% 的人认为,中国人占到当地人口的 10%;有 28% 的人认为,中国人的比例为 5%—10%。看来人们并不了解事实真相。"

---

① [俄]奥列格·茹努索夫:《远东喜欢上了中国人》,载《消息报》,2004—10—16。

现在情况发生了变化。滨海边疆区颁布了关于吸引中国劳动力的专项计划。发生这种变化不足为奇,因为近十年来有上百万远东地区居民迁往俄罗斯的西部地区。俄罗斯科学院院士彼得·巴克拉诺夫说:"俄罗斯远东地区拥有大量的资源,但是由于该地区劳动力缺少,资源得不到开发。远东要想得到大发展,需要吸引50万外国劳动力,他们可以修路架桥。"

滨海边疆区长期发展计划,该地区在2010年之前吸引50万外国劳工(目前仅为1.5万人)前来工作,其中主要是中国劳工。

2. 远东地区与中心地带疏远对中俄关系的影响

中俄关系整体上是越来越好,双方政治信任在加深、经济贸易在扩大。但对中俄关系来说,远东地区与莫斯科的疏远可能会是一个新的敏感问题,需要慎重对待。因为当地处边缘地带的远东地区追随着中心地带盛行的"中国威胁论"时,中央对远东地区还比较放心,也能正确对待中俄关系。如果远东地区为了生存和发展,增加与中国的经济交往,莫斯科是会有想法的。早在20世纪初期,俄罗斯的远东政策就出现过反对"黄祸"的浪潮,在20世纪90年代前半期再一次出现这种浪潮。俄罗斯把中国当作远东地区的"威胁"早已根深蒂固,尤其是当中俄两国力量对比发生变化时,莫斯科更是不放心。①

第一,远东地区不应成为中俄关系发展的干扰因素。

中俄地缘政治关系,既有利又不利。两国地缘政治关系无法改变,变化的只是两个国家的国力对比。两国有着漫长的共同边界,但却是背靠背,俄罗斯中心地带在欧俄地区,对外政策一贯是面向西方,长期以来它是一个有重要影响的大国;中国中心地带在东南地区,对外政策一直试图保持较大独立性。两国关系如何取决于双方国力对比:1840年之前清朝与沙俄大致力量平衡,之后力量对比向后者严重倾斜;1911年中华民国与苏联的力量对比完全有利于后者;1949年后新中国与苏联力量对比稍稍向有利于前者变化;1991年苏联解体,中国与俄罗斯的力量对比开始向有利于前者转变,这是两国历史上的第一

---

① 据俄学者分析,俄罗斯国内掀起"中国威胁论"是得到莫斯科的默认。参见[俄]拉林:《90年代上半期的中国与俄罗斯远东:地区协作问题》,第73页,符拉迪沃托克,1998。

次,中国必须争取使这种转变成为一种不可逆过程。

在中俄关系中,沙俄包括一定时期的苏联曾经频繁地加害于中国,现在两国关系真正在平等互利基础上展开,这是由两国力量对比决定的,不是谁施惠于谁的问题。可是俄罗斯由于过去形成的优越感作祟,不能用正确的眼光看待中国的变化与进步。我们注意到:俄罗斯的西部边界倒退至 18 世纪初期彼得一世时期的边界,欧盟北约双双东扩,特别是北约挤压俄罗斯的西部战略空间,俄罗斯当局有什么表示? 最终还是得面对现实。反倒是中国没有作任何危害俄罗斯的事情,却是"中国威胁论"一直盛行。还有对华关系中的"军售"、"安大线"问题。这里只有一种因素起作用,即俄罗斯方面部分人对中国抱有戒备心理。它担心:一是中国东北地区人口占有绝对优势;二是中国经济快速发展;三是中国缺少资源。按照它的推论,中国一定会向远东地区扩张。要改变俄罗斯的这种民族心理需要时间,目前能够做的就是不要让远东地区成为中俄关系发展的干扰因素。

第二,远东地区发展更加符合俄罗斯的长远利益。

俄罗斯地广人稀,1 707 万平方公里国土上仅有 1.45 亿人口。每平方公里8.5 人,从开发建设需要看,人手严重短缺,远东地区尤为严重,每平方公里只有 1.26 人。整个俄罗斯尤其是远东地区要发展,进口劳动力已经是不可避免的。

参照一些发达国家的经验,都是靠接纳外来移民以弥补国内劳动力人手的不足。具体办法是:由有关部门发放长期居住证件和授予国籍。普京总统在2003 年国情咨文中特别提到:"我们需要的不是禁止与阻挠,而是高效的移民政策,这种政策应当于国有利,与人方便"。尽管俄罗斯需要移民,但是俄罗斯人却普遍害怕外来移民。远东地区的个别地方官蛊惑选民说:"一旦中国移民人数超过俄罗斯族,选举华人当州长,远东就会脱离俄罗斯,并入中国!"俄罗斯对移民控制越来越严格。例如,俄罗斯移民人数在 1994 年达到 81.1 万人高峰后,随后不断下降,1996 年为 34.6 万人,2000 年为 21.4 万人,2001 年为 2.2万人,2002 年为 7.8 万人。①

---

① 盛世良:《俄罗斯人口情势和中俄劳务合作前景》,载《欧亚社会发展研究》,北京 2003 年年刊,第 60 页。

最近三年俄接纳的移民已经明显减少,主要原因是从 2000 年 10 月起,《俄联邦公民在境内自由迁徙和选择居住地权利法》不再适用于独联体国家公民;同年,俄议会通过《俄联邦国籍法》和《外国公民在俄联邦法律地位法》,停止以简化方式向移民提供国籍,入境规则更加严格,移民在俄的处境进一步恶化。

俄罗斯限制移民政策,对于急需移民的远东地区来讲影响最大。为保持俄罗斯族的优势,牺牲远东地区的发展利益,其结果是远东地区疏远与莫斯科的关系,这不符合俄罗斯国家的长远利益。历史上俄罗斯向远东进行殖民扩张,两个半世纪以来,对远东地区进行了开发建设,但是由于俄罗斯欧洲地区的人口不愿来到这里,缺少劳动力的问题一直无法解决,同时又不许外来移民参与,这种画地为牢的做法,在历史上行得通。在今天经济全球化时代,资本、技术、商品和人员流动空前活跃,这些东西不是靠国境线可以阻隔的。俄罗斯为何收紧移民政策,不允许远东地区与比邻国家合作、共享经济发展繁荣的利益?答案只有一个:莫斯科担心远东地区同比邻地区和国家密切交往,会改变当地人口结构,削弱俄罗斯人的地位,进而影响到国家的安全与完整。这实际上是一种过时的不必要的担心,虽然中央政府财政紧张无力照顾,但给边远地区一些特殊政策却是应该的,因为边疆地区的发展和繁荣只能增加国家的实力和稳定。

今天,俄罗斯已是民族结构相对单一的国家,俄罗斯族占 83%,苏联时期俄罗斯族只占 53%。目前俄罗斯民族分离的可能性不大,主要问题是区域发展。一个大国经济文化发展先进的中心地带,如果没有足够大规模、足够强实力与足够高领先水平的经济体,要想维护国家安全与完整是非常困难的。俄罗斯对远东实施什么样的政策,那是人家的内政,我们能够做的事情是努力做好振兴东北的工作,力争对远东形成更大吸引力。另外,俄联邦体制也不同于过去,地方的自主权也比过去更多。远东地区与中国东北地区增加经济交往是顺理成章的事情。

[作者单位:中国人民大学国际关系学院教授]

China-Russia Relations' Smooth Development and Its Influence and Problems

CHEN Xinming

Abstract: China and Russia are neighboring countries with common border of 4,300 kilometers long, the relations between them have significant influence on not only both sides, but also regional stability and safety and even the world pattern. During the relations' adjustment of big nations after the cold war, especially in the new century, the China-Russia relations have developed smoothly, which is specialy prominently. The two countries have a common interest foundation, and have established a new relationship, these have displayed positive affect, not only on the solution of border issues but also on the peripheral peace and stability, which is advantageous to the development of the multi-polarization of the world tendency.

Key words: China-Russia Relations; Development; Influence; Character; Issue

责任编辑:张伟珍
装帧设计:肖　辉
版式设计:程凤琴

图书在版编目(CIP)数据

亚洲学术(2006)/冯俊主编. -北京:人民出版社,2006.12
ISBN 7 - 01 - 005795 - 8

Ⅰ.亚…　Ⅱ.冯…　Ⅲ.社会科学-文集　Ⅳ.C53

中国版本图书馆 CIP 数据核字(2006)第 140307 号

亚洲学术(2006)
YAZHOU XUESHU

冯　俊　主编

人民出版社 出版发行
(100706　北京朝阳门内大街 166 号)

北京新魏印刷厂印刷　新华书店经销

2006 年 12 月第 1 版　2006 年 12 月北京第 1 次印刷
开本:700 毫米×1000 毫米 1/16　印张:27.25
字数:410 千字　印数:0,001 - 2,000 册

ISBN 7 - 01 - 005795 - 8　定价:50.00 元

邮购地址 100706　北京朝阳门内大街 166 号
人民东方图书销售中心　电话 (010)65250042　65289539